KB079735

출판사를   만들다
열린책들을 만들다

출판사를　만들다
열린책들을 만들다

열린책들 아카이브 ─ ①

홍지웅, 열린책들 편집부 엮음

미메시스

열린책들 홍지웅 대표는 이미 두 권의 책을 저술한 바 있다. 하나는 2004년 1년 치의 출판 일기인 『통의동에서 책을 짓다』(2009)이고 다른 하나는 미메시스 아트 뮤지엄의 구상부터 완공까지의 이야기를 담은 『미술관이 된 시자의 고양이』(2013)이다. 다루고 있는 주제나 내용은 다르지만, 두 책 모두 〈기록〉이라는 형식을 지니고 있다. 〈기록〉은 출판인 홍지웅의 경영 방식과 출판 이념의 많은 것을 설명해 주는 키워드이기도 하다.

지난해 열린책들 창립 30주년을 맞으면서 편집부는 회사의 역사 자료들 ― 꼼꼼하게 스크랩되고 스캔된 ― 을 전체적으로 검토하였다. 30주년 기념 자료집 발간이 목적이었다. 예상하지 못한 바는 아니지만, 열린책들이 언급된 각종 매체의 기사 상당수는 출판사와 홍지웅 대표에 관한 것이었다. 열린책들 초창기에는 오히려 이런 것들이 신간을 소개하는 기사보다도 많았다. 언론 기사뿐 아니라 홍지웅 대표가 직접 쓴 기고문의 수도 적지 않았다. 도스또예프스끼 때문에 전공을 바꾸었고, 이제 당돌하게도 러시아 문학 전문 출판사를 해보겠다고 하는 젊은이에게 당시 미디어는 매우

호의적이었다. 무명의 신진 출판인에게 이처럼 많은 지면과 관심이 주어졌던 예를 달리 찾을 수 있을지 모르겠다. 사업적 성공 이전 시기에, 본인은 암중모색을 거듭하고 있다고 느끼는 동안에도, 열린책들이라는 브랜드는 이미 충분히 작동하고 있었던 것이다.

홍지웅 대표가 쓴 글과 인터뷰, 관련 기사를 모으니 500여 페이지에 달했다. 편집부는 이 책을 공간소개하기로 결정했다. 이유는 세 가지다. 첫째, 열린책들이 걸어온 길을 되짚어 본다는 측면이다. 여기에 모인 글보다 열린책들의 역사를 잘 설명해 주는 자료는 없다. 둘째, 성공 스토리의 측면이다. 자본 없이 출발한 출판사가 전례 없는 방식으로 자리를 잡고 독자의 지지를 얻으며 성장하는 과정이 고스란히 드러나 있기 때문이다. 이 부분은 여건의 변화에도 불구하고 출판 종사자들에게 여전히 참고가 되는 부분이 적지 않다고 판단했다. 셋째, 창업자의 비전이라는 측면이다. 읽다 보면, 문학 출판사에 대한 홍지웅 대표의 당초 이념이 그 뒤 30년간 별다른 변경과 타협 없이 유지되고 실현되어 왔음을 알게 된다. 일관된 비전을 제시하는 것, 출판업이든 아니든

경영자에게 그보다 중요한 덕목은 없을 것이고, 우리가
한 출판사의 역사를 밝히는 데 한 개인의 글이 일반적인
사사社史보다 큰 역할을 할 수 있다고 믿는 것도 그 때문이다.

글은 형식에 따라 기고문, 칼럼, 인터뷰 등으로 배열했을 뿐
편집이나 주석은 최소한에 그쳤다. 그런 개입이 본문의 생생한
이해를 방해할 수 있다고 봤기 때문이다. 이 책에 실리지
않은 건축에 대한 원고, 한 해의 일기, 출판 기획론 등은 각각
〈열린책들 아카이브〉 시리즈의 한 권으로서 순서에 따라
간행될 예정이다.

앞서 이 책이 한 출판사의 성공 사례로서 많은 이에게 검토될
가치가 있는 자료라고 썼지만, 바로 그 점에 대한 주의의
말을 적지 않을 수 없다. 1990년 『출판저널』의 신년 설문에서
홍지웅 대표는 〈개인적으로 출판계의 초년병으로서 치러야 할
온갖 통과 의례를 다 겪고 있는 중〉이라고 썼다(본문 217면).
적혀 있지 않은 통과 의례의 세목들을 지금 호출해 내는 것은
어려운 일이다. 그런 고충은 그리 장황하게 기록되지 않는
법이고, 그것들을 기억해 낼 수 있다 해도 결국 성공 스토리의

강력한 자장에 이끌려, 전사前史로 소비될 뿐이기 때문이다.
즉, 여기 적힌 것이 전부가 아니다. 그리고 그 고충들이
나중에 다 해소되고 말 일이라고 전제하고 읽는 것도 별로
현명한 독서 전략으로 보이지는 않는다. 이 책에 적힌 상황을
온전히 이해하기 위해서는 홍지웅 대표가 강조해 마지않는
〈상상력〉이 필요하다. 당시 그 글을 썼던 사람이 경험했던
불확실성과 어려움을 상상하면서, 연대순으로 나열된 이 책을
읽는다면 아마 좀 더 흥미롭지 않을까 싶다.

열린책들 문학 주간 김영준

책은 살아 숨 쉰다.

2 눈 밝은 출판인 홍지웅。

1974년부터 1981년까지 시사만화를 그릴 때 사용했던 펜.

첫 드로잉과 시사만화를 그릴 때 사용했던 잉크들. 그림 맨 위의 잉크는 파일럿사의 제도용 제품이다.

석사 학위를 받았을 때나 기념일에 선물로 받은 만년필들.

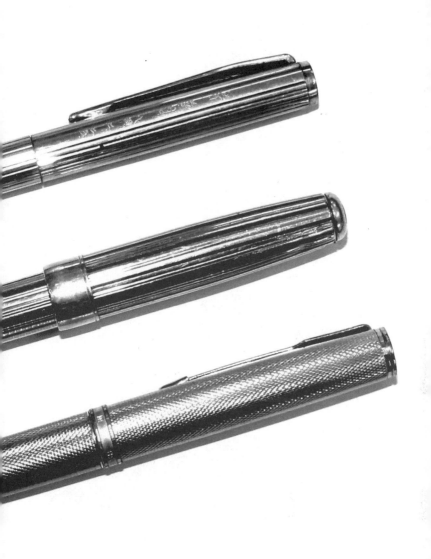

2   4

-2005 12

PROFFER
NAME CARD HOLDER 2004

PROFFER
NAME CARD HOLDER 2003 ②

PROFFER
NAME CARD HOLDER 2003 ①

PROFFER
NAME CARD HOLDER 2002

PROFFER
NAME CARD HOLDER 2000-2001

PROFFER
NAME CARD HOLDER 1999-2000

PROFFER
NAME CARD HOLDER 1998/1999

PROFFER
CARD HOLDER 1997-1999

ATOM

1997년부터 지금까지 사용하고 있는 명함철.

PROFFER
NAME CARD HOLDER   2016—

PROFFER
NAME CARD HOLDER   2013.12—

PROFFER
NAME CARD HOLDER   2012.5—

PROFFER
NAME CARD HOLDER   2011—2012.4

PROFFER
NAME CARD HOLDER   2009. —2010.10

PROFFER
NAME CARD HOLDER   2008⁵—

PROFFER
NAME CARD HOLDER   2007¹—2008⁵

PROFFER

휴대폰을 쓰기 전인 1996년까지 사용했던 전화번호부.

3   1

책은
살아
숨 쉰다。

1

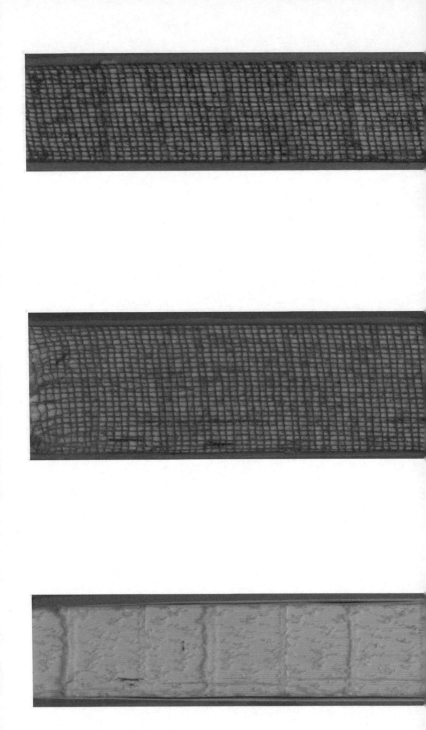

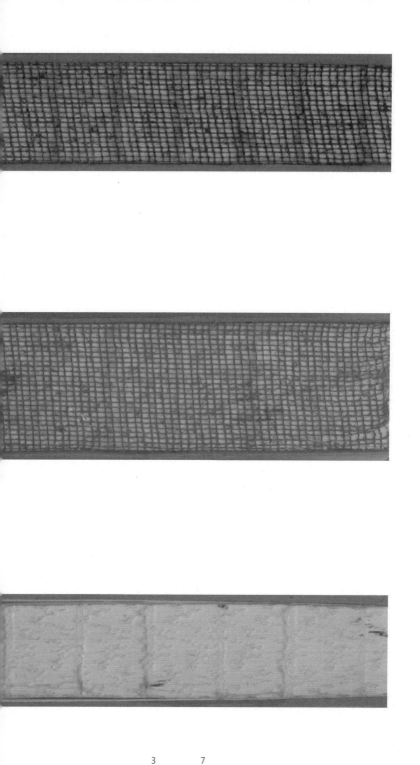

공동체 의식으로
살아가는
러시아인의 광막한 민족혼

88 서울 올림픽을 계기로 북방의 공산 세계가 서서히 그
베일을 벗어 가고 있다. 가장 두드러진 현상 가운데 하나는
매스컴들의 〈소련 보도 열풍〉일 것이다. 신문이나 TV에서는
모스끄바발 특별 취재나 여행기가 연일 지면과 화면을
장식하고 있다. 어떻게 보면 지나친 이상 현상이라고나 해야
할 이러한 소련 보도 열풍은 그동안 우리 사회가 역으로
얼마나 폐쇄되어 왔었는지를 반증하는 하나의 예로 해석할 수
있다. 우리에게 소련은 공산 사회주의 종주국으로서의 엄격한
통제 사회, 오리무중인 채로 남아 있는 크렘린 정도로만
알려져 있다. 문화적으로도 우리에게 남아 있는 인상은 망명
문인들의 끊임없는 반체제 운동 대상으로서의 소련 정도다.
고르바초프가 뻬레스뜨로이까(개혁)와 글라스노스찌(개방)
정책을 표방한 이래로 정치, 경제, 문화 등 모든 분야에서
개방과 자유화가 급속하게 진행되어 가고 있지만, 소련은
여전히 사회주의 연방 공화국이며 아직도 엄격한 정부의
통제하에 놓여 있는 사회다.
이러한 소련에 대한 인식과 편견은 대개가 정치적인 관점에서
비쳐진 인상들이다. 그러나 이러한 〈정치적〉 관점만으로는
소련 사회나 소련인들의 국민성을 제대로 이해할 수 없다.

오히려 소련 국민들의 생활은 권력의 중심부인 모스끄바의 크렘린과는 동떨어져 있으며 정치에 대한 무관심은 더욱더 가속화되고 있다. 이것은 러시아인들이 정치 제도나 국가의 규율, 혹은 문명의 인위적인 속박을 수용하지 못하는 〈자연의 속성〉을 지닌 민족이기 때문이다.

러시아인들은 옛날부터 개인의 운명을 사회의 운명과 결부시켜 생각해 왔고, 개인의 행복을 사회의 행복 속에서 생각하는 경향이 있다. 어떤 공동체 의식이라고 할까. 어디를 가나 내 친구, 우리 가족이라는 의식이 강하다. 러시아 민족혼 속에 일관되어 흐르는 사상은 바로 이러한 공동체 의식이다. 공동체적 사고는 러시아의 독특한 지리와 역사적 조건 가운데서 자라 온 국민 성격의 특질 중 하나다.

소련의 정치 체제와는 달리 소련인들은 놀랄 정도로 개방적이고 자연적인 생활 태도를 가지고 있다. 스탈린과 후르시초프 시대의 엄격한 통제 사회를 거치면서도 사람들의 행동은 거기에 구애됨 없이 자유스럽고 구김살 없이 살아온 것이다. 〈러시아인들은 밖에서 세 사람만 모이면 노래를 부른다〉는 말이 있다. 그들은 그와 같이 충동적이고 솔직담백하며 단순한 감정을 소유하고 있다. 기차 안에서도 몇 명만 모이면 같이 어울려 술을 마시고 흥청대며 결국은 모두 하나가 되어 노래 부르고 떠들고 하는 순박한 민족이다. 러시아인들은 자기를 억제하는 인습을 무시하며 어떠한 통제에도 아랑곳하지 않는다.

러시아 시인 추체프는 〈러시아를 머리로 이해할 수는 없다. 러시아를 자로는 잴 수 없다. 그냥 느낄 수밖에 없다〉라고 하였다. 규격에는 맞지 않는, 인간의 합리화를 끝까지 거부하는 러시아의 국민성을 두고 한 말이다.

이러한 국민성은 상거래나 국가 간의 조약, 무역 교섭 협상에서도 드러난다. 러시아 문학 작품을 보면 러시아의 무쥐크(농민)가 시장에서 흥정하는 모습이 종종 나온다. 무쥐크들은 흥정을 잘하며 도박꾼들이기도 하다. 이들의 상거래 모습은 우리나라의 남대문 시장 같은 데서 하는 흥정을 연상하게 한다. 처음에는 상대방이 들어줄 수 없는 조건을 제시하고는 상대방이 그 조건을 받아들일 수 없는 눈치면 다시 조건을 제시하고 다시 조정하고 하는 〈밀고 당기기〉식의 흥정을 한다. 이러한 밀고 당기기의 〈러시아식 흥정〉은 러시아인들의 끈끈한 인간적인 정서와 맞닿아 있는 부분이기도 하다.

이데올로기 측면에서도 마찬가지다. 러시아인들의 생활을 지배하고 있는 것은 정부의 체제나 혹은 당이나 국가의 이데올로기가 아니라 전통적인 러시아인들의 국민 정서 혹은 실제의 인간관계인 것이다. 그러므로 러시아인들을 이데올로기 관점으로 접근해서는 대화가 되지 않는다. 사회주의 종주국인 소련에서 소련인들이 알고 있는 마르크스의 이데올로기는 오히려 상식 이하의 수준에 머물러 있다. 소련 학생들은 마르크스나 레닌을 시험용 지식으로 교과서에 발췌되어 있는 정도로만 알고 있을 뿐이다. 그들은 레닌의 저작을 단지 시험용으로 읽는다. 그만큼 사회주의 이데올로기는 〈정치 이데올로기〉에 지나지 않는다는 것이다. 이것도 근본적으로는 그들의 국민성, 즉 어떤 관념적인 이데올로기로 파고들 수 없는 국민성에서 비롯된 것으로 이해해야 한다.

이러한 국민성은 남녀 관계에서도 마찬가지로 나타난다. 러시아 소설에는 러시아인들의 헌신적인 사랑, 관념적이거나 계산적인 사랑이 아닌 무한한 사랑의 예들이 얼마든지 있다. 소냐와 라스꼴리니꼬프의 헌신적인 사랑, 의사 지바고와 라라의 지고한 사랑, 그리고 러시아 시인들의 사랑 등. 소련에서는 마스코트나 문학, 영화 등에서 성을 다루는 것이 금지되어 있다. 그러나 소련의 공식 문화와는 달리 실제 생활은 훨씬 자연스럽고 자유롭다. 모스끄바 대학의 기숙사에서는 남녀가 함께 살기 때문에 남녀 학생들은 자유롭게 교제할 수 있으며 기숙사 복도에는 학생 부부가 유모차를 밀고 다닌다. 거리에서도, 강변에서도, 아무 거리낌 없이 포옹하는 연인들을 얼마든지 볼 수 있다. 그들은 마치 결혼조차도 감정에 치우쳐 순간적으로 결혼하고, 또한 쉽게 이혼하는 것처럼 보인다. 결혼 이외의 성관계도 대단히 문란하기 때문에 당국은 가정이 파괴되는 것을 어떻게 해서든지 막으려 한다. 그러나 통계에 의하면 도시에서는 결혼한 두 쌍 중 한 쌍이 이혼할 정도로 상당히 높은 이혼율을 보이고 있다.

이와 같이 소련은 정치적 관점에서 보는 것과 실제의 국민 생활과는 현격한 차이가 있다. 소련에의 접근도, 소련에 대한 이해도, 이와 같은 소련 국민들의 정서적 관점에서 이루어져야 한다. 그러나 이러한 관점도 수박 겉핥기식의 이해에 지나지 않는다. 소련은 전 세계에서 가장 큰 나라이며 강력한

사회주의 국가다. 그만큼 다양하고 복합적이고 이질적인
문화와 기질이 섞여 있는 〈거대한 용광로〉이기 때문이다.

─『금성가족』 1989년 4월 호 ─ 세계는 지금

러시아 문학 출판의
험난한 외길

무녀 시빌레는 로마의 왕 타르킨을 만나러 와서 왕에게
운명의 책을 사라고 권했다. 그러나 황제는 책값이 너무
비싸서 거절했다. 그러자 시빌레는 책들의 일부를 불에 던져서
태워 버렸다. 그러고는 처음에 불렀던 가격과 똑같은 가격을
부르면서 다시 책을 사라고 권했다. 왕은 잠시 망설이더니
끝내 또 거절했다. 그러자 시빌레는 이번에도 나머지 책들
중에서 일부를 불 속에 던져 버리고는 나머지 책을 똑같은
가격으로 사라고 다시 권했다. 이번에는 황제가 옆에 서 있던
점쟁이들의 충고를 받아들여 나머지 책들을 샀다.
— 솔제니찐, 『붉은 수레바퀴』 가운데서

지금은 책을 만드는 일에 종사하고 있지만 한때는 우표
모으듯 책을 사들이던 시절이 있었다. 나의 대학 시절은
그야말로 〈지식〉의 목마름으로 언제나 허기진 상태에
있었다. 그 당시에는 일반 교양서도 그러했지만 특히 특정
분야의 책은 구하려야 구할 수가 없는 경우가 많았다. 간혹
교과서, 참고서류와 전집류 속에 끼어 있는 신간 단행본을
발견하면 자못 희열을 느끼면서 사들고 나오곤 했다. 그 시절
청계천의 헌책방가는 우리 가난한 철학도들에겐 둘도 없는
보물섬이었다. 먼지가 뽀얗게 쌓인, 그리고 표지도 누렇게

바랜 책 더미 속에서 우리는 몇 시간이고 보물찾기(?)를 했다. 노란 겉표지에 까만 양장본으로 된 손바닥만 한 칸트의 『순수 이성 비판』도, 듀란트의 『철학 이야기』도 모두 거기서 찾아냈다. 대학 4년을 우리는 이렇게 정보의 아쉬움 속에서 보낸 셈이다.

대학을 졸업할 무렵인 1970년대 중반 이후부터 지금까지 약 15여 년 동안 인류 유산의 전부라 해도 좋을 만큼 온갖 종류의 책들이 쏟아져 나왔다. 마르크스의 『자본론』에서 북한의 원전들에 이르기까지, 정말 온갖 사조와 사상과 정신들이 공개된 시장으로 불려 나왔다. 그야말로 출판문화가 만개한 느낌이 들 정도다. 10여 년 전에 불과 몇십 개를 헤아리던 출판사 수도 이제는 4,500여 개에 달하고 여기서 쏟아 내는 신간만도 1년에 4만여 종에 이른다고 한다. 그뿐인가! 출판량으로도 세계 10대 출판 대국의 대열에 끼게 되었다고 하니 가히 경이적인 성장이라 아니할 수 없다. 신간 도서에 굶주렸던 1970년대를 생각하면 격세지감이 없지 않다.

그러나 이러한 양적인 성장이나 환경에도 불구하고 출판사들은 여전히 기아 상태에서 허덕이고 있다. 해방 이후 지금까지 4,000여 개의 출판사가 문을 닫았고, 현재 4,500여 개 출판사 가운데서도 1년에 10종 이상 신간을 꾸준히 발행하는 출판사는 700여 개에 지나지 않는다. 출판 환경은 여전히 개선되지 않고 있음을 방증하는 예다.

출판의 제반 여건은 1970년대보다도 오히려 악화되어 있는 형편이다. 저술가나 독자층은 크게 성장하지 못했음에도 불구하고 출판사만 양적으로 증가하다 보니 그 어느 때보다도 중복 출판이 두드러지게 빈번해졌고 출판계의 오랜 병폐인 베껴 먹기식의 〈파렴치한〉 출판도 여전히 횡행하고 있다. 서로 출혈 경쟁을 하다 보니 같은 책을 서너 출판사에서 내는 경우도 허다하다. 서로 정보를 공유하고 서로 양보하는 미덕이 사라진 지 오래다.

내가 출판을 시작한 지는 이제 만 3년이 되었으니 〈걸음마 단계〉를 겨우 벗어난 셈이다. 우리에게 3년이란 세월은 10년에 버금갈 정도의 온갖 우여곡절을 겪었기 때문에 더없이 소중한 기간이기도 하다. 그러나 아무리 어려운 상황에서도 끝까지 러시아 문학 서적만을 고집해 왔고 지금까지 40여 권의 러시아 서적을 펴냈다. 열린책들이 러시아 문학만을 고집해 온 데에는 좀 남다른 이유가 있다. 나 자신이 도스또예프스끼광이기도 하거니와 러시아 문학이 우리 문학에 끼친 영향이 다른 어느 문학 못지않게 크기 때문이다. 일제 강점기의 농촌 문학-농촌 운동, 카프 계열의 프로 문학, 해방 이후의 리얼리즘 문학 등 우리 문학의 지평을 넓히고 심화시키는 데 커다란 역할을 한 것이 러시아 문학이다. 러시아 민족의 정서도 끈끈한 인간애, 개인보다는 〈우리〉라는 공동체 의식, 텁텁한 시골 장터의 훈훈한 인심 등 우리 민족의 정서와 맞닿아 있는 부분이 많다. 러시아 문학은 그래서 서구적이라기보다는 동양적이며 어떤 경우 〈한국적〉이기까지 하다. 또 하나, 러시아 국민들은 어느 나라보다 책을 사랑하는 국민이다. 러시아 문학만큼 그 나라 국민으로부터 사랑받은 문학은 없다. 러시아 사람들은 몇 사람만 모이면 노래를 부르며 시를 읊는다. 허름한 카페나 광장에는 시 낭송회가 빈번하게 열리고 청중들은 시인이 시구를 읊을 때마다 2연 3연을 암송한다고 한다.

러시아 문학사를 살펴보면 몇백 만 부씩 팔린 책이 수없이 많다. 솔제니쩐의 『이반 데니소비치의 하루』가 『노비 미르(신세계)』라는 잡지에 실렸을 때 독자들은 신문 판매대를 에워싸고 일대 소동을 벌였다. 『노비 미르』를 10부 할당받은 모스끄바의 조그만 한 서점은 점심과 저녁 사이에 1,200부의 예약 신청을 받았고, 잡지는 이틀 동안 그 서점에서 9만 4천 부나 팔렸다. 작년 초 『아르바뜨의 아이들』이 잡지 『드루쥐바 나로도프(민중의 벗)』에 연재물로 첫선을 보였을 때에도 판마다 순식간에 팔려 암시장에서 노동자의 한 달 치 월급에 상당하는 200달러에 거래되었고 단행본도 초판 50만 부가 이틀 만에 매진되어 진열할 틈도 없었다고 한다. 초판이 발간된 지 1년 만인 지금까지 600만 부 이상이 팔렸다. 우리나라에도 소개된 『종말 전 10억 년』, 『강철은 어떻게 단련되었는가』라는 소설들도 소련에서만 각각 120만 부, 600만 부씩 팔린 소설들이다.

이렇게 러시아 문학이 독자들의 열렬한 호응을 받는 것은 광활한 대지 속에서 싹튼 웅혼한 민족혼이 작품마다 짙게 배어 있고 인간에 대한 끝없는 사랑과 애정이 독자들을 감동시키기 때문이다. 이러한 작품들이 국내에 소개되어 우리 독자들의 사랑을 받은 경우는 그렇게 흔하지 않다. 아직도 러시아 문학의 독자층이 폭넓게 형성되어 있지 않고 독자들의 독서 패턴도 몰개성한 경우가 많기 때문이다. 순수 문학보다는 상업 문학들이 문학 판을 주도하고 있는 것도 몰개성한 독서에 한몫을 단단히 하고 있다.

3년 동안의 출판 경험을 통해 한 가지 얻은 교훈이 있다면, 그것은 정도를 걷는 출판은 독자들이 끝까지 외면하지 않는다는 점이다. 요행이나 유행을 타는 책들은 일시적으로는 성공할지 모르지만 오랫동안 살아남지 못한다. 기획에서부터 번역, 편집, 교정, 제본에 이르기까지 정성을 들여 만든 책은 언젠가는 팔리게 마련이다. 독자들의 안목이나 욕구가 그만큼 성장했다는 말이다. 이제는 출판도 전문화 시대다. 과거처럼 독자들이 사주길 바라던 시대도 지났고, 〈종이에 잉크만 묻혀 놓아도 책이 팔리던 시대〉는 더더욱 아니다. 출판인들 스스로가 과거의 안이한 태도(중복 출판 혹은 베껴 먹기식 출판)에서 탈피해 새로운 수요를 창출하고 끊임없이 독자층을 개발해 가는 〈기획 출판〉의 시대인 것이다.

몇 년 사이에 〈전문〉 출판사가 부쩍 늘었다. 저마다 독특한 이미지로 독자들을 견인하고 있다. 문학 분야에서뿐만 아니라 미술, 사진, 음악에서도 출판이 전문화, 세분화되어 가는 것은 바람직한 출판의 한 청신호다. 출판이 이제는 서서히 제자리를 잡아 가는 느낌이다. 열린책들도 고정 독자층이 제법 형성되어 있는 편이다. 〈러시아 문학 전문 출판사〉라는 포지셔닝에도 성공했고 한 달에 신간 한두 권씩 낼 수 있는 형편도 되었다. 그러면서도 한편으로 언제나 〈불안감〉을 떨쳐 버릴 수가 없다. 정치와 경제적 여건에 가장 민감하게 영향을 받는 것이 출판이고 또한 출판계 자체의 자생력이 아직은 미약한 탓이다.

그래도 열린책들은 열린 사회를 지향하는 책들을 꾸준히

만들 것이다. 열린책들에서 나온 책이면 누구나 신뢰하고 살 수 있는 책들만을 만들어 갈 것이다. 무녀 시빌레의 전설처럼 비싼 대가를 치르지 않고서도 독자가 선뜻 살 수 있는 〈운명〉의 책들을 꾸준히 만들어 갈 것이다. 〈운명의 책을 처음부터 사서 읽지 않는 사람은 파국이 기록되어 있는 마지막 몇 페이지만을 매우 비싼 가격을 주고 사서 보게 될 것〉이기 때문에.

─『종로서적』 1989년 6월 호 ─ 출판인의 발언

암흑기 걷히고 문학 르네상스

뻬레스뜨로이까. 뻬레스뜨로이까라는 말은 이제 단순히
고르바초프의 개혁만을 의미하지 않는다. 이 말은 전 세계에서
가히 〈코페르니쿠스적 전회〉라고나 해야 할 인식의 대전환을
이룩한 개혁과 개방의 대명사가 되었다. 뻬레스뜨로이까
이후의 소련 문단은 긴 잠에서 깨어나 정치 경제계 못지않게
부산한 발걸음을 하고 있다. 가장 두드러진 현상 가운데
하나는 그동안 사미즈다뜨(지하 출판)의 멍에를 쓰고 금기의
사슬에 묶여 있던 작품들의 해금과 출판의 자유화를 들 수
있다. 이러한 움직임의 서막은 1986년 제8차 소련 작가 동맹
회의로부터 시작되었다. 이 회의에서 보즈네센스끼(전全
소련 펜클럽 부회장)는 미해금 작가들의 복권, 특히
빠스쩨르나끄의 명예 회복과 소설 『닥터 지바고』의 발간을
요구했다. 예프뚜셴꼬도 〈작가는 더 이상 침묵해서는 안 되며
어떠한 소재도 작가의 창작 활동의 대상으로서 방해받아서는
안 된다〉고 선언하였다. 출판 자유화에 대한 이러한 요구는
15년 동안이나 위원장직에 있던 게오르기 마르꼬프의 퇴진과
더불어 『노비 미르』지에 세르게이 잘르이긴을, 『즈나먀』지에
그리고리 바끌라노프를 새로이 취임하게 만들었다. 따라서
소련 독자들은 그동안 출판이 금지되었던 작품들을 비로소

접할 수 있게 된 것이다.

지난 2년 동안 해외로 망명했던 주요 작가들의 작품들과 소년 내에서 발행 금지 처분을 받았던 작품들이 월간 문학지들에 속속 게재되었다. 1918년부터 1953년에 걸친 스탈린의 〈피의 숙청〉을 고발하여 전 세계 수천만 독자들을 전율하게 했던 솔제니찐의 『수용소군도』가 1989년 8월 『노비 미르』에 실렸으며 1987년 노벨 문학상을 수상한 시인 브로드스끼, 『로리타』의 작가 나보꼬프, 『굿나잇』의 작가 시냐프스끼 등 망명 작가들의 복권과 재평가 작업이 행해졌다. 또한 그동안 소련 내에서 발행 금지되었던 『인생과 운명』의 그로스만, 『콜리마의 이야기』의 샬라모프, 1920년대 아크메이즘의 대표적 시인 구밀료프, 1960년대 청소년층에 폭발적 인기를 누렸었으나 한때 숙청을 당했던 SF 소설의 대가 스뜨루가츠끼 형제, 두진체프, 안드레이 쁠라따노프, 불가꼬프 등이 모두 복권되었다. 『노비 미르』에 1988년 1월부터 5월에 걸쳐 전재되었던 『닥터 지바고』의 빠스쩨르나끄 탄생 100주년을 맞이하여(2월 10일), 기념관 개관과 더불어 국제 학술 회의가 개최되었다. 동시에 빠스쩨르나끄 전집이 4개 출판사에서 출간되었고 유네스코도 1990년을 〈빠스쩨르나끄의 해〉로 선포하였으며 6월 초에는 다시 빠스쩨르나끄 사망 30주년 기념 문학 심포지엄이 열리고 있다. 글라스노스찌는 그동안 당 문학에서는 일체 금기시되어 왔던 레닌-스탈린 시대, 혹은 정치 체제의 모순이나 갈등, 그리고 사회의 병리, 마약, 범죄, 종교, 핵 문제 등을 다룬 작품들의 출판을 가능하게 하였다. 특히 아나똘리 리바꼬프(전 소련 펜클럽 회장)의 『아르바뜨의 아이들』은 스탈린 시대를 재조명한 작품 출간의 기폭제가 되었으며, 스탈린의 인간적 면모와 당시 대학생들의 초상을 생생히 그려 낸 탁월한 작품으로 평가받았다. 이러한 평가를 토대로 이 소설은 전 세계 32개 국어로 출간되었고, 소련 내에서만도 700만여 부가 팔렸으며, 뻬레스뜨로이까 이후 최대의 〈문학적 사건〉으로 기록되었다. 『아르바뜨의 아이들』 이후 작년 한 해만도 블라디미르 아프린스끼의 『1953년 3월』, 차부아 아미레지비의 『별들은 어디에서 떨어지는가?』, 알렉산드르 베끄의 『그 이튿날』 등 스탈린 시대를 소재로 한 10여 편의 소설이 발표되었다. 그중에서도 베끄의 『그 이튿날』은 레닌과 스탈린을 주인공으로 하여 1904년부터 1920년까지 러시아 혁명기의 사회상을 단층적으로 그려 낸, 사실과 허구의 중층 소설이다.

이러한 소설들의 출간은 개혁 성향의 『아가뇨끄』, 『즈나먀』, 『드루쥐바 나로도프』 등의 월간 문학지들이 선도하고 있다. 뻬레스뜨로이까 문학의 또 하나의 새로운 흐름은 소수 민족 계열 작가들의 등장을 들 수 있다. 1970년대 소련 문단은 마르꼬프, 리바초프, 예프뚜셴꼬, 레오노프, 본다레프, 라스뿌친 등이 주류를 이루어 왔으나 고르바초프의 자유화 정책으로 각 민족들의 주권 회복 운동이 확산되면서 친기즈 아이뜨마또프, 아나똘리 김, 유리 김 등 중앙아시아 한국계 작가들의 작품 활동이 활발해졌다. 아이뜨마또프는 1986년 마약 문제와 종교 문제를 다룬 문제의 장편 『처형대』와 중앙아시아를 그린 『백년보다 긴 하루』를

발표하여 뻬레스뜨로이까의 기수로 부각되었으며, 지난
5월엔 15인으로 구성된 대통령 자문 위원회의 핵심 멤버로
선출되기도 하였다. 아나똘리 김은 한국 전쟁을 배경으로 한
환상 소설『다람쥐』와 작년『노비 미르』에『아버지의 숲』을
발표하는 등 한국계 작가로서 문단의 주목을 받고 있다.
뻬레스뜨로이까 이후의 소련 문학은 그야말로 뿌쉬낀 시대,
1920년의 모더니즘 시대 이래로 제3의 황금기 문학 시대를
맞고 있다. 더욱이 최근 2~3년간은 해금 작가들의 작품
출간 러시, 복권된 작가들의 재조명 작업, 빈번한 국제 문학
심포지엄, 다양한 소재의 작품 발표, 소수 민족 계열 작가군의
작품 활동 등 그 어느 때보다도 역사적인 문학의 르네상스를
맞고 있다. 그러나 여전히 보수파와 개혁파 간의 갈등이
내재하고, 문학과 이데올로기 문제도 새롭게 대두되고 있다.

─『세계일보』 1990년 6월 4일

1988년 여름,
그리고 『아르바뜨의 아이들』

한 이상주의자의 허무맹랑한 발상

『아르바뜨의 아이들』을 처음 펴낸 것은 3년 전, 1988년
여름이었다. 열린책들이 소련 서적 전문 출판사를 표방하며
문을 연 지 2년여가 넘는 시점에서, 소련 관련 서적으로는
꼭 20번째 펴내는 책이었다. 『아르바뜨의 아이들』(이하
『아르바뜨』로 약칭)이 발간되던 당시의 열린책들은 거의 아사
지경이라고 할 만큼 재정 상태가 말이 아니었다. 그때까지만
해도 소련은 그저 스탈린의 공포 정치, 혹은 시베리아의
강제 노동 수용소나 연상시키는 적대국일 뿐이었다. 게다가
당국이 쳐 놓은 〈반공 이데올로기〉의 장벽은 두 나라 사이의
벽을 더욱 두껍게 만들었다. 우리나라 독자들이 기억하고
있는 러시아 작가들은 기껏해야 19세기 작가들 — 뿌쉬낀,
도스또예프스끼, 똘스또이, 고골리 등 — 이거나 소련에서
추방된, 혹은 〈오스트라시즘〉의 제물이 된 작가들 —
빠스쩨르나끄, 쟈마찐 등 — 이 대부분이었다. 그동안
우리나라에 소개되어 온 소비에뜨 문학은 말하자면 반쪽짜리
불구에 지나지 않는 것이었다.
이런 상황에서 소련 관련 서적을 전문으로 출판한다는 것
자체가 현실과는 거리가 먼, 한 이상주의자의 허무맹랑한

발상일지도 모른다. 그동안 발간된 20여 권 모두 초판
판매에도 못 미치는 부진을 면치 못한 것은 어쩌면 당연한
결과였다.

1988년 초가 되자 올림픽 열기가 서서히 불붙기 시작했고 그
여파로 동구의 새 물결이 우리나라에도 몰려오기 시작했다.
그때 나는 출판사의 재정 위기에 몰려 새로운 방향을
모색하고 있었고, 급기야 어떤 신문사의 편집 데스크로
자리를 옮겨 양다리 걸치기를 하고 있었다. 그 무렵, 우연한
기회에 만나게 된 책이『아르바뜨』였다. 이 소설이 소련에서
연초에 발간되어 커다란 문제를 야기시키고 있다는 소식과
함께『퍼블리셔스 위클리』에 영문판의 발간 예고가 게재된
것이다.

1987년 말에도『아르바뜨』에 관한 소련 평단의 반응이 문학
신문들인『이스베스찌야』나『리쩨라뚜르나야 가제따』에
보도되기는 했으나 저자 이름도 책 이름도 너무 낯설었다.
『퍼블리셔스 위클리』에 소개된 내용은〈권력의 초상〉이라는
제목 아래 대강의 줄거리와 아르바뜨 거리에 대한 짤막한
설명이었다. 스탈린 시대를 배경으로 당시의 대학생들이 겪는
인생 역정이 대강의 줄거리다. 소설의 소재가 소련 대학생들의
생활상을 다루고 있다는 데에는 흥미가 있었으나 제1부만
해도 900여 페이지에 달하는 장편인 데다 전체가 모두
3부작으로 구성될 것이라는 예고에는 선뜻 마음이 내키지
않았다.

그 이전에 냈던 대하 장편소설『붉은 수레바퀴』(전 7권)의
경험으로는 도저히 엄두가 나지 않았던 것이다.『붉은

수레바퀴』는 1917년의 러시아 혁명이 일어나기 바로 직전의 러시아 전 사회의 모습을 점묘 기법으로 기술한 역사 소설이다. 이 소설에는 2월 혁명을 야기시켰던 보로찐체프 대령(이 소설의 주인공), 짜르를 중심으로 한 전시 내각, 농민, 노동자, 학생층 등 각계각층을 대표하는 각 당파, 레닌을 비롯한 국내외 혁명 당원들의 이야기가 100여 명의 실제 인물들을 중심으로 펼쳐져 있다. 출간 당시의 러시아 혁명에 대한 관심을 고려할 때 『붉은 수레바퀴』는 충분히 독자의 커다란 반향을 불러일으킬 것으로 생각되었다.

그러나 결과는 완전한 실패작이었다. 모두 7권으로 기획된 책 중 3권까지 출간하고 났을 때 나는 두 가지 판단 사이에서 몇 번을 망설여야 했다. 아무리 판매가 불투명할지언정(1, 2, 3편 모두 1,000부도 판매되지 않음) 3권 모두를 산 단 한 명의 독자를 위해서라도 완간을 해야 한다는 당위론과 몇백 부도 팔리지 않을 게 뻔한 데다가 가뜩이나 열악한 출판사 재정으로는 도저히 낼 수 없다는 현실론이 그것이었다. 결국 당위론 쪽으로 결론을 내리고 나머지 4권도 울며 겨자 먹기식으로 완간을 하게 되었다. 출판사 재정이 더욱더 악화된 것은 두말할 나위도 없었다.

소련과 최초로 저작권 계약

이런 쓰라린 경험을 가지고 있던 당시로서는 10여 권은 족히 될 『아르바뜨』(3부작)에 선뜻 마음이 내키지 않는 게 당연했다. 저작권 사용료를 물어야 한다는 점도 부담이 되었다. 몇 번의 검토 끝에 저작권 계약을 추진하기로 했다. 우선 저작권 계약만 된다면 미수교국 소련과의 최초 판권 계약이 되는 셈이고 이데올로기의 두꺼운 벽 자체를 허물어뜨릴 수 있는, 그리고 이를 통해서 공산권과의 문화 교류를 촉진시킬 수 있는 계기가 될 것이라는 판단 때문이었다.

우리는 IPS 쪽에 저작권 중계를 외뢰했고, 저작권 대행 업무를 맡은 IPS에서는 5월 중순 전술 소련 저작권 협회인 VAAP(바쁘는 소련의 모든 출판사의 저작권 업무를 전담하는 국가 기관)에 저작권 계약에 대한 우리의 의사를 타진했다. 〈리바꼬프의 소설『아르바뜨』의 한국어 번역권에 관심이 있다. 이 책이 한국에서 번역돼 나온다면 소련과 저작권 계약을 맺은 최초의 소련 문학 작품이 될 것이다. 이번의 출판 교류를 통해 한국과 소련의 이해가 증진되기를 기대한다.〉 일곱 차례에 걸친 항공 편지와 텔렉스 타전을 통해서 비로소 회신이 왔다(당시에 소련과는 팩시밀리로 상호 연락이 되지 않았다).

〈편지는 잘 받았다. 편지가 도착하는 데 3주일이나 걸렸다. 『아르바뜨』의 원서와 함께 소련 문학 작품에 관한 홍보 자료를 보내겠다. 저작권 계약에 관한 모든 요구 사항을 알려 달라.〉 소련에서 보내 온 러시아 원본을 검토해 본 결과 미국의 〈리틀 브라운〉사에서 발간한 영어본과는 장章의 구분과 내용이 부분적으로 다르다는 사실을 알게 되었다. 면밀하게 대조해 본 결과, 영어본은『드루쥐바 나로도프』지 1987년 6, 7, 8월 호에 게재된 연재물을 번역 대본으로 삼았다는 사실이 밝혀졌다. 러시아 원본은 연재가 끝난 뒤 부분적인 수정 작업,

특히 뜨로츠끼 등 역사적 인물의 평가 부분에 대한 보완
작업을 거쳐 단행본으로 발행한 책이었다.

엄격하게 말해서 『아르바뜨』는 저작권을 보호받을 수 있는
작품이냐 아니냐에는 이론의 여지가 있는 작품이었다. 잡지에
연재했던 내용과 단행본의 내용이 부분적으로 다르기 때문에
잡지를 번역 대본으로 삼는다면 저작권 보호를 받지 못하고
단행본을 번역 대본으로 삼을 경우는 보호를 받는다는
점이다. 이것은 잡지와 단행본의 발행 시점이 우리나라가
국제 저작권 협회인 UCC에 가입한 시점(1987년 10월)
앞뒤로 모호하게 걸려 있었기 때문이다. 처음에는 저작권
계약을 포기할 생각도 했으나 최초의 한·소 출판 교류라는
측면에서 계약을 추진하기로 하고, 계약금은 2,000달러에
인세는 통상적 국제 관행보다 낮은 정가의 4퍼센트에
계약하게 되었다.

여기에서 한 가지 짚고 넘어가야 할 부분은 IPS측의 노력이다.
소련과 계약할 당시에는 우리나라에서 저작권법이 발표된 지
몇 개월이 안 된 시점이어서 미국과 일본의 몇몇 에이전시가
소련 저작권의 아시아 지역에서의 독점권을 따내기 위해서
활발한 로비 활동을 벌이고 있는 상황이었다. 그러므로
소련과 직접 저작권 계약을 맺는다는 사실 그 자체가 향후
소련과의 저작권 계약에 절대적 영향을 미칠 수도 있는
상징적인 의미를 띠고 있었다.

우리는 최종 합의가 이루어졌을 때 흥분을 감추지 못했다.
어떤 기관이나 단체도 아닌 자그마한 출판사에서, 그것도
우리나라와 전혀 교류도 없었던 미수교국 소련과 처음으로

저작권 계약을 통해 문화 교류의 물꼬를 텄다는 사실에
가슴이 설레었다.

계약이 성사되자 이러한 사실은 출판계의 화젯거리가 되었고
각 매스컴에서도 지면을 아끼지 않았다. 이 사실을 특종으로
처음 크게 보도한 『중앙일보』에서는 〈소련과 저작권 첫 직접
계약〉이라는 제하의 기사에서 〈이번의 한·소 간 저작권
계약으로 국내 문화계는 소련 내에 공식적인 저작권 수출입
창구를 확보한 셈이 되어 앞으로 한·소 간 문화 교류의 기폭제
역할을 할 것으로 기대되고 있다〉고 논평하였다. 그것도 1면
5단 기사로. 아마도 한국 출판사상 출판 관련 뉴스가 1면
기사로 취급되기는 처음이지 않았을까 싶다.

계약이 이루어진 뒤 우리는 발간 작업에 박차를 가했다. 10년
만의 폭서라는 무더위에도 아랑곳하지 않은 채 편집부원들은
세숫대야에 발을 담가 가며 교정을 보았다. 7월말경 제1권이
발행되자마자 『아르바뜨』는 이내 베스트셀러 상위권에
진입했고 여러 달 동안 상위권을 맴돌았다. 아이러니하게도
몇 년 전부터 불어닥친 88 서울 올림픽의 이상 열기는 출판
시장의 위축을 가져왔으나 열린책들에게는 오히려 긍정적
요인으로 작용하였다. 올림픽을 계기로 동구권과의 교류가
각 분야에서 눈에 띄게 빈번해졌고 광풍狂風이라고나 해야 할
소련 바람이 『아르바뜨』의 상승 무드에 한몫을 했다.

소련에 대한 기존의 허상을 허물어뜨려

『아르바뜨』는 국내뿐 아니라 전 세계적으로 큰 반향을
불러일으켰다. 『아르바뜨』가 미국에서 영문판으로 발간되자

미국의 시사 주간지 『타임』은 이를 커버스토리로 다루면서 8페이지에 달하는 장문의 기사를 게재했다. 서방 측의 관점은 『아르바뜨』를 고르바초프의 뻬레스뜨로이까 이후 소련 문단에 새로이 조성되기 시작한 해빙 기류 — 과거 문학사에서 이름조차 삭제당했던 작가들의 복권 또는 그들 작가 작품들의 해금 등 — 의 한 징후로 보았다. 『타임』은 『아르바뜨』를 소련 역사상 가장 주목되는 〈문학적 사건〉이라면서 스탈린 연구의 권위자인 프린스턴 대학의 로버트 터커 교수의 말을 빌려 〈『아르바뜨』는 근래 소련에서 나온 몇 안 되는 매우 중요한 역사 소설로 빠스쩨르나끄의 『닥터 지바고』에 필적할 만한 작품〉이라고 논평했다.

이러한 문학적 평가에도 불구하고 『아르바뜨』는 소련에서 20여 년 동안(1966년과 1968년 두 차례 출판 계획이 발표되었다가 취소되었음) 저자의 서랍 속에서 잠들어 있었다. 소련에서 『아르바뜨』가 발간되자마자 폭발적 화제를 불러 모은 것은 이미 예정된 것이었다고 할 수 있다. 그해 단행본이 출간되자마자 초판 50만 부가 이틀 만에 매진되는 소동이 벌어졌다. 소련의 일반 도서관들도 책을 빌리기 위해 모여든 수천 명의 대기자 명단을 작성해야 했으며, 소련 암시장에서는 근로자의 평균 한 달 봉급에 맞먹는 금액에 거래되기도 했다.

소련에서 『아르바뜨』의 발간 자체가 갖는 의미는 자못 크다. 그것은 우선 사미즈다뜨(지하 출판)로서만 가능했던 스탈린이나 레닌에 대한 비판이 공식 출판을 통해 가능해졌다는 것이며 소재에 있어서도 금기가 사라졌다는

것을 의미했다. 『아르바뜨』는 스탈린의 초상을 거의 사실대로
묘사한 최초의 작품이며, 이를 계기로 3년여 동안 『새로운
임무』(베끄), 『수용소군도』(솔제니찐), 『굿나잇』(시냐쁘스끼),
『닥터 지바고』(빠스쩨르나끄) 등 일련의 발행 금지 처분을
받았던 작품들이 발표되기 시작했고, 솔제니찐이나 나보꼬프
등 망명 작가들의 복권 및 작품 발표를 공식화시키는 기폭제
역할을 하였다. 『아르바뜨』가 발행되기 2년 전에 소련의 시인
예브게니 예프뚜셴꼬도 〈이 소설이 발행된다면 소련 사회에
일대 변화를 일으킬 것〉이라고 예고했었다.

『아르바뜨』가 우리나라에서도 독자들의 지대한 관심을 끌게
된 데는 〈소련과 최초의 판권 계약〉이라는 화제성 이외에도 몇
가지 이유가 있다고 생각된다. 우선 『아르바뜨』는 소련의 현역
중진 작가가 쓴 현재 소련의 베스트셀러 소설이라는 점이다.
소련에서 베스트셀러 소설이 갖는 의미는 우리와 판이하게
다르긴 하지만, 우리 독자들이 그동안 접해 온 문학은 서구
편향적이었다 해도 과언이 아니다. 그리고 소련 현대 문학의
경우에도 모두가 망명 작가들의 작품이거나 내용이나 주제에
있어서도 소련 체제를 폭로한 작품이 대부분이있다. 1980년대
중반까지만 해도 소련 현역 작가나 비평가들의 작품 출간은
거의 터부시되어 오고 있었다.

또한 『아르바뜨』는 소련에 대한 기존의 통념이나 허상들을
여지없이 허물어뜨렸다. 관제 이데올로기가 만들어 낸
사회주의 종주국 소련에 대한 그릇된 이미지를 이 소설은
어느 정도 상쇄시켜 주었다. 『아르바뜨』에 대한 독자들의
호응에 힘입어 우리나라에서도 소련의 현대 문학 작품들이

앞다투어 소개되기 시작했고(이후 발간된 작품은 시,
소설을 포함해 줄잡아 40여 종에 이른다) 소련 문단과의
상호 교류도 활발하게 이루어졌다. 우리 출판사에 국한해서
본다면, 『아르바뜨』는 열린책들이 소련 관련 전문 출판사라는
이미지로 확고부동하게 자리매김하도록 해주었고,
재정적으로도 회생할 수 있는 활력을 불어넣어 준 원군이었던
셈이다.

──『책과 사람』 1991년 10월 호 ─ 특집: 책 만드는 사람들의 이야기

아르바뜨의
아이들

아르바뜨의
아이들

아르바뜨의
아이들

아르바뜨의
아이들

허무 속에서 그를 만났다

도스또예프스끼, 표도르 미하일로비치 도스또예프스끼.
나에게 이 이름만큼 가슴속 깊이까지 강렬하게 각인되어
있는 것은 없다. 도스또예프스끼와의 운명적인 만남…….
그렇다. 그와의 만남은 나에게는 운명적인 만남 이상이다.
도스또예프스끼를 만나고 나서 나는 전공을 〈러시아
문학〉으로 바꾸었다. 러시아 서적을 전문으로 펴내는
〈열린책들〉이 탄생할 수 있었던 것도 바로 그와의 만남이
없었더라면 불가능한 일이었다.
도스또예프스끼와의 첫 번째 조우는 고등학교 시절에
있었다. 소위 세계 명작 소설들을 청소년기의 통과 의례처럼
읽던 시절에 나는 여러 차례 『죄와 벌』과 『까라마조프
씨네 형제들』을 읽어 보려 시도했다. 그러나 부끄럽게도
매번 끝까지 다 읽지 못했다. 처음에는 등장인물 이름에
익숙해지지 않아서 책장을 덮어 버렸고, 이름에 익숙해지고
나서는 줄거리가 지루하고 따분해서 그만두었다. 언젠가는
오기를 부려 가며 마지막 페이지까지 넘긴 적은 있지만 결국
도스또예프스끼와의 진정한 〈만남〉은 이루어지지 못한
셈이다. 그의 소설들이 왜 〈위대한 고전〉에 끼여 있는지도
모른 채 도스또예프스끼와의 첫 번째 조우는 그렇게 끝났다.

도스또예프스끼를 다시 만나게 된 것은 대학 1학년 때였다.
거대한 지식의 숲속에서 마음껏 낭만과 자유를 누릴 수
있으리라는 설렘으로 대학 문을 들어선 내가 만난 것은
캠퍼스를 가득 메우고 있는 잿빛 우울과 박제된 지성이었다.
끝 간 데를 알 수 없는 절망과 우울……. 우리는 그것이
〈존재의 무거움〉에 기인하고 있는 것이 아님을, 〈왜곡된
시대〉와 〈정치적 상황〉이 거대한 암벽처럼 우리 앞에
우뚝 서 있음을 보았다. 우리는 그 거대한 암벽을 향해서
시시포스처럼 돌멩이를 집어 던졌고, 우리에게는 우리가 던진
돌멩이 수에 비례해서 더욱더 가혹한 형벌이 내려졌다. 교문은
열려 있는 날보다 닫혀 있는 날이 더 많아 보였다.
아! 우리는 침묵해야 했다. 그때 우리는 술 권하는 사회를
탓하며, 관념 속으로, 추상 속으로 뒷걸음질 쳤다. 그런
우리에게 책은 유일한 구원이 될 수 있었다. 모두들
게걸스러우리만치 책에 탐닉해 있었다. 나에게 특별히 관심을
끈 것은 실존주의였다. 신의 문제, 자유 의지 문제, 더 나아가
나의 〈실존〉 문제, 이런 문제들을 논리적으로 풀어 보려 했다.
내가 다시 도스또예프스끼를 만난 것은 이런 허무의 냄새가
짙게 배어 있는 1학년 늦가을이었다. 교문이 다시 활짝
열리기를 바라며 〈자아〉 속에 침잠해 있을 때였다. 나는
여느 때처럼 책방 순례에 나섰다. 당시의 책방 순례는 새로
나온 책이 별로 많지 않던 시절이었기 때문에 일간지의 신간
안내를 참고하지 않아도 얼마든지 모든 신간을 책방에서
다 일별할 수 있을 정도였다. 그때 우연찮게 눈에 띈 것이
정음사판 『도스또예프스끼 전집』이었다. 도스또예프스끼의

소설은 『죄와 벌』, 『까라마조프 씨네 형제들』, 『가난한 사람들』 정도가 번역되어 있었다면 8권짜리 정음사판 전집에는 그의 소설 거의 모두가 망라돼 있을 뿐더러 두껍고 큰 판형이 무엇보다도 우선 마음에 들었다. 나는 즉시 『죄와 벌』 한 권을 사 가지고 집으로 돌아왔다. 마침 언젠가는 다시 한번 정독해 보리라는 생각을 하고 있던 터였다.

처음엔 큰 활자로 되어 있어서 책장 잘 넘어가는 재미에, 그다음엔 주인공 라스꼴리니꼬프의 행적에 빨려 들어가면서 실로 단숨에 다 읽어 버렸다. 다 읽고 난 뒤의 감흥은 이루 형언할 길이 없었다. 몇 달을 두고 나의 뇌리 속에서 맴돌고 있던 〈실존〉, 〈니힐리즘〉, 〈자유 의지〉, 〈신〉의 문제들이 이 소설 속에 그대로 응축되어 있음을 발견하고 깜짝 놀랐다. 내가 찾고 있던 문제들이 소설 속에 고스란히 녹아들어 있다니…….

나는 그날부터 매일같이 한 권 한 권씩 읽어 나갔다. 『백치』를 사다 읽고, 다시 서점으로 달려가 『도박자』를 사 오고, 다 읽고는 다시 『가난한 사람들』을 사 오고…… 이런 식으로. 마치 8권짜리 대하 장편소설을 읽는 느낌이었다. 이렇게 나는 1주일 내내 도스또예프스끼에 함몰되어 있었다. 마지막 한 권 『까라마조프 씨네 형제들』을 사러 서점으로 가는 내 마음은 그렇게 조바심이 날 수가 없었다. 저녁을 먹고 읽기 시작해서 뜬눈으로 밤을 밝히며 오전 11시까지 아침을 거른 채 읽어 버렸다. 그 〈전집〉의 마지막 장을 덮고 뜨락으로 나왔을 때 나는 하마터면 눈물까지 흘릴 뻔했다. 가슴 벅찬 감동과 희열이 한꺼번에 솟구쳐 올라왔다. 아!

거대한 산 도스또예프스끼, 그의 소설엔 세계가 우주가
들어 있었다. 나는 섣부른 다짐을 해버렸다. 그래, 내 평생을
도스또예프스끼와 함께하리라. 그 〈거대한 산〉의 줄기를
찾아내고 계곡 사이사이에 숨겨져 있는 모든 사상의 군락을
밝혀내리라고 다짐을 했다

그때부터 나는 도스또예프스끼에 대해서 쓴 것이면 아무리
하찮은 자료라도 모았다. 각 대학 도서관을 뒤져서 몇 권의
원서도 찾아냈고 문학 잡지들을 뒤져 문인들이 쓴 평문들도
모았다. 이렇게 모은 자료들이 이제는 100여 권은 족히 된다.
다른 책들을 읽다가도 〈도〉자가 나오면 밑줄을 그어
놓고 정리해 두고 표시를 하기도 했다. 그 뒤 대학 신문에
도스또예프스끼론을 써서 발표했다. 도스또예프스끼는
〈라스꼴리니꼬프라는 새로운 인간형의 창출에는 실패했다〉는
요지의 평문을 썼는데, 이 평문을 놓고 지상 논쟁을 벌인 일도
있었다.

도스또예프스끼를 향한 나의 편집적인 열정은 급기야 그의
소설을 러시아어로 직접 읽어야겠다는 생각을 하게 했고,
당연한 귀결로 전공을 바꿔 대학원에 진학하기까지 이르렀다.
이제는 십수 년이 지난 과거 학창 시절의 얘기가 되고
말았지만, 그때 도스또예프스끼와 만나지 못했다면
나는 지금과는 다른 길을 걷고 있을지도 모른다.

도스또예프스끼와의 만남은 지금까지도 내 삶의 일부에
들어와 있고 앞으로도 어떤 형태로든 내 삶에 큰 영향을 미칠
것임에 틀림없다.

어쨌든 그 〈열병〉이 지금 기획하고 있는 러시아어 완역판

『도스또예프스끼 전집』에 되살아나고 있고 머지않아 그 결실이 맺어질 것이다. 나는 다시 한번 내 자신에게 다짐하고 있다. 〈이번에 펴내는 《전집》은 어느 나라 판본보다도 완벽하고 훌륭한 《전집》이 되게 만들어야지……. 어느 누군가가 도스또예프스끼와 만나게 될 때 그의 참모습이 그대로 드러날 수 있도록 만들어야지……. 그래서 도스또예프스끼가 독자들 마음속에 영원히 살아 숨 쉴 수 있도록 해야지……〉

도스또예프스끼. 나의 영원한 반려자 도스또예프스끼! 도스또예프스끼!!

—『신간 뉴스』 1993년 9월 호 — 영풍문고 에세이

허무 속에서
그를 만났다

홍지웅 열린책들 대표

도스토예프스키, 표도르 미하일로비치 도스토예프스키. 나에게 이 이름만큼 가슴 속 깊이까지 강렬하게 각인되어 있는 것은 없다.

도스토예프스키라는 운명적인 만남 ……. 그렇다. 그와의 만남은 나에게는 운명적인 만남 이상의 것이다. 도스토예프스키를 만나고 나서 나의 인생은 이전과 분명하게 바뀌었으며, 러시아 어학을 전공으로 한 것도 결정적인 원인이 된 인생의 길이었다.

출판 예고와 집중 광고가 밑거름,
번역자 잘 만난 것도 〈행운〉

애초에 우리는 상업 소설에는 관심이 없었다. 고급 독자를
겨냥, 인문 과학적 소양을 지닌 사람들의 지적 호기심을
자극할 만한 책에 일단 관심을 둔다. 따라서 출판의 기준은
문학성을 바탕으로 소재나 형식에 독창성이 있느냐 없느냐에
맞추고 있다. 『개미』는 그런 점에서 우리 출판사의 기획
방향과 맞아떨어지는 작품이었다. 문제는 〈개미〉라는 낯선
소재와 우리나라 독자에게 전혀 알려지지 않은 작가를 어떻게
알리느냐였다.

책이 성공하려면 연출이 중요하다. 사실 영화나 매체를 통해
널리 알려진 책은 팔리게 되어 있다. 우리는 우선 『개미』의
작가를 알리기 위한 홍보에 주력했다. 새 책 예고지인
『북캐스트Bookcast』를 만든 것도 어쩌면 『개미』를 위해서라
해도 지나치지 않다. 출판 예고 자체가 이미 국내에선 처음
시도되는 출판 홍보 기법이었다. 『북캐스트』를 처음 발간했을
때 『북캐스트』 1면에 실린 『개미』 기사와 작가 사진이
더불어 매스컴 지상에 오르내렸다. 좋은 번역자를 만난 것도
우리로선 행운이다. 이세욱 씨의 번역 문장은 깔끔하면서도
우리말다웠다. 번역자가 직접 저자를 만나기 위해 알뱅 미셸
출판사가 있는 프랑스 현지로 날아가는 정성도 좋은 번역의

밑바탕이 됐다.

책을 출간하자마자 일간지에 집중 광고를 실었다. 출간되기 전 〈6월 16일 16시 서점에 깔린다〉는 광고도 독자들의 기대 심리를 부추겼다. 광고를 통한 퀴즈 공모도 숫자를 배열하거나 〈다른 방식으로 생각하기〉 등 사람들의 눈길을 끌 수 있도록 만들었다. 그러고 보면 『개미』는 화제도 많이 낳았다. 프랑크푸르트 도서전이 열렸을 때 알뱅 미셸 출판사 부스에선 각국에서 번역된 『개미』 표지를 모자이크해 전시했는데 그 가운데 한국판이 가장 돋보였다는 평가를 듣기도 했다.

유럽에선 한국에서 『개미』가 그렇게 많이 팔렸다는 점에 대단히 놀라워한다. 프랑스 현지에서도 제1권이 10만 부 정도 판매되는 수준이었다고 한다. 일본에서도 고무받아 올봄 출간을 앞두고 우리 출판사에 인터뷰를 요청했다. 〈어떻게 홍보하고 판매처를 개발했는지 자문을 얻고 싶다〉는 내용이었다. 고백하지만 『개미』가 저절로 베스트셀러가 된 것은 아니다. 아직 우리 독서 시장은 뚜렷한 주관적 성향을 보여 주지 못한다. 그러기에 충분한 판매 전략이 더욱 필요하다는 걸 『개미』를 통해 다시 한번 확인했다.

— 『도서신문』 1994년 4월 4일 — 베스트셀러 탄생 일기 『개미』

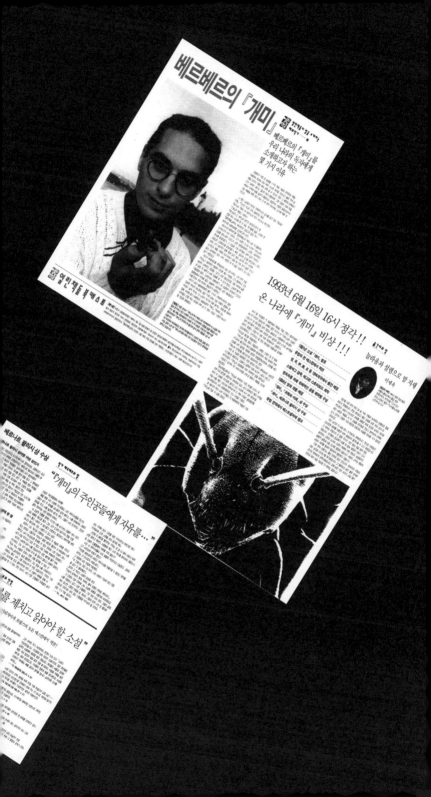

〈떼관음보살〉 신드롬

우리는 좀 지나치다 싶을 정도로 유행에 민감한 것이 아닌가
싶다. 우리말에 〈떼관음보살〉이라는 말이 있다. 뚜렷한 주관
없이 남의 말에 휩쓸려 유행처럼 부유하는 무리를 일컫는
말인데, 이 떼관음보살이 패션에서뿐만 아니라 영화, 음악,
공연 등 온갖 문화 장터에까지 이리저리 몰려다니고 있다.
속성상 부화뇌동형에 속하는 떼관음보살들의 양상은 이제
수적으로는 백만 단위로까지 확산되는 위세를 떨치고 있다.
출판 시장에서도 이러한 떼관음보살들의 극성은 예외가
아니다. 이제는 한 해에 100~200만 부씩 팔리는 슈퍼
베스트셀러가 탄생하는 것을 심심치 않게 볼 수 있다. 우리도
이제는 수백만 부짜리 베스트셀러를 갖게 되었다고 내심
자랑하고 싶어질지도 모르지만 어디 이게 내세울 만한
자랑거리인가. 우리보다 1.5배나 많은 인구를 갖고 있는
프랑스에서는 1991년 한 해 동안 가장 많이 팔린 책이 고작
40여만 부에 지나지 않으며 베스트셀러 순위에 올라도 몇
주, 몇 개월을 버티기가 힘들다. 그만큼 다양한 독자군이
자생하고 있다는 증거다.
우리나라에서 수백만 부짜리 베스트셀러가 종종 나오고
있다는 사실은 역설적으로 그만큼 문화적 토양(독자군)이

척박하고, 베스트셀러 목록에서 1, 2년씩 장수하고 있는 책이
많다는 사실은 그만큼 문화적 토대(저자군)가 허약하다는
말에 다름 아니다. 수백만 부짜리 한 권보다는 수만 부짜리
베스트셀러 몇십 권이 더 자랑스럽고 값지다는 것은 두말할
필요도 없을 터이다.

떼관음보살들이 남기고 간 자리에는 늘 쓸쓸한 공허만이
남는다. 우리 독자들도 더 이상 부화뇌동식의 독서가 아닌
나만의 감식안을 가지고 내 나름의 도서 목록을 만들어
가야겠다. 이런 독자들이야말로 책의 문화를 더욱더 살찌우고
꽃을 피우게 하는 밑거름이 아닐까.

── 『중앙일보』 1994년 6월 4일 ─ 문화 사랑

전공이 필요한 출판

처음 출판을 시작하고자 하는 사람들이 도움말을 요청해 오는 경우가 가끔 있다. 어떤 책을 내야 〈성공〉할 수 있겠느냐는 것이다. 십수 년을 출판에 종사해 온 명망 있는 출판 경영의 고수분들도 〈이제는 정말 어떤 책을 내야 될지 모르겠다〉고 입버릇처럼 되뇌는 마당에 내게 딱히 묘수가 있을 리 없다. 새로 출판을 시작하는 사람들 중에는 정말 책에 대한 향수를 떨쳐 버리지 못해 늦깎이로 입문하는 분들도 있고, 금광을 캐러 온 〈클레먼타인〉의 아버지 같은 분들도 있다. 아무렴! 출판 분야라고 노다지 광이 왜 없겠는가. 실제로 책 한 권 잘 출판해서 시쳇말로 벼락부자가 된 분들도 또한 없지 않으니 그런 생각도 무리는 아니다.

그러나 출판이 아무리 문화 사업이라지만 출판인 모두가 〈메디치가家〉가 될 수는 없지 않은가. 여기에 출판을 업으로 하는 사람들의 딜레마가 있을 터이다. 그렇다면 길은 하나다. 자기 출판사의 전공을 찾아내는 일이다. 출판 분야에서도 구멍niche은 많이 있다. 책방을 둘러보면 어떤 분야에는 〈정보 공해〉라 해도 좋을 만큼 〈그 얼굴이 그 얼굴〉인 책들이 쏟아져 나오고 있고, 어떤 분야에는 쓸 만한 책 한 권 없는 경우가 허다하다. 바로 이 분야가 구멍이다. 이 분야에서 자기 나름의 색깔을 잘 우려내 출판을 하면 독자는 얼마든지 꼬인다. 예들 들면 무속만을 전공으로 해도, 심지어는 인도만을 전공으로 해도 될 것이다. ㄱ출판사는 한국 소설, ㄴ출판사는 서양 철학, ㄷ은 러시아, ㄹ은…… 하는 식으로 전공이 생긴다면 지금의 출판 풍토나 독서 환경이 훨씬 더 개선될 수 있을 것이다. 자기 전공을 찾아내 잘 가꾸어 가는 길이 출판사의 포지셔닝에도, 나아가 성공에도 이르는 지름길이다. 시류나 요행만을 좇다 보면 어느덧 내가 설 자리는 없어지고 만다.

── 『중앙일보』 1994년 6월 21일 ─ 문화 사랑

사족을 다는 문화

얼마 전 TV에서 한 원로 작곡가의 이별 콘서트를 방영한 적이
있다. 그 작곡가가 그간 우리 가요계에 남긴 족적을 되돌아
보면 응당 있어야 할 무대였다. 그가 작곡한 노래를 열창하는
가수들의 순수한 모습이나 면면들이 시청자를 푸근하게
해주었다. 그가 만든 곡들은 우리 국민의 가슴 가슴마다에
얼마나 많은 공명을 불러일으켰던가. 그 콘서트 무대는 정말
세계적 명반이 되어 버린 로마의 세 테너 콘서트 못지않은
감동을 주는 훌륭한 기획이었다.

그런데 옥에 티랄까, 아니면 우리 연출가들의 예의 그
생색내기 발로일까……. 막간에 유명 인사들의 얼굴
내밀기까진 그냥 넘어간다 치더라도, 방송사의 감사패 증정
모습이나 금일봉 회사 장면까지 스포트라이트를 비추며 보여
주었어야 했을까. 그런 것들은 그저 훈훈한 뒷이야깃거리로
남겨 놓았어야 했다. 그 무대는 그 작곡가의 음악 인생만,
그의 음악 세계만 잘 보여 주는 것으로 족하다. 그런 무신경한
사족이 오히려 무대의 의미를 반감시켜 버린 꼴이 되고
말았다.

이제는 문화 내지 예술을 다루는 사람들의 그 사족 달기식의
발상을 벗어 버릴 때가 되지 않았을까 싶다. 사정은

출판물에서도 예외는 아니다. 시집에는 으레 무지한(?)
독자를 위한 길라잡이가 들어 있고, 소설집에는 또한 쓸데없는
너스레가 사족처럼 붙어 있다.

문화를 연출하는 사람들은 단지 문화의 전령 노릇만
철저하게 잘하면 되지 않을까. 섣부른 해석이나 덧대어진
군더더기는 오히려 그 문화의 본질을 잘못 오도시켜 결국
화사첨족畵蛇添足이 되고 만다. 어떤 한 예술이 만들어 내는
다양한 울림을 향유하는 것은 독자의 몫, 청중의 몫, 시청자의
몫이 아닐까.

── 『중앙일보』 1994년 7월 18일 ― 문화 사랑

출판물의 지조 지키기

1980~1990년대 우리 문학사에서 큰 획을 그은 중요한 몇몇
대하 장편소설이 처음 초판을 냈던 출판사와 결별하고 다른
출판사로 판권을 넘겨 재출간한다는 소식이다. 각기 나름대로
속사정이야 있겠지만 모양이 좋아 보이지 않기는 마찬가지다.
같은 작가의 중단편을 〈문학선〉이나 〈선집〉의 형태로
재출간한 경우와는 사정이 다르다. 이 대하 장편소설들은
지금도 계속 잘 팔리고 있는 소설들이기 때문이다.
외국에서는 현역 작가의 작품이 절판되지도 않았는데 다른
출판사에서 나오는 경우는 거의 없다. 카뮈의 소설들은
그가 죽은 지 34년이 지난 지금까지도 갈리마르 출판사에서
수십 판을 거듭하면서 계속 출간되고 있다. 카뮈의 미발표
유작으로 남아 있던 『최초의 인간』도 올봄 역시 갈리마르에서
출간되었다. 프랑스에서 카뮈의 작품들은 갈리마르판만 있을
뿐이다.
만약 저간의 속사정이 인세 문제에서 야기된 것이라면 문제는
자못 심각해진다. 1997년부터는 출판 시장이 개방된다. 이런
상황에서라면 외국 출판사들이 거대 자본을 앞세워 계약이
만료되는 책의 판권을 마구잡이로 사들이는 사태가 오지
않으리라고 어느 누가 장담할 수 있겠는가. 거대 자본에 우리

문학이 볼모로 잡혀 결국엔 손발을 묶이는 형국을 연출하게
될 것이 뻔하다. 이 대목에서 〈인정주의식〉의 출판 도의나
윤리를 거론하자는 것은 아니다. 출판사나 작가가 상황
변화에 현명하게 대처해야겠다는 얘기다. 어물쩍하게 UIP
직배를 허용했다가 영화로 벌어들인 수익이 한국 영화 발전에
재투자되지 못하고 고스란히 외국으로 빠져 나가는 것을 두
눈 뜨고 보지 않았던가.

이야기가 나온 김에 제안 한마디 하자면, 다른 출판사의
출판물을 서로 존중해 주는 풍토가 조성되어야겠다는
것이다. 절판되지 않은 이상 비록 단 한 편의 단편소설이라도
한 출판사의 판본만이 남아 있게 된다면 얼마나 좋겠는가!
이렇게 될 때 국내 저작물이든 외국 저작물이든 〈중복 출판〉을
피할 수 있을 테고 궁극적으로는 출판 시장이 개방되는 새
환경에서도 서로 살아남는 길이 되지 않겠는가.

—『도서신문』1994년 9월 12일 — 책으로 난 길

『개미』는 이렇게 성공했다

처음에 신원 에이전시를 통해 『개미』를 소개받았을 때 그
소재나 형식의 특이성에 마음이 끌렸습니다. 일반 대중보다
고급 독자를 지향하는 열린책들에서는 그동안 외국 작가
중에서 형식이나 내용, 소재가 독창적인 책들을 소개해
왔지요. 그러나 당시만 해도 베르베르는 프랑스의 베스트셀러
목록에 갓 오른 무명작가였고 그래서 우리로서는 〈어떻게 이
작가를 알릴 것인가〉가 문제였습니다. 알려지지 않은 작품은
판매하기가 쉽지 않은 데다, 일반적으로 우리나라에서 한 권의
책이 팔리려면 외국의 베스트셀러라든가 유명 작가, 아니면
이미 영화화되어 간접적으로 알려지는 등 외부적인 요소가
많이 작용하거든요.

우리는 『개미』에 대해 〈특이성을 갖고 있으면서 우리에게
던지는 질문이 철학적이고 의미심장하며, 보는 각도에 따라
다양한 메시지를 갖고 있는 책〉이라는 것을 홍보할 필요가
있었습니다. 그래서 선택한 홍보 방법이 『북캐스트』였습니다.
책이 나오기 전에 독자에게 객관적인 정보를 보다 정확하게
알려 주어 선택의 폭을 넓혀 주자는 취지에서 만든
『북캐스트』는 글자 그대로 〈신간 예고지〉입니다. 그리고
꾸준히 홍보하는 전략을 짰습니다. 출간되기 2개월 전부터

내놓은 『북캐스트』에 대한 독자의 반응은 상당히 좋았습니다. 1주일에 1,000부씩 나갈 정도였으니까요. 지금은 너나없이 『북캐스트』를 내는 바람에 신선도가 떨어졌지만 당시에는 새로운 형식의 시도라는 점에서 각광을 받았습니다. 덕분에 『개미』는 출간된 지 1주일 만에 베스트셀러에 올랐습니다. 책을 낸 후 두어 달 동안은 한 달에 4,000만 원 정도를 쏟아부으며 광고에 집중적으로 투자했습니다. 현재 안정세에 들어선 『개미』의 판매 부수는 70만 부 정도이고 『타나토노트』가 출간 두 달 만에 10만 부를 기록하고 있습니다. 어느 분야나 마찬가지겠지만 남들과 똑같은 방식으로 따라 해서는 안 됩니다. 자기 나름대로 색깔 있는 기획을 하고, 독자를 확보해 나가는 전략이 필요합니다. 좋은 작가의 좋은 소설을 자기 출판사의 특색에 맞게 개발하고 꾸준히 알리는 작업이야말로 성공의 지름길이라고 생각합니다.

— 『뿌리와 날개』 1994년 12월 호 — 뿌리와 날개 광장

개미

유통 구조의 획기적 개선책 시급

출판 시장의 침체가 장기화되고 있다. 이러한 불황이 문화 소비 형태의 변화로 인한 구조적인 현상, 이를테면 본격 영상 시대의 개막과 더불어 비례적으로 골이 깊어지고 있는 것인지, 아니면 출판계 주변 여건의 변화, 예컨대 도서 대여점의 증가나 내수 경기 침체로 인한 일시적 현상 때문인지 현재로선 가늠하기 힘들다. 미구에 다가올 21세기로의 큰 흐름도 점차 개방화와 국제화로 나아가고 있다. 유통 시장이나 출판 시장의 개방도 바로 코앞에 다가와 있다. 특히 유통과 출판 시장의 개방은 경쟁력과 자생력에서 취약한 구조를 갖고 있는 우리 출판계로서는 큰 위협이다.

출판 시장의 하향 곡선은 올해에도 지속될 전망이고, 당연한 귀결이겠지만 출판계의 지각 변동이 예상되고 있다. 이러한 상황에 대처하는 길은 첫째, 출판계 전체의 힘을 결집하는 방안을 모색하는 길과 둘째, 각 출판사별로는 본격 영상 시대에도 살아남을 수 있는 체계적인 출판, 기획 출판의 길을 모색하는 것일 게다. 역설적이지만 가장 〈책다운 책〉이 결국 살아남을 것이며, 〈출판사다운 출판사〉만이 온갖 어려운 여건도 이겨 낼 수 있으리라 생각한다.

올해는 열린책들이 정한 〈움베르토 에코의 해〉다. 에코의

사상적 궤적을 짚어 볼 수 있는 문학 이론서 및 학술서를
계속 소개할 예정이며, 『푸코의 추』의 개정판과 그의 세 번째
소설 『전날의 섬』도 연말쯤 출간할 예정이다. 1996년에
완간될 『도스또예프스끼 전집』의 교열, 편집 작업이
본격적으로 진행될 예정이며, 새로운 러시아 작가들(본다레프,
두진체프, 불가꼬프, 솔로구프 등)의 소설들도 처음으로
번역—소개된다. 〈열린책들의 영화〉 시리즈로는 『스타』,
『히치콕이 만든 영화』, 『따르꼬프스끼 감독론』 등이
기획되어 있다. 까뮈의 미발표 유작 『최초의 인간』을 필두로
프랑스어권, 이탈리어어권 등 유럽 문학도 매월 1권꼴로
독자에게 선보인다.

— 『출판저널』 1995년 1월 호 — 신년 특집 앙케트

국내외 저작물 인세율 재고를

지난해 국내 출판사에서 외국 저작물을 들여오면서 선불금을 과다하게 지급했다 해서 시시비비가 인 적이 있다. 선불금 제도는 최소한으로 판매 부수(대개는 초판 부수)를 보장해 주는 제도인데, 우리나라에서는 저자에 대한 유명세 정도로 간과해 버리는 경우가 많다. 가령 외국 저작물을 인세 6퍼센트에 들여와 초판 5,000부를 인쇄한다고 해도 선불금은 2,200여 달러에 지나지 않는다. 선불금은 판매 부수를 합리적으로 예측해 책정하는 게 상식이다. 몇만 달러를 넘기기 일쑤인 선불금은 도서의 위탁 판매 제도 등 낙후된 유통 구조를 감안하면 터무니없는 경우가 많다.

국내외를 막론하고 출판사 간의 지나친 선불금 경쟁은 이번 기회에 지양해야 하겠지만 그보다 더 중요한 것은 인세율의 문제다. 선불금 문제로 신경전을 벌이다 보면 인세율은 뒷전으로 밀어 둔 채 계약이 이루어지는 경우가 허다하다. 외국에서는 총 판매 가격을 기준으로 인세율을 정하는 경우가 많기 때문에 외국 저작물의 저작권을 도입할 때 7퍼센트 이상은 과도한 것이다. 선불금은 일정 기간 동안의 실제 판매 부수로 정산하게 되므로 결국은 인세율의 책정이 중요하다. 국내 저작물의 경우도 인세율에 대한 재고가 필요한 시점에

와 있다. 저작물의 성격에 따라 국내 출판 시장의 규모가
고려되어야 하겠지만 무조건 10퍼센트라는 관행이나 실제
판매 여부에 관계없이 발행 부수를 기준으로 인세를 지급하는
것은 논리상 불합리하다는 생각이다.

── 『한겨레』 1995년 1월 25일 ── 출판인 한마디

외국 번역 도서 저작권의 문제점

우루과이 라운드 혹은 세계 무역 기구의 공식 출범을 앞두고 출판계가 바짝 긴장해 있다. 우루과이 라운드의 출범은 곧 베른 협약의 이행을 의미하기 때문이다. 세계 무역 기구의 지적 재산권 보호 조항에는 1886년 제정된 베른 협약을 준수하는 것이 의무로 규정되어 있다. 지금까지는 세계 저작권 협약인 UCC에서 규정한 대로 가입 시점(우리나라 가입은 1987년 10월) 이후에 발간된 신간에 한해 저작권을 보호해 주었으나, 베른 조약에서는 저작권자의 사후 50년까지 저작권을 보호해 주도록 명문화하고 있기 때문에 이제는 그만큼 보호 기간이 늘어 이미 번역 출간된 많은 외국 번역 도서도 소급해서 저작권료를 지불해야 할 처지에 놓이게 되었다. 베른 협약의 발효를 앞두고 독점권 계약을 둘러싼 여러 가지 문제점이 하나둘 노정되고 있다. 베른 협약이 발효됨으로 해서 발생할 수 있는 양상들을 종합적으로 분석해 볼 필요가 있다.

우선 베른 협약의 발효로 인해 늘어나게 되는 출판계의 재정적 부담을 생각해 보자. 이제는 생존해 있는 작가, 예를 들면 가브리엘 가르시아 마르케스, 밀란 쿤데라, 움베르토 에코 등의 작품은 물론이고, 고전 명작으로 일컬어지는 알베르

카뮈, 장 폴 사르트르, 앙드레 지드, 토마스 만, 어니스트 헤밍웨이 등 1947년 이후에 사망한 작가들의 작품들도 모두 저작권을 보호해 주어야 한다. 단지 문학 작품뿐만 아니라 학술서나 비평서, 심지어는 학습서까지 더하면 저작권 보호 대상은 번역 도서 시장의 절반 이상을 차지할 전망이다. 이를 정확한 예상 수치로 환산하기는 어렵지만 현재 서점에서 유통되고 있는 외국 번역 도서의 대부분이 20세기 후반에 발행된 도서라고 할 때 그 수치는 어마어마할 것으로 예상된다.

두 번째로 우려되는 것은 독점 계약을 둘러싸고 벌어지고 있는 출판사들 간의 과열 경쟁이다. 가장 문제가 되는 것은 이른바 세계 고전 문학을 둘러싼 저작권 선취 경쟁이다. 세계 고전 문학들은 일단 일정한 독자층을 계속 확보할 수 있다는 이점 때문에 출판사들이 앞뒤 가릴 것 없이 〈우선 저작권이나 따놓고 보자〉는 식으로 덤벼들고 있다. 특히 꾸준한 독자가 담보된 경우는 독점권의 계약 자체가 일단 〈황금 알〉을 보장해 주는 것으로 인식되어 있는 형편이다. 실제로 『데미안』이나 『어린 왕자』, 『갈매기의 꿈』 등은 시중에서 유통되는 것만 해도 30~40여 종에 이르며 한 출판사에서 독점권을 따내 독식할 경우 매년 수만 부씩 매출을 올릴 수 있는 게 사실이다. 서로 경쟁을 하다 보면 선불금advance이 오르는 것은 당연한 귀결, 1년 전만 하더라도 500달러나 1,000달러 정도의 선불금에 인세 4~5퍼센트만 주어도 계약이 이루어졌으나 이제는 웬만한 책이라도 2배 이상, 심지어는 5배 이상 주어야 가능하게 되었다.

베른 협약과 관련된 잡음은 아니었지만 지난해 모 출판사에서 펴낸 미국의 추리 소설 한 권이 국내 최고 액수의 선불금을 주고 계약했다고 해서 화제가 된 사건이 있었다. 이것이 〈사건〉이었던 것은 서로 경쟁이 되었던 두 출판사 간의 미묘한 자존심 경쟁이 천정부지로 선불금을 올려놓았다는 것과 충분한 자료 검토 없이 〈최고 액수의 영화 판권 계약〉이라는 기사 하나로 선불금 경쟁을 했다는 데 있다. 어쩌면 앞으로도 개선되기는 어려울지도 모르는 선불금 경쟁을 개선하는 길은 출판사마다 특화된 영역을 가꾸어 가면서 자신의 출판사에 걸맞는 도서를 선별해 내는 감식안을 기르는 것이다. 또 저작권 에이전시에서도 출판사별로 특성과 개성을 고려하여 적극적으로 중재하려는 노력이 필요하다.

하나의 예를 들어 보자. A라는 출판사가, 다른 출판사가 정식으로 저작권 계약을 맺어 번역 중인 소설을 무단으로 번역해 순식간에 팔아 치우고는 문제가 되자 잠적해 버렸다가, 얼마 후에는 다시 출판사 이름을 바꾸어 등록을 하고 출판 활동을 재개한 일이 있었다. 이런 출판사가 외국 명작의 저작권을 사들인다면 어떤 일이 발생하겠는가. 이 출판사는 분명 번역의 질이나 작품성보다는 또다시 파렴치한 속성을 드러낼 것이 뻔하다. 이런 경우 오히려 출판의 질을 저하시키게 될 것이다. 그러나 유감스럽게도 이런 출판사에서 외국 유명 작가의 작품을 여러 권 계약하는 사태가 여전히 발생하고 있다.

외국 에이전시는 한국의 출판 사정에 어두울 뿐만 아니라 출판사를 선별적으로 평가할 수 있는 아무런 자료도 없다.

현재로서는 한국의 에이전시에서 각 출판사의 성격이나 출판 윤리 등을 고려하여 신중을 기하는 수밖에 없다. 경우에 따라서는 우리나라 에이전시의 역할이 번역 도서의 질적인 수준을 끌어올리는 데 결정적인 역할을 할 수 있기 때문이다.

또 한 가지 우려되는 것은 졸속 번역과 그로 인한 폐해다. 불과 1년 사이에 베른 협약과 관련해 계약이 이루어진 것이 수백 종에 이른다. 계약상 거의 대부분은 계약일로부터 18개월 이내에 번역본을 내게 되어 있다. 이미 출간된 번역본을 가지고 있는 경우는 별문제가 되지 않겠지만, 역시 짧은 기간 내에 그 많은 번역본을 내기는 현실적으로 불가능하다. 아직은 전문 번역가층이 두텁지 않기 때문이다. 정말 제대로 된 번역을 해낼 수 있는 전문 번역가는 역시 극소수다. 시간이 걸리더라도 제대로 된 정본을 만들어 내야 한다.

영국의 사례이기는 하지만 한 가지 예를 들어 보자. 지그문트 프로이트를 읽으려면 영국의 제임스 스트라치가 편집한 24권짜리 표준판을 보아야 한다. 프로이트가 오스트리아 태생이고 그의 저작이 모두 독일어로 쓰였다는 사실을 알고 있는 독자는 의아해지지 않을 수 없을 것이다. 스트라치의 표준판은 프로이트의 저작들을 가장 완전하게 정리해 놓아 이 전집판이 정본으로 통용되고 있다. 프랑스어판을 비롯한 외국어 판들, 심지어는 독일어판조차도 〈표준판〉의 편집, 각주를 참고로 하고 있다는 사실을 알면 번역이 얼마나 중요한지 알 수 있다.

장기적으로 바라볼 때 외국 도서에 대한 저작권 보호의 긍정적 효과도 무시할 수 없다. 저작권 보호는 곧 한 언어권에서 한 작품의 번역권을 독점적으로 행사할 수 있다는 것을 의미하기 때문에 지금까지 우리나라 출판계의 고질적 병폐로 지적되어 온 〈중복 출판〉이라는 악순환의 고리를 차단할 수 있는 계기가 마련될 것으로 보인다. 지금까지 중복 출판된 조악한 번역 도서가 사라지고 독점권을 가진 출판사에서 한 권 한 권 공들인 정본을 만들어 간다면 그만큼 출판의 전반적인 질적 향상을 기할 수 있을 것이다. 우리나라가 세계 10대 출판 대국이라고는 하지만 전체 출판 시장의 30퍼센트에도 못 미치는 단행본 시장에서, 그나마도 중복 출판된 도서들을 제외하면 그야말로 세계 10대 출판 대국의 실상이란 정말 낯 뜨거운 허상에 지나지 않는다. 경제적 측면에서 볼 때 우리는 얼마나 많은 시간과 돈을 중복 출판에 허비해 왔는가!

베른 협약의 발효를 통해 우리 출판계가 어느 때보다도 큰 경제적 부담과 하중을 떠안게 되었지만 저작권 계약을 통해 독점권을 행사할 수 있게 된 많은 출판사가 프로이트의 〈표준판〉처럼 수많은 〈표준판〉을 만들어 간다면 베른 협약은 더 이상 부담이나 골칫덩어리로서만이 아니라 출판문화의 질적 변화를 가져올 청신호가 될 수 있을 것이다.

—『동서문학』 1995년 여름 호 — 한국 문화의 걸림돌

책은 살아 숨 쉰다

최근 나는 이사를 했다. 이사를 한 지 달포가 지났지만 아직도 정리가 끝나지 않았다. 세간살이야 이삿짐 센터에서 정리해 주니까 하루 이틀이면 그럭저럭 제자리를 잡아 가는데, 〈그 놈의 책〉 정리는 해도 해도 끝나지 않는다. 몇 주째 주말이면 먼지를 털어 내고 표지를 걸레로 닦고 분류하고 해도 아직도 마무리가 되지 않았다. 이사한 때인 8월 초순의 정말 숨통 막히는 더위와 폭격이라도 하는 듯 마구 쏘아 대는 햇볕 아래서 책 더미를 하나하나 옮길 때는 정말 쓰레기통 속에라도 처넣어 버리고 싶은 심정이었다.

그동안 책들은 이 구석 저 구석 흩어져 있어서 뭣 하나 참고하려고 해도 여기저기 훑으며 다녔는데, 이제야 제법 제구실을 할 수 있는 서고를 마련해서 나름의 분류 방식대로 정리하는 중이다. 얼추 6,000여 권이나 되는 책을 정리하는 두 달 동안 어떤 때는 과연 책들을 이렇게까지 보관할 필요가 있을까? 나중에 이 책들이 어디 소용되는 데라도 있을까? 별의별 생각이 다 들었다. 더구나 〈아들들〉 세대를 생각하면 이 책들은 천덕꾸러기 신세를 면치 못하다가 결국은 파지로 전락하게 될 게 뻔하지 않은가 말이다.

요즈음의 〈아들들〉 세대에게 책은 더 이상 어떤 감흥이나 재미를 주지 못한다. 우리 〈아버지들〉이 초록과 흙냄새를 맡으며 바람을 가르는 자전거를 타고 다니며 어린 시절을 보낸 반면, 〈아들들〉은 컴퓨터 앞에 앉아 속도 경쟁을 하며 스릴을 만끽하고 있다. 〈아버지들〉이 낙엽 뒹구는 공원의 나무 벤치에 앉아 시집을 읽으며 삶의 긴 여운을 음미하는 동안, 〈아들들〉은 모니터 앞에 앉아 낯선 누군가와 수다를 떨고 이 사이트 저 사이트로 돌아다니면서 키득거리며 세상 엿보기를 한다. 〈아들들〉은 사이버 공간에, 가상의 세계에 갇혀 전전긍긍한다. 이런 상황에서 퀴퀴한 먼지 냄새를 풍기는 이 책들에서 무슨 의미를 찾을 수 있을까?

지난 추석 연휴에는 아내와 두 아이까지 가세해서, 책을 나르고 분류하는 것을 거들고 서가에 책 정리하는 것을 도왔다. 〈저러다가는 몇 달이 더 지나도 끝나지 않지〉 싶었나 보다. 이 책 저 책과 대면하면서 자연스레 아이들과 책 이야기를 하게 되었다.

「예빈아, 이 책 생각 안 나니? 아빠가 잘못해서 찢어 놓았다면서 새 책하고 똑같이 해놓으라고 떼쓰던 책이잖아……. 똑같은 종이 구해서 붙이고 색연필로 그림도 다시 원래와 똑같이 그려 넣느라고 혼이 났었지.」

「히히히, 그런데 이 책들은 위가 왜 이렇게 시커멓지? 이 책들은 등이 못 쓰게 되었네요.」

「몇 년 전 집에 불났을 때 연기에 그을리고 열기 때문에 등이 눌어서 그렇게 된 거야. 걸레로 잘 닦아 봐라.」

「아빠, 뭐 유치하게 화집에다 시를 베껴 놓았어. 이건 카페에서 쓴 일기인가? 책에다 무슨 일기를 써요?」

「일기가 아니겠지, 그때그때 생각난 단상들을 낙서한 거야.」

「얘들아, 이 책들이 쓸모없고 하찮게 보여도 아버지가 서고가 있는 이 집을 마련하는 데 다 밑거름이 된 책들이야. 고마운 책들이다. 알겠니? 이 책들에게 절이라도 해야 할 판이다. 호호호.」 아내도 한마디 거든다.

「유진아, 이 책은 몇 년 전에 일본 고서점에서 산 책이고⋯⋯ 이 책은 당시에는 금서가 되었던 시집인데 엄마가 사촌 오빠한테서 구한 복사본이야. 사촌 오빠가 그때 운동권이었거든. 4년 전에 해금되어서 다른 출판사에서 정식으로 출판되었지만 말이다.」

「이 러시아 원서들은 1989년인가 일본의 러시아 전문 서점 나우카에서 산 책들인데, 러시아 사회주의자들의 저작이라고 김포 공항에서 모두 압수당했었지. 여러 기관을 찾아다니며 통관시키려고 애를 썼는데 모두 헛수고였단다. 한 달 뒤 일본으로 출국할 때 찾아갔다가 입국하면서는 이 책들은 모두 도스또예프스끼 소설들이라고 거짓말을 했지. 그랬더니 두말 않고 통관시켜 주더구나. 굉장한 아이러니지?」

「이 책은 장정이 너무 예뻐서 산 책이고⋯⋯ 이건 말이다, 편집이 너무 신선해서 산 책이고. 이건 이런 책이고⋯⋯.」

책들을 분류하면서 한 권 한 권 대면하다 보니 문득 〈이 책들 속에는 내가, 아니 우리 집의 역사가, 아니 더 나아가 내가 살았던 시대사가 고스란히 녹아 있구나〉 하는 생각이 들었다. 그랬다. 어느 한 권도 사연이 없는 책이 없고 숨결이 담겨 있지 않은 책이 없었다. 친구가 선물한 책, 저자로부터 증정받은 책, 논문을 쓰기 위해 산 책, 나의 삶을 통째로 바꾸어 버린

책 등등. 갑자기 책들이 다시 살아나 모두가 뛰쳐나와 자기 이야기를 하고 싶어 하는 것처럼 보였다. 어떤 책은 먼지를 뒤집어쓴 채, 어떤 책은 남루하게 닳아 버린 옷을 입은 채, 어떤 책은 새 옷을 깔끔하게 차려 입은 채로 말이다.

책은 어느 순간에 다시 살아 나온다. 책은 잠을 자고 있는 듯이 잠자코 있다가도 이야기를 시키면 끊임없이 이야기를 털어놓는다. 어떤 때는 자기 이야기에만 열중하는 듯하다가 딴지를 걸면 또 거기에 대꾸하기도 하면서……. 책만이 가질 수 있는 매력이 이런 것들이다. 책은 한 권의 책으로 〈세상 속으로〉 걸어 나가는 순간 〈살아 있는〉 인격체로 변모한다. 글쓴이가 영혼을 불어넣고, 만든 이가 옷매무새를 잘 매만져 주고, 읽는 이가 살아 움직이게 한다. 그래서 책은 언제나 따뜻하고 다정다감하며 사람 냄새를 물씬 풍긴다. 냉정하고 무뚝뚝하며 차가운, 심지어는 파렴치하기까지 한 TV나 컴퓨터와 같은 다른 미디어들과는 본질적으로 다르다.

그래서 책을 고르고, 책방에서 책을 사고, 책을 읽고 하는 행위 속에는 정보를 얻고 재미를 느끼는 단순한 독서 이상의 의미가 내포되어 있다. 그 속에는 〈내〉가 투영되고 〈나의 삶〉이 스며들며 〈내가 살고 있는 사회〉가 가득 채워지게 된다.

책을 사자.

―『현대-기아 자동차 사보』 1999년 10월 호― 테마 기획: 왜 책인가?

진지한 출판 행위, 후배들에겐 법첩

내 책상 왼쪽 구석에 항상 올려놓고 틈나는 대로 가끔씩 펼쳐
보는 책이 한 권 있다. 강렬한 표지만 보아도 한 예술가의
열정이 느껴져서 좋고, 아무 데나 펼쳐 보아도 한 인간의
삶의 여정이 그대로 담겨 있어서 책을 읽는다기보다는 마치
글쓴이를 만나고 있다는 느낌이 들어서 좋아하는 책이다.
800여 페이지에 달하는 두툼한 책이 주는 질감도 〈그냥〉
좋다. 이 책이 바로 앤디 워홀이 11여 년 동안(1976~1987년)
기록한 『앤디 워홀 일기 *The Andy Warhol Diaries*』이다.
3,000여 명에 달하는 사람들과 소통하면서 느낀 소회와 행적,
심지어는 사소한 택시비까지 기록하고 있는 책이다.
우연의 일치이긴 하지만 같은 시기(1976년)에 출판사를
시작한 어떤 한 출판인이 1985년부터 1987년까지 3년여 동안
기록한 출판 일기를 3년 전 책으로 묶어 낸 적이 있다.
『책의 탄생』이라는 책이 바로 그것인데, 〈격동기 한 출판인의
출판 일기〉라는 부제가 말해 주듯이, 글쓴이는 출판이 외부의
탄압에 시달리던 시절에 우리나라의 대표적 지식인들과 각
분야의 전문가들을 만나면서 어떻게 사유하고 어떻게 지식의
생산 과정에 참여했는가를 진솔하게 그리고 있다.
동시대에 쓰인 두 일기를 판이하게 다른 문화적 토양과

비교해 가면서 읽는 재미도 쏠쏠하지만, 〈그〉의 일기를 들여다보면 여러 담론의 한복판에 늘 〈그〉가 있었다는 것을 생생하게 느끼게 해주며, 〈출판 행위〉가 이미 생산된 지식이나 정보의 매개 역할, 혹은 단순한 정제 역할이 아니라 새로운 담론의 단초일 뿐만 아니라 확대 재생산해 내는 역할을 한다는 사실을 새삼 느끼게 해준다.

일기만큼, 한 인간의 내면에 투영된 한 시대의 역사를 일기만큼 생생하게 그려 낼 장르는 없다. 앤디 워홀의 일기는 바로 그의 캔버스를 통해서 보이는 것보다 훨씬 더 생생하게 당시 예술의 단면도를 보여 주고 있으며,『책의 탄생』이라는 출판 일기는 그가 펴낸 책들보다 당시 출판의 역사를 훨씬 더 생생하게 그려 내고 있다.『책의 탄생』그 자체가 당시의 출판 역사이며 그가 함께 호흡하고 함께 교통했던 300여 명의 지식인들은 바로 우리 사회의 대표적인 얼굴들이다.

나는 그가 지금도 그때의 순수와 열정을 가지고 〈출판 행위〉를 하는 것을 본다. 그이처럼 출판을 진지하게, 때로는 〈무지막지하게〉 하는 이를 잘 보지 못했다. 그이처럼 〈출판 행위〉를 한번 〈제대로〉 해보겠다는 이들에게 교과서처럼 보여 주는 이도 드물다. 그이가 바로 한길사의 김언호다.

── 『경향신문』 2000년 5월 25일 ── 칭찬 릴레이

출판 대국이 〈文化 대국〉

달포 전에 『도스또예프스끼 전집』을 내고 나서 나는 〈과분한〉
혹은 다소 〈과장된〉 평가를 받았다. 그러한 평가의 근거는
이렇다. 요즘 같이 모든 사람이 인터넷이니 벤처니 주식이니
하면서 돈벌이에 혈안이 돼 있는 형국에 그 많은 제작비를
들여서 그것도 150여 년 전 작가의 전집을 낸 것은 〈바보짓〉
혹은 〈문화사적 사건〉이라는 것이다. 다른 한 가지는 청년
시절에 품고 있었던 생각을 20여 년 뒤에 이루어 냈으니
얼마나 행복한 일이냐는 것이다. 이런 평가를 받는 것은
개인적으로는 무엇보다도 소중한 경험이며 영광일 수 있겠다.
또한 〈전집〉을 낼 수 있는 여건이 된 것도 분명 내게는 커다란
행운인 셈이다. 그러면서도 왠지 씁쓸한 자괴감이 드는 것은
무슨 까닭일까?
10여 년 전 러시아의 천재 영화감독 에이젠쉬쩨인의 책을 한
권 낸 적이 있다. 당시 에이젠쉬쩨인 관련 자료를 수집하러
일본에 간 적이 있는데 일본에서 출간된 자료들을 보고는
깜짝 놀랐다. 낱권으로 된 책들은 말할 것도 없거니와 키네마
준보샤에서 1973년부터 간행된 10권짜리 『에이젠쉬쩨인
전집』은 러시아보다 20여 년 앞서 발간된 전집이었기
때문이다.

『프로이트 전집』을 냈을 때도 마찬가지 경험을 한 적이 있다. 그때에도 자료 수집 차 런던에 있는 프로이트 박물관을 방문한 적이 있는데 그 박물관에는 프로이트가 생전에 모은 세계의 민속품들이 잘 보존돼 있었고, 환자들이 진료받을 때 썼던 그 유명한 〈긴 의자〉도 있었다. 그리고 세계 각국에서 발간된 프로이트 연구서와 번역서 등 많은 책이 진열, 판매되고 있었다. 무엇보다도 놀라운 것은 영국의 호가스 출판사와 정신 분석 학회에서 펴낸 스탠더드판 전집이 같은 시기에 나온 독일어판보다 내용이 훨씬 더 방대하고 해석이나 각주도 훨씬 알찬 전집이라는 사실이었다. 두 경우 모두 원본 전집보다도 오히려 외국어판 전집이 훨씬 더 학문적으로 평가를 받고 있다. 전집 출간이 이 정도는 돼야 〈사건〉 운운할 수 있을 터이다.

잘 알려져 있지만 일본에서는 이미 1930~1940년대에 고리끼, 마르크스, 레닌 등이 쓴 대부분의 〈고전〉 전집들이 간행되었다. 우리나라의 경우는 어떠한가. 불행하게도 우리나라 독자들은 번역된 〈마르크스〉나 〈레닌〉을 경험해 본 적이 없다. 마르크스 이론의 유용성은 논외로 하더라도 20세기의 가장 거대한 담론 가운데 하나인 마르크스를 우리는 그저 2차 자료만 가지고 〈장님 코끼리 만지듯〉 변죽만 울리다가 21세기로 건너뛴 셈이다. 이런 출판 형태가 마르크스에만 국한된 게 아니다. 모든 분야에서 꼭 번역돼야 할 고전들이 정말 〈제대로〉 번역된 적이 없다. 도스또예프스끼만 하더라도 우리나라에서는 이제야 〈제대로 번역된〉 판본을 갖게 된 셈이다. 도스또예프스끼 작품의 번역사는 60년이 넘지만 지금까지 번역된 작품은 대부분 중역重譯된 것들이며 심지어는 최근에 번역된 단편소설들조차 여전히 마찬가지 구태를 벗지 못했다는 사실에 그저 말문이 막힐 뿐이다.

작년에 일본의 한 출판사 사장이 우리 출판 시장을 둘러보고 〈한국 출판계는 지나친 엄숙주의에 빠져 있다〉고 말했지만 우리가 언제 한 번이라도 정말 엄숙하게 우리의 출판 수준과 출판 의식에 대해 고민해 보았는가? 그보다도 그동안 우리는 너무 지나친 편의주의와 상업주의의 발상에 젖어 있었던 것은 아닌가 자문해 본다. 한 나라의 문화 역량과 문화 의식이 가장 적나라하게 드러나는 미디어가 출판이다. 앞에서 든 사례에서 보았듯이 일본이나 영국이 여전히 세계적 수준의 출판 대국이 될 수 있는 배경에는 철저한 출판 의식이 바탕에 깔려 있기 때문이다. 출판계 전체가 전자책이나 인터넷 사업 쪽에 휩쓸려 가고 있는 이 시점에서 〈문화적 토대로서의 출판 본령〉에 보다 진지하게 접근할 것을 고언苦言한다면 그것은 시대에 뒤떨어진 생각일까.

── 『동아일보』 2000년 7월 20일 ── 일하며 생각하며

문학 콘서트 관람기

예술의 전당 콘서트홀에서 보기 드문 향연이 베풀어졌다.
일본의 대표적 양심이자 노벨상 수상 작가인 오에 겐자부로와
우리나라 최고의 이야기꾼 김주영, 젊은 세대들이 가장
좋아하는 작가 신경숙, 이 세 명이 함께한 〈문학의 밤〉이
열렸는데, 놀랍게도 콘서트홀의 1,000여 석이나 되는 객석이
입추의 여지도 없이 가득 찬 것이다. 20~30대는 물론
흰머리가 희끗희끗한 중년의 사내들, 정장 차림에 백발이
보기 좋은 노부부들의 모습도 의외로 눈에 많이 띄었다.
이렇게 많은 독자로 성황을 이룬 〈문학의 밤〉은 우리 풍토상
기대하기 어려웠던 게 사실이다. 더구나 1만 5천 원이라는
적지 않은 입장료를 내면서 표가 완전히 매진된다는 것은
기적에 가까웠다. 대중 연예인들의 〈게릴라 콘서트〉도 아니고
〈베를린 필 공연〉도 아닌 〈문학의 밤〉에 관객이 모이리라고는
꿈에서조차 기대하기 어려운 게 아닌가?

기적에 가까운 꽉 찬 객석

객석의 불이 꺼지고 무대 한쪽의 작은 문으로 길게 빛을
던지자 오에 겐자부로가 모습을 나타냈다. 그는 막 인천
공항에서 오는 길이라며 말문을 열었다. 그는 감동한 듯이

〈여러분과 같은 진정한 독자들이 존재하는 한 한국의 미래는 밝다〉며 인사했다. 그리고 〈자신은 일본 작가니까 일본어로 낭송하겠다〉며 양해를 구하고는 일본말로 자신의 대표작 『만엔 원년의 풋볼』을 30여 분간 읽어 나갔다. 천천히 또박또박 읽어 나가는 그의 한마디 한마디에는 노작가의 삶과 경륜이 배어 있는 듯했다. 그리고 마지막 몇 분 동안은 한국어로 한 문단만 읽어 보겠다며 더듬거리면서 자신의 한국어 번역본을 읽어 보여 줬다. 이어서 등장한 신경숙도 자신의 신작인 『부석사』를 30여 분간 수줍어하는 듯한 어조로 읽어 내려갔다. 처음 오에 겐자부로가 나왔을 때만 해도 외국 작가이니까 그러려니 했는데 신경숙도 그저 자신의 작품만 달랑 낭독하고는 무대 뒤로 사라졌다. 솔직히 처음 〈문학의 밤〉에 참석해 본 나로서는 실망스러웠다. 어쩌면 나는 그 작가들로부터 〈문학의 위기〉니 〈문학의 세계화〉니 〈대중 문학의 본질〉이니 하는 큰 화제라든지 그들의 진솔한 세상살이라도 들을 수 있을 것으로 내심 기대하고 있었는지도 모르겠다. 두 작가의 낭송이 끝나자 20여 분간 휴식 시간이 주어졌다. 나는 로비로 나와 커피 한잔하면서 이런 종류의 행사라면 아마도 많은, 아니 대부분의 독자가 객석을 빠져 나갈 것이라고 생각했다. 휴식 시간이 끝나고 마지막 차례가 시작되자 나는 아무 데나 자리 잡으면 되겠지 하며 빈자리를 찾아보았다. 그러나 나는 다시 한번 깜짝 놀라고 말았다. 빈자리는 하나도 없었다.

관객 모두가 흡족한 표정

마지막 초대 작가로 나온 김주영도 예의 그 무게 있는 목소리로 『천둥소리』를 10여 쪽 읽어 내려갔다. 그의 목소리에는 주인공의 파란 많은 인생 역정이 깊게 배어 있었다. 객석의 독자들은 작가들이 한 줄 한 줄 읽어 내려갈 때마다 마치 자신들이 소설의 주인공이 된 듯이 숨죽이며 작가들의 호흡을 따라가고 있었다. 세 작가가 함께 무대에 나와 인사를 하자 객석에 있는 모든 사람이 장내가 떠나갈 듯이 기립 박수를 쳤다. 눈길마다 흡족한 표정이 역력했다. 나는 비로소 가슴이 뭉클해지면서 이런 것이 문학의 힘이라는 것을, 이런 독자들의 보이지 않는 힘이 우리의 문학을 살찌우게 하겠구나 하는 생각을 했다.

몇 해(1995년) 전, 런던 로열 페스티벌 홀에서 움베르토 에코와 마리오 바르가스 요사, 살만 루슈디가 작품을 낭송하던 〈문학의 밤〉의 기억이 낮잠을 자는 사이 꿈속에 나타났다.

—『한겨레』 2001년 4월 21일 — 시평

돈 내고 봅시다

십여 년 전에 내가 아는 선배가 경기도 양수리에 땅을 샀다.
그곳은 대성리에서 양평으로 이어지는 잘 닦인 아스팔트
길목에 대지 뒤쪽으로는 크고 작은 야산들이 겹겹이 둘러싸고
있고 코앞으로는 강물이 도도히 흐르고 있어서 경치가
그만이었다. 나는 그가 그 땅을 샀을 때 영국 작가 피터 메일의
소설『내 안의 프로방스』가 떠올라, 〈선배, 선배도 여기에
분위기 있는 레스토랑 딸린 호텔 지으려고 그래요?〉 했다.
「피터 메일이라는 작가 알죠? 그 사람 원래는 잘나가는
카피라이터였는데 광고 대행사 차려서 돈을 많이 벌었어요.
휴가차 프랑스의 프로방스를 여행하다가 그곳의 풍광과
여유에 매료돼서 아예 프로방스에 눌러앉아 버렸어요.
거기서 조그마한 집을 한 채 사고, 레스토랑과 호텔로
개조해 운영하면서 지금은 소설만 쓰고 있어요. 그 작가가
프로방스에 정착해 가는 과정, 그곳 사람들 얘기를 담은
소설과 에세이가 베스트셀러가 되면서 전 세계에 프로방스
붐을 일으키기도 했죠. 아니면 선배, 부동산 투기하려는 거
아니에요?」 이야기를 듣고 있던 선배는 그저 웃기만 했다.
몇 년 전, 그 선배가 그곳에 자그마한 콘서트홀을 하나
지었다고 하기에 같이 가보았다. 300여 평쯤 되어 보이는,

작지만 남성적인 느낌을 주는 건물이었다. 건물 1층엔 200여 명이 들어갈 수 있는 콘서트홀, 2층에 몇 개의 스튜디오, 조명실, 회의실 등 부속 시설들이 있고, 3층 한 켠에는 자그마한 커피숍이, 한쪽에는 나무 마루가 깔린 야외 테라스가 펼쳐져 있었다. 합숙하면서 연극 연습이나 뮤지컬 연습 같은 것을 하기에 안성맞춤인 시설이었다. 그렇지만 누가 보더라도 카페나 레스토랑을 지어 운영하면 딱 알맞을 장소에 웬 콘서트홀인가 싶어 생뚱맞게 물었다. 「이 건물 용도가 뭐죠? 재즈 페스티벌이나 아이돌 가수 콘서트 열면 관객들이 오려나……. 설마하니 여기서 피아노 독주회니 갈라 콘서트니 하는 클래식 공연하려는 거 아니죠? 아예 메디치를 자처하고 나서면 모를까…….」 이 말에도 선배는 그냥 웃기만 했다.

그는 건물을 완공하고 나서는 아예 사업을 제쳐 두고 틈만 나면 양수리로 갔다. 그러고는 매달 콘서트 일정이 담긴 리플릿과 초대장을 보내왔다. 그는 매주 금요일마다 서혜경, 양성원, 피터르 비스펠베이, 금호 현악 사중주단 등의 콘서트를 열었고, 카페와 호텔의 네온사인이 유난히 눈길을 끄는 강변의 호젓한 이곳에서 연극도 무대에 올렸다. 나는 틈이 나는 대로 콘서트를 보러 갔다. 갈 때마다 늘 객석이 얼마나 찰까 조마조마했는데 그런대로 모양새는 갖출 정도의 관객은 늘 있어서 다행이었다. 그런데 나를 실망시킨 것은 프로그램도 관객의 수도 아니었다. 매번 목격한 것은 대부분의 관객이 표를 사지 않고 당당하게 입장한다는 거였다. 그들의 얼굴은 〈바쁜 와중에 여기까지 와준 것만도 얼마나 감지덕지한 일이야〉라고 말하는 듯했다.

이혜경 피아노 독주회가 열리던 날, 나는 아내와 함께 갔다가 내 앞에서 표를 사는 여대생을 보고 물었다. 「다들 그냥 들어가는데 초대장 가져오지 않았나 보죠?」 그러자 그 학생은 〈저는 머리 숫자 채워 주러 온 게 아니에요. 내가 좋아하는 걸 보러 왔는데 당연히 표를 사야죠〉라고 했다. 연주회가 끝나고 연주자와 관객들이 한데 어울려 맥주를 한잔하는 자리에서 나는 선배에게 제안했다. 「선배, 후원회를 만드는 게 어때요? 아니면 연회비를 받는 회원제로 운영하던가……」 이 말에도 선배는 묵묵부답인 채로 웃었다.

1년 전쯤 선배는 잘되던 회사의 자기 지분을 다른 사람에게 넘겼다. 나는 선배에게 왜 회사를 넘겼느냐고 묻지 않았다. 또 선배에게 〈입장료 수입이 거의 없는〉 그 일을 언제까지 계속할 거냐고 묻지도 않았다. 나는 대신 〈표를 샀던 여대생〉이 점점 늘어나기를, 그래서 그 여대생 같은 작은 〈문화 후원자〉들로 우리 문화가 뿌리부터 견고해지기를 빌었다. 그래서 그 선배도 함박웃음을 터뜨릴 수 있게 말이다.

──『한겨레』 2001년 5월 19일 ── 시평

어느 출판인의 푸념

7~8년 전쯤인가 절친한 후배가 출판사를 내겠다며 찾아왔다. 〈어떤 책을 내야 돼요?〉라는 물음에 나는 단호하게, 〈좋은 책만을 내라. 시류에 편승하거나 유행을 좇는 책, 남들도 낼 수 있는 책, 이런 책들은 어느 사이엔가는 서가에서 쓰레기통으로 사라져 버리지. 독자가 언제라도 서가에《모셔 두면서》다시 읽고 싶은 책을 만들라〉고 대답했다. 후배는 〈사실 나는 인문, 예술 분야의 책들을 만들고 싶은데, 사실 좋은 책이 어떤 책인지 그 경계가 모호하긴 하지만……〉이라고 했다. 우리나라가 10대 출판국이라고는 하지만 어느 분야든 조금만 들어가 보면 〈필요한 책〉이 거의 없는 실정이어서 나는 그 후배가 그 분야를 깊이 파고들면 잘 해내리라고 생각했다. 「어느 분야의 책을 내든지 그것은 별로 중요하지 않아. 레비스트로스의 『슬픈 열대』는 좋은 책이고 실용서는 무조건 좋은 책이 아니라는 식의 이분법은 가당치도 않지. 예를 들어 영국의 돌링 킨더슬리 Dorling Kindersley라는 출판사에서 『세계의 명견』이라는 책을 냈는데 이 책은 전 세계에서 유일무이한 책이야. 세계의 명견들을 체계적으로 분류하고 해설하고, 또 그 명견들을 몇 년에 걸쳐 일일이 새로 사진을 찍어서 만든 책이지.」

의기양양해서 사무실을 나서는 후배를 바라보면서, 나는 내심 〈누가 출판사 한다고 하거든 도시락 싸 들고 다니며 말리라〉고 하던 어떤 선배 이야기가 갑자기 떠올라 한편으로는 걱정이 되기도 하였다. 그 뒤로 후배는 서울 명륜동의 한 허름한 건물에 조그만 사무실을 세내어 출판을 시작했다. 한 달에 1~2권씩 책을 내면서 그럴싸한 도서 목록을 만들어 갔다. 메이저 출판사도 흉내 내지 못하는 방대한 양의 『희망의 원리』도 번역해 냈고, 그가 자랑스러워하는 중세의 고전 시리즈도 한 권 한 권 펴내고 있다. 어느새 후배 출판사는 정말 〈출판을 제대로 하는〉 출판사로 자리매김해 갔고, 그가 내는 책들은 모두 학계와 언론에서 주목하게 되었다. 후배도 〈새로 부상한 출판계의 탁월한 편집자〉라는 소리를 들었다.

3년 전이었던가, 어느 날 그는 신간을 한 권 들고서 찾아왔다. 「선배, 다른 분야도 손을 댈까 봐요. 요즈음 다들 아동 도서나 컴퓨터 같은 실용서 쪽으로 방향 전환하는 출판사들이 많은데요. 인문서 시장이 날로 위축돼 가고 있어요. 미국 도서관의 20분의 1도 안 되는 도서관만 바라보고 있을 수도 없고요. 도서관 예산이라고 있는 것도 인건비나 경상비로 쓰고 나면 도서 구입비는 10퍼센트로도 안 되는 데가 허다해요. 도대체 정부에 출판 정책이라는 게 있기나 한지 모르겠어요.」 그러면서도 그는 의욕에 차서 말했다. 「영국의 파이던Phaidon 출판사의 슐라그만이라는 사장을 만난 적이 있는데, 그 사장 대단해요. 파이던 출판사는 70년이 넘는 예술 전문 출판사로 그동안 경영난 탓에 7~8차례 주인이

바뀌었는데, 그가 『더 아트 북*The Art Book*』이라는 책을 기획해서
전 세계적으로 300만 부 넘게 팔았어요. 600페이지나 되는
화집을 소설 한 권 값에 지나지 않는 싼값에 팔아 성공을
거두었죠. 예술 도서의 대중화랄까. 그 뒤 파이던은 직원도
100여 명이나 되는 메이저로 급부상했죠.」
그는 철학서나 예술 서적의 대중화로 기획 방향을 잡아
가려는 것 같았다. 그 뒤 후배는 철학 우화와 가벼운 예술
기행 쪽의 책들을 내서 작은 성공을 거두었고, 몇 년 전의
도매상 연쇄 부도 시점에도 근근이 버티어 냈다. 그러던 그가
며칠 전 전화를 했다. 「선배, 이제는 정말 어떻게 해야 될지
모르겠어요. 매출이 30~40퍼센트는 떨어졌어요. 최근 1년
사이에 소매 서점들이 매달 50여 군데씩 문을 닫는대요.
반품이 산더미처럼 쌓여 가요. 〈책을 읽자〉라는 구호가
무색해요. 추곡 수매하듯이 정부에서 적극적으로 책을 사서
도서관에 공급하라고 하든지 해야지 원……. 좋은 책만 내라고
하더니만, 선배 이런 상황에서 출판 계속해야 돼요?」
그가 어려운 고비마다 잘 견디어 냈듯 이번에도 어떤 돌파구를
찾아내겠지만 그의 푸념이 예사로이 들리지 않는 것은
왜일까?

── 『한겨레』 2001년 6월 16일 ─ 시평

소중한 〈그분〉과의 인연

우리 출판사에는 〈그분〉으로 통칭되는 독자가 한 분 계시다.
〈그분〉은 종종 출판사에 들러 책을 사 가곤 하던 분이었는데,
성함을 물어보아도 주소나 전화번호를 물어보아도 그저
〈가까이에 살아, 근처에 볼일 보러 나왔다가 들렀어〉라고 할
뿐이어서 〈그분〉으로만 통했다.

〈그분〉과의 인연도 벌써 십수 년은 더 지난 듯싶다. 처음
인연은 『수용소군도』에서 비롯되었다. 『수용소군도』를
서점에서 살 수가 없는데 출판사에는 재고가 있지 않겠느냐는
전화를 했었다. 이미 발간한 지 몇 년이 되었고 수요도 더 이상
없어서 절판시킨 터라 재고가 없었다. 다른 데에서도 번역된
적은 있지만 제1부만 번역되었고, 제3부까지 완역된 책은
우리 출판사판뿐이어서 꼭 구해 달라는 부탁이었다. 어렵사리
6권을 모두 짝을 채워서 드렸다.

이렇게 시작된 인연으로 〈그분〉은 회사가 효자동에서
신문로로, 다시 통의동으로 옮겨 가면서도 계속되었고, 어느덧
교분이 쌓여 언론에 신간 소식이나 관련 기사가 나와도 종종
전화를 주시곤 했다. 5년 전 『프로이트 전집』이 나왔을 때에도
회사에 들러 한 질을 구입하면서, 〈전 세계에서 프로이트는
독어, 영어, 불어, 일어판 전집뿐이네. 늦은 감은 없지 않지만

그나마 체면은 세우게 되었네. 많이 팔렸으면 좋겠구먼〉했다.

한 달 전 〈그분〉은 전화통에 대고 호통을 쳤다. 기왕에 번역할 거면 모두 다 원전으로 번역해야지 왜 중역한 게 있느냐는 거였다. 프로이트 전공자 가운데 독어로 번역할 수 있는 사람을 모두 구하지 못해서라고 변명을 했지만 〈그분〉의 비판은 혹독했다.

언젠가는 출판사엘 들렀다가 한바탕 훈계를 하기도 했다. 「일본에서는 메이지 초기인 1870년대에 이미 1년에 3,000~4,000종의 외국 서적들이 번역되었지. 일본이 근대의 기초를 닦는 데에는 출판사들의 역할이 절대적이었어. 한 나라가 발전하기 위해서는 어느 분야든 중요하지 않은 분야가 없겠지만 출판만큼 중요한 분야가 없지. 흔히 책을 읽지 않는 나라에는 미래가 없다고 하듯이 출판문화가 꽃을 피워야 그 나라가 선진국이 될 수 있어요. 우리나라에서도 1960~1970년대에 수많은 외국의 중요한 고전들이 번역되었고 단행본이 꽃을 피우기 시작한 것도 그때였고……. 지금도 출판 종수는 그때보다 몇 배나 많지만 아직도 꼭 필요한 책, 꼭 번역되어야 할 책들이 출판되지 않고 있어요. 출판사들도 너무 세태 변화에 민감하게 대응하지 않았으면 좋겠네.」

지난해 초 『도스또예프스끼 전집』이 곧 나올 거라는 기사가 일간지에 난 적이 있는데 그때에도 격려 전화를 했다. 「어려운 작업을 하는구먼. 요즈음처럼 젊은 사람들이 인터넷에 빠져 있고, 게임이나 가벼운 읽을거리 외에는 관심이 없고, 아예 고전 장편들은 읽을 엄두도 내지 않는데 너무 무모하지

않은가.」 그러면서 〈그분〉은 요즈음 젊은 세대들의 독서
풍토에 개탄을 했다. 「나는 학생 때 요네카와 마사오가 혼자
번역한 일어판 『도스또예프스끼 전집』을 다섯 번이나 읽었어.
젊은이들이 책을 너무 안 읽어. 나라의 장래가 걱정돼…….
무엇보다도 자라나는 세대들에게 책을 읽혀야 해. 어려서부터
독서 습관이 몸에 배게 북 스타트 운동이라도 벌이든지…….
그리고 참 책이 나오면 내 몫도 한 질 챙겨 주게나.」
나는 〈그분〉에게서 전화가 걸려 올 때마다 출판에 대한
흐트러졌던 생각들을 다시 다잡곤 한다. 이번에 새로 내는
책이 우리 사회에 정말 필요한 책일까, 책에 오자나 오류는
없나, 최선을 다해 만들었는가 하는 등등의 생각들을.
나는 〈그분들〉을 이제는 매일같이 홈페이지에서 만난다.
어떤 때는 격려하는 조로, 어떤 때는 힐난하는 조로 이야기를
하는 〈그분들〉을 만난다. 나는 다양한 〈그분들〉을 더 많이
만나기를 바란다. 〈그분들〉로 인해 책은 한 발짝 더 큰 걸음을
할 수 있다는 것을 믿기에.

── 『한겨레』 2001년 7월 21일 ─ 시평

일본 출판문화 콤플렉스

며칠 전 아마존을 통해서 일본 헤이본샤에서 발행한『중세
사상 원전 집성』이라는 시리즈의 책을 몇 권 샀다. 모두
20권으로 기획되어 1992년부터 간행하기 시작한, 서양 중세의
원전들을 총망라한 기획물이었다. 몇 해 전부터 번역되지
않은 중세의 고전들을 총서로 펴낼 요량으로 자료들을 모아
오고 있었는데, 우선 라틴어, 그리스어, 중세 불어 등으로 된
고전들을 제대로 번역할 엄두를 내지 못하고 있던 참이었다.
1권당 분량만도 평균 1,000여 쪽에 달하는 방대하고도 알찬
책을 받아 든 나는, 한편으로는 그런 전집을 기획 번역할
수 있는 문화적 배경에 한 번 놀라고, 1권당 가격이 10여 만
원씩이나 하는 책이 재판된 것을 보고 책의 소비 구조에 또 한
번 놀랐다. 그러면서도 또 한편으로는 은연중에 느끼고 있던
일본에 대한 〈문화 콤플렉스〉가 다시 고개를 들었다.
1970년대까지만 해도 많은 기술 용어나 〈현장〉 용어 등
일상생활에서 맞닥뜨리는 일본 용어는 차치하고라도,
대학에서조차 수많은 학술 용어나 개념어들이 충분한 사유
과정을 거치지 못한 채 일본식 번역어를 그대로 차용해 쓰는
경우가 허다했고, 학문의 사조나 경향조차 일본 영향을 많이
받고 있는 듯이 보였다. 1960~1970년대에 서양 고전들이

많이 번역 출판되었지만, 이때만 해도 〈문학 전집〉과
〈사상 전집〉의 목록이나 번역 대본 대부분이 〈일본판〉들을
교과서처럼 썼다. 1980년대에 사회 과학 서적들이 많이
번역 소개되어 한국의 민주화에 큰 족적을 남겼지만 일본
출판물의 영향을 받기는 마찬가지였다. 백과사전이나 각
분야의 사전들도 많은 부분 일역에 의지해서 만들어졌다.
또 〈일본에서는 세계의 주요 신간들이 1주일 내에 번역되어
책이 나온다〉는 얘기를 전설처럼 들어 왔다. 말하자면 일본의
출판문화는 알게 모르게 우리나라 출판문화의 〈스승〉
구실을 해온 셈이다. 그나마 우리나라 학자가 일어로 번역한
아리스토텔레스의 『시학』이 도쿄대에서 몇십 년 동안 교재로
쓰일 정도로 탁월한 번역이었다든지, 보들레르에 관한 어느
교수의 비평이 일본에서도 권위를 인정받고 있다는 풍문
정도가 위안이라면 위안거리였다.

1980년대 중반에 출판을 시작한 나는 외람되게도 절대로
양보할 수 없는 불문율을 하나 정했다. 그것은 중역은 하지
않겠다는 것과 설사 불가피하게 중역을 하게 되더라도
일본어판만은 절대 번역 대본으로 쓰지 않겠다는 것이었다.
그리고 이제는 외국의 주요 저작들을 일본보다도 먼저
발간해 보자는 것이었다. 어떻게 보면 일본에 대한 〈문화
콤플렉스〉를 억지 춘향이식으로 비껴가려는 것처럼 보이기도
할 터인 이런 불문율이 무슨 소용일까마는, 문화적으로도
〈그〉 일본 출판물로부터 이제 좀 독립해 보자는 심사가 더
크게 작용했다. 하긴 프랑스나 영국에 대한 문화 콤플렉스는
또 어찌하겠냐만, 적어도 일본은 〈벤치마킹〉하지 말자는

식이었다.

스스로 한 다짐도 있어서였겠지만 어쨌든 유럽의 신간 문학 작품들을 일본보다도 먼저 발간할 수 있었다. 아나똘리 리바꼬프, 움베르토 에코, 베르나르 베르베르의 문학 작품이나 러시아의 현대 소설들은 모두 일본보다 먼저 번역해 발간하였으며, 그동안 우리가 냈던 『개미』, 『좀머 씨 이야기』, 『장미의 이름』, 『아르바뜨의 아이들』 등 베스트셀러들도 모두 일본 출판사들 쪽에 역으로 영향을 준 경우가 되었다. 일본에서 『개미』를 낸 출판사는 발행 전에 우리 출판사로 홍보 전략을 물어 왔고, 『장미의 이름』은 일본판 역자 후기에서 한국어판이 먼저 나온 데 대해 놀라움을 표시하기도 했으며, 심지어는 『장미의 이름』 표지를 열린책들판의 이미지를 차용해서 쓰기도 했다.

이제는 우리나라 출판 수준도 어느 나라 못지않게 출판 선진국의 문턱에 다가와 있고, 일본을 더 이상 본받지 않아도, 그로부터 〈독립〉해도 될 정도에까지 와 있다고 여겨지지만, 나는 〈중세 고전 총서〉를 기획하고 있는 이 순간에도 『중세 사상 원전 집성』의 편집권만 얻어서 그냥 중역을 해버릴까, 갈등하고 있다.

── 『한겨레』 2001년 9월 1일 ― 시평

더 많은 〈한국 백상 출판문화상〉이 생겼으면

뭐니 뭐니 해도 책은 〈살아 움직이는〉 미디어다. 나는 인간이 생각해 낸 고안품 가운데 가장 완벽한 형태가 책이 아닌가 싶다. 당대를 살았던 사람들이 보고 듣고 느끼고 생각한 것들이 결국은 서책의 형태로 남을 수밖에 없기 때문이다. 과학이 발전하면서 많은 미디어가 이 서책을 대신할 듯 보이지만 책이 품고 있는 독특한 오라를 다른 미디어가 절대로 대신할 수는 없다.

책꽂이에 꽂혀 있는 한 권의 책에는 이미 글지이의 혼이, 만든이의 정신이, 그리고 무엇보다도 지닌이의 개인사가 고스란히 담겨 있다. 그래서 책은 단순한 사물이 아니라 끊임없이 그러한 혼과 정신들이 세포 분열하듯이 다른 생각들을 연쇄해 내고 다른 사람들을 연좌해 내는 〈살아 움직이는〉 유일한 미디어다.

그래서 그러한 책을 짓고, 만들고, 지닌 이들을 칭찬하고, 박수를 치는 일은 지극히 당연한 우리 사회의 책무다.

그런 의미에서 가장 전통이 오래되었고 언론계에서 만든 유일무이한 상인 한국 백상 출판문화상은 그 제정 취지나 의미가 더욱 돋보인다.

우리 출판사도 여러 번 이 상을 받았지만 재작년엔 『뻑쉬긴 문학 작품집』으로 옮긴이가 번역상을 받은 적이 있다. 전집 기획 당시 나는 역자에게 〈이 책을 번역하게 되면 500권도 팔리지 않을지는 모르지만 한국 백상 출판문화상은 반드시 받게 될 것〉이라고 설득했었다. 옮긴이는 예상대로 한국 백상 출판문화상의 번역상은 물론 러시아 정부의 뿌쉬낀 메달을 받는 영예도 안았다.

나는 우리 사회에 보다 많은 한국 백상 출판문화상이 생겨서, 보다 많은 글지이와 만든이들이 격려받고 고무되어 출판문화 수준이 한 단계씩 고양되는 계기가 만들어지기를 기대한다. 그래서 일본처럼 국경일 단상에 책 만든이를 삼부 요인과 나란히 초대하는 사회가, 독일처럼 박사 학위 소지자들이 책을 만드는 사회가, 영국에서처럼 만든이가 사회적인 영예를 누리는 사회가 되기를 바란다.

— 『한국일보』 2001년 11월 15일

고급문화는 고가문화인가?

7년쯤 된 이야기다. 우연한 기회에 영국에 1년 반 정도 체류한 적이 있는데, 그때 우리 가족은 그야말로 한국에서는 상상도 못 할 문화생활을 누리며 살았다. 200여 페이지에 달하는 주간지 『타임 아웃』에는 수시로 열리는 박람회나 특별 전시회, 크고 작은 음악회가 끊임없이 개최되고 있음을 알리고 있었고, 내가 살았던 킹스턴에도 갖가지 종류의 이벤트가 하루가 멀다 하고 열렸다. 마음만 먹으면 거의 매 주말 정말 근사한 〈문화 캘린더〉를 만들 수 있었다. 더구나 전 세계에서 가장 많은 문화유산을 소장하고 있다는 대영 박물관은 물론이거니와 거의 대부분의 박물관과 미술관들이 무료로 개방되고 있어서, 정말이지 전철 티켓 2장과 샌드위치 하나만 지니면 발이 부르트도록 하루 종일 런던 시내를 누빌 수 있었다.

「에드가르 드가전」이나 「모네전」 같은 특별전을 제외한 상설 전시는 언제나 무료로 관람할 수 있었다. 게다가 회원(회비는 주머니 사정에 따라 내면 된다)이 되면 미술관이나 박물관에서 주최하는 이벤트나 세미나, 교양 강좌에 초대받는다. 자신이 만드는 〈커리큘럼〉에 따라 얼마든지 〈학점〉을 딸 수도 있다는 이야기다. 물론 박물관이나 미술관의 경상 운영비가 정부의 보조금과 회원들의 회비 또는 기부금으로 충당되니까 일반인은 무료로 관람할 수 있지만 말이다. 어쨌든 우리 가족은 좋은 작품들을 값싸게 관람할 수 있었다. 각종 콘서트나 뮤지컬도 입장료가 비교적 싼 편이었다. 대부분의 뮤지컬도 당시에는 2~3만 원 정도면 관전할 수 있었다. 우리 가족은 아예 〈뮤지컬 집중 탐구〉 기간을 정해 놓고 주말마다 런던에서 상설로 공연되던, 「미스 사이공」, 「오페라의 유령」, 「선셋 블러바드」, 「캐츠」, 「레 미제라블」 등을 모두 다 섭렵하였고 정명훈, 장한나, 조수미 등 한국에서는 쉽게 들을 수 없는 연주가들의 콘서트도 빠뜨리지 않고 관람할 수 있었다.

영화나 책도 얼마든지 싸게 즐길 수 있다. 우리나라의 행정 구분으로 하자면 구區 정도가 될 것이지만(아마 인구 비례로 따지자면 3~4개 동에 하나 정도가 될 것이다), 구마다 설치되어 있는 라이브러리에서는 회원 가입만 하면(여행객 신분으로도 회원 가입이 된다) 최신간이나 비디오를 얼마든지 빌려 볼 수 있었다. 또 일정 기간이 지나면 책과 비디오들을 주민들에게 아주 싸게(2,000원 정도) 팔기도 했다. 새 비디오도 얼마든지 싸게 구입할 수 있었다. 대부분의 비디오는 2~3개월만 지나면 값이 싸지기 시작해서 6개월쯤 되면 2,000 ~3,000원이면 살 수 있었다. 한마디로 말하면 영국에서는 수준 높은 문화생활을 공짜로 즐길 수 있을 뿐만 아니라 약간의 돈을 들일 각오가 되어 있다면, 즉 가족이 한 달에 두 번 정도 유명 콘서트를 관람한다고 해도 10~20만 원 정도면 최고의 문화생활을 할 수 있다는 이야기다.

7년 뒤인 요즈음 나의 문화생활을 보자. 나는 지난 한 달 동안 「레 미제라블」(8월 4일, 4명), 「장사익 콘서트」(8월 15일, 3명), 「박성연 재즈 콘서트」(9월 4일, 2명) 등 세 개의 공연을 다녀왔다. 장사익의 경우는 작년에 보스턴 팝스 오케스트라와의 협연 당시 고음 처리가 불완전해 아쉬움이 남았었는데 다시 공연을 보게 되어 그런대로 만족스러웠다. 그러나 「레 미제라블」의 경우엔 우선 주머니 사정으로 3층에서(그것도 5만여 원씩을 주고) 보게 된 것이 화근이라면 화근이었는데 거리가 멀어 관극을 제대로 할 수 없었다. 세 개의 콘서트를 관전하는 데 1인당 4~5만 원씩 9명이 보았으니 40여 만 원을 지출한 셈이다. 영국에서라면 20여 만 원 정도 들었을 것이다. 단순하게 관람료만 비교하면 두 배 가까이 비싼 셈이지만, 양국의 1인당 국민 소득을 고려하면 다섯 배 정도는 비싸고, 「레 미제라블」처럼 관전 여건까지 고려하면 훨씬 비싼 돈을 지불한 셈이다. 우리나라 구립 도서관에서 최신간 서적이나 비디오를 빌릴 수 없다는 점을 감안하여 서적 구입비나 대여료까지 여기에 합하면, 우리나라에서 영국에서와 같은 수준의 문화생활을 누리기 위해서는 일곱 배 이상의 비용을 지불해야 가능할 터이다. 우리가 보다 저렴하게 문화생활을 즐길 수 있으려면 그것이 유명 문화 상품이라 하더라도 관람료가 대폭 싸져야 한다. 우리나라에서는 고급문화는 곧 고가高價문화인 경우가 많다. 우선 문화 기획자들이 〈유명 브랜드나 고가의 상품일수록 잘 팔린다〉는 논리를 떨쳐 버려야 한다. 물론 문화 상품도 수요가 많아질수록 값이 점차 싸지겠지만, 반대로 저가 정책으로 수요층을 확대하고 저변을 다양하게 늘려 가는 역발상이 필요하다. 5년 전, 10년 전에 비해 우리나라에서도 문화 주체들이 값싸고 질 좋은 프로그램을 많이 기획하고 있긴 하지만, 보다 더 적극적으로 새로운 수요층을 창출해 내야 한다. 최근의 사례들에서 확인했듯이 이제는 질적으로 우수한 작품만 만들 수 있다면 수지는 큰 걱정을 하지 않아도 될 정도로 문화 상품의 수요층은 다양해졌고 그 층도 상당히 두꺼워졌다. 일정한 범위 안에 있는 마니아층을 겨냥한 고가 정책이 아니라 다양한 집단의 불특정 다수를 겨냥한 저가 정책이 필요한 시점이다. 콘서트, 뮤지컬, 연극, 심지어는 서적을 포함한 문화 상품의 값이 반값으로 떨어져야 한다.

── 국립극장 매거진 『미르』 2002년 10월 호

에코에게서 글쓰기의 전범 배워

안녕하십니까. 열린책들의 홍지웅입니다. 먼저 저에게 수상의
영예를 안겨 주신 김언호 회장님을 비롯한 한국 출판인 회의
회원 여러분과 집행부 그리고 심사 위원 여러분들께 감사의
말씀을 드립니다. 또한 이 자리에 참석해 주신 출판계 선후배
여러분들과 내외 귀빈 여러분들께도 감사의 말씀을 드립니다.
얼마 전 제가 2002년도 올해의 출판인 수상자로 결정되었다는
소식을 들었을 때 한편으로 기쁘기도 했지만 그보다는
면구스럽다는 생각이 먼저 들었습니다. 제가 지금까지 받은
다른 어떤 상보다도 이 상은 바로 출판계 여러분들께서 주신
것이기 때문에 저에게는 가장 의미가 큰 상입니다. 그럼에도
불구하고 면구스럽다는 생각이 든 것은 제가 과연 〈상을
받을 자격이 있는가〉라는 질문을 저 자신에게 수없이 던져
보았지만 어떤 대답도 자신 있게 할 수 없었기 때문입니다.
저는 17년간 450여 종의 책을 펴냈습니다만, 지금에 와서 한
권 한 권 회상해 보니 어떤 책도 흡족하게 마음에 드는 책이
없었고, 아쉬움과 결점투성이의 책들만 눈에 띄었습니다.
또한 어떤 선배님의 말씀마따나 1년에 50여 종 이상의 책을
내지 못하는 출판사는 출판사입네 하지 말라는 얘기가 귓전을
때리기도 했습니다.

그렇지만 저는 열린책들이 이만큼이라도 크게 성장한 데에는 수많은 분에게 큰 빚을 지고 있다는 생각이 듭니다. 우선 열린책들을 믿고 성원해 준 독자들, 저희 출판사의 저자와 역자들, 책이 저자의 손에서 독자의 손으로 넘어갈 때까지 수고를 아끼지 않은 열린책들 가족과 언론 관계자들, 제작처 관계자와 서점 관계자 분들에게 정말 많은 빚을 지고 있습니다.

그리고 특별히 감사를 드려야 할 분들이 있습니다. 이분들은 바로 이 자리에 계신 출판계 선배님들입니다. 이분들은 제가 성장하면서 사고를 키워 가고 꿈을 꿀 수 있게 해주었던 좋은 책들을 저희보다 앞서서 만드셨던 장본인들입니다. 저는 젊어서는 정음사, 을유문화사, 신구문화사, 탐구당 등에서 펴낸 책들을 통해 사고를 키웠으며, 그리고 문예, 민음, 창비, 문지, 열화당, 한길사, 까치 등 선배님들이 펴낸 책을 보면서 출판의 꿈을 키워 왔습니다. 만약 선배님들이 좋은 책을 통해 우리 사회의 문화와 사고를 가꾸어 오지 않았다면 오늘의 저도, 오늘의 열린책들도, 그리고 오늘의 출판문화도 꽃피울 수 없었을 거라고 생각합니다. 또한 이 자리에 계신 동료들의 격려와 후배들의 눈초리도 언제나 저에게는 큰 보약이 되었다고 생각합니다.

마지막으로 열린책들이 성장해 오는 데 밑거름된 몇몇의 외국 작가들, 특히 표도르 도스또예프스끼, 움베르토 에코, 베르나르 베르베르, 파트리크 쥐스킨트에게도 감사를 드립니다. 이 작가들은 열린책들의 성장에 큰 도움을 주었습니다. 뿐만 아니라 도스또예프스끼는 저를 출판의 길로

이끌었으며, 에코로부터는 책의 소중함과 글쓰기의 전범을,
베르베르로부터는 다른 시각으로 사물을 새롭게 보는 방법을
배웠으며, 쥐스킨트는 장인 혹은 대가는 어떻게 살아야
하는지를 몸으로 보여 준 작가입니다.
다시 한번 출판계의 선배님들, 동료들, 후배들께 진심으로
감사를 드리며, 저와 열린책들은 앞으로도 갖고 싶은 책, 우리
사회에 진정으로 긴요한 책을 만드는 데 최선의 노력을 다할
것을 약속드립니다. 감사합니다.

— 〈올해의 출판인〉 본상 수상 소감, 2002년 12월

책은 인류 최고의 발명품

대단히 감사합니다. 방금 회장 지명을 받은 열린책들의
홍지웅입니다.

저는 책이야말로 인류가 고안해 낸 것들 가운데 가장 뛰어난
도구라고 생각합니다. 책은 그 시대 사람들의 생각을
담아냅니다. 그 시대 정신을 담아냅니다. 그리고 그 시대
역사를 담아냅니다. 심지어는 이미지까지도 고스란히
담아낼 수 있는 아주 이상적인 도구입니다. 더구나 책은
다른 도구들과는 달리 스스로가 발전을 하는 힘을 가진
도구입니다. 그것이 누구의 손에 있든 책은, 그 순간부터 살아
움직입니다. 많은 사람과 관계를 맺고 끊임없이 생각들을
연쇄해 내는 살아 움직이는 유기체라는 것입니다.

여러분, 우리는 바로 그런 책을 만들어 내는 우리 사회에
정말 중요한 장인들입니다. 신문이나 방송 등 다른 대중
매체가 다수를 상대로 여론 몰이는 할 수 있겠지만, 책만큼
인류에게 또는 사회에 영향을 주는 매체는 없다고 생각합니다.
우리들은 말하자면 사람들을 근본적으로 움직이는 책, 바로
그런 매체를 생산하는 장인들이라는 겁니다. 제가 이런
말씀을 드리는 것은 우리 스스로를 억지로 높이려는 미사여구
혹은 자화자찬이 아닙니다. 여러분들은 실제로 아무나 하기

어려운 중요한 일을 하고 계신 분들입니다. 저는 여러분들의 출판사와 그 대표이신 여러분들의 위상이 다른 대중 매체와 그 대표자들보다 영향력이 미약하다고 생각해 본 적이 없습니다.

우리들은 이러한 책을 만드는 사람들이라는 사실을 스스로도 자랑스럽게 여기고 긍지와 자존을 세워야 한다고 생각합니다. 이러한 자긍심은 출판사의 연륜이나 외형과도 무관한 것입니다. 책을 지금까지 몇 권을 만들었는지 또 얼마나 책을 많이 팔고 있는지는 중요하지 않다는 것입니다. 단 한 권의 책을 냈더라도 그 책이 끼친 영향력은 아무도 업신여길 수 없습니다.

우리는 〈책으로〉 무슨 일을 할 수 있는지, 출판의 대사회적인 기능과 역할이 무엇인지 책을 만들면서 끊임없이 생각해 왔습니다. 또 책을 어떻게 잘 만들 수 있으며, 어떻게 많은 독자에게 우리의 책을 잘 팔 수 있는지를 끊임없이 모색해 왔습니다. 우리 출판인들에게 있어서 책을 정말 잘 만들고 잘 파는 일은 무엇보다도 중요한 덕목입니다.

우리 한국 출판인 회의는 누가 뭐라고 해도 이러한 책들을 기획하고 만드는 분들이 모여 있는 유일한 공동체입니다. 지난 4년 동안 한국 출판인 회의는 같은 생각을 가진 사람들이 함께 모여, 한국 출판계에 새로운 지형도를 그리고 그 땅을 다지는 일을 해왔습니다. 이제는 어떤 곳에 고속도로를 내고 어떤 곳에 국도를 낼지를 숙고하면서 도로를 잘 만들어 가면 될 것입니다.

여러분, 지금 우리 주변은 열악한 환경 속에서도 좋은

기운들이 사방에서 움트고 있습니다. 그 어느 때보다도 책의 중요성을 일깨우는 운동과 새로운 독서 운동이 활발하게 진행되고 있으며, 그 어느 때보다도 기획과 편집에서 한 단계 성숙된 책들이 생산되는 단계에 와 있습니다. 저는 단언하건대 이러한 기운들이 지속된다면 우리 출판인들은 더없이 좋은 여건 속에서 책을 만들 수 있게 되리라 확신합니다. 또한 경제 여건이 개선될수록 교육 여건도 바뀔 수밖에 없으며, 그럴수록 독서 시장도 점차로 단행본 중심으로 재편될 수밖에 없을 것입니다. 따라서 앞으로 우리 한국 출판인 회의의 역할과 위상도 그만큼 변화하게 될 것입니다.

우리가 앞으로 해야 할 일들도 여러분들이 늘 고민해 오신 것처럼, 또 앞서 말씀드린 것처럼 책의 중요성과 역할, 책을 잘 만들고 잘 파는 일들 속에 다 포함되어 있는 것들입니다. 다만 〈다 함께〉 고민하고 〈다 함께〉 뜻을 모으는 일만 잘하면 될 것입니다.

저는 지금까지 어떤 단체의 장을 맡게 되리라는 생각은 단 한 번도 해본 적이 없습니다. 그러기에는 저 자신이 부족한 것이 너무 많다고 생각해 왔기 때문입니다. 그러나 일단 저에게 중책을 맡겨 주신 이상 저는 우리 한국 출판인 회의를 위해 최선을 다하겠습니다. 여러분들은 저를 회장으로 뽑아 주셨습니다만, 저는 여러분 한 분 한 분을 회장으로 모실 생각입니다.

여러분, 기왕 저를 성원해 주신 김에 제가 일을 잘 해나갈 수 있게 끝까지 격려해 주시고 끝까지 지켜보아 주시기를 부탁드립니다. 마지막으로 그동안 개인적인 희생을 무릅쓰고

지난 1대, 2대 회장단을 이끌어 오신 김언호 회장님과
위원장님들, 그리고 이사님들께 정말 수고하셨다는 말씀을
드립니다. 감사합니다.

── ⟨한국 출판인 회의⟩ 제3대 회장 수락 인사, 2003년 2월 27일

출판 편집자의 역할

우선 우리 출판 아카데미에 입학하신 것을 진심으로 환영합니다. 그리고 여러분들은 정말 현명한 선택을 하신 분들이라는 것을 말씀드립니다. 하나의 출판사는 그 기능이 대학과 같습니다. 종합 출판사는 종합 대학과 같고 전문 출판사는 단과 대학이나 전문 대학과 같습니다. 발행인은 총장과 같고 편집자는 교수와 같습니다. 한 인간의 사고가 성장하는 것을 보면 우선 가족과 학교, 나아가서는 사회나 국가라는 큰 테두리 속에서 뼈대가 만들어지지만, 그 사고 체계에 과육을 입히는 것은 책을 통해 이루어지는 것입니다. 말하자면 사회나 국가 등을 통해 은연중에 사고의 틀이 형성되지만 그 내용을 구성하는 일은 결국 책이 담당하게 된다는 것입니다. 이런 역할을 하는 책을 만드는 사람들이 바로 여러분과 같은 편집자들입니다. 편집자는 대학의 교수와 같다고 말씀드렸지만 그 영향력은 교수보다 훨씬 큽니다. 한 교수가 〈아랍 문학 개설〉이라는 과목을 개설한 것보다 〈아랍 문학사〉 한 권을 제대로 출판하는 것이 훨씬 유용한 경우가 많다는 것입니다. 저는 그래서 편집자들이 정말 자부심, 경우에 따라서는 오만한 지적 깡패가 되라는 말씀을 드리고 싶습니다. 저 책을 읽지 않으면 편집자에게 얻어맞겠구나 하는 생각이 들게 책을 만드는 편집인이 되라는 것입니다. 또 모두에서 여러분들이 현명한 선택을 하셨다고 말씀드렸는데, 수많은 직종 가운데 출판만큼 창조적인 행위와 경제적인 행위가 아주 이상적으로 결합되어 있는 경우는 흔치 않다는 것입니다. 다른 예술 분야의 경우 뛰어난 작품을 남겨서 좋은 평가를 받았어도 그것이 경제적인 대가와 직결되는 경우가 드물지만, 출판은 책을 잘 만들면 평가도 받고 사회적으로 대접도 받을 수 있으며 또 경제적인 대가도 얻을 수 있는 분야라는 것입니다. 한번 편집자가 되겠다고, 한번 출판인이 되겠다고 맘먹으신 김에 정말 훌륭한 편집자, 출판인이 되기 바랍니다. 한 분도 낙오하지 마십시오. 그래서 여기 계신 사장님들이 5년 뒤 10년 뒤 정말 두려워할 편집자, 출판인들이 되십시오. 출판, 정말 매력 있는, 도전해 볼 가치가 있는 분야입니다.

── 〈한국 출판 아카데미〉 개강 인사, 2003년 5월 13일

발행인이 독자에게 드리는 글

이제 여기에 우리 한국 출판인 회의는 서평 중심의 잡지
『북 앤 이슈』를 독자 여러분에게 선보입니다. 한국 출판인
회의는 독자 여러분들이 서점에서 매일 만나는 대부분의
책들을 펴내는 출판사들이 모여서 출판과 이 사회의 미래를
함께 생각하는 단체입니다. 우리가 하고 있는 일은 크게
네 가지입니다. 첫째 기획, 편집, 제작, 유통 등 출판 산업의
중요한 부문을 교육하는 한국 출판 아카데미의 운영, 둘째
우리가 펴낸 책 가운데 각 분야마다 전문가들이 좋은 책을
골라 두 달에 한 번씩 발표하는 〈이 달의 책〉 선정 사업, 셋째
독자와 좋은 책과의 만남을 주제로 매년 4월에 개최하는
〈세계 책의 날〉 축제, 넷째 우리 시대의 진정한 출판인을
뽑아 축하하는 〈올해의 출판인〉 선정 사업 등입니다. 저희가
이번에 새롭게 펴내는 『북 앤 이슈』는 〈이 달의 책〉으로 선정된
도서들을 좀 더 심도 있게 소개하는 서평과, 출판계 안팎에서
일어나는 일들에 대한 출판인들의 시각과 성찰을 담아낼
예정입니다. 우리는 이런 일들을 결코 과장하거나 허세를
부리지 않고 진지하게 접근해 가고자 합니다. 우리 출판은
지금 〈단행본 출판의 르네상스〉라 해도 좋을 만큼, 과거
어느 때보다도 잘 기획되고, 잘 편집되고, 잘 디자인되고, 잘

만들어진 단행본들로 서점의 서가를 가득 채우고 있습니다.
이제 독자들은 각자가 원하는 분야의 좋은 책들을 얼마든지
찾아서 읽을 수 있게 되었습니다. 우리 단행본 출판사들이
펴내는 책들은 질적으로 출판 선진국들과 비교해도 손색없을
만큼 훌륭한 것들입니다. 지난 10여 년간 단행본 출판사들이
차근차근 이루어 낸 이러한 내실 있는 성과들은 해방 이후
지난 반세기 동안 축적되어 온 한국 출판의 역량과 내공을
밑바탕으로 삼고 있는 것입니다. 우리나라의 출판은 역사의
단계 단계마다 국가 발전의 원동력이 되어 왔습니다. 문맹
퇴치와 의무 교육이 과제였던 시대에도, 산업화에 필요한
인재 양성이 명제였던 시대에도, 민주화와 더불어 새로운
어젠다 설정이 역사의 중요한 과제가 되었던 시대에도
출판은 그 본연의 역할을 다해 왔습니다. 지난 세기 어떤
시대에는 교과서 출판이, 어떤 시대에는 교양 서적 출판이,
어떤 시대에는 사회 과학 서적 출판이 그 시대적 사명을
각각 떠맡아 왔습니다. 출판인들의 역사적 소명 의식과 장인
정신이 없었다면 불가능했을 일입니다. 지금 첫발을 막 내디딘
21세기는 그 어느 때보다 세계 속에서도 그 가치가 인정되는
독창적인 사고, 독창적인 상상력을 필요로 하는 시대입니다.
두말할 필요도 없이 이러한 시대적 요청을 우리 단행본
출판사들은 힘차게 견인하고 있습니다. 우리 출판인들은
언제나 지식을 생산해 내는 현장, 독창적인 생각들이 넘쳐
나는 현장에 있습니다. 동시대 사람들의 생각은 결국 책을
통해서 타인들과 소통하게 됩니다. 책이 만들어지는 과정에서
사람들 저마다의 생각들이 체계화되고 정제됩니다. 우리

출판인들에 의해서 그 시대 사람들의 사고가 서로 조우하고 충돌하고, 나아가서는 더 나은 생각들이 탄생하게 되는 것입니다. 이런 과정을 거쳐 발전해 가는 독창적인 생각들이 결국에는 사람을 일으켜 세우고 사회를 굳건히 지탱해 주는 역할을 합니다. 우리 출판인들은 무엇보다 책이 좋아서 책을 만드는 사람들입니다. 이 시대에 어떤 책들이 진정 필요한지를 언제나 고민하면서 책을 만듭니다. 물론 우리가 낸 책들이 널리 알려져 많은 독자에게 읽히기를 간절히 원하지만 판매에만 연연하지는 않습니다. 비록 몇백 명에 지나지 않는 독자들을 위해서도 우리는 책을 펴냅니다. 소위 베스트셀러는 극히 적은 숫자에 지나지 않습니다. 대다수 출판인들은 1,000명, 아니 500명도 안 되는 독자들을 위해서도 열정을 쏟아 문장을 다듬고, 교정을 보고, 편집을 하고 책을 만들어 독자들 앞에 내놓습니다. 우리가 펴낸 책과 정말 진한 연애를 하는 단 한 명의 진정한 독자를 위해서도 출판인들은 그런 수고를 마다하지 않습니다. 마지막으로 약속을 하나 해야겠습니다. 우리 출판인들은 끊임없이 좋은 책을 만들기 위해 노력하겠습니다. 독자들이 어떤 책을 골라야 할지 어려움을 느낄 정도의 좋은 책들을 말입니다. 이것은 출판의 시대적 소명임과 동시에, 출판사들의 존재 이유이기도 하기 때문입니다. 이 소박한 잡지가 앞으로 우리 출판인들에게는 자기 성찰과 자극이, 독자들에게는 믿음직한 조언자가 되기를 바랍니다.

── 『북 앤 이슈』 2003년 10월 7일 ─ 창간사

출판 인재를 키우자

우리나라의 출판은 역사의 단계 단계마다 국가 발전의 견인차 역할을 해왔다. 해방 이후 문맹 퇴치와 의무 교육이 국가의 중요한 명제였던 시대에는 교과서와 총서류의 출판이 그 역할을 했으며, 1960~1970년대 경제 발전과 산업의 현대화가 지상 명제였던 시대에는 교양서적 출판과 세계 고전의 출판이 인재 양성에 필요한 자양분을 공급해 왔다. 1970~1980년대 민주화와 더불어 인간 존엄의 추구 또는 새로운 어젠다의 설정이 중요한 과제였던 시대에는 사회 과학과 인문 과학 서적의 출판이 그 시대적 소명을 떠맡아 왔다.

이제 막 첫발을 내디딘 21세기에는 모든 분야에서 독창적인 사고를 할 수 있는 세계인을 육성하는 것이 국가의 중요한 과제 가운데 하나다. 이러한 시대적 요청을 출판이 굳건하게 견인해 오고 있다는 것은 두말할 필요도 없다. 이렇게 볼 때 출판 산업의 중요성은 아무리 강조해도 지나치지 않는다.

우리나라의 출판 산업은 시대의 변화와 더불어 비약적 발전을 거듭해 왔다. 외형적인 성장뿐만 아니라 출판의 질적인 성장도 눈부실 정도다. 이제 우리 출판물의 수준은 선진국의 그것과 비교해도 크게 뒤지지 않는다. 물론 이러한 질적인 발전의 배경에는 우수한 인재들이 출판계에 많이 유입되어 온 것이 결정적이다. 출판 산업은 국가의 중요한 기간산업 가운데 하나다. 사회와 국가에 필요한 인재의 육성은 출판을 통해서 가능하기 때문이다. 그렇다면 한 나라의 힘을 가늠할 수 있는 가장 확실한 지표 중의 하나는 출판 산업에 유입되는 재능 있는 젊은이들의 수라고 말할 수 있을 것이다. 모든 일이 마찬가지지만, 하나의 산업이 발전해 나가는 데는 얼마나 많은 우수한 인재를 확보할 수 있는가의 문제가 가장 중요하기 때문이다. 이제까지 우리 출판계는 여러 어려움에도 불구하고 뜻있는 인재들이 활동하는 장이었다.

그러나 세계의 출판은 확실히 변하고 있고 우리 출판계도 기존의 성과에 안주하지 않으려면 전략적이고 구체적인 목표를 가지고 인재 유입과 육성에 노력해야 한다. 문자 중심의 책에서 문자와 이미지가 공존하는 시각적visual인 책으로 무게 중심이 이미 완전히 이동한 세계 출판의 흐름에 적응하고, 책과 뉴 미디어의 접점을 추구하는 참신한 시도들을 선도해 나가기 위해서는 다른 대안이 없다. 현재 출판계에 종사하고 있는 숙련된 핵심 인력들은 끊임없이 재교육되어야 하며, 새로운 인재들을 충분히 공급할 수 있는 시스템도 구축해야 한다. 다시 한번 강조하지만, 지금은 출판 인재 육성을 출판계의 중심 과제로 놓아야만 할 시점이다.

─『세계일보』 2003년 11월 8일 ─ 책동네

어떤 책이 좋은 책인가

좋은 책을 선별해서 도서 목록을 만드는 일은 언제나
위험천만한 일이다. 어느 일방一方에게는 좋은 책이 될지라도
타방他方에게는 전혀 반대일 경우가 많다. 모든 가치가
그러하지만, 가치 판단에는 늘 주관이 개입될 수밖에 없기
때문이다. 그러나 어떤 책이 좋은 책인가에 대해서는 약간의
사족을 달 수는 있겠다. 수많은 책 가운데서 좋은 책 몇 권을
고르는 일은 — 그리고 그것에는 늘 객관성과 절대성이
요구된다 — 불가능에 가깝다. 그러나 불가피하게 두 권
가운데 한 권을 고르는 것이라면 기준을 생각해 볼 수는
있다. 좋은 책의 기준을, 어떤 주제를 다루고 있는가보다는
오히려 어떤 주제나 소재를 얼마나 깊이 있고 제대로 다루고
있는가, 또 그 책이 겨냥하고 있는 독자에게 지식 또는 정보를
얼마나 유효적절하게 제공하고 있는가로 잡는 것이 어떨까.
레비스트로스의 『슬픈 열대』와 영국 DK사가 발행한 『세계의
명견』, 이 두 권을 놓고 어느 책이 좋은 책인가 할 때, 전자가
다루고 있는 주제가 인류에 대한 새로운 시각을 보여 주기
때문에 양서이며, 후자는 개를 다룬 것이라서(즉 실용적으로
접근한 책이라서) 양서가 아니라고 할 수 없다는 것이다.
후자는 세계의 우수한 개들을 모아 샘플 룸에서 제대로

촬영하고, 정확한 정보와 함께 세계의 개들을 집대성한 정말 좋은 책이라 할 수 있다. 결국 어떤 책이 양서인가 아닌가는 〈무엇〉을 다루고 있느냐가 아니라, 그 무엇을 〈어떻게〉 다루고 있느냐에 달려 있다. 저자나 편집자가 그 〈무엇〉에 대해 얼마나 천착하고 있으며, 얼마나 〈제대로〉 요리했는지가 중요하다고 할 수 있다. 아무리 좋은 책을 잘 골랐다고 하더라도, 결국 그 책이 의미를 가지는 것은 그 특정한 책을 이용하는 〈마지막〉 독자에게 얼마나 가치가 있는가에 달려 있을 것이다. 이번에 펴내는 『청소년 교양 도서 목록』은 사단 법인 한국 출판인 회의 소속 출판사들이 펴낸 책들 가운데서 특히 청소년들에게 유익하다고 생각되는 책들을 각 사에서 추천받아 해제한 책이다. 개별 출판사의 입장에서 보면 애정이 담겨 있지 않은 책이 없고, 또 모든 책이 다 유익하다. 단도직입적으로 말해서 나쁜 책은 없다. 그럼에도 불구하고 여기에 소개된 책들은 출판사에서 발행한 수백 권 가운데서 몇 권씩만 자천한 책들이다. 이 책은 단지 목록 정보에 그치는 것이 아니라 출판사들의 색깔이나 시각도 엿볼 수 있는 특별한 책이다. 책을 소개하고, 해제하고, 서평해 놓은 책들은 많을수록 좋다. 사단 법인 한국 출판인 회의에서는 이러한 생각을 가지고 재미있고 다양한 도서 목록이나 서평지를 계속 기획해서 펴낼 예정이다. 이 책이 많은 독자에게 책을 고르는 데 좋은 길잡이가 되길 바라며, 또 이 책에 수록되어 있는 책들이 많이 많이 읽혀지기를 바란다.

— 『청소년 교양 도서 목록』 2003년 12월 15일 — 머리말

기록이 역사를 만든다

20여 년 전에, 처음 독일의 본에 들렀을 때의 일이다. 마침 도로에서 상수도 공사를 하고 있었는데, 그때 독일에 살고 있는 친구가 한 얘기가 아직도 뇌리에 생생하다. 독일에서는 시청의 수도 수리공은 평생 수도 고치는 일만 한다는 것이다. 그리고 아무리 하찮은 공사라도 모든 공사 내역이 기록으로 남아 있기 때문에 어떤 공사에도 신속하게 대처할 수 있다는 것이다. 어느 도로에 상수관이 터졌다 하더라도, 자료만 보면 그 수도관이 언제 놓인 것인지, 그동안 공사는 무엇 때문에 몇 번이나 했는지, 거기에 쓰인 관이나 하다못해 볼트 하나라도 어떤 것을 썼는지 훤히 알 수 있어서 공사 준비나 사고 시에 능동적으로 대처할 수 있다고 한다. 상수도가 터지면 가서 현장을 확인하고 나서 필요한 조치를 하는 게 아니라 가기 전에 이미 기록을 통해 상황 판단을 하고 대처한다는 이야기다.

역사의 발전은 기록에서 출발한다. 사실 자체의 중요성 여부나 가치 판단과는 별개로, 모든 것은 기록되고 보관되어야 역사가 만들어진다. 우리나라는 모든 분야에서 아직도 기록하고 체계적으로 보관하는 일에 큰 중요성을 두지 않는 것 같다. 오랜 세월이 지나 역사를 정리하려고 하면 자료가 없어서 허둥대기 일쑤이다. 개인사든 나라의 역사든 세세한 기록이나 자료가 없는 경우가 너무나 많다. 출판에 국한해서 보더라도 전체 출판 시장의 규모나 출판사의 세세한 현황, 출판인들의 인명록 등 기초 자료들이 체계적으로 축적되어 있지 못하다.

이번에 한국 출판인 회의에서 펴내는 『한국의 출판사 2005』는 우리나라를 대표하는 단행본 출판사들의 현황을 출판인과 출판사 둘로 크게 나누어 정리한 것이다. 출판인에 관한 정보는 인명사전에 준하는 자료를, 출판사에 관한 현황도 가능하면 자세하게 수록하고자 하였다. 자료를 수집하고 정리하는 과정에서 특히 출판인 인명록 부분은 일부에서는 학력 파괴 시대에 학·경력이 무슨 필요가 있느냐는 이의 제기도 있었지만, 모든 정보는 순전히 자료적인 가치, 말하자면 자료는 세밀하고 다양할수록 그리고 누락된 것이 없어야 가치가 배가된다는 생각으로 자료 수집에 임했다. 더구나 출판사에 관한 자료들은 출간 분야, 출간 종수, 대표적 출판물 등 해당 출판사를 이해하는 데 지표가 되는 정보들이 많이 수록되어 있다. 그래서 이 책은 대외적으로는 출판과 관련된 모든 관련 산업에 유용한 자료가 될 것이다.

또한 이 책은 출판사들 간의 이해를 넓히는 매개 역할도 하게 되리라 생각한다. 의외로 많은 출판인조차 다른 출판사에서 발간한 책에 관한 정보나 현황을 모르는 경우가 많다. 이 책을 통해서 출판사 상호 간에, 그리고 출판인들이 서로 이해의 폭을 넓힐 수 있기를 기대한다. 한국 출판인 회의는 앞으로도 판을 거듭할수록 자료를 보완하고, 출판 산업과 관련된

정보를 보태서 이 책이 관련 산업에 유용한 자료가 되게 할
것이다. 또한 이 책의 출간을 계기로 한국 출판인 회의는
출판인, 출판사, 혹은 우리나라 출판의 역사와 관련된 자료
수집과 출판에 힘을 기울이고자 한다.

── 『한국의 출판사 2005』 2005년 1월 1일 ── 발간사

SBI는 이렇게 만들어졌다

한국 출판인 회의가 출범한 게 1998년 11월이니까 벌써 만 6년이 지났다. 한국 출판인 회의에서 벌이고 있는 사업 가운데는 〈이 달의 책〉 선정 사업, 서평지『북 앤 이슈』의 발간 사업, 〈올해의 출판인〉 선정 행사, 〈세계 책의 날〉 행사 등 중요한 사업이 많이 있지만, 그중에서도 의지를 가지고 지속적으로 진행해 온 사업은 출판 편집인 양성 및 재교육 사업이다. 1999년 7월에 〈한국 출판 아카데미〉를 설립해서 편집자 양성을 해왔다. 지금까지 14기에 걸쳐 출판 편집자 입문 과정을 개설해서 강의를 진행해 왔고, 북 디자인, 출판 광고론, 교정 교열, 출판 경영자 정책 아카데미 등도 간헐적으로 개설해서 약 800여 명의 편집자를 배출했다. SBI(서울 북 인스티튜트)는 바로 한국 출판 아카데미를 확대 개편한 교육 기관이다. 잘 알다시피 우리나라의 출판 수준은 2000년대 들어 정말 괄목할 만한 발전을 이룩했다. 출판 종수나 매출 규모 등 외형적 성장은 말할 것도 없고 편집 디자인이나 기획력에서 출판 선진국들에 버금가는 수준으로 올라섰다. 그러나 이러한 발전의 많은 부분이 외국 출판사와의 공동 출판co-edition에 기인한다는 사실도 간과할 수 없는 대목이다. 바로 이런 상황에 직면해서 우리나라의 출판 수준을 획기적으로 끌어올리기 위해서는 보다 체계적이고 근본적인 편집자 교육 기관이 필요하다는 인식을 하게 되었다. 한국 출판인 회의는 제3기 집행부가 출범하자마자 SBI 설립을 중점 사업으로 설정하고 SBI 설립 준비 위원회와 교육 과정 및 교재 개발 위원회를 설치하고 본격 활동에 들어갔다. 전체적인 틀을 짜고 커리큘럼을 만들고 설립 계획서를 만들어서 문광부에 예산 지원 요청을 했다. 건축비와 교육 기자재 구입비, 교재 개발비 등 20억여 원 규모의 예산이 들어가는 프로젝트였다. 문광부에서도 SBI의 설립 필요성에 공감해서 SBI 설립 소요 예산 가운데 교육 기자재 구입비와 교재 개발비 10억 원의 예산을 편성해 주었다. 기획 예산처의 심의를 거치는 과정에서 문광부의 신규 예산이 전액 삭감되어 설립 자체가 벽에 부딪히기도 했지만 우여곡절 끝에 5억여 원의 국고를 지원받을 수 있게 되었다.

한국 출판인 회의는 체계적 교육을 위해서는 전용 건물이 필요하다는 데 의견을 같이하고 부지 물색과 부지 구입 자금을 확보하기 위해 혼신의 노력을 기울였다. 1차로 6억여 원의 기금을 확보하고, 통의동, 평창동, 서교동 일대의 부지를 물색하였다. 2003년 여름, 5억여 원의 국고 보조금 지원이 확정되자 SBI 설립은 탄력을 받기 시작했다. 2004년 2월, 그동안 물색한 SBI 후보지 가운데 출판사 밀집 지역인 서교동의 대지(86평)를 매입하고, 곧바로 설계 작업에 들어갔다. 대지 매입 자금 8억 5천만 원은 김영사에서 1억 원, 더난출판, 문학동네, 북토피아, 비룡소, 사계절, 열린책들, 21세기북스, 작가정신, 지경사, 창비, 푸른숲, 해냄,

홍익출판사에서 각 5,000만 원씩, 돌베개, 동녘, 문이당, 청년사에서 각 2,500만 원씩, 모두 〈18명의 출판인〉들이 공동으로 충당하였다.

설립 준비 위원들은 SBI 건물은 일반 상업 건물과는 다르게 창조적인 공간, 어느 출판사보다도 쾌적하고 좋은 설비를 갖춘 아름다운 공간이 되기를 원했다. 건축가 김준성이 우리의 이러한 염원을 잘 담아서 설계를 해주었다. SBI는 대강의실(50명 수용), 소강의실(30명 수용), 디자인 강의실(20명 수용) 등 세 개의 강의실과 출판 자료 도서관, 세미나실, 사무국 등 부대시설을 갖춘 170여 평에 달하는 정말 짜임새 있고 아름다운 건물로 탄생했다. 시공은 D 건설에서 진행하였으며, 건축비는 총 8억 5천만 원(건축비 7억 7천5백여 만 원, 설계비 4,500만 원, 인테리어비 3,000만 원)이 투입되었다. 건축비 예산은 다시 〈18인의 출판인〉이 5억 4천4백만 원을 추가로 마련했으며, 나머지 부족한 예산은 67개 출판사로부터 기부 받은 2억여 원과 출판인 회의의 기금 1억여 원으로 충당하였다. 2004년 10월에 부족한 설립 예산을 확보하기 위해 SBI 설립 기금 기부 캠페인을 벌였는데, 이때 출판인 회의의 많은 회원사가 정말 기꺼이 동참해 주었으며, 작게는 20만 원에서부터 많게는 3,500만 원까지 기부를 해주었다. 문광부의 국고 지원금 5억 원은 교육 기자재 구입과 교재 개발에 쓰여졌다. 이렇게 해서 SBI는 서교동의 아담한 양지바른 터에 둥지를 틀 수 있게 되었으며, 2005년 1월 24일에 준공을 하고, 드디어 5월 2일에 개원을 할 수 있게 된 것이다.

이 책『책 말하는 책』은 바로 SBI 2층에 마련되어 있는 〈출판 자료 도서관〉에 비치된, 책과 출판 산업에 관련된 책들에 대해서 안내를 하고 있는 책이다. 2003년 12월, SBI 내에 〈출판 자료 도서관〉을 설치하고 여기에 비치할 도서 구입 예산을 확보하기 위해 고심하던 중, 또 다시 문광부로부터 도서 구입비와 해제집 발간 사업비 1억 원을 지원받게 되었다. 이 〈출판 자료 도서관〉에는 우리나라에서 발간된 책은 물론 영미, 프랑스, 독일, 일본 등 출판 선진국에서 발간된 출판 산업에 관련된 도서 1,000여 권이 비치되어 있다. 짧은 시간 내에 자료 구입 목록을 만들고, 책을 구입하고, 해제집을 만드는 과정에서 많은 어려움을 겪었다. 당연한 이야기지만 〈출판 자료 도서관〉은 언제나 〈진행형〉이다. 출판을 공부하고자 하는 사람들을 만족시킬 수 있는 도서관이 될 수 있도록, 책 이외에도 도서 목록이나 홍보 자료 등 사료도 계속 수집해서 정말 알차고 내용 있는 출판 자료 전문 도서관으로 키워 나갈 작정이다. SBI는 이제 작은 발걸음을 한발 내디뎠다. SBI에는 많은 단행본 출판사들의 정성과 열정이 담겨 있다. 우리는 SBI의 설립 과정에서, 뜻을 모으고 힘을 보태면 커다란 일을 해낼 수 있다는 자신감을 얻었다. SBI는 이제 시작에 지나지 않는다. SBI가 나날이 발전해서 런던 인스티튜트나 이탈리아의 파브리카와 같은 전문 교육 기관으로 거듭날 것임을 확신한다. 췌사처럼 보이는 SBI 설립 과정을 여기에 공개적으로 적시해 놓는 이유는 SBI 설립 과정에 참여한 모든 사람의 소박한 꿈과 열정을 다시 한번 확인하기 위해서이고, 또 지금의 SBI를 출판 전문 교육 기관으로 발전시켜 가는 것 또한 그 누구도 아닌 바로 우리 출판인들의 책무임을 공개적으로 천명하기 위해서이다. 다시 한번 SBI 설립 과정에 참여해 주신 모든 분과 이 책을 만드는 과정에서 도움을 주신 모든 분께 정말 감사의 말씀을 드린다.

──『책 말하는 책』 2005년 5월 2일 ─ 발간사

아름다운 출판인 정진숙

무릇 한 시대 사람들의 생각은 책이라는 그릇에 담기게 되고
그러한 책을 통해 인류가 진보해 왔으며, 한 나라 역시 출판을
밑거름으로 발전해 왔기에, 〈을유 60년〉과 을유의 책 5,000여
종은 바로 해방 이후 우리나라의 역사와 지성사와 출판사를
그대로 반영하고 있는 거울이라 할지니, 을유의 은석 정진숙은
우리 출판인들에게는 하나의 상징이자 〈드러내야 할 돌〉이자
본받아 마땅한 법첩인지라, 오늘 2005년 을유년을 마감하는
자리에서 모든 후배 출판인들은 을유와 그분의 뜻을 다시
한번 되새기고자 합니다.

── 〈특별 감사패〉 문안, 2005년 12월 5일

지호의 장인용을 말한다

우리나라 출판계는 출판 산업이 본격화된 1960년대 이후
지난 반세기 동안 비약적 발전을 거듭해 왔다. 양적 발전은
물론 편집, 디자인, 제책 등 모든 분야에서 선진 출판 대국의
면모를 보여 주기에 부족함이 없다. 특히 지식 산업과 정보
산업이 최대 화두가 된 21세기에 들어서도 지난 몇 년간
우리 출판 산업이 이룩한 양적인 발전은 눈부시다. 그러나
2006년 12월 지금, 우리 출판계의 자화상은 일그러질 대로
일그러진 모습을 하고 있다. 소위 〈기획 출판〉으로 양산된
함량 미달의 미숙아들이 서점의 서가에 넘쳐 나고, 〈기획
마케팅〉의 폐해가 위험 수위에 달해 있다. 고전적 사재기는
물론 사재기 바이러스에 감염된 변종 바이러스가 끊임없이
악성 바이러스를 만들어 내고 있다. 책은 제값을 받아 보기도
전에 너나없이 뛰어든 난장에서 헐값으로 팔리고 있다.
이러한 난장에서 출판인들은 책을 한 권이라도 더 팔기 위해
〈정도〉와 〈체면〉을 벗어던진 지 오래다. 또 우리들은 책을
〈책으로〉 말하지 않고 〈부수로〉 말한다. 우리나라 출판사들은
우리 시대를 온전히 담아내는 〈정전〉을 만들어 내기보다는
〈기획 출판〉에 함몰되어 가고 있다. 너나없이 〈쇼핑〉용 책
만들기 열풍, 혹은 〈돈〉과 〈처세〉와 〈논술〉용 책 만들기

열풍에 휩싸여 있다.

우리나라에는 왜 프랑스의 갈리마르나 영국의 파이던 같이
우리 시대의 〈정전〉과 〈텍스트〉를 만들어 내는 대표적인
출판사가 없는가? 우리가 우리 스스로에게 진지하게
되물어야 할 물음이다. 이렇게 어지럽혀지고 있는 환경
속에서도 〈제 길〉을 한결같이 걸어가고 있는 출판사들이
있다. 제 색깔을 당당히 드러내며 남이 가지 않는 힘겨운 길을
걸어온 인문 출판사들이 그들이다. 아무나 갈 수 없는 길을
걸어온 그들이기에 그들이 남긴 발자국들이 아름다운 것이다.
이들 출판사들의 중심에 지호가 있다. 작지만 큰 뜻을 지닌
사물에 얽힌 이야기들을 발굴해 내고, 청소년들의 지적인
성장을 도모하는 책을 개척해 가겠다는 것이 지호의 소박한
생각이다. 그는 유행과 시류에 편승하여 책을 출판한 적이
없다. 그가 펴낸 150여 종의 책이 값진 것도 이 때문이다.
출판사는 창조적인 글쓰기와 독서 대중의 경계 혹은 그
접점에 위치해 있다. 출판인들의 출판 행위 자체가 이미
하나의 사회 운동이다. 출판인이 단지 책을 내는 것에 그칠 수
없는 숙명이 여기에 있다.

출판인 장인용은 한국 출판인 회의, 대한 출판문화 협회, 책을
만드는 사람들 등 출판 단체에서도 끊임없이 대안을 만들어
내고 출판인들을 위해 헌신해 온 보기 드문 출판계의 숨은
〈일꾼〉이기도 하다. 누구나 맡아 하길 꺼려하는 출판계의
일을 〈거절할 줄 몰라〉 도맡아 하고, 누군가가 그런 그를
격려라도 할라치면 〈숨어 버리려는〉 심성을 지닌 아름다운
출판인이기도 하다. 많은 선후배 출판인들이 진심으로 그를

좋아하는 이유다. 우리나라 출판계에 더 많은 〈지호〉와 더 많은 〈장인용〉이 나올 때 우리나라의 도서 목록이 더 도서 목록다워지고 우리 출판계가 더 큰 힘을 가지게 될 것이다.

—— 〈오늘의 출판인〉 본상 추천사, 2006년 12월 4일

건축가의 문화적 위상

평소에 내가 우리나라에서 최고의 건축가라고 생각하는,
또 내가 참 좋아하는 한 건축가가 전화를 걸어 왔다. 어떤
잡지에서 건축가의 사회 문화적 위상에 대해 특집을 하는데,
건축주의 입장에서 건축가에 대한 신랄한 평가를 해달라는
거였다. 그러면서 사족으로 〈홍 사장님이라면 적나라하게
이야기해 주실 수 있을 것 같아서요〉 했다. 그와의 전화
통화에서 내가 받은 인상은 우리나라 건축가들에 대해 혹독한
비판을 해주기를 바라고 있구나 하는 거였다. 〈그러마〉라고
대답하기는 했지만 건축가들이 우리나라에서 어떤 대접을
받고 있는지 알지도 못하는 처지에 건축가의 위상에 대해
왈가왈부할 일도 아니고, 또 당위론적으로 여차여차한
대접을 받아야 마땅하다고 〈연설〉할 입장도 아니어서
섣불리 대답했다고 후회했다. 그러면서도 나에게 있어서
건축은 지금까지 삶의 거의 반 이상을 차지하고 있다고 해도
과언이 아니어서 이번 기회에 건축에 대해 일반인들은 어떤
생각을 하는지를 보여 주는 것도 나름대로 의미 있는 일이라
여겨졌다. 그래서 나는 나와 건축에 얽힌 경험들을 이야기하다
보면 자연스럽게 주제에 대한 실마리도 풀리지 않을까
생각했다.

내가 건축과 처음 인연을 맺게 된 것은 통의동 사옥을
마련하면서부터다. 출판사 사무실로 쓸 건물을 물색하다가
70여 년 된 전형적인 일본식 2층 주택을 매입하게 되었는데,
그 주택에는 예닐곱 세대가 방 한 칸 두 칸, 혹은 별채 등을
적절히 쪼개어 쓰고 있어서 본래의 모습은 이미 거의 망가져
있었다. 또 덧대어 만든 부엌이나 다용도실, 별채로 지은
창고와 차고, 양철 슬레이트로 덧씌운 지붕 등 조악하기 짝이
없었다. 워낙 오래된 집이어서 사무실로 쓰려면 대대적으로
손을 보아야 했다. 오래전에 지은 집이어서 설계도는 당연히
없었으므로 일일이 실측해서 창호 도면, 전기 도면, 설비
도면 등을 직접 그려 가면서 리노베이션을 했었다. 이때 가장
중점을 두고 한 작업은 〈죽어 있는〉 청와대 길에 개방감을
주자는 거였다. 높이가 2미터쯤 되는 콘크리트 벽돌담을
허물고 평철로 담장을 만들어 마당이 훤히 들여다보이게 했다.

그 뒤, 당시에 내가 살고 있던 주택에 불이 나서 또 〈어쩔 수
없이〉 골조만 남긴 채 주택 전체를 다시 디자인했어야 했는데,
이때는 현장 소장을 한 명 고용해서 내 의도대로 건물을
재시공했었다. 이렇게 두 채의 주택을 리노베이션하면서 나는
조금씩 건축을 이해하게 되었다. 처음 집을 지어 본 것은 살고
있던 집 뒤의 주택을 매입하고 나서다. 내가 살던 집 바로
북쪽에 조그마한 집이 야트막한 언덕 위에 있었는데, 그 집
마당에는 자연생 소나무가 20여 그루도 넘게 자생하고 있어서
호시탐탐 그 집이 매물로 나오기만 기다렸다. 운(?) 좋게도
그 집이 경매로 나와서 저렴하게 매입할 수 있었다. 여기에

주택을 신축하기로 마음먹은 뒤부터 건축에 본격적으로 관심을 가지게 되었다. 국내외에서 발간된 건축 관련 책들을 사 모으면서 자연스레 현대 건축에 눈을 뜨게 되었고, 국내외 건축가들의 작품집을 보면서 또 직접 그들이 설계한 건축물들을 답사하는 과정을 통해 설계의 중요성을 알아가게 되었다. 거의 1년여 동안의 탐색 기간을 보낸 뒤 어떤 책에 소개되어 있는 한 건축가에게 설계를 맡겼고(1997년), 설계에 1년, 건축에 거의 1년 3개월이 걸려 주택을 완성하였다. 일반적인 예보다 설계나 시공에 시간이 많이 소요된 것은 대부분 건축가와 디자인 조율을 하는 데 시간이 많이 걸렸기 때문이다. 한 예로 이 대지는 고저 차가 10여 미터나 났기 때문에 대문에서 현관에 이르는 계단을 정원에 설치해야 했는데 이 계단의 디자인을 놓고 거의 두 달 가까이 시간을 보낸 일도 있었다. 서로 이견이 좁혀지지 않아서 나중에는 현장에 실물 크기로 시뮬레이션을 해보기도 했었고, 자연생 소나무를 살리기 위해서 몇 번이나 소나무 위치를 실측하거나 했고 축대 일부의 디자인을 바꾸기도 했었다. 시공하면서도 캐노피의 구조상의 문제, 평면의 구성 등을 놓고도 수없이 의견 조율을 해야 했다.

두 번째 건물 신축 경험은 리노베이션해서 쓰던 통의동 사옥에 또 불이 나서 불가피하게 사옥을 신축할 때(2002년)였다. 우리 집을 설계했던 건축가가 다시 설계를 맡았다. 그러나 제1안에서 부분적으로만 변화를 준 다섯 개의 설계안에 결국은 만족할 수 없어서 그만 그 건축가와는 결별하고 다른 건축가를 만나게 되었다. 나는 어느 거리에서나 만날 수 있는 고만고만한 건물이 아니라 경복궁 돌담을 끼고 있는 바로 그 대지에서만 만날 수 있는 건축물을 원했다. 설계를 진행하면서 내가 느낀 것은 건축가와의 교감이 무엇보다 중요하다는 것이었다. 다시 만난 건축가와는 되도록이면 많은 시간을 할애해서 서로의 생각을 충분히 개진해야겠다고 생각했다. 그래서 나는 건축가와 미팅을 할 때마다 그동안 내가 보아왔던, 그리고 내가 좋아하는 특별한 건물을 순회하며 만났다. 처음 만날 때는 도산공원 옆에 있는 「플라스틱」(옴니디자인/이종환/1997)에서, 그다음에는 부암동의 「환기 미술관」(우규승/1992)에서, 그다음에는 대신동의 「김옥길 기념관」(김인철/1998)에서, 그다음에는 평창동의 「가나 아트센터」(장미셸 빌모트/1998)에서 만나는 식이었다. 그 건물의 설계에 대해, 그 건물이 연출해 내는 공간들에 대해 이야기하면서 내가 짓고자 하는 건물이 어떤 모습이 되기를 원하는지 간접적으로 이야기하는 기회를 가졌다. 그때까지만 해도 그 건축가는 우리나라에 설계한 건물이 없었으므로 특정 건물에 대한 그의 생각을 들어 봄으로써 건축가에 대한 이해도 깊어졌다. 그 건축가와는 신축 과정에서도 매주 한 번씩 현장 회의를 하면서 아주 긴밀하게 우호적인 분위기에서 건물을 완공할 수 있었다. 그 결과물인 통의동 건물에 건축가나 내가 만족하게 된 것은 물론이다.

세 번째 내가 지은 건물(2004년)은 서교동에 설립한 서울 북 인스티튜트인 SBI 건물이다. 출판 인재를 양성하기 위해 SBI를 설립하고 출판인들과 정부의 지원을 받아 지은 건물이다. 이때 중점을 둔 것은 무엇보다 독창성 있는 설계였다. 모든 분야에서 〈독창성 있는 인재〉의 양성이 중요하겠지만, 나는 무엇보다 〈SBI에서 공부하는 학생들은 우선 공간에서부터 기존 공간에서는 체험할 수 없는 색다른 공간에서 상상력의 한 실례를 목도하게 되기〉를 바랐다. 안도 다다오가 오사카에 지은 OXY 같은 건축물이 탄생되기를 바랐다. 건축가는 86평뿐이 안 되는 작은 대지에 정말 아무나 쉽게 흉내 내기 어려운 독창적인 공간을 만들어 냈다. 협소한 대지 조건이나 법규 등은 건축가에게 그다지 문제가 되지 않는다는 것을 실증한 예이다.

이때 만난 건축가가 파주 출판 도시의 사옥을 설계(2004년)하게 되었다. 우리 출판사는 외국 문학을 주로 번역 출판하는 출판사이므로 사옥의 설계는 번역의 미묘한 간극을 표현하는 데에 초점이 맞추어졌다. 번역은 번역일 뿐 끝내 서로 만날 수 없는 언어 간의 차이, 문화 간의 차이가 분명 존재하기 마련이다. 이것을 공간을 통해 표현해 보자는 거였다. 건물의 벽면이 서로 만나는 듯 하면서 비껴가 있고, 층간이 서로 닫혀 있으면서 열려 있는 공간들이 연출된 것은 이 때문이다.

지금까지 두 채의 리노베이션과 네 채의 건물을 신축한 경험이 있다. 또 현재 나는 알바루 시자Alvaro Siza가 설계한 미메시스 아트 뮤지엄을 짓고 있고, 미메시스 게스트 하우스도 설계

중에 있다. 1994년부터 시작된 건축과의 인연은 지금까지도
계속되고 있는 셈이다. 또 파주 출판 도시 건설 과정에서도
건축 심의 위원을 맡아 건축가들과 함께 출판 도시의 150여
채의 건물 설계를 〈읽어〉 온 셈이니 건축에 대해서는 본의
아니게 깊게 연관되어 있다. 이런 과정에서 나는 많은
건축가와 건축물들을 만나게 되었다. 함께 프로젝트를 진행해
온 건축가들뿐 아니라 설계를 의뢰하려 했던 건축가들의
건축물도 대부분 답사해 보았다. 우리나라의 대표적인
건축가들의 작품은 물론이거니와 미메시스 아트 뮤지엄을
설계할 건축가를 찾기 위해 안도 다다오의 대부분의 건축물을
두 번씩, 그리고 알바루 시자의 건축물을 포르투갈과
영국 등지에서, 또 자하 하디드나 프랭크 게리의 작품을
답사하기도 했다.

이런 일련의 경험들을 통해 내가 느낀 것은 건축물은 지어지는
순간부터 이미 건축주의 것도, 건축가의 것도 아니라는
사실이다. 어떤 장소에 지어지든 한 건축물은 수명이 다할
때까지는 그 건물을 사용하는 사람들의 것이라는 얘기다.
건축물은 어느 장소에 모습을 드러내기 시작하면서 그 건물을
사용하는 사람들과 교감하기 시작한다. 누구 명의로 지었든,
어느 건축가가 지었든 그것은 크게 중요하지 않다. 그러므로
중요한 것은 그 건물을 사용하는 사람들에게 건물이 어떤
영감을 주느냐 하는 것이다. 그래서 나의 경우 새 건물을
설계할 때 〈독창성〉을 최우선 가치로 여긴다. 그렇다고
기괴하거나 우스꽝스러운 형태를 추구한다는 것은 아니다.

새롭되 그것대로 완벽한 조형미를 갖추고 있어야 마땅하다.
통의동 사옥에 도심에서는 쉽게 만나기 어려운, 매스 속의
외부 계단이 연출된 것이나 출판 도시 사옥에서 시도된 적절히
접힌 콘크리트 벽 등이 이에 해당한다고 할 수 있다.
파주 출판 도시나 헤이리에서 건물을 지어 본 많은 사람은
대체로 〈설계는 마음에 드는데 건축가들이 디테일에 약해
완성도가 떨어진다〉는 이야기를 많이 한다. 마감 공사에서
애초의 설계안이 제대로 구현되지 못하는 경우가 많다는
얘기다. 또 많은 건축가가, 비가 많이 새는 건물들을
지어 놓고도 나 몰라라 했던 프랭크 로이드 라이트나
르코르뷔지에처럼 좋은 건물에 살려면 그 정도의 불편은
감수해야 한다고 말한다. 두 사람처럼 건축사에서 길이
반추될 건물을 디자인해 준다면 그런 불편은 감수하겠지만
그렇지 못한 처지에 대가연하는 모습은 안쓰럽다.

나는 우리나라의 설계 사무실의 사정을 세세히 알지 못한다.
하지만 우리나라 건축가들이 제대로 대접을 받지 못하고
있다고 생각하는 것은 아전인수식 판단 아닌지 모르겠다.
많은 건축가가 건축을 예술의 한 분야로 생각하고 있다. 이
생각은 온당한 것이다. 그러나 회화나 조각과는 달리 건축은
처음부터 〈소수〉가 아닌 〈다중〉을 염두에 두고 작업을 해야
하는 분야다. 예술이되 순수 예술보다는 상업 예술에 더
가깝다. 건축가들은 예산이 확보된 작업을 하는 〈행복한
예술가들〉에 속한다. 화가는 자신의 작품이 팔리든 팔리지
않든 고독한 작업을 해야 하지만 건축가들은 정해진 〈신명

나는 놀이터〉에서 작업하는 사람들이다. 주어진 예산과
정해진 목표가 역으로 큰 장애일 수도 있지만 이것 역시
건축가들이 자신의 작업을 완성시키기 위해 상상력으로 풀어
가야 할 퍼즐이다.

〈건축가의 사회 문화적 위상은 무엇인가〉라는 자문자답형
제목에는 이미 건축가의 사회적 위상이 땅에 떨어져 있고
따라서 이는 마땅히 극복해야 할 당위라는 인식이 내재되어
있다. 하나 마나 한 이야기가 될 수 있겠지만 이런 논의 자체가
필요할까라는 생각이 든다. 한 사회에서 어떤 직업군이 어떤
평가를 받고 있는가 하는 문제는 그 직업군이 지금까지
쌓아 온 결과물과 관련이 있다. 이것은 단순히 집단적으로
목소리를 크게 낸다거나 홍보를 강화하고 계몽한대서
달라지는 것은 아니다. 건축가의 위상은 건축가들이 지금까지
어떤 일을 해왔는가로 대접받아야 할 것이다.
많은 건축가가 우리나라의 도시 발전 과정에서 건축가들이
소외받아 왔다고 생각하는 것 같다. 어떤 부류의 건축가들이
도시 개발 과정에 참여해 왔는지는 모르지만 우리가 숨
쉬고 있는 우리의 도시들도 결국은 우리나라 건축가들의
작품들이다. 개발 논리로 그렇게 되었든 경제 논리로
그렇게 되었든 현재 우리나라의 도시 모습은 건축가들의
한 자화상에 다름 아니다. 우리의 주거 문화가 어떻게
〈괴물〉 같은 아파트로 정착되었는지, 서울의 그 많은 다리
가운데서 어느 하나도 세계에 내놓을 만한 다리가 없는지
안타까운 노릇이지만 이것 또한 건축가들이 〈우리는 잘

모르는 일〉이라고 말하기 어렵다. 이렇게 된 데에는 도시 발전 과정에서 건축가들의 생각이 〈덜〉 반영된 탓이라고 말할 수 있겠지만 이런 생각은 건축 분야뿐 아니라 모든 문화의 주도자들이 문화 발전 과정에서 목도하고 하소연하는 대목이기도 하다. 지난 50년간 문화의 생성과 발전 과정에서 우리는 〈속도〉와 〈돈〉에 밀려 어쩔 수 없이 간과할 수밖에 없었던 측면이 있는 게 사실이다. 그런데 이제는 우리나라도 좌고우면할 여유가 생겨 〈속도〉와 〈돈〉의 논리보다는 모든 분야에서 〈제 모습 찾기〉가 더 중요하다고 생각하는 사람들이 늘었고, 그런 여건이 조성되고 있는 마당에, 그 주도자적 위치를 이제는 다른 나라에 내주게 된 형국이 되었다. 나도 여섯 건의 신축 프로젝트 가운데 규모가 가장 크고 중요한 프로젝트인 미메시스 아트 뮤지엄의 건축을 결국 포르투갈의 알바루 시자와 진행하게 되었다.

이미 결론이 눈에 보이는 논의이지만, 이 모든 것을 해결할 수 있는 것은 우리나라 건축가들의 역량을 키워 가는 길뿐이다. 우리나라의 문화 소비층도 이제는 외국에서 좋은 건물을 많이 경험해서 웬만한 것은 눈에도 들어오지 않는다. 특별히 우리나라 사람들은 명품을 좋아하지 않는가! 명품을 좋아하는 까닭에 외국의 명품을 적절히 조합하거나 베끼면 금방 알아챈다. 우리도 우리나라 건축가가 디자인한 건물이 외국 사람들 사이에서 회자되기를 눈 빠지게 학수고대하고 있다. 우리도 보다 더 많은 외국인이 우리나라로 건축물들을 보러 오기를 바란다. 이런 건물들의 숫자가 늘어날수록 우리나라 건축가들의 위상은 자연스레 높아질 것이다. 다른 나라 건축가들도 그런지는 알 수 없지만 우리나라 건축가들은 〈관념〉과 〈언어〉에 콤플렉스를 가지고 있는 것 같다. 자신이 하는 일을 설명하려 들 필요도 없고, 다양한 읽기가 가능한 건물을 두고 굳이 자신의 생각을 떠벌릴 필요도 없다. 건축가는 그저 좋은 건물만 지으면 되고, 그 건물을 사용하고 보는 사람들이 떠들게 두면 된다. 건축가는 자신의 건물로만 말하면 되는 것 아닌가. 집이라는 게 어디 〈영감〉으로 짓는 것이지 〈말〉로 짓는 것인가 말이다.

마지막으로 외람된 부탁을 한 가지만 하자면 우리나라 건축가들이 평생 단 한 채라도 100년 뒤, 아니 20년 뒤에라도 세계적으로 그 독창성을 인정받을 수 있는 건물을 짓기를 희망한다.

── 『건축과 사회』 2007년 여름 호

어떤 약속

왜 이 책을 내려고 했느냐고 묻는다면 솔직히 〈나도 모른다〉. 다만 어쩌다 이 일기를 쓰기 시작하게 되었고, 써놓고 보니 책꽂이에 꽂혀 있는 일기장이 늘 눈에 밟혔다. 또 내가 그때 무슨 생각을 했었지 하고 궁금해지면 시도 때도 없이 들춰 보곤 했었다. 또 어떤 때는 써놓은 게 아깝게 생각되기도 했었다. 이렇게 나는 이 일기를 써놓고는 지난 4년간 낼까 말까를 수없이 망설였다.

이 일기를 쓰게 된 동기는 아주 간단하다. 2003년 나는 한국 출판인 회의의 회장을 맡게 되었다. 그때 내 아들 예빈이는 공익 근무를 막 시작했었고 딸 유진이는 대학에 갓 입학했었다. 어느 날 우리 셋은, 잠시 〈공익 근무〉를 하게 되었지만 각자의 본분, 말하자면 나는 출판사 일을, 예빈이는 학생의 본분을 잊지 말자고 다짐했었다. 그때 그 다짐의 하나로 우리 셋은 『앤디 워홀 일기』를 나누어 번역하고 그 결과물을 출판하기로 했다. 800면 되는 책을 예빈이가 400면, 유진이가 250면, 내가 150면을 1년 동안 번역하기로 약속했다. 예빈이는 약속대로 꼬박꼬박 번역을 해냈고, 나는 회장을 하느라고, 유진이는 반수를 하느라고 약속을 지키지 못했다. 결국은 예빈이가 또 1년 동안 내 몫과 유진이 몫까지 해냈다. 2004년 초 예빈이가 번역을 끝내던 날, 대신 나는 1년 동안 앤디 워홀처럼, 아니 앤디 워홀보다 더 세세하게 일기를 쓰겠다고 약속했었다. 이렇게 쓴 게 이 일기다. 그로부터 또 4년이 지나갔다. 4년 동안 예빈이는 끊임없이 교열, 퇴고, 교열, 퇴고를 거듭했다. 앤디 워홀은 10년간 7,000매가 넘는 일기를, 나는 1년간 5,000매의 일기를 썼다.

두 일기는 우리 부자 간 약속의 한 산물이다. 예빈이의 번역이 어떤 수준인지 또 내 일기가 어떤 의미가 있는지는 또 다른 문제다. 다만 우리는 서로 최소한의 약속을 지킨 셈이고, 또 지난 4년간 끊임없이 원고를 만지작거렸다. 그럼에도 불구하고 이 책을 왜 내려고 했느냐고 또 다시 묻는다면 소박하게 이런 대답을 할 수 있겠다. 우리는 서로에게 약속한 것들을 〈완성된 형태〉로, 또 〈공개적으로〉 내놓는 거라고 말이다. 나는 이 일기를 쓸 당시에는 가능하면 〈하루〉를 그대로 재현해 보아야겠다고 생각했다. 매일매일 일을 하면서 부대꼈던 사람들과 그때 한 이야기나 내 생각을 그대로 그려야겠다고 생각했다. 기왕에 쓸 거면 최소한 어떤 한 출판인의 일상을 통해서 출판 동네와 책 만드는 사람들의 한 단면이라도 엿볼 수 있게 하자, 하는 생각 말이다. 그럼에도 불구하고 이 일기는 〈하루〉의 반도 재현해 내지 못했다. 더구나 한 인간의 내면이나 사고는 세세히 들추어 내지 못했다.

이 일기를 출판하고자 결정했을 때 당연히 고려해야 할 것들이 많았다. 우선 나와 이야기를 나누었던 많은 사람의 속내가 그대로 노출될 때 당사자가 느낄 당혹감을 고려하지 않을 수 없었다. 특히 다른 사람에 대한 이야기는 속성상 언제나 비공개를 전제로 이루어지는 것이기 때문이다. 그래서 조금이라도 어떤 기록이 누군가에게 폐가 될 수도 있겠다고 판단되면 과감하게 삭제했다. 그럼에도 불구하고 여기에 자신의 이름이 언급된다는 사실 자체로도 당혹감을 느끼는 분들도 계시리라 여겨졌다. 그래서 이 일기를 내기로 결심한 이후에 또 한 차례 몇 사람에게 일독을 요청하고 그들의 조언을 모두 받아들여 무차별로 또 삭제했다. 이런 과정을 거치면서 많은 부분이 삭제되었지만 열린책들과 한국 출판인 회의에서 진행된 일들은 집필 당시의 내용이 비교적 그대로 남아 있다.

혹 이 책에 언급되어 있는 분들이 언급 자체로도 마음이 상하셨다면 부디 너그럽게 용서해 주시길 부탁드린다. 또 언급된 부분이 설령 사실과 다른 부분이 있거나 비판적인 시각으로 비춰지더라도 부디 넓은 마음으로 품어 주시기 바란다. 나는 추호라도 이 책을 통해 다른 분들의 마음을 다치게 할 생각을 해본 적이 없다. 이 책이 그저 출판 동네, 그리고 출판인에 대한 인식과 이해를 넓히는 계기가 되기를 바랄 뿐이다. 이 일기에는 특히 열린책들 식구들과 한국 출판인 회의의 많은 선후배 출판인들이 자주 언급된다. 이 자리를 빌려 그분들에게 지난 세월 함께할 수 있어서 정말 행복했었다는 말씀을 드리고 싶다.

〈정말 그때 저는 행복했었습니다.〉

— 『통의동에서 책을 짓다』 2009년 1월 18일 — 머리말

닥치는 대로 혹은
집중 탐구식으로 읽기

책을 만드는 게 직업인 나 같은 사람이 지금까지 어떤 책을
읽어 왔고, 또 어떤 책이 좋은 책인지를 이야기하는 것은
조금 난감한 일이다. 책 만드는 사람들이 읽는 책들은 대부분
앞으로 만들 책 혹은 새롭게 만들 책에 대한 기획 자료들인
경우가 많기 때문이다. 책 한 권을 만들기 위해 어떤 때는 수십
권의 책을 자료로 검토하기도 한다. 가령 어떤 외국 소설가에
대한 책을 내려고 하면 그가 쓴 모든 자료를 모아서 리뷰하고
정리해야 한다. 그래서 때로 책을 만드는 사람들은 정독은
아닐지라도 1년 동안 거의 수십, 수백 권의 책을 보거나watch
읽게read 된다.

만일 독자한테 어떤 방식으로 책을 읽을 것인지를 제안한다면
두 가지 방법을 생각해 볼 수 있겠다. 그 한 가지는 〈닥치는
대로 읽기〉다. 대부분의 경우 추천 도서나 권장 도서는 큰
의미가 없다. 책을 읽는 습관, 독서 습관을 들이기 위해서는
추천 도서나 고전이나 명작과 같은 목록에 연연하기보다는
내 주변에 있는 〈눈에 띄는 책부터 읽기〉 시작하는 것이 좋다.
그게 만화든, 세계 고전이든, 아니면 주간지든 닥치는 대로,
맘이 내키는 것부터 읽는 것이다. 또 이런 독서가 습관이
되려면 생활 반경 어딘가에 책을 놓아두고 시간이 나는 대로

읽는 것도 한 방법이다. 거실 탁자에다, 화장실에다, 집에 굴러다니는 책들을 놓아두고 읽는 것이다.

독서 환경으로 치자면 우리 세대는 사실 좋은 환경에서 청소년기를 보냈다고 할 순 없다. 1960년대 초중반 초등학교를 보낸 셈인데, 1960년대 후반 들어 세계 문학 전집이나 사상 전집이 나오긴 했지만 창작 동화나 한국 소설은 활발하게 발간되지 못했다. 그런 이유로 어쩌면 닥치는 대로 읽는 수밖에 없었을 것이다. 내 경우에는 초등학교 시절에 읽은 책들이 잘 기억나지 않지만, 『새싹』이라는 잡지와 『소년 한국일보』라는 신문을 꾸준하게 본 기억이 난다. 동화책은 별로 본 기억이 없다. 아니, 볼 기회가 별로 없었다는 게 정확한 표현이다. 대신 나는 5일장이 서는 읍내에서 새로 나온 만화책을 사서 모으곤 했는데, 이 만화책들이 동네 만화방 구실을 톡톡히 했다. 그때 신동우의 『홍길동』이나 권철근의 〈게슈타포〉 시리즈가 특히 인기였다. 중학교 시절엔 『괴도 루팡』 시리즈나 『셜록 홈스』 시리즈를 한 권 한 권씩 사서 읽은 기억이 난다. 그리고 대부분의 우리 세대들이 그러했지만 해방 전후의 정치 지도자들의 일대기 혹은 역사 소설(특히 박종화나 유주현의 작품들)을 많이 읽었다. 특히 이 시절엔 세계 위인전, 즉 처칠, 드골, 막사이사이 등 소위 제2차 세계 대전 전후의 영웅들의 전기를 읽었다. 이 시기 소년들의 꿈은 대개 대통령이나 외교관처럼 위대한 인물이 되는 것이었다. 1960년대 소년들에게는 눈에 띄는 직업이 몇 개 없었다.

고등학교 시절엔 황순원 전집, 이어령 전집 등의 국내

소설들을 읽었다. 외국의 고전들은 정음사나 을유문화사에서 나온 전집을 읽었다. 1970년대 들어서야 비로소 단행본 형태로 발간되기 시작한 외국 문학, 이를테면 『어린 왕자』, 『갈매기의 꿈』, 『데미안』, 『독일인의 사랑』, 『호밀밭의 파수꾼』 등을 읽었고, 국내 소설은 『창작과 비평』이나 『문학과 지성』 등의 잡지에 게재된 단편들을 읽었다. 1970년대 초반까지만 해도 『객지』, 『광장』, 『난장이가 쏘아올린 작은 공』 등 단행본 형태의 낱권으로 출간되는 소설은 1년에 50권 남짓이었다. 말하자면 이 시기에는 신간 목록이 대학생들의 〈공통 도서 목록〉이었던 셈이다. 우리 세대는 어쩔 수 없이 우리 시대의 책들을 〈모두〉〈함께〉 읽었다.

또 한 가지 유용한 독서 방법은 〈집중 탐구식〉으로 독서하는 방법이다. 가령 한 작가를 선택하면 그 사람이 쓴 모든 것을, 모든 작품을 읽는 것이다. 내 경우에는 도스또예프스끼를 그렇게 읽었다. 대학에 들어가기 전까지는 나는 한 번도 도스또예프스끼를 제대로 읽은 적이 없었다. 『죄와 벌』과 『까라마조프 씨네 형제들』을 완독하려고 여러 번 시도했으나 3분의 1을 넘기지 못했다. 대학 1학년 때 소위 부조리 문학과 실존주의 계열의 책들, 예들 들면 카뮈, 사르트르, 니체 등을 읽은 뒤 『죄와 벌』을 다시 읽으니 그렇게 재미있을 수가 없었다. 그래서 『죄와 벌』을 다 읽고 나면 다시 서점에 가서 『가난한 사람들』을 사 오고, 『가난한 사람들』도 다 읽고 나면 그다음 날은 『백치』를 사다 읽고, 그리고 그다음 날은 『까라마조프 씨네 형제들』을 사다 읽는 식으로 도스또예프스끼의 작품 대부분을 읽었다.

도스또예프스끼 하나를 잘 읽는 것만으로도 19세기의 세계를 읽는 것과 같다. 도스또예프스끼의 소설들을 완독하고 나서 도스또예프스끼에 관련된 자료를 찾기 위해서 각 대학 도서관을 뒤졌다. 불행하게도 그 당시에는 영어로 된 전기와 도스또예프스끼의 『인간의 이중성에 관한 비평』 한 권이 전부였다. 물론 도스또예프스끼를 읽는 과정에서, 예를 들면 올더스 헉슬리의 『멋진 신세계』, 콜린 윌슨의 『아웃사이더』, 장 폴 사르트르의 『실존주의는 휴머니즘이다』와 같은 책들을 읽으면서 도스또예프스끼에 대해 이해의 폭을 넓혀 갔다. 그리고 그 후에 읽은 모든 책에서 도스또예프스끼와 관련된 주제, 테마와 관련된 구절들, 예들 들면 자유 의지의 문제라든가, 도덕적 니힐리즘에 관한 문제들 혹은 신에 관한 문제 등과 관련된 내용이 나오면 메모하거나 해서 그 주제들을 발전시켜 갔다. 나는 그렇게 대학 4년을 도스또예프스끼와 씨름하며 지냈다.

결국 도스또예프스끼가 대학원에서 전공을 바꾸게 하고(철학에서 러시아 문학으로), 또 그 후엔 러시아 문학 전문 출판사를 내게 했고, 결국엔 『도스또예프스끼 전집』(전 25권)을 발간하게 만들었다. 도스또예프스끼가 내 삶을 디자인한 셈이다. 이런 방식이 몸에 배 사실 출판사에서 기획을 할 때도 작가에 대해 집중 탐구하는 방식으로 하게 된다. 베르나르 베르베르가 그렇고, 움베르토 에코가 그렇고 폴 오스터 등 열린책들에서 발간하는 모든 작가에 대한 출간 방식이 그러하다. 한 작가를 집중 탐구하는 방식, 혹은 한 주제를 집중 탐구하는 독서 방식은 누구에게나 유용한 방식이 아닐까 생각한다. 한 작가를 깊게 이해하면 그것은 다른 모든 것과도 깊게 연결되기 때문이다. 만약 앤디 워홀을 읽기 시작해서 앤디 워홀의 모든 것을 이해하게 되면, 거기에 이르는 과정에서 좁게는 팝 아트에서 현대 예술을, 궁극적으로는 서양 예술사 전체를 이해할 수 있게 된다. 물론 집중 탐구식 독서가 꼭 문학 작품일 필요는 없다. 어떤 분야든 상관이 없다. 결론적으로 얘기하면 독서 방법에 왕도는 없는 셈이다. 아무 책이나 닥치는 대로 손에 잡히는 대로, 또 철저하게 재미있는 것부터 읽으면서 습관을 들이는 게 중요하다. 그렇게 독서 습관을 들여 가다가 생에 딱 한 번만 꼭 마음에 드는, 나에게 초미의 관심사가 된 어떤 주제나 어떤 인물을 정하면 바닥까지 훑어가는 저인망식 독서를 하기를 바란다.

홍지웅 대표의 이럴 땐 이런 책

1. 인생의 깊이를 알고 싶을 때
『도스또예프스끼 전집』(전 25권) 도스또예프스끼 지음 / 석영중 외 22인 옮김 / 열린책들
2. 심심할 때 재미 삼아 술술 읽는 책
『셜록 홈스 걸작선』 아서 코난 도일 지음 / 봉명화 외 2인 옮김 / 북하우스
3. 소설다운 소설을 딱 한 권만 읽고 싶을 때
『장미의 이름』(전 2권) 움베르토 에코 지음 / 이윤기 옮김 / 열린책들
4. 우리나라 최고의 석학을 다른 사람에게 자랑하고 싶을 때

『세 개의 동그라미』 김우창 지음 / 한길사

5. 왜 우리나라에 세계적인 건축가가 없는지 그 이유를 알고

싶을 때

『다다오 안도 *Tadao Ando*』 프란체스코 달 코 지음 / 파이던

6. 혼자서 키득키득 웃고 싶을 때

박수동의 『고인돌』 시리즈

『고인돌 왕국』 박수동 지음 / 우석출판사

『소년 고인돌』 박수동 지음 / 바다출판사

『고인돌 별똥 탐험대 세트』(전 4권) 박수동 지음 / 청년사

——『교보문고 사람과 책』 2009년 5월 호 — 리더의 독서기

홍지웅 열린책들 대표

닥치는 대로
혹은
집중 탐구식으로
'읽기'

책을 만드는 게 직업인 나 같은 사람이 지금까지 어떤 책을 읽어 왔고, 또 어떤 책이 좋은 책인지를 이야기하는 것은 조금 난감한 일이다. 책 만드는 사람들이 읽는 책들은 대부분 앞으로 만들 책 혹은 새롭게 만들 책에 대한 기획 자료들인 경우가 많기 때문이다. 책 한 권을 만들기 위해 어떤 때는 수십 권의 책을 자료로 검토하기도 한다. 가령 어떤 외국 소설가에 대한 책을 내려고 하면 그가 쓴 모든 자료들을 모아서 검토하고 정리해야 한다. 그래서 책을 만드는 사람들은 정확은 아닐지라도 1년 동안 거의 수십, 수백 권의 책을 보거나(watch) 읽게(read) 된다.

만일 독자한테 어떤 방식으로 책을 읽을 것인지를 제안한다면 두 가지 방법을 생각해 볼 수 있겠다. 그 하나는 '닥치는 대로 읽기'다. 어떤 의미에서 추천 도서나 권장 도서는 큰 의미가 없다. 책을 읽는 습관, 독서 습관을 들이기 위해서는 추천 도서나 고전이나 명작과 같은 목록에 연연하기보다는 내 주변에 있는 눈에 띄는 책들부터 읽기 시작하는 것

공유의 공간,
미메시스 아트 뮤지엄

건축 공간은 인간의 삶에 가장 큰 영향을 미치는 것 중 하나다.
탄생과 죽음, 일과 생활, 휴식과 충전이 대부분 그 속에서
이루어지기 때문이다. 그런 의미에서 더 많은 사람이 공유하고
이용하는 공공 건축물은 우리 삶에 그만큼 더 크고 광범위한
영향을 미친다고 할 수 있다. 공공 건축물의 디자인이 여느
건축물보다 훨씬 더 중요한 이유다. 미메시스 아트 뮤지엄을
짓기로 결심하면서 나는 이 건축물이 지닐 공공성 때문에
바람직한 디자인을 해줄 건축가를 어떻게 정할지 많은
고심을 할 수밖에 없었다. 미술관 부지를 마련하고 건축가를
물색하던 2005년 알바루 시자를 알게 되었다.

그의 건축관에 대해서는 건축가 김준성을 통해 충분히 들은
터였지만, 직접 눈으로 확인해 보자는 생각에 그의 작품을
볼 수 있는 도시들을 찾아가 보았다. 포르투, 리스본, 마르쿠
드 카나베제스, 런던. 그 도시들에서 미술관과 파빌리온 등
시자의 작품을 두루 살펴보았는데, 가장 깊은 감명을 준
것은 퀸타 수영장과 산타 마리아 성당이었다. 퀸타 수영장은
바닷가 바로 옆의 아주 낮은 바위 언덕을 부분적으로 막아
만든 공공 수영장이다. 탈의실이나 스낵바 등 간단한 편의

시설조차도 단층으로 지어 마치 언덕의 일부처럼 보였다. 자연 풍경과 하나가 되어 버렸다고 해도 과언이 아니다. 산타 마리아 성당은 알바루 시자 건축의 진수를 보여 준다. 인공조명을 사용하지 않고 자연광만으로 실내 조명이 가능하게 디자인한 것이 특징이다. 300여 명이 미사를 올릴 수 있는 작은 규모의 성당 내부를 두 개의 광원, 즉 의자에 앉았을 때의 눈높이에 가로로 길게 나 있는 창 그리고 15미터가량의 높은 천장과 벽이 맞닿은 곳에 나 있는 고창 세 개를 통해 들어오는 빛으로만 밝히고 있었다. 의자와 제단 외에는 그 어떠한 장식물도 없는 백색의 공간이다. 공간 자체만으로도 편안함을 느끼게 해주는, 마치 명상의 공간 같았다.

역설적이게도 스페인 빌바오의 구겐하임 미술관을 디자인한 프랭크 게리조차도 시간이 날 때마다 이곳에 들러 텅 빈 성당의 한가운데에 앉아 한참을 명상에 잠겨 있다가 가곤 했다고 한다. 시자를 〈건축의 시인〉이라고 부르는 것은 이렇게 건물 자체가 무언가를 웅변하거나 강요하지 않고 그 속에 있는 인간 자신을 돌아보게 하는 힘을 가지고 있기 때문이 아닐까? 나는 알바루 시자에게 미메시스 아트 뮤지엄을 디자인해 달라고 요청했다. 미메시스 아트 뮤지엄 역시 실내 벽면과 천장 어디에도 인공 구조물이 전혀 없는 순백의 면으로만 디자인되었다. 인공조명 대신 자연광으로 전시할 수 있게 전시실을 디자인했으며, 냉난방 시설과 환기 시설도 이중 벽 속에 설치해 그 어떤 설비도 드러나 보이지 않는다. 시자는 실내 인테리어 공사가 끝나고 난 뒤에도 목재로 된 창틀,

계단실 벽면, 심지어 걸레받이조차 다시 흰색으로 바꾸었다.

순백의 벽면과 자연광이 만들어 낸 환상적이고 기하학적인
공간을 보기 위해 많은 건축가가 미메시스 아트 뮤지엄을
찾고 있으며 이구동성으로 〈미니멀리즘의 극치〉라고 했다.
그리고 그들은 〈자연에 대한 경외〉 또는 〈시적 공간〉이라는
찬사를 아끼지 않았다. 나도 그랬지만, 처음에는 알바루
시자가 뮤지엄을 왜 순백의 공간으로 만들었는지 알 수
없다는 말을 하는 사람이 꽤 있었다. 그 이유가 저절로 드러난
것은 미술 작품 전시를 시작하면서부터다. 시자의 건축에
건축가들보다 더 열광하는 것은 예술가들이었다. 특히 전시
공간에 대해서는 하나같이 탄성을 올렸다. 시자가 리움
미술관을 다녀와서 했던 말이 떠올랐다. 〈마치 예술 작품이
인공조명 아래 놓인 채 모욕을 당하고 있는 것 같았다.〉

시자는 자신의 건축관이나 디자인을 과시하기보다는
뮤지엄에서 전시할 예술가와 작품을 더 배려하고자 한
것이다. 오직 전시실 벽면에 걸릴 예술 작품, 전시실에 놓일
예술 작품만 돋보이게 하기 위해서 다른 어떤 것도 시야에
잡히지 않게 디자인한 것이다. 예술가에 대한 예의, 작품에
대한 배려, 이런 것이 결국 지금의 미메시스 아트 뮤지엄으로
구현된 것이다. 그러니 예술가들이 뮤지엄의 공간에 열광할
수밖에 없다. 미메시스 아트 뮤지엄은 공유의 공간이다.
실용성, 예술성 위에 그것을 사용하는 사람까지 배려하고
존중하는 디자인이 담겼다고 생각하면, 우리 삶에 좋은

영향을 주는 건축물이 하나 더 늘었음을 자랑해도 되지

않을까?

── 『월간 디자인』 2013년 11월 호

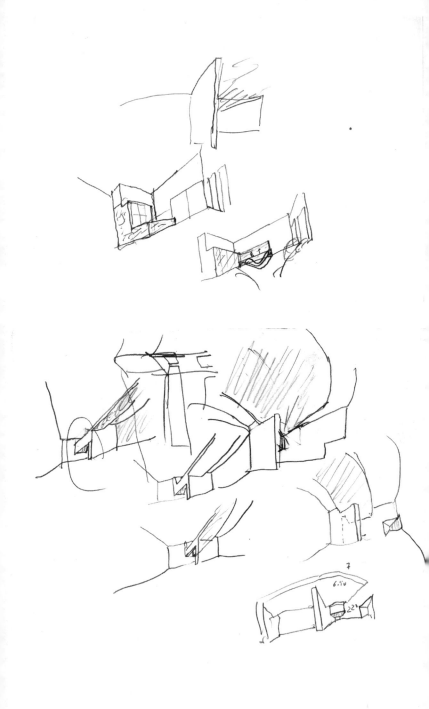

1   8   2

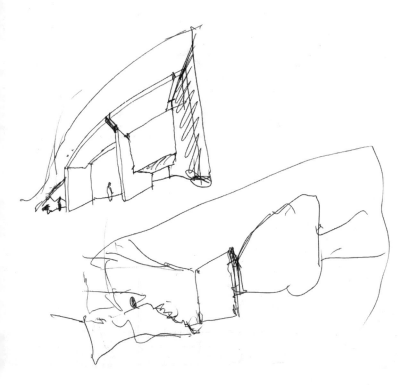

알베루 시자가 스케치한 미메시스 아트 뮤지엄. 2007.

작가정신 박진숙을 말한다

작가정신은 문학 전문 출판사다. 작가정신에서 1992년부터 지난 25년 동안 펴낸 600여 종의 책들을 보면 소설, 에세이 등 크게 보아 문학의 범주를 크게 벗어나지 않는다.

19세기 이후 세계 출판의 역사는 문학 출판의 역사와 궤를 같이한다. 출판의 여러 분야 가운데 문학 출판은 언제나 중심에 있었다. 20세기에 들어서면서 사회가 다양하게 분화되고 여러 분야의 욕망이 표출되면서 출판도 세분화되었지만 큰 줄기는 문학 출판이었다.

인간의 독서 행위도 궁극적으로는 문학 읽기와 동일시되어 왔다. 독서의 목적은 인간의 주체적 자아를 정립해 가는 데 있다. 주체적인 자아는 상투적인 것, 기존의 관점, 습관적인 인식을 뒤집어 보고 새롭게 인식하면서 형성되는 것이다. 문학은 바로 상투적인 것과 습관적인 인식을 〈낯설게〉 보여 주는 기능을 한다. 자아 확립을 위한 독서는 그래서 논쟁적인 글 혹은 이데올로기를 담은 글보다는 상상력을 원천으로 하는 글, 즉 소설, 희곡, 시 등의 문학 작품 읽기가 훨씬 효과적인 것으로 간주된다. 이런 의미로도 한 나라에서의 문학 출판은 다른 분야의 출판보다 중요하다.

우리나라 출판의 역사, 독서의 역사도 마찬가지다. 지난 60여

년의 출판 역사에서 1세대 문학 출판사들, 문지, 창비, 민음사, 문예출판사 등이 그 중심에 있었고, 그 맥을 잇는 2세대 문학 출판사 가운데 하나가 작가정신이다.

작가정신의 박진숙은 시인이다. 시집을 가지 않은 대신 시집을 세 권이나 낸 시인이다. 그이에게 있어서 문학은 삶이고, 출판 역시 문학적 삶의 연장선에 있다. 시는 속성상 인식의 대상을 무엇인가에 빗대어 얘기하거나 한 단어로 압축하는 것이어서, 무언가를 팔아 수익을 내고 경영하는 것과는 불화할 수밖에 없지만, 그럼에도 불구하고 그이가 25년간 매년 스무 권이 넘는 신간을 꾸준히 내면서 출판사를 꾸려 왔다는 것 자체가 대단한 문학적인 사건이다.

박진숙은 사슴 같은 사람이다. 겉으로는 고독한 듯 보이면서도 고고하고, 안에서는 한결같은 결의를 키우고 있는 듯이 보인다. 우리는 박진숙이 더 단단하게 결의를 다지고 그이의 〈문학적 삶〉을 계속할 수 있도록 박수 치고 응원할 책무가 있다. 그이가 쉽지 않은 문학 출판의 짐을 우리 대신 짊어지고 있으므로.

── 〈오늘의 출판인〉 본상 추천사, 2016년 12월 6일

눈 밝은
출판인
홍지웅。

2

칼   럼

2000 — 2009

1   8   9

『도스또예프스끼 전집』에
10년 적공

출판사 열린책들을 경영하는 홍지웅 씨는 소나무 스물두 그루
때문에 집을 새로 지은 중년의 사내다. 이 어려운 세상에서
그런 이유로, 집을 헐고 새집을 짓는다니 배부른 생각이라고
할 사람들도 있겠지만, 그가 그들 소나무가 있는 뒷집이
매물로 나오자 거침없이 사들여서 집을 지은 것은 이 척박한
비문화적 풍토에서는 참 가상한 일이다.

어려운 세상이라고 하되, 우리 역사에서 어렵지 않은 때가
언제 있었는가. IMF 신탁 통치하에 있지만 OECD 회원국이
될 만한 형편도 되었으니, 주거 예술에 신경을 쓰는 사람들도
생길 때가 되었다. 집이야말로 문화와 예술의 결정체이자
사람이 사는 그릇이기 때문이다.

흔히 출판은 문화 사업이라고 하여 다른 사업들과 구별한다.
문화가 사업을 수식하고 있지만, 문화가 더욱 강조되기도
한다. 그러나 나는 사업이 우선한다고 생각한다. 돈이 있어야
문화가 있다는 것은 세계 건축사를 보면 한눈에 알 수 있다.
또 국가가 돈이 많을 때 출판의 생산력이 왕성했던 것은
중국이나 우리나라의 역사가 증명한다.

소나무를 인연으로 하여 집을 신축한 홍지웅 씨는 이런
맥락에서 출판이라는 문화 사업을 제대로 할 수 있는

최소한의 경제적 토대를 마련한 셈이다. 이 토대 위에서 그는 『프로이트 전집』과 『도스또예프스끼 전집』 등을 기획할 수 있었다. 물론 홍 씨 정도의 경제력은 중소기업의 출판계에서도 별것이 아니고, 그 정도 기획을 한 출판인들도 적지 않다. 그러나 중요한 것은 출판의 완성도에 대한 그의 집념과 책임감이 출중하다는 것이다.

그가 곧 상재할 『도스또예프스끼 전집』은 무려 10년 동안의 기획과 작업 끝에 일곱 차례의 교정을 거치면서 생산하는 노고의 산물이다. 그의 이러한 큰 작업들은, 과연 프로이트와 도스또예프스끼의 전체 작품들을 소화할 수 있는 역량이 우리에게 있는지를 끊임없이 자문하면서 또한 분위기의 미성숙성을 인정하면서, 이루어진 것이다. 그러나 그의 시도가 미래의 도약을 위한 초석이 될 수 있다고 확신하기 때문에 가능했던 일이다.

나는 그가 최선을 다한 『도스또예프스끼 전집』이 그의 노고만큼 훌륭한 번역과 단단한 자태의 아름다운 책이 될 것을 기대한다. 그리고 앞으로도 그가 그의 아름드리 청청한 소나무처럼 아름다운 중년의 삶을 출판에서 진력하기를 기대한다.

── 『경향신문』 2000년 5월 18일 ─ 칭찬 릴레이 ㅣ 박종만 까치글방 대표

눈 밝은 출판인이자 몽상가

문제는 사람과 사람의 관계다. 승僧에 속하지 않고 속俗에
속하는 나에게, 출가한 사람들에게는 참으로 하찮을 터인 이
사람과 사람의 관계가 큰 숙제다. 나는 이 숙제를 사람들과의
관계 속에서 직접 체험으로 풀기도 하고, 사람들의 관계를
눈여겨보면서 간접 체험으로 풀기도 한다. 사람들과 더불어
어울리는 자리는, 숙제하기 안성맞춤인 나의 공부방이다.
이 공부방에서 나는 직접 체험으로 숙제를 풀기도 하고,
엿보고 엿듣고 어깨너머로 읽는 간접 체험으로 숙제를 풀기도
한다. 내 숙제의 핵심 중 하나는 사람의 관계를 관류하는
시혜의식施惠意識과 수혜의식受惠意識의 마찰과 윤활이다.
시혜의식은 관계의 끝을 알리는 징후라는 것이 나의 잠정적
결론이다. 행복한 관계에 시혜자는 존재하지 않는다. 다만
수혜자가 있을 뿐이다.

에코의 소설『장미의 이름』원고를 싸 들고 다니다, 편집
디자이너 정병규 교수를 통하여 눈 밝은 출판인 홍지웅을
만난 지 15년 된다. 나는 행복한 수혜자이다. 그동안 나는
그와 함께 11종, 18권에 이르는 책을 냈다. 개역판을 내면서
파기한 초판을 더하면 20권이 넘는데 이것이 내게는 큰
자랑이다. 마찰 대신 윤활을 선택한 우리의 관계를 통하여

그를, 혹은 우리의 관계를 객관화할 수 없다면 이런 글에
마침내 무슨 뜻이 있으랴. 우리가 함께 오래 일할 수 있었던
것은 서로가 서로에게 지닐 수 있는 수혜자 의식 때문이라고
나는 생각한다. 그도 나와 같은 생각을 하고 있을 것이다.
내가 아는 한, 행복한 수혜자가 있을 뿐, 행복한 시혜자는
존재하지 않는다. 언제나, 충분히 고마워하는 수혜자란
존재하지 않기 때문이다.

나의 경우, 함께 일하면서 번역물에만 관심을 쏟는 그에게
국내 창작물은 쥐뿔도 아닌 모양이라고 섭섭해하던 시절도
없지 않다. 하지만 그가 이루어 낸, 솔제니찐에서 프로이트를
거쳐 도스또예프스끼에 이르는 그의 전집 번역 출판을 보고
있으면 그가 번역 출판문화의 전사戰士가 아닐까 싶어진다.
내가 아는 한, 우리는 아직도 세계사를 살고 있지 못하다.
우리는 아직도 세계의 문학 현실에 편입되어 있지 않다.
인류의 고전이라고 불릴 만한 책의 대부분은 〈아직 번역되어
있지 않다〉. 이로써 우리는 전집을 완간한 홍지웅에게 또
한 차례 빚을 진다. 하지만 사명감에 쫓겨 이 엄청난 일을
저질렀다고 하더라도 스스로를 도스또예프스끼의 행복한
수혜자로 여겼으면 좋겠다. 〈곽슈(박수)!〉

── 『문화일보』 2000년 6월 12일 | 소설가 이윤기

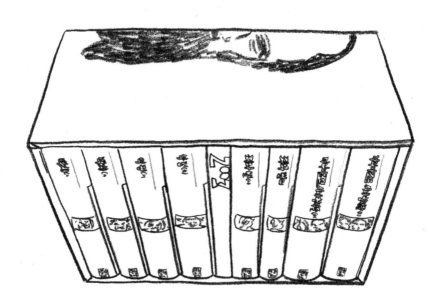

한 사내의 고집

사방이 녹음이 짙다. 그 푸른 녹음과 어우러져 책을 읽으면,
초여름 바람이 책 속의 문장들을 더 싱싱하게 일으켜 세운다.
요즘 6월의 출판가에는 초여름 바람만큼이나 독자들의
마음을 설레게 하는 신간 소식이 있다. 러시아 완역본으로
출간되는 『도스또예프스끼 전집』과의 만남이다. 한국
출판계의 하나의 사건으로 자리매김 될 『도스또예프스끼
전집』 러시아어 완역본은, 뚝심 하나로 밀어붙인 열린책들의
홍지웅 사장이 아니었다면 대면하지 못할 기적이기도
하다. 무려 총 25권, 1만 2천5백여 쪽의 방대한 규모로
탄생하게 되었다. 우리가 읽는 고전은 대개 영역이나 일어
중역이 대부분임을 환기할 때, 생생한 러시아어 완역본으로
읽는 즐거움은 두말할 필요가 없을 터이다. 기존 출간된
『도스또예프스끼 전집』은 1933년 정음사가 처음 번역한
것으로, 대개 일본어 및 영역판 중역판이었다. 이번
열린책들의 홍지웅 사장은 이 괴물 같은 작가의 전집을
러시아어 원본을 직접 변역하는 대장정의 길을 선보여
출판계와 독자들에게 주목받고 있다. 이덕무와 같이 책
읽기를 즐기는 바보 선비를 간서치看書癡라고 칭한다면,
홍지웅 사장은 자료를 모으고 좋은 책을 만드는 바보 선비인

찬수치纂修痴로 불러도 될 듯하다. 그의 도스또예프스끼 러시아어 완역본에 대한 의지는 대학 시절로 거슬러 올라간다. 여담에 따르면 홍지웅 사장은 고교 시절부터 도스또예프스끼에 지대한 관심이 있었다고 한다. 그 후 대학에서 철학을 전공 후, 다시 조우한 도스또예프스끼는 사뭇 달랐다고 한다. 이때부터 홍지웅 사장은 러시아권 문학과 도스또예프스끼 소설을 탐독하고 자료를 모았으며, 관련 비평서를 찾는 데 심혈을 기울여 왔다. 또한, 러시아 문학을 제대로 공부하기 위하여 대학원을 다니고, 스승을 찾아 개인적인 사사도 마다하지 않았다. 번역은 언어권이 상이한 이질적인 문화를 다른 언어권의 문화와 부딪치고 용해하여 풀어내는 일이기도 할 터. 그러기에 번역 작품에서 단어와 문장 그리고 조사 하나의 구사에도 독자가 마주하는 질감은 미묘하게 달라진다. 이를 알기에 홍지웅 사장은 소설 번역의 완성도를 높이기 위하여 신진 소장 학자들을 두루 만나고 그 고행을 함께 해왔다. 그의 무쇠 같은 신념과 문학에 대한 염결성과 성찰 앞에서 우리는 경건함마저 느끼게 된다. 컴퓨터 자판으로 순식간에 출간되는 전자 출판의 시대에 그의 행보는 소중하다. 장사가 안 될 것이 뻔한 책을 출간하는 그의 뚝심은 바보처럼 비칠지도 모른다. 하지만 역사의 도저한 흐름을 살펴볼 때, 가치 있고 위대한 일은 열정과 신념과 기다림이라는 피를 먹고 탄생한다. 독자에게 영합하여 시류를 타고 한몫 챙기려는 여타의 발 빠른 출판사들이 즐비한 이 시대에 그는 진짜 출판인의 자세가 무언인가를 몸소 보여주고 있다. 그의 출판사에서 출간된 책들은 이미

300여 종이 스테디셀러 반열에 올라서 있다. 색다른 마케팅 전법에 앞서 고전을 가려 뽑고, 책 한 권 한 권마다 애정을 갖고 최선을 다하는 그의 모습에서 소신 있는 자의 고집이 얼마나 아름다운지를 알게 된다. 독자들을 위하여 좋은 책 한 권을 만들어 내는 출판은 작가 발굴을 시작으로 기획부터 출간까지 수많은 공정과 정성이 들어가는 지난한 작업이다. 새로운 생명을 세상에 내어놓는 생명 탄생과 다름없다. 그러기에 책을 읽는 독서 행위는 단지 문자만을 해독하는 것이 아니라, 작가와의 소통이며 대화가 아니던가. 홍지웅 사장의 작업은 지혜의 숲을 가꾸는 일임이 분명하다. 좋은 책 한 권에는 작가의 직관과 감각과 그의 세계관이 함께하기에, 소설 속 인물들은 항상 지금 여기에 우리와 함께 살아 있다. 『도스또예프스끼 전집』에서 문장과 행간에 침묵으로 고여 있는 자유 의지와 신과 고독하고 절망적인 러시아의 겨울밤을 만나는 6월은 행복하다. 책은 칼보다도 강하다. 칼로도 칠 수 없는 작가의 서늘한 의지를 만나고, 그 에너지의 파동으로 나의 삶에 균열을 내고 확장하는 틈의 미학을 완성하는 것이다. 그래서 책은 무겁다.

─ 『한라일보』 2000년 6월 13일 ─ 관탈섬 | 시인 서안나

빠름과 느림

과속過速이다, 아니다. 남북 관계를 두고 벌어지는 속도 논쟁이
한창이다. 정치권뿐만 아니라 학계에서도 그렇다. 마침내
진보적 시각의 최장집 고려대 교수(정치학)도 〈과속〉이라며
속도 조절론을 폈다. 그는 남북문제 못지않게 내치에 신경을
써야 한다고 강조했다. 그의 말이 새로운 건 아니다. 그런데도
시선을 모으는 것은 그가 현 정부 초기 대통령 자문 정책기획
위원장으로서 개혁 이념을 뒷받침한 인물이기 때문일 것이다.
여야 총재 회담에서도 이회창 한나라당 총재는 〈과속〉을
주장했으나 김대중 대통령은 아니라고 했다. 그래도 과속론은
계속 번지고 있다. 그 밑바탕에는 불안감이 깔려 있다.
무엇보다 정확한 정보가 없기 때문이다. 대북 정책이 투명하지
못하니까 뭐가 어떻게 돌아가는지 모르고, 그런 가운데
속도는 빠른 것 같으니 불안할 수밖에 없다. 어느새 대통령의
입에서 국민 투표 얘기까지 나오고 있으니 말이다.

빨라야 할 것은 느리고

남북 관계가 과속이라면 내치는 저속이다. 아니, 정확히
말하면 저속이랄 수도 없다. 아예 지지부진하거나 방향
감각도 모호하다. 무엇보다 개혁이 그렇다. 정권 초기부터,

특히 지난 4월 총선 전후에는 온 세상이 떠들썩할 정도로
정치 개혁을 요구하는 목소리가 높았건만 달라진 게
없다. 정당이건 국회건 청와대건 다 그렇다. 이른바 공공
부문 등 4대 개혁 소리는 귀가 따갑도록 들었으나 성과는
지지부진하다 못해 어떤 분야는 뒷걸음질까지 치는 판이다.
특히 공기업의 경우 개혁을 한다면서 사장을 비롯한 임원을
낙하산식으로 내려 보내니까 변화는커녕 조직 내 지역 갈등만
더욱 깊어지고 있다는 소리가 그치지 않는다. 개혁은 정권
전반기에 과감하게 해나갔어야지, 후반기에는 점점 어려워질
수밖에 없다. 〈누가 발목을 잡아서〉 개혁이 안 된다는 판에
박힌 변명은 더 이상 먹혀들 수 없다.

요즘 세상 돌아가는 현상을 보면 기막히게 빠른 것도 있다.
모든 게 빨리 돌아가는 세상이지만 특히 러브호텔의 확산
속도가 그렇다. 수도권 일대 신도시에서 벌어지고 있는
〈러브호텔과의 전쟁〉을 보면 도대체 어느 사이에 러브호텔이
주택가 학교 코앞에까지 들어서 〈전쟁〉을 벌이게 된 것인지
아연실색할 지경이다. 세계 어디에 이런 〈전쟁〉이 또 있을까.
러브호텔을 옛날의 〈은밀한 공간〉이었던 보리밭에 비유한
작가 이윤기 씨의 발상이 절묘하다. 저 멀리 있어야 할
보리밭이나 물레방앗간이 바로 어린이들이 드나드는 학교
부근에 버젓이 불 밝히고 있어서는 안 될 일이다.

느리지만 무거운 작업

정보화 물결과 함께 모든 것이 더욱 빨라지고 있다. 빨리
가려면 무거워서는 안 된다. 그러니 모두들 〈가볍고 빠르게〉

가려 한다. 그러나 이를 거부하는 흐름이 문화계 한구석에는 있다. 〈가볍고 빠르게〉 대신 〈무겁고 느리게〉 가보자는 것이다. 한 예가 열린책들의 홍지웅 사장(46) 얘기다. 그는 더위가 시작되던 지난 6월 『도스또예프스끼 전집』 25권을 펴냈다. 1994년부터 7년 동안 제작비 3억 8천만 원에 광고 홍보비를 합하면 5억 원이 들어간 큰 작업이었다. 초판 2,000질(질당 27만 원)을 찍어 놓고 이것을 못 팔면 출판사 문을 닫겠다고 했다. 이 같은 초대형 기획물을 낸 홍 사장을 가리켜 주위에서는 세상 물정을 모르는 무모하고 미련한 사람이라고 손가락질했다. 철학과에 다니던 대학 시절 『죄와 벌』을 시작으로 도스또예프스끼에 미친 나머지 대학원에서는 아예 러시아 문학을 전공한 홍 사장으로서는 누가 뭐래도 느리지만 무거운 작업을 해낸 보람을 안고 산다. 반갑게도 그의 〈무모함〉을 알아주는 사람들이 적지 않아 예상과 달리 벌써 1,200질 가까이 팔렸다는 소식이다. 연내에 2,000질 소화는 문제없을 것 같다고 한다. 구매자들은 주로 지식인층이지만 대학원생은 있으나 대학생은 없고, 연예인은 있으나 정치인은 한 명도 없단다. 공자는 이상적인 사회를 음악에 비유했다. 음악은 바로 빠름과 느림, 강함과 약함, 높고 낮음이 제자리를 찾아 어울리는 것이기 때문이다. 빨리 제자리를 찾아야 할 곳은 역시 정치의 세계가 아닌지 모르겠다.

── 『동아일보』 2000년 10월 12일 ─ 어경택 칼럼 | 어경택 논설실장

일기 쓰는 사람들

곧 물러날 한승수 국무총리가 23일, 출입 기자들과 오찬을
하면서 지난해 2월 취임 이후 하루도 빠짐없이 일기를
써왔다는 말을 했습니다. 한 총리는 무슨 생각에선지 두꺼운
노트를 갖고 와 보여 주기까지 했다는데, 그 노트가 벌써
6권째라고 했답니다. 일기에는 이명박 대통령과의 대화는
물론 각료 인선 뒷얘기, 정부 회의 발언록이나 발표문, 주요
오찬과 만찬 메뉴 등의 자료까지 두루 망라돼 있다고 합니다.
한 총리는 〈이걸 열면 뉴스 100건은 나올 것〉이라는 말로
기자들을 감질나고 궁금하게 만들기도 했습니다.
내가 놀란 것은 늘 바쁜 국무총리가 매일 밤 1~2시간씩
만년필로 직접 일기를 썼다는 사실입니다. 총리야 나처럼
정신 잃을 정도로 술 퍼마시는 일이 없겠지만, 그래서 일기를
쓰려도 쓸 수 없는 경우는 없겠지만, 그래도 그렇지, 어떻게
매일, 그것도 자필로 꼼꼼하게 일기를 쓸 수 있을까, 신기하고
놀라웠습니다. 아울러, 한 개인의 일기를 위해 여러 사람이
돕거나 동원됐겠구나 하는 생각이 들면서도 자기 관리에
철저한 그의 모습에 다시 한번 감탄했습니다.
금년 봄에도 나는 일기 때문에 크게 놀란 일이 있습니다.
출판사 대표인 대학 후배가 2004년 한 해 동안의 일기를

800쪽이 넘는 책으로 펴낸 것입니다. 열린책들 홍지웅 대표의
『통의동에서 책을 짓다』라는 책을 받아 든 순간, 나는 숨이 턱
막혔습니다. 그리고 그가 무서웠습니다. 어떻게 이런 것을 다
기록해 놓았을까, 그리고 어떻게 이런 걸 공개할 용기를 갖게
됐을까 싶을 정도로 그의 삶과 출판에 관한 일, 사람들과의
만남이 세밀하게 그려져 있었습니다.

일기를 날마다 쓰지 못하는 바람에 2~3시간 걸려 쓴
주기週記로 1주일 치를 복원한 경우도 있지만, 그는 참
성실하고 치열하게 모든 것을 기록했습니다. 팝 아트의
선구자 앤디 워홀(1928~1987)의 일기를 번역 출판하기로
했던 홍 씨는 아들이 이 책의 번역을 끝낸 날 자신도 1년 동안
앤디 워홀처럼, 아니 그보다 더 세세하게 일기를 쓰겠다고
약속했습니다. 앤디 워홀은 1976년 11월부터 1987년 2월까지
7,000매가 넘는 일기를 썼고, 홍씨는 1년 동안 5,000매가 넘는
일기를 썼습니다.

홍 씨의 2004년 일기는 책으로 나오기까지 5년 이상
걸렸는데, 아들 예빈 씨가 번역한 『앤디 워홀 일기』는 퇴고하고
가다듬고 하는 바람에 오히려 아버지의 책보다 5개월 늦게
출간됐습니다. 홍 씨 부자는 서로 약속한 것을 〈완성된
형태〉로, 〈공개적으로〉 내놓기로 한 다짐을 지켰습니다.
일기와 책을 매개로 한 부자 간의 우정과 협력이 보기
좋고 부러울 정도입니다. 더구나 지웅과 예빈, 이 부자의
이름은 열린책들이 독점 출판해 온 프랑스 소설가 베르나르
베르베르의 작품 『개미』 연작에 등장하는 한국인의 이름으로
쓰이기도 했으니 홍 씨 가문의 경사이면서 한국인들에게

즐거운 일이 아닐 수 없습니다.

다른 사람들은 그렇게 열심히 일하고, 무섭도록 기록을 하면서 하루하루를 성실하게 살아가고 있는데 나는 대체 뭔가 하는 생각을 저절로 하게 됩니다. 홍 씨의 책 말미에는 〈2004년 나를 행복하게 했던 사람들〉이라는 명단이 있고, 거기에 내 이름도 들어 있긴 하지만 일기의 어느 대목에 내가 등장하는지, 뭐라고 언급돼 있는지 제대로 찾기도 어려우니 한심한 일이 아닐 수 없습니다. 그는 나와 만난 날을 기억하고 있는데, 나에게는 아무런 기록도 없을 뿐 아니라 그때 무슨 말을 했는지 기억마저 흐릿할 뿐입니다.

동기가 무엇이든 일기를 쓰는 것은 간단한 일이 아닙니다. 역사상 훌륭한 저작이나 위대한 지적 성취는 결국 모두가 일기의 산물이라는 생각도 들지만, 무엇인가를 기록하는 일은 모질고 끈질긴 열성이 없으면 불가능합니다. 우리 선조들의 기록 중에서는 유희춘(1513~1577)의 『미암일기眉巖日記』나 유만주(1755~1788)의 『흠영欽英』이 유명합니다. 유만주의 일기는 13년 치 전부가 남아 있고, 유희춘의 일기는 11년 치가 남아 있습니다. 2006년에는 영·정조 대의 중급 무관이었던 노상추(1746~1829)가 68년 동안이나 쓴 일기가 『노상추일기盧尙樞日記』로 간행되기도 했습니다. 이들 일기를 통해 당시의 시대상을 잘 알 수 있으니 일기는 개인과 가문의 역사이면서 사회의 일지가 되는 게 틀림없습니다.

일기를 쓰면 허투루 살지 않게 될 것입니다. 자신의 삶이 기록된다는 것을 늘 잊지 않고 사는 사람의 생활은 남과 다를 수밖에 없습니다. 그런데, 인간은 일기에서 얼마나 솔직하고 정직할 수 있을까? 100퍼센트 솔직할 수는 100퍼센트 없다고 나는 생각합니다. 출판을 전제로 하거나 공개를 의식하는 경우는 더욱 그렇습니다. 8월 18일 서거한 김대중 전 대통령의 일기 일부를 보도를 통해 읽었을 때, 남에게 보이기 위해 쓴 대목이 많다는 인상이 들었습니다. 홍지웅 대표의 경우도 실명 공개에 따르는 문제점 때문에 스스로 많은 사람의 이야기를 삭제한 데 이어, 몇 사람에게 일독을 요청해 그들의 조언대로 또 무차별 삭제를 한 내용이 많았고, 그 바람에 출판이 늦어졌다고 합니다.

일기를 쓰는 것에는 어릴적 경험도 많이 작용한다고 생각합니다. 누구나 경험한 바 있겠지만 초등학교 때 가장 싫은 숙제는 역시 일기 쓰기 아니었습니까? 더구나 아무리 어리더라도 집안의 일과 자신의 생각이 공개되는 게 싫은 경우, 일기는 정말 죽도록 하기 싫은 숙제입니다. 그런 아이에게는 일기가 본심을 감춘 거짓말 기록이 될 수밖에 없습니다. 나는 중학교 1학년 때 방학 숙제로 일기장을 냈다가 낭패와 창피를 당한 경험이 있습니다. 그 숙제를 한 게 학급에서 나 혼자뿐이어서 아이들의 좋은 놀림거리가 되었습니다. 남에게 알리기 싫은 집안일까지 다 써넣은 일기였는데……

그런 기억 때문에 지금도 일기를 쓰지 않는다는 것은 물론 아닙니다. 언제까지 이렇게 허랑방탕하게 살 수야 없지 않겠습니까? 허랑방탕이라는 말은 언행이 허황하고 착실하지 못하며 주색에 빠져 행실이 추저분하다는 뜻입니다. 주색 중에서 색은 빼고, 내가 허황되고 규모 없고 대책 없이 사는 것은 대충 비슷한 것 같습니다. 대개 글을 마무리할 때 흔히 하는 다짐처럼 〈이제부터 열심히 일기를 쓰도록 하겠다〉는 말은 하지 않겠습니다. 좌우간 일단, 일기를 열심히 쓰는 사람들을 존경하고 우러러보겠습니다. 그러다 보면 나도 어느 날부터 성실하게 삶을 기록하게 될 수도 있지 않겠습니까?

──『자유칼럼』 2009년 9월 25일 ― 임철순 담연 칼럼 ┃『한국일보』 임철순 주필

책을
만드는 게
여전히 참
좋네요.

3

인   터   뷰

1989 — 2017

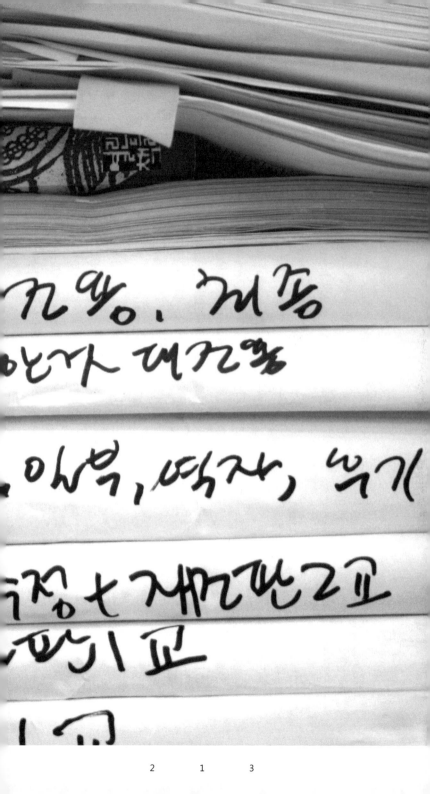

열린책들–러시아 문학 전문 출판사

『아르바뜨의 아이들』소련과 국내 최초 판권 계약
고전 재번역, 현대 문학 폭넓게 소개
도스또예프스끼 전집, 1990년도에 발행 예정

동구 문화권과의 활발한 교류 이전에 터를 일구어 체코의
〈77 헌장〉이후 때마침 불어닥친 동구권 바람을 타고 있는
도서 출판 열린책들. 러시아 문학만을 전문적으로 소개, 다른
문학 출판사와의 차별성을 분명히 하는 열린책들은 홍지웅,
조영선 부부가 같은 장에서 함께 일해 출판사명이 주는
신선함과 더불어 산뜻함을 더해 준다. 아무래도 독자층이
한정돼 있고 번역가의 부족과 이데올로기적 제약 등으로
그동안 재정적으로 현상 유지가 힘들었으나, 우리나라의 세계
저작권 가입 이후 1988년 리바꼬프의『아르바뜨의 아이들』을
소련과 국내 최초로 판권 계약을 통해 출간, 출판계에 화제를
불러일으킴과 동시에 일약 베스트셀러가 되기도 했다. 러시아
문학만을 전문적으로 출판하게 된 동기를 홍지웅 사장은 대학
시절로 거슬러 올라가 설명한다.
「대학 1학년 때 실존주의 철학에 심취, 자유 의지 문제에 관심을
갖고 있던 중 도스또예프스끼의『죄와 벌』을 읽고 푹 빠져
버렸죠.『죄와 벌』에 나타난 범인과 비범인의 관계가 니체의
초인 사상과 일맥상통하기도 했고요. 이후 도스또예프스끼
전집을 몽땅 읽고 관련된 자료를 여러 대학 도서관을 뒤져 가며
찾았으나 볼 만한 자료가 실제로 얼마 없더군요.」

러시아 문학이 우리 문학사에 밀접한 관련을 맺고 영향을
미친 문학이면서도, 고전 소설조차 일문판 영문판의
중역이 많고 번역본이 있다 해도 제대로 된 번역본이 없는
실정이었다. 철학에서 러시아 문학으로 전공을 바꾼 것도
도스또예프스끼 문학이 결정적 계기가 되었다고 얘기한다.
1986년도부터 시작한 열린책들의 도서 기획은 19세기 제정
러시아 시대의 뿌쉬낀으로 대별되는 제1의 황금기 고전
소설류와 20세기 혁명 이후(제2의 황금기) 솔제니찐을 비롯한
〈소련 현대 문학〉, 〈소련 현대 시인 선집〉 등으로 분류 출간해
오고 있다.

고전류들은 이제까지 서방 세계의 시각에서 번역해 왔던
작품들을 러시아의 재평가 작업을 토대로 젊은 층에 맞게
재번역하고 서지 작업도 병행할 예정이다. 이런 의미에서
『도스또예프스끼 전집』(전 25권)을 4년 기획으로 올 9월부터
발간, 1990년도에 완간할 예정으로 있다. 20세기 현대
소련 문학은 기왕의 망명 작가 작품에 국한하지 않고, 막심
고리끼, 아나똘리 김, 메레쥐꼬프스끼 등의 저자를 발굴해
폭넓게 소개할 생각이다. 또 마야꼬프스끼의 『내가 아는 한
노동자』를 비롯해 빠스쩨르나끄, 브로드스끼, 블로끄의 시인
선집이 나왔고, 보즈네센스끼, 예프뚜셴꼬 등 〈소련 현대 시인
선집〉도 계속 발간될 예정이다. 현재까지 총 50여 종을 출간,
한 달에 평균 2권꼴로 신간을 내고 있어 짧은 연륜에 비해
튼튼한 기반을 다지고 있다.

열린책들의 경우 기획을 중시하는 까닭에 늘 새로운 정보에
기민하고, 광고 홍보비 등은 기획 단계에 이미 포함된다.

광고비는 매출액의 10퍼센트 정도 비중을 두고 있으며, 신간
도서의 경우 이벤트를 기획, 기사화시킴으로써 광고 효과를
극대화시킨다. 때로는 정책적으로 매출 이익 전부를 광고에
투입하기도 하는데 움베르토 에코의 『장미의 이름』이 그에
해당하는 책. 이미 3년 전에 나온 책이지만 최근 영화 개봉과
함께 대대적으로 광고, 두 번째 소설 『푸코의 추』에 대한 잠재
독자군을 미리 확보하기도 한다.

칼 포퍼의 『열린 사회와 그 적들』에서 얻은 이미지와 폐쇄돼
왔던 러시아 문학을 소개한다는 의미에서 출판사명을
열린책들로 작명, 일찍부터 전문화 시대를 연 홍지웅 사장은
〈정치 민주화를 선결 조건으로 경제가 꾸준히 발전된다면
앞으로 출판 전망은 밝을 것이며, 전문화 추세에 따라
부화뇌동형 독자군에서 마니아형 독자군이 형성될 것〉으로
내다봤다. 열린책들의 경우 이미 어느 정도 마니아층이
형성되어 있고, 늘 참신한 기획으로 독자들의 욕구를 충족시켜
줌으로써 우리 사회를 활짝 여는 데 기여할 것이다.

── 『인쇄출판신문』 1989년 8월 4일 ── 출판사 산책

1990년대를 향한 출판인의 목소리

격동의 1980년대를 보내고 대망의 1990년대를 맞는다. 지난
1980년대에는 급격한 사회 변동에 따라 우리의 출판 환경,
출판 현실도 커다란 변화를 겪었으며, 그 전환기적 국면은
1990년대에도 계속 이어질 전망이다. 이에 우리 출판계는
앞으로 전개될 새로운 변화에 더욱 역동적으로 대처하기 위해
부단한 노력과 자기 혁신이 요구되는 시점에 있다. 출판인의
목소리를 통해 1990년대에 우리 출판이 지향해야 할 과제들을
점검하고 새해의 설계를 들어 본다.

저질 출판물의 지하 유통 막아야

설문 1. 출판인으로서 귀하에게 지난 1980년대가 갖는
의미는 무엇입니까.

1980년대는 그야말로 〈금기의 장벽〉이 무너지듯 온갖 사상과
이데올로기가 공개된 출판 마당으로 불려 나온 시대였다.
이러한 시점에서 소련과 첫 출판문화 교류의 물꼬를 트는
데 일조를 한 것 같아 기쁘다. 그러나 개인적으로 출판계의
초년병으로서 치러야 할 온갖 통과 의례를 다 겪고 있는 중

이다. 값비싼 대가를 치른, 그러나 소중한 경험들이다.

　　설문 2. 1990년대에 우리 출판계가 공동으로 대처해야
　　할 문제, 또는 가장 시급히 해결해야 할 과제가 있다면
　　어떤 것입니까.

국가적인 낭비인 중복 출판의 문제, 저질 출판물의 지하 유통,
도서 유통 구조의 합리화 등을 들 수 있겠다. 그중에서도 도서
유통 구조의 합리화는 그동안 끊임없이 논의되어 왔고 그만큼
해결하기도 힘든 난제이긴 하지만, 출판계가 확고한 의지를
가지고 풀어야 할 과제라고 생각한다.

　　설문 3. 귀사에서 새해에 추진할 출판 방향과
　　간행하고자 하는 책 이름(저자)을 적어 주십시오.

소련 현대 문학을 계속 소개해 나가면서 러시아 문학 비평에서
중요한 자료로 평가되는 1차 문헌들을 발굴하는 데 역점을 둘
예정이다.

- 『백년보다 긴 하루』 / 친기즈 아이뜨마또프
- 『아르바뜨의 아이들』 제2부 / 아나똘리 리바꼬프
- 『도스또예프스끼 전집』(『죄와 벌』 외 5권)
- 『소련 현대 시인 선집』 6~10권 / 만젤쉬땀, 예세닌,
아흐마또바, 뜨바르도프스끼, 브로드스끼
- 『소비에뜨 작가 동맹 제1차 회의록』 / 고리끼 외
- 『현실에 대한 예술의 미학적 관계』 / 니꼴라이

체르니셰프스끼

- 『생산 예술론』 / 아르바또프
- 『푸코의 추』 / 움베르토 에코

　　설문 4. 『출판저널』의 역할에 대해서 하시고 싶은
　　말씀은?

국내 유일의 출판 전문지인 만큼 보다 많은 독자에게 정보를
줄 수 있도록 획기적으로 발행 부수를 늘리는 방안을 강구해
주기 바란다.

─『출판저널』 1990년 1월 5일 ─ 특집: 출판인 앙케트

한-소 출판 교류 물꼬 튼다

소련 서적 전문 출판사 열린책들 대표 홍지웅 씨
〈닫힌 세계 연다〉 긍지······ 작년엔 북 디자인상

「어렵게 어렵게 리바꼬프의 소설 『아르바뜨의 아이들』을
출판한 게 1988년 여름이었는데 오늘날 활발한 한-소 교류를
보면 격세지감을 느낍니다.」
소련 서적의 독보적인 출간과 소련 현대 작가의 첫 저작권
체결 등으로 화제를 모았던 열린책들 대표 홍지웅 씨(36)는
따지고 보면 오늘날 한-소 교류도 출판의 힘이 컸음을
은근히 강조했다. 열린책들의 대종은 역시 러시아 현대
소설과 러시아 관련 서적들. 지난 1986년 설립된 열린책들이
지금까지 펴낸 소련 관련 서적은 소설이 26종, 현대 시인
선집이 10여 종 등 다른 여느 출판사의 베스트셀러 경쟁과는
달리 오로지 소련 서적 소개에 관심을 기울여 왔다.
「소련과의 저작권 교섭은 국내 에이전시와 소련의 전 소련
저작권 협회를 통해 했습니다. 인세는 국제 관례상 통상
6퍼센트 선이지만 〈운 좋게〉 4퍼센트 체결에 성공했죠.」
화제가 되고 있는 소련과의 저작권 직접 체결에 대해 밝힌
홍씨는 〈이 같은 저작권 직접 체결로 인해 소련 현대 작품을
국내 출간하게 돼 기쁘다〉고 말했다.
「소련 현대 작품은 고르바초프의 뻬레스뜨로이까 이후
두 가지 면에서 큰 변화가 있습니다. 기존의 금기시되었던

주제나 소재를 과감하게 작품화하는 흐름과 함께 아나똘리 김 등 소수 민족 계열 작가들의 새로운 재평가 작업이 바로 그것입니다.」

러시아 관련 서적 전문 출판인답게 최근 소련 현대 문학의 흐름을 정리한 홍 씨는 외국 문학이 영어나 일어 등 제3국어를 통해 굴절 전달되는 불행은 더 이상 없어야 한다고 강조했다. 고려대 철학과를 거쳐 대학원에서 러시아 문학을 전공한 홍 씨는 학부 때 끊임없이 천착했던 도스또예프스끼가 던진 메시지가 오늘날 자신을 출판인으로 이끌었음을 고백하고 소련 관련 전문 서적의 중점 출간은 바로 그의 메시지를 한국인에게 전달하는 의미와 같다고 설명했다. 재학 시절 『고대신문』의 시사 만화와 만평을 그려 대학가에서 화제를 모았던 그는 출판사 이름 〈열린책들〉이 시사하듯 닫힌 세계를 여는 책을 내고 싶다고.

「지난 시절 극악한 압제 속에서 그나마 이만큼 쟁취한 민주화도 엄밀히 말해 창작과비평이나 문학과지성사, 실천문화사 등 선배 출판인들의 역할을 무시할 수 없습니다. 출판에서 소외되어 왔던 분야에 관심을 갖고 책을 펴낼 생각입니다.」

교보문고 제정 제1회 북 디자인상을 『소설의 발생』으로 수상하기도 했던 홍 씨는 출판이 생산자(저자)와 소비자(독자) 사이의 단순한 메신저 역할에 한계를 느끼기도 하지만 독자들의 열띤 성원과 격려가 큰 힘이 된다고 말했다.

— 『경향신문』 1990년 4월 21일 — 오늘의 출판

소련 분야만 1986년 후 50종 펴내

〈이데올로기 편견 없이 보고 싶다〉

한국과 소련의 정상 회담으로 우리 사회에 소련 바람은 더욱 거세게 밀려올 전망이다. 두 나라의 앞날에 대해 〈홍분된〉 시각과 추측이 무성한 가운데 소련을 제대로 알기 위한 다리 놓기 작업을 하는 출판인이 있다. 화제의 출판인은 바로 소련 관계 서적만을 집중적으로 펴내는 열린책들 대표 홍지웅 씨(36). 열린책들에서는 1986년 첫 책으로 솔제니찐의 『붉은 수레바퀴』 1부를 출간한 이래 모두 50여 종의 소련 문학 및 일반 서적들을 선보였다

「대학 시절(고려대 철학과) 실존주의를 공부하면서 도스또예프스끼 소설에 관심을 갖게 되었지요. 그 뒤 러시아 문학에 심취, 대학원에서 노문학을 전공했습니다. 대학 신문사 부주간으로 6년 동안 일했고 출판사 편집부에 잠깐 몸담은 것을 바탕으로 출판에 뛰어들었지요. 처음에는 거창한 사명보다 한 1년 동안 일한 뒤 러시아 문학 공부를 계속할 작정이었는데…… 지금은 출판 일의 재미에 푹 빠져 있습니다.」

연립 주택 지하실의 네 평짜리 공간에서 시작한 것이 이제 직원 8명의 그런대로 탄탄한 출판사로 자리 잡기까지는 어려움도 많았다. 그러나 책을 내도 팔리지 않아 2년 반 동안

고생만 하다가 문 닫을 생각까지 했던 그에게 1988년 새
돌파구가 열렸다.

「리바꼬프의 『아르바뜨의 아이들』이란 소설이었죠. 1988년
1월 소련에서 출간돼 베스트셀러가 된 작품이었는데 그해
여름에 번역 출간해 베스트셀러가 되었습니다. 마침 88 서울
올림픽 개최로 소련에 대한 호기심이 고조됐고 소련과 민간
차원에서 성사시킨 첫 저작권 계약이란 점에서도 화제가
되었지요.」

이 책을 통해 종래의 장중한 러시아 문학에 익숙했던 우리
독자들은 새 형태의 소련 문학과 만나게 된다. 간결하고 짧은
문체에다 스탈린 시대를 비판한 주제의 의외성이 먹혀들면서
12만 부가 팔려 나갔다. 하지만 그는 아직도 소련 문학에
대한 독자의 저변이 크게 확대된 것은 아니라고 강조한다.
그는 〈소설의 경우 보통 5,000부 정도가 잘 팔린 수준으로
생각되며 시집의 경우 1920년대 시인들인 마야꼬프스끼,
빠스쩨르나끄, 블로끄의 책이 재판에 들어간 정도〉라고
설명했다. 앞으로 그는 소련 문학 외에도 소련에 대한 전반적
이해를 돕기 위한 〈쉬또젤라찌 총서〉에 주력할 계획이다.
쉬또젤라찌란 〈무엇을 할 것인가〉라는 뜻의 러시아어. 자연
보호나 문화의 생태학, 영화론과 경제학 등 다양한 분야로
출판의 폭을 넓히려는 구상이다.

소련 서적에 관한 정보를 얻기 위해 1년에 두세 차례씩
일본을 방문하는 홍 씨는 올해 중 소련을 방문, 저작권 문제도
협의하고 평소에 관심을 가졌던 러시아 전통 미술과 상업
미술에 관한 책도 살펴볼 예정이다.

〈꾸준히 나가는 책〉을 목표로 하는 그가 요즘 고민하는 것은 같은 책을 다른 출판사에서 또 내는 중복 출판의 문제. 그는 〈우리 회사에서는 중복 출판을 피하고 러시아어판을 직접 번역하는 등 많은 신경을 써왔기 때문에 독자들에게 소련 책 전문 출판사라는 신뢰가 형성되었으며, 그 같은 독자의 믿음을 통해 문제를 풀어 나갈 방침〉이라고 얘기한다. 소련이라는 닫힌 세계를 책으로 열어 나가자는 뜻에서 〈열린책들〉이라고 회사 이름을 정했던 홍 씨는 소련에 대해 〈이데올로기로 인한 편견과 선입관 없이 그대로 보자〉는 생각을 갖고 있다. 급진전한 대소 관계로 인한 시류에 편승하기보다는 장기적 안목에서 소련에 대한 지식을 넓혀 보는 것이 그의 궁극적인 꿈이다.

— 『동아일보』 1990년 6월 5일 — 화제의 출판인 ǀ 고미석 기자

소련 서적 출판 외길
〈이제야 빛 봐요.〉

5년 전 지하 골방서 3명으로 출발, 40여 권 내
『아르바뜨의 아이들』로 극적 회생
『도스또예프스끼 전집』에 승부 건다

1986년 1월 지금의 한−소 관계는 꿈도 못 꾸던 시절 소련
서적 전문 출판사, 열린책들을 연 홍지웅 씨(36). 그간 소련
관계 서적 50여 권을 출간했다.
「4평짜리 연립 주택 지하실에 출판사랍시고 차려 놓고 저를
포함한 3명이 솔제니쩐의 『붉은 수레바퀴』 전 7권을 냈습니다.
당초 1, 2권이 너무 안 팔려 7권 완간을 포기하려 했지만, 뭔가
오기도 생기고 사명감 같은 것도 있어서…… 완간을 하니까
출판가에선 젊은 친구가 돌아도 한참 돌았다고 하더군요.」

솔제니쩐의 『수용소군도』(전 6권)도 냈지만 역시 장사는
별로였다. 이후 낸 소련 관계 책들은 하나같이 〈죽만 쒔다〉.
「2년 반 동안 계속, 밑 빠진 독에 물 붓기식으로 돈만 멍청하게
쏟아부었습니다. 그래서 1988년 말까지 해보고 그래도 안
되면 출판사 문을 닫아야겠다는 생각을 했었지요.」

그러던 중 1988년 7월에 낸 아나똘리 리바꼬프의 『아르바뜨의
아이들』이란 책이 〈미친년 널뛰듯〉 팔리기 시작했다. 홍씨는

〈어느 구름에 비가 들어 있는지 모른다〉는 말을 이때만큼
실감한 적은 없다고 했다.

「전 3권짜리인데, 몇 달 새 12만 부가 팔린 겁니다. 빈집에
황소 들어온 셈이지요. 『아르바뜨의 아이들』은 국내에선
처음으로 소련 저작권 협회와 정식 계약을 했습니다.」

여기다 7월경 인천 앞바다에 소련 선박이 정박해 있었고
올림픽에 묻어 온 소련 열기가 뒷받침돼 그동안 안 팔리던
소련 관계 책들이 쏠쏠하게 팔리기 시작했다. 막심 고리끼의
『어머니』란 소설도 이때부터 꾸준히 팔리기 시작했다. 홍 씨는
이후 『나는 위조지폐라도 찍어 낼 테다』(예프뚜셴꼬), 『내가
아는 한 노동자』(마야꼬프스끼) 등 소련 현대 시인 선집과
소련 문학 이론서, 소련학 총서 등을 신들린 듯 출간했다.
앞으로 그는 『러시아 경제의 구조와 전망』(그레고리 외), 『소련
현대 문학사』(슬로님), 『소련의 자연 보호』(고르바초프) 등의
책도 낼 예정이다.

「특히 『도스또예프스끼 전집』 전 25권의 러시아어판 완역에
우리 출판사의 사운을 걸고 있습니다. 이 전집은 그간
일어 중역판만 나왔을 뿐이기에 더욱 의미를 부여하고
싶은 겁니다. 그리고 이제껏 국내에 소개된 소련 문학은
1920~1930년대 작품이 대다수였지만 앞으로 현대 작가들의
작품을 많이 소개하려 합니다.」

충남 천안 태생인 홍 씨는 고려대학교 철학과 1학년 때
실존주의에 관심을 두면서, 니체와 도스또예프스끼와 만난다.

도스또예프스끼의 책은 모조리 구해 읽었다. 철학과 졸업 후 대학원은 노문학과를 택한 데다 『고대신문』 부주간을 지낸 경력이 보태져 결국 소련 서적 전문 출판사를 차리게 된 것이다. 그의 최대 희망은 〈러시아 문화 센터〉를 세우는 일이다.

── 『스포츠조선』 1990년 6월 10일 │ 서병욱 기자

1979년 10.26 사태 이후 비상계엄이 선포되었고, 1980년 5월 17일 전국으로 확대된 비상계엄 조치 이후 모든 신문은 서울 시청에 설치된 계엄 사령부에서 사전 검열을 받았다. 두 만화는 빨간 사인펜으로 검열을 받은 원본이다.

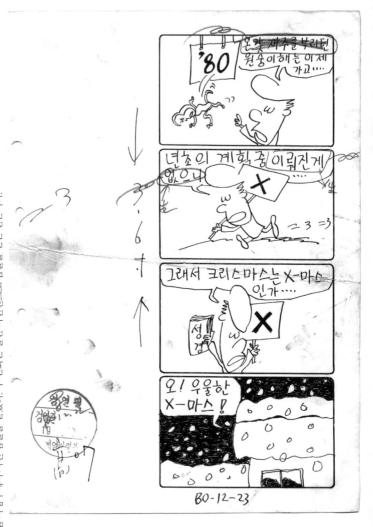

80. 9. 21.

민중들은 〈처음엔〉 독재 정권에 저항하나, 〈조금 지나면〉 익숙해지고 〈나중엔〉 순응하다가…… 결국 방관자(Don't Know 그룹)가 되어 간다는 이야기다.

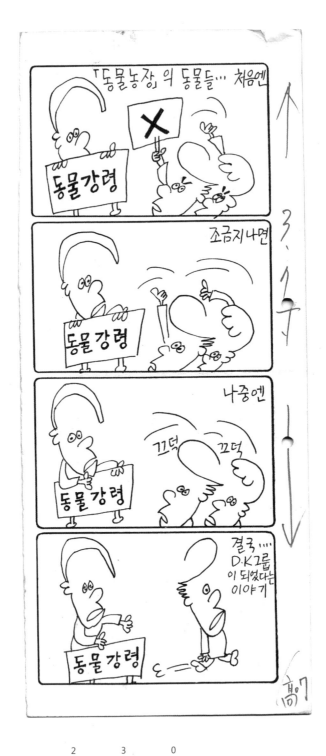

『고대신문』 1979년 10월 23일 자(851호). 10.26 사태 직전의 18년 장기 집권과 국내 정치 상황을 은유적으로 그렸다. 검열 과정에서 1, 2, 3칸의 지문은 모두 삭제된 채 실렸다.

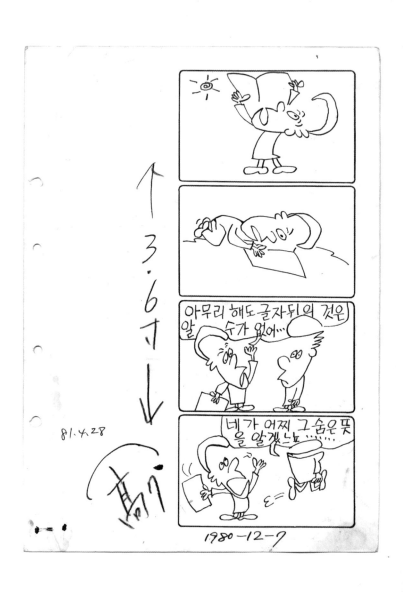

81. 4. 28

1980 - 12 - 9

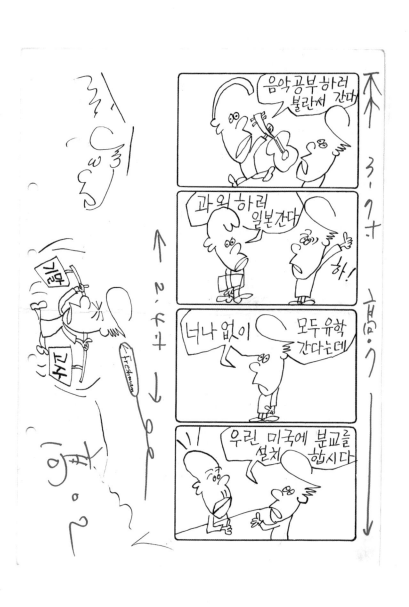

『고대신문』에 〈고돌이 군〉이라는 이름으로 연재했던 시사만화. 1974년 9월 24일부터 1976년 3월 23일까지 41회, 1979년 3월 20일부터 1981년 7월 21일까지 63회, 8학기 동안 총 104회의 시사만화를 연재했다.

2   3   4

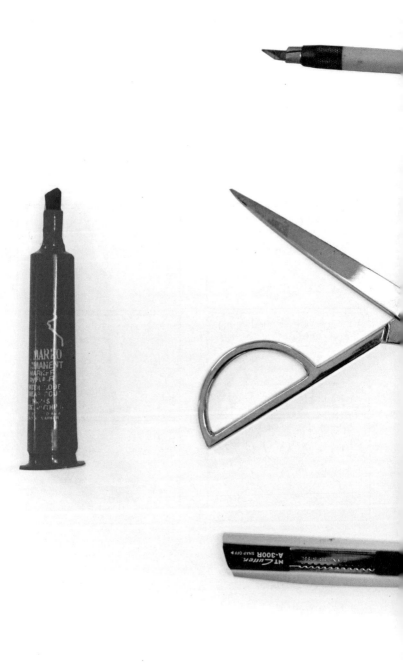

2   3   6

커터와 제도용 칼은 1990년대 초까지 책 본문과 표지나 광고 디자인을 할 때 대지 작업용으로 애용했다. 1982년부터 사용하는 집게와 마커. 처음 미국에 갔을 때 샀던 마커는 아직도 잘 나오고 있다. 몇 년 전, 딸이 선물한 가위는 덴마크 브랜드 헤이의 제품.

러시아 시, 소설만 40여 권
『아르바뜨의 아이들』 베스트셀러에

〈한-소 수교 임박〉은 온 국민이 반기는 〈북한 정책의
열매〉이지만 특히 도서 출판 열린책들에게는 더없는
기쁨이다. 열린책들은 러시아 전문 출판사이기 때문이다.
「순전히 개인적 취향 때문에 러시아 문학 작품을 펴내기 시작,
내친김에 곁눈질 안 하고 이 한 가지에만 매달려 왔습니다.」
고대 철학과 재학 중 도스또예프스끼 작품에 심취, 대학원
노문학과에 진학해서 그의 작품을 전공했을 정도로
도스또예프스끼 팬이라는 열린책들 대표 홍지웅 씨(36)의
말이다.

『고대신문』의 부주간으로 일하면서 생계비도 보태고
좋아하는 러시아 작품도 펴내자는 생각에서 1985년부터
작품을 준비, 이듬해 망명 작가 솔제니찐의 『붉은 수레바퀴』
전 7권을 처음 완간했다. 그러나 생각 밖으로 판매가 부진,
고전을 면치 못하다 1988년 리바꼬프의 작품 『아르바뜨의
아이들』 전 3권을 펴낸 것이 히트하면서 중심을 잡았다고.
이 작품은 소련과의 첫 로열티를 내고 계약한 작품으로
화제가 됐고 그 바람에 덕도 단단히 보았다. 그동안
열린책들이 펴낸 러시아 작품은 대부분 20세기 현대 작품들로
고리끼의 『어머니』를 포함, 뻬레스뜨로이까 기수 중의 하나로

뽑히는 아이뜨마또프의『백년보다 긴 하루』, 고리끼의
『끌림 쌈긴의 생애』그리고 1987년 노벨상 수상 작품인
브로드스끼의 시집『소리 없는 노래』등 소설과 시를 중심으로
40여 권이다.

똘스또이의『부활』, 도스또예프스끼의『죄와 벌』,『까라마조프
씨네 형제들』, 빠스쩨르나끄의『닥터 지바고』등 우리가
명작으로 일컫는 작품 중 러시아 작품이 차지하는 비중은
절대적이다. 그러나 20세기 후반의 현대 작품은 솔제니찐 등
일부 망명 작가의 극히 제한된 작품을 제외하고는 더 이상
접근이 불가능했었다.

앞으로 문학 일변도를 벗어나 정치 경제 연극 영화 등 모든
분야를 망라, 소련을 총체적으로 이해할 수 있는 이른바
〈쉬또젤라찌(무엇을 할 것인가) 총서〉를 준비 중이며
불후의 고전인 도스또예프스끼의 작품 전집 25권 시리즈도
4년 계획으로 출간을 서두르고 있다. 러시아어로 된
원서를 바탕으로 하기 때문에 시간과 비용이 많이 들지만
일어판을 중역한 적은 없다는 홍 사장은 〈닫힌 세계의 문학
진수와 향기를 전하겠다〉는 의미에서 출판사 이름까지
〈열린책들〉이라고 정했다.

—『스포츠서울』1990년 6월 15일 — 전문 출판사

양띠 해엔 이런 책을……
열린책들 포부

「출판에 입문한 지 이제 만 5년이 되어 간다. 5년이란 세월은
열린책들에 있어서나 한국 사회에 있어서나 숱한 변화와
변혁을 경험한 시기다. 모스끄바에서부터 불어오기 시작한
훈풍이 동구로, 동북아로, 아니 전 세계로 불어닥친 것이다. 그
바람이 체제의 변혁을 몰고 왔고 인식의 전환을 가능케 했다.
열린책들은 모스끄바의 변화를 가장 가까이에서 느끼고 그
바람을 우리 사회에 전한 출판사 가운데 하나다. 그 5년 동안,
『아르바뜨의 아이들』을 소련과의 최초 판권 계약을 통해
발간한 것을 비롯하여 소련 관련 서적 50여 권을 출판해 전문
출판사로서의 이미지를 확고히 할 수 있었다. 새해에는 기존의
이미지를 바탕으로 소련 관련 서적을 속간하면서 한의학과
광고학 쪽으로 분야를 넓혀 갈 예정이다.」

(1) 소련 현대 문학
• 『그 후의 세월』(『아르바뜨의 아이들』 제2부 – 리바꼬프)
• 『굿나잇』(시냐프스끼)
• 『또 하나의 삶』(뜨리포노프) 등 10권
(2) 쉬또젤라찌 총서(소련의 정치 경제 예술 총서)
• 『소련의 시장 경제로의 이행』(야블린스끼 외) 등

(3) 한의학 관련 서적

• 『알기 쉬운 침구학』(북한 의학)

• 『나에게 맞는 한방약』(후지하라 겐 외) 등 5종

─── 『경향신문』 1991년 1월 5일 ─ 경향 일요저널 | 이상문 기자

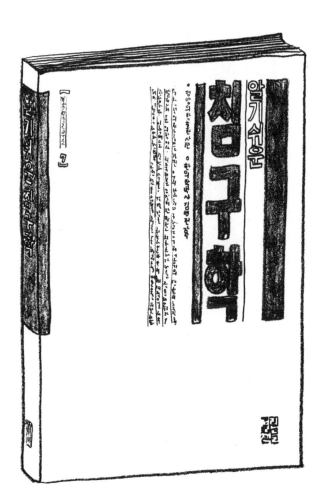

상업성 연연 않고 러시아 관련서 고집

대학 때부터 심취…… 지난 1986년 초에 설립,
50여 권 출간 / 고급 독자 수요 창출 위해 미개척
분야도 적극 발굴

열린책들 대표 홍지웅 씨(37)는 러시아 문학과 남다른
인연을 맺고 있다. 대학교 1학년 때 읽은 도스또예프스끼의
소설 『죄와 벌』로 러시아 문학에 심취, 전공(철학)을 러시아
문학으로 바꿨고 직업까지 러시아 관련 서적 전문 출판사
대표가 되었기 때문이다.

「현재 우리는 미국 유럽 등 서구 문화에 친숙해 있으나 문화적
뿌리는 러시아에 가깝습니다. 러시아인들의 정신적 배경과
풍부한 예술 토양은 우리 민족의 정신세계와 밀접한 관계가
있죠.」

러시아의 소설은 중편이나 장편이 대부분인 데다 쉽게 읽히기
어려운 게 특징이다. 홍 씨는 러시아 문학이 당시의 사회
현실뿐 아니라 인간의 존재 의미, 자유 등 철학적 탐구까지
포괄하기 때문이라고 말한다. 이는 또 철학을 전공하던 그가
러시아 문학에 빠져든 이유이기도 하다.

연립 주택 지하실의 네 평짜리 공간에서 출판업을 시작한
것은 오늘날과 같은 한-소 관계를 상상조차 할 수 없었던
1986년 초였다. 그러나 러시아 문학 출판은 그의 표현처럼
〈장사가 안 되는 분야〉에 불과했다. 2년 반 동안 고생하다 문

닫을 생각까지 했던 홍 씨는 1988년 여름 출간된 리바꼬프의
『아르바뜨의 아이들』이란 소설이 베스트셀러가 되면서
새 돌파구를 마련했다. 민간 차원에서 성사시킨 소련과의
첫 저작권 계약이란 점에서 화제가 된 이 책이 12만 부나
팔려 나간 것이다. 그러나 홍 씨는 아직 러시아 문학에 대한
독자들의 선호도는 여전히 낮다고 지적한다. 일례로 그는
러시아 소설 중 막심 고리끼의 『어머니』가 꾸준히 팔리고
있는 거의 유일한 작품임을 들었다. 1세기 가까이 계속된
이데올로기 장벽이 독자들의 관심을 현재까지도 1917년
러시아 혁명 전 소설이나 반체제 혁명 작가군들의 작품 정도에
묶어 놓고 있다는 얘기다.

「러시아 문학의 원주류는 거의 소개되지 않은 상태입니다.
앞으로는 혁명 이후의 문학 소개에 주력할 생각으로 이미
20여 권이 기획되어 번역 중입니다.」

홍 씨는 지금까지 50여 권의 러시아 관련서를 내면서 하나의
철칙을 세워 놓고 있다. 그것은 다름 아닌 고급 독자를
지향한다는 것이다. 홍 씨는 〈출판사가 수요를 창출해야
한다〉며 베스트셀러나 상업 도서만 좇는 출판계 풍토에서
벗어나겠다고 강조한다. 그는 또 〈닫힌 세계를 연다〉는
의미의 출판사 이름에 걸맞게 1988년부터 미개척 분야로 남아
있는 한방 의학서 출판에 뛰어들었다. 이 분야 저서는 매년
2~3권씩 출판, 모두 8권을 냈다. 이 중 『스트레스병과 화병의
한방 치료』와 『손발 지압 백과』 등은 이 분야 첫 업적으로
평가되고 있다.

홍 씨는 러시아 관련서 출판에 주력하면서 미개척 분야를

기획, 출판할 계획이라고 밝혔다. 단행본 『소설의 발생』으로 교보문고 제정 제1회 북 디자인상을 수상하기도 했던 홍 씨는 러시아 문학 센터를 건립하는 게 꿈이다.

—『세계일보』 1991년 11월 25일 ǀ 서복임 기자

닫힌 세계, 열린 책들

홍지웅 사장, 모든 면에서
사원들과 의견 나누기를 좋아하는
그는 〈우리〉라는 말로 열린책들을 말한다

열린책들은 1986년 1월에 설립되었다. 동구권 닫힌 세계의
문예물을 발굴, 출판함으로써 열린 사회로의 지향을 표방하고
출판사명을 〈열린책들〉로 하였다. 이는 곧 러시아 문학서를
전문으로 출간하는 출판사로 이미지를 굳히는 원인이 되기도
하였다. 종로구 통의동에 위치한 이 출판사의 대표는 홍지웅
씨다. 그는 개인적으로 도스또예프스끼를 특히 동경하여
러시아 문학을 전공하게 되었고, 러시아 문학을 전공하다
보니 자신만이 읽고 넘어가기에는 아쉬운 책들이 많아
출판사를 차려 간행하기로 마음먹었다고 한다.
그러나 설립 후 3년간 30~40권의 러시아 문학서를 펴낸 후,
한 분야의 서적을 지속적으로 출판하기에는 한계가 있음을
느꼈다. 무엇보다 스스로에게 회의를 느끼기도 하였고 현실적
재정 문제도 크게 다가왔다. 그래서 요행수의 책들을 출판해
보기도 하였지만 재정 문제를 극복하는 데는 별 도움이 되지
못하였다. 다만 여기서 얻은 경험은 좋은 책은 반드시 독자가
찾는다는 보편적 진리를 확인하는 것이었다. 그러던 중
소련과 최초로 저작권 계약을 맺은 『아르바뜨의 아이들』이
열린책들을 알리는 계기가 되었고, 이로 인하여 더욱 확고한

신념으로 러시아 문학에 초점을 맞추어 출판할 수 있게 되었다. 러시아 문학은 아니지만 움베르토 에코의 『장미의 이름』, 에이젠쉬쩨인의 『이미지의 모험』 등이 그가 자부심을 가지는 책들이다. 최근엔 색깔이 다른 시리즈물 〈한방 의약서〉를 펴내고 있는데, 폭넓게 새로운 소재를 개발하여 주제가 다른 시리즈물을 계속 간행할 계획이라고 한다.

〈결점 없는 최상의 책을 추구한다〉라는 그는 단시일에 간행하여 초판으로 끝나는 힘없는 책을 출판하기보다는 자료 수집 등 기초 조사에 오랜 시일이 소요될지라도 가치 있는 책의 기획에 중점을 둔다고 말한다. 〈우리가 아니면 이런 책은 만들 수 없다, 책 하나는 잘 만들 자신이 있다〉라는 스스로에 대한 믿음과 자부심 또한 강한 사람이 그이다.

출판인 홍지웅, 그는 출판인으로 자신의 의무를 이행하지 않았을 때 채산성 문제가 거론되며, 책이 잘 만들어지면 채산성 문제는 그렇게 문제가 되지 않는다고 한다. 좋은 책, 잘 만들어진 책은 좋은 내용뿐만 아니라, 정보-교양-오락 등 여러 요소를 고루 갖추게 되고 이런 출판인의 의무가 이행되어야 독자가 책을 찾는다고 생각한다.

또 출판 시장의 열악함, 역량 있는 저자 부족 등을 한국 출판의 문제점으로 꼽으며 회의적인 모습도 보이지만, 그래도 〈책을 좋아하는 것은 어쩔 수 없는 천성인가 보다〉라고 말한다. 매년 최악의 불황이라는 말을 자주 들어온 그는 잘 만들어진 책은 그만큼 잘 팔린다는 말에 진정한 의미를 두고 있다.

출판이라고 하는 커다란 공동 생명체의 범주에서 기획의

창의성, 폭넓은 지식, 최신 정보, 시대적 – 역사적 – 통찰력
등을 갖춘 출판인들이 필요하다고 그는 말한다. 그러기
위해서 늘 책을 읽어야 하며, 항상 공부하고 배우는 자세가
중요함을 강조한다. 기획뿐만 아니라 편집 등 모든 면에서
사원들과 의견 나누기를 좋아하는 홍지웅 씨는 〈우리〉라는
말로 열린책들을 말한다. 같이 고생하고, 같이 기뻐하는 우리.
출판인의 양심은 진정 독자가 원하는 책, 꼭 필요한 책을
만드는 데 있다며, 열린책들은 출판의 진정한 의무와 역할을
다하기 위해 매진할 것이라고 말한다.

— 신구 전문대 『책과 사는 사람들』 1993년 5월 호

러시아 서적 전문 열린책들
『아르바뜨의 아이들』 등 70여 종 펴내

닫힌 세계를 열어 주는 책 만들기를 표방하는 열린책들은
러시아 문학 전문 출판사다. 도스또예프스끼에 매료돼
전공까지 러시아 문학으로 바꾼 대표 홍지웅 씨의 개인적
관심의 산물인 이 출판사는 1986년 문을 열었다. 처음 2년여
동안은 전문 출판을 지향하는 젊은 출판사답게 솔제니찐의
『붉은 수레바퀴』(전 7권), 『수용소군도』(전 6권)를 시작으로
러시아 문학 작품 20여 권을 출간했다. 그러나 이 책들은
모두 초판 판매에도 못 미치는 판매고를 기록했으며 대하
장편소설의 경우, 〈단 한 명의 독자를 위해서라도 완간해야
한다〉는 의견이 모아져 완간을 마쳤을 당시 출판사 재정은
아사 지경에 이르렀다. 한 이상주의자의 허무맹랑한
발상쯤으로 비쳐지던 열린책들의 노력은 올림픽을 계기로
동구권에 대한 새로운 인식이 생겨나면서 회생 기회를 맞았다.
이 출판사의 재정적 어려움을 타개하고 러시아 서적 전문
출판사라는 이미지를 확고부동하게 자리매김한 책이 1988년
여름에 펴낸 아나똘리 리바꼬프의 『아르바뜨의 아이들』이다.
소련 현역 작가가 쓴 당시 소련 내 베스트셀러였던 이 책은
미수교 관계에서 소련과 최초로 판권 계약을 맺음으로써
공산권과의 문화 교류 촉진의 계기가 되었으며 국내에서도

출간 동시에 베스트셀러 자리에 올랐었다. 이 책의 위력으로
현재까지 70여 종의 러시아 관련서를 탄생시키고 있는
셈이다. 최초의 독자이면서 지식의 결정체인 출판물을 만들어
간다는 자부심도 있고 좋은 책 만드는 즐거움을 출판 사업의
매력으로 꼽는 홍지웅 사장은 늘 남의 손길이 닿지 않은
분야를 개척하는 새로운 기획으로 주목받아 온 출판인이다.
러시아 서적 전문 출판뿐 아니라 오늘의 열린책들을
특징짓는 또 하나의 분야는 세계 현대 문학을 주도하는
해외 작가를 찾아내 그들의 대표작, 혹은 최신작을 국내
출판계에 소개하는 것. 이러한 노력의 성과물이 현대 기호학의
거장이기도 한 이탈리아 작가 움베르토 에코의 『장미의 이름』,
『푸코의 추』, 독일 작가 파트리크 쥐스킨트의 『향수』, 『좀머 씨
이야기』, 『콘트라베이스』, 미국 작가 제임스 미치너의 『소설』,
최근 출간돼 서점계 돌풍을 일으키고 있는 프랑스 젊은 작가
베르나르 베르베르의 『개미』 등이다. 열린책들은 이 두 방향의
출판 외에 『한국의 보약』, 『한방으로 고치는 갑상선 질환』,
『신동의보감』 등 생활 속에서 응용할 수 있는 의학 분야의
실용 도서도 선보이고 있다.
이 출판사의 앞서 가는 기획력은 출판 방향을 잡는 데 그치지
않고 독자를 개발하고 키워 내는 일에서도 찾아볼 수 있다.
올 상반기에는 주 독자층이라 판단되는 대학생들에게
열린책들을 알리기 위해 재고 도서를 시내 6~7개 대학에서
무료로 기증했다. 또 출판사 기획을 공개하고 독자에 더
많은 정보를 사전에 제공하기 위해 국내 출판계 최초로
『북캐스트』를 제작, 배포하고 있다. 이 『북캐스트』는 1년에

여덟 차례 부정기적으로 발행할 예정이란다.

열린책들에서 올 하반기에 출간할 작품으로는 러시아
최대의 혁명 시인인 『마야꼬프스끼 전집』(전 3권)과 러시아
현대사, 또 홍 사장 자신이 필생의 사업으로 매달리고 있는
『도스또예프스끼 전집』(전 25권) 중 1권 정도가 될 것 같다고.

── 『매일경제 시티 라이프』 1993년 8월 호 ── 전문 출판 시대

닫힌 세계, 닫힌 의식의
문을 여는 열린책들

편집인 겸 발행인 홍지웅 씨(39). 남성적인
분위기에 무게가 있는 열린책들의 표지를 직접
꾸미기도 하는 그는 직원들 간의 남다른 화합을
큰 자랑으로 여기고 있다

〈여섯 개의 성냥개비로 네 개의 정삼각형을 어떻게 만들
것인가?〉 이 문제는 해장국 나올 때까지의 지루함이나 때워
보자는, 심심풀이 땅콩 같은 수수께끼가 아니다. 크기가
똑같은 여섯 개의 성냥개비로 네 개의 정삼각형을 만드는 것은
무의식의 세계, 삼중의 구조가 보다 높은 차원에서 하나로
수렴되는 삼차원 세계로 들어가는 열쇠가 되므로⋯⋯. 요즘
화제가 되고 있는 소설『개미』의 비밀이자, 그 무궁무진한
매력이 바로 여기에 있다. 밝히고 넘어가자면 이 수수께끼를
푸는 유일한 방법은 피라미드, 즉 입체의 발견에 있는 것이다.
기상천외하고 매혹적인 모험 소설, 그러나 지적 호기심을
충족시켜 주는 이 과학 소설이 열린책들에 의해 발굴,
소개되었다는 점이 고급 독자들의 구미를 당기고 있다.
러시아 소비에뜨 문학을 전문적으로 소개하는 유일한 출판사,
〈금세기 최고의 문제작〉으로 평가받는 움베르토 에코의
『장미의 이름』,『푸코의 추』, 파트리크 쥐스킨트의『향수』,
『좀머 씨 이야기』 등 정말 우리 시대에 몇 안 되는 작가들을

발굴하여 소개해 온 출판사, 그리하여 독특한 〈향〉과 〈결〉을
갖춘 책만을 고집하기로 유명한 출판사가 선택했다는
것만으로도 새 책 『개미』는 독특한 빛과 매력을 발산한다.

꿈은 크게 사무실은 아담하게

열린책들이 위치한 통의동의 사무실을 찾은 것은 꽤 무더운
오후였다. 약속 시간을 몇 분 넘긴 급한 발걸음으로 2층 사무실에
올라서자, 어디선가 서늘한 바람이 등줄기를 훑어 내렸다.
출판된 책들만 가지고 가늠했던 규모와는 비교도 안 될 만큼
아담한(?) 사무실에서 열 명이 채 되지 않는 직원들이 일하는
모습이 눈에 들어왔다. 열린책들을 찾아온 사람들이면 누구나
갖게 되는 의구심이라고 한다. 어디 다른 곳에 사무실 하나
더 있습니까? 출입구 쪽에 작은 창고 하나와 작은 방을 또
나누어 작은 사장실과 영업 팀, 편집 팀 방으로 짜임새 있게
쓰고 있는 그 사무실의 작은 창으로 신기할 정도로 많은
바람이 마구 들어와, 에어컨은커녕 선풍기 한 대 없이도
여름을 날 수 있는 그곳은, 그러나 우리 독서 문화를 보다 높은
차원으로 끌어올리는 지적 작업을 해내는 데에 손색없는 아주
훌륭한 장소인 것이다. 이 작은 사무실을 구하기까지, 물론
열린책들이 헤쳐 온 고난과 역경도 여느 출판사 못지않다.

도스또예프스끼에서 띠냐노프의 비평 이론까지

철학과 1년 재학 당시, 도스또예프스끼에 심취했던 것이
계기가 되어 급기야 전공까지 바꾸어 대학원에 진학하고,
또 자연스럽게 러시아 문학을 출판할 욕심을 품게 되었다는

홍지웅 씨. 그가 처음으로 기획하고 출판한 솔제니찐의『붉은 수레바퀴』전 7권은 주위로부터, 실제 의욕 말고는 가진 게 빚더미밖에 없는 속사정도 모르고 〈돈 많은 출판사〉라는 선입견만 불러일으켰다고 한다. 2년 동안 제작비 독촉 전화만 받으면서도 7권을 끝까지 완간한 것은, 스스로의 열망과 욕심도 그러려니와 〈단 한 명뿐일지라도 1, 2, 3권을 산, 그 책을 기다리는 독자에 대한 의무감 때문〉이었다고 한다. 그러나 아사 직전의 출판사가 독자들에게 어필되기 시작한 것은, 모스끄바의 예술과 낭만의 거리 아르바뜨에서 태어나고 자란 꼼소몰 젊은이들의 운명을 그린 소련 현대 문학 『아르바뜨의 아이들』이 출간되고부터였다. 러시아와 최초로 저작권 계약을 맺고 출판한 이 책이 당시 굳게 닫혀 있는 러시아와의 문화 교류에 물꼬를 텄다는 화제를 일으킨 덕에 열린책들은 여느 출판사보다 빠른 시일에 안정을 찾게 된다.

수준 높은 도서 목록을 지켜 갈 터

그렇지만 우리가 이미 잘 알고 있듯이 열린책들의 도서 목록에서 그야말로 잘나가는 책들은 그리 많지 않다. 니꼴라이 체르니셰프스끼의『무엇을 할 것인가』, 막심 고리끼의『어머니』와『고백』, 친기즈 아이뜨마또프의 『백년보다 긴 하루』같은 러시아 소설들은 그 빼어난 작품성에도 불구하고 강한 사회적 철학적 메시지 때문에 일반 독자들의 큰 호응을 얻지 못하고 있다. 때문에 2년에 한 번쯤은 새로운 분야를 개척해서 기획 꼭지를 늘려 가고 있는데, 눈여겨볼 만한 것이 소설적 재미와 문학 가치를 고루 갖춘 〈해외 문학〉, 즉 움베르토 에코와 파트리크 쥐스킨트의 소설들 그리고 제임스 미치너의 『소설』과 최근 소개된 〈패러디 소설의 전형〉인 보리슬라프 페키치의 『기적의 시간』 등이며, 독특하게도 한방과 관련된 기획 〈건강 의약 신서〉가 독자들에게 꾸준한 인기를 끌고 있다고 한다. 그 외에도 『이미지의 모험』, 『영화학, 어떻게 할 것인가』 등과 같이 묵직한 읽을거리를 담은 〈미메시스 예술 총서〉 그리고 러시아 문학에 관한 여러 이론서들이 열린책들의 도서 목록에 한자리를 하고 있다. 그렇지만 뭐니 뭐니 해도 〈러시아 문학 전문 출판사〉라고 간판을 당당히 내건 의도에 어긋나지 않게, 계속해서 주력하고자 하는 분야는 러시아 문학을 더욱 집중적으로 소개하는 일이다. 책으로 만들어야 할 원고들이 숙제처럼 쌓여 있어 고민인 행복한 남자 홍지웅 씨와 오붓한 열린책들의 여덟 식구들은 그 산더미 같은 일거리 속에서 휴가도 잊은 채 목하 작업 중! 마야꼬프스끼 탄생 100주년을 맞아 준비하는 그의 전집들이 8월 말이면 선보일 예정이고 러시아 시인 20선, 도스또예프스끼의 본격적인 전집 25권, 러시아 문학에 심도 있게 접근하는 이론서들의 원고도 그 좁은 사무실에 가득하다.

가치 있는 책을 만들어야

일일이 여기에서 그 목록들을 열거하지 않아도 독자들은 열린책들이 자신 있게 공개하는, 사전 서평지 『북캐스트』를 통해 출판사의 기획 의도를 파악할 수가 있게 되었다. 국내 출판계에서는 최초로 〈신간 예고제〉를 실행하고 있는 이 부정기 간행물은, 그동안 논란이 많았던 ─ 신간 정보가 미리 노출되면 다른 출판사에서 재빨리 기획해서 중복 출판하는 악습 ─ 새 책 예고제에 긍정적인 부분이 더 많다는 것을 몸소 보여 주고 있는 좋은 예라고 할 수 있다.

「어느 일이든 순기능과 역기능이 있기 마련인데 역기능 때문에 그 일을 안 한다는 건 문제가 있죠. 신간 예고제도 사실은 역기능보다야 순기능을 더 많이 가지고 있거든요. 우선 어떤 책을 출판하겠다고 귀띔해 줌으로써 독자들의 반응을 측정할 수가 있고, 또 어느 정도 판매를 할 수 있을지도 가늠할 수가 있고 그래서 다음 기획에 대한 힌트도 얻게 되는 거죠. 문제는 어떤 한 권의 책을 어떻게 특화시키고 차별화시켜서 책을 내느냐 하는 겁니다. 제 생각은 항상 그렇습니다. 〈좋은 책, 잘 만든 책은 반드시 팔린다!〉 그것이 출판인으로서 반드시 생각해야 할 정도가 아닐까 싶어요. 늘 추구하는 목표는 무결점의 책을 만들자는 것, 좋은 책을 만들자는 것입니다. 그러나 목표에 도달하기 위해 더 중요하게 생각해야 할 문제는 물론 일에 임하는 출판인으로서의 자세가 되겠지요.」

책은 적당히 내면 절대 안 된다는 신념으로 똘똘 뭉친 열린책들에서는 올 전반기에 7~8개 대학에서 학생들에게 약 2만여 권의 재고 도서를 무료 증정하는 행사를 기획했는데, 앞으로 이것을 주기적 행사로 그 폭을 넓혀 갈 계획이라고. 수없이 쏟아지는 책들 가운데서 스스로 옥석을 가려내고 홀로 우뚝 서는 책 만들기에 고심하는 사람들, 수없이 절망하면서도 그런 책들을 알아주고 기다리는 독자가 있기에 책을 또 만든다는 이들을 통해 우리는 비로소 건전하고

바람직한 출판문화의 밑뿌리를 가늠하고, 보다 긍정적인
전망을 하게 되는 것이 아닐까.

── 『새 책 소식』 1993년 8월 호 ── 책 만드는 사람들 (5) | 김옥자 기자

열린책들을 보여 드립니다

가끔 중앙지에 큼직하게 난 『어머니』(막심 고리끼), 『장미의 이름』(움베르토 에코), 『개미』(베르나르 베르베르) 등 광고료가 수백만 원을 넘어서는 이런 책 광고를 보면서 〈이 출판사는 재정이 넉넉하겠구나〉 하는 생각이 들곤 했다. 다행히 기회가 생겨 이 출판사를 비교적 자세히 살펴보게 되었다. 뜨거운 햇볕이 폭포처럼 쏟아지던 1993년 8월 12일, 호기심 가득한 마음으로 열린책들 사무실(서울 종로구 통인동 149-5 문원사 빌딩 203호) 문을 열었다.

열린책들은 1986년 1월 연립 주택의 네 평짜리 지하실에서 세상에 태어났다. 칼 포퍼의 『열린 사회와 그 적들』에서 얻은 이미지와 폐쇄돼 왔던 러시아 문학을 소개한다는 의미로 출판사 이름을 열린책들로 정한 홍지웅 사장. 그는 철학과 1학년 재학 중 당시의 음울했던 늦가을의 책방 순례 중 만난 〈도스또예프스끼〉에 심취되어, 그의 소설을 러시아어로 직접 읽어야겠다는 생각을 하게 됐고 당연한 귀결로 전공을 바꿔 대학원에 진학하기까지에 이르렀다. 〈도스또예프스끼〉를 향한 편집증적인 열정으로 〈도스또예프스끼〉에 대해서 쓴 것이라면 아무리 하찮은 자료라도 모았다. 각 대학 도서관을 뒤져서 몇 권의 원서도 찾아냈고 잡지들을 뒤져 문인들이 쓴 평문들도 모았다. 이렇게 모은 자료들이 이제는 100여 권은 족히 된다고. 이후 러시아 문학 센터를 건립하는 것이 홍지웅 사장의 꿈이 되었다.

출판사 설립 후 열린책들이 처음으로 기획하고 출판한 알렉산드르 솔제니쩐의 『붉은 수레바퀴』전 7권은 주위로부터, 가진 게 빚더미밖에 없는 속사정도 모르고 〈돈 많은 출판사〉라는 선입견만 불러일으켰다. 2년 반 동안 고생하다 문 닫을 생각까지 했던 그는 올림픽을 전후로 동구 공산권에 대한 새로운 인식이 생겨나면서 회생 기회를 맞았다. 이 출판사의 재정적 어려움을 타개하고 러시아 서적 전문 출판사라는 이미지를 확고부동하게 자리매김한 책이 1988년 여름에 펴낸 아나똘리 리바꼬프의 『아르바뜨의 아이들』이다. 소련 현역 작가가 쓴 당시 소련 내 베스트셀러였던 이 책은 미수교 관계에서 소련과 최초로 판권 계약을 맺음으로써 공산권과의 문화 교류 촉진의 계기가 되었으며 국내에서도 출간과 동시에 베스트셀러 자리에 올랐다. 이 책의 위력이 현재까지 70여 종의 러시아 관련서를 탄생시키고 있는 셈이다. 오늘의 열린책들을 특징짓는 또 하나의 분야는 세계 현대 문학을 주도하는 해외 작가를 찾아내 그들의 대표작, 혹은 최신작을 국내 출판계에 소개하는 것. 이러한 노력의 성과물이 움베르토 에코의 『장미의 이름』, 『푸코의 추』, 파트리크 쉬스킨트의 『향수』, 『좀머 씨 이야기』, 『콘트라베이스』, 제임스 미치너의 『소설』, 베르나르 베르베르의 『개미』 등이다. 또한, 열린책들 여덟 식구들의 응집력은 특출한 것으로 소문나 있다. 편집부 박윤규 씨와의 대화 도중 느껴지는 소속 출판사에 대한 자부심과 영업부 채영진 차장의 일에 대한 열정에서도 이 점을 확연하게 느낄 수 있었다. 주의 깊은 독자들이 열린책들이 내는 책이 기획, 번역, 제본 등 모든 면에서 충실하다는 걸 발견하는 것은 결코 우연이 아니다. 〈하고많은 출판사 중 열린책들에서 이 땅의 독자들에게 무엇을 열어 보여 주었는가?〉

당시 많은 사람이 레드 콤플렉스에 젖어 있던 분위기 속에서도 이 땅의 책 읽는 사람들에게 러시아 문학과 동구권 문학을 전해 주는 통로가 얼마나 있는가를 생각해 보면 열린책들이 출판계에서 차지하고 있는 독특한 위치를 쉽게 짐작할 수 있다. 베스트셀러나 상업 도서만 좇는 일부 출판계 풍토에서 벗어나 정성을 다해 만든 생명력이 길고 건강한 책을, 나아가 영원히 읽히는 〈고전〉 만들기를 욕심 내는 이들을 통해 이 땅의 출판문화가 가능성으로 가득 열려 있음을 본다.

—『책나라 소식』 1993년 10월 호 — 출판사를 보여 드립니다 1

러시아 문학 전문 출판사 열린책들

『까라마조프 씨네 형제들』
밤새 읽고 감동 – 희열 솟구쳐

「허무의 냄새가 짙게 배어 있었던 철학과 1학년의 늦가을,
도스또예프스끼와의 운명적인 만남은 시작되었습니다.
『까라마조프 씨네 형제들』을 저녁을 먹고 읽기 시작해
뜬눈으로 밤을 밝히며 오전 11시까지 탐독하던 마지막 장을
덮고 뜨락으로 나왔을 때 가슴 벅찬 감동과 희열이 한꺼번에
솟구쳐 눈물을 흘렸습니다.」

그때 이미 도스또예프스끼와 평생을 함께하리라는 다짐을
했고 급기야는 전공까지 러시아 문학으로 바꾼 홍지웅
씨(39)는 1986년 러시아 문학 전문 출판사 열린책들을
창립하기에 이르렀다. 솔제니찐의 『붉은 수레바퀴』(전 7권),
『수용소군도』(전 6권)를 시작으로 러시아 문학 작품 20여
권을 출간했으나 빼어난 작품성에도 불구하고 강한 사회적,
철학적인 메시지 탓에 호응을 얻지 못해 출판사 재정은 아사
직전에 이르렀다.

이에 좌절하지 않고 단 한 명의 독자를 위해서라도 러시아
문학 작품은 출판돼야 한다는 신념 아래 1988년 소련 현역
작가 아나똘리 리바꼬프가 쓴 『아르바뜨의 아이들』을
출판하기에 이르렀다. 최초로 공산권 문화 교류의 촉진제
역할을 한 『아르바뜨의 아이들』은 열린책들의 위치를

확고부동하게 끌어올렸다. 닫힌 세계를 열어 주는 책
만들기를 지향하고 있는 열린책들의 식구는 모두 열 명.
종로구 통인동에 위치하고 있으며 출입구 쪽에는 작은 창고
하나와 안쪽으로는 사장실과 영업 팀, 편집 팀으로 분리된
약간은 커다란 방이 열린책들의 전부다. 내부는 도서관을
방불케 하는 서적들이 정돈과 무질서 속에 산재하며
출판사다운 빛을 발산하고 있다.

열린책들은 금세기 최고의 문제작으로 평가받는 움베르토
에코의 『장미의 이름』, 『푸코의 추』, 파트리크 쥐스킨트의
『향수』, 『좀머 씨 이야기』, 『콘트라베이스』, 베르나르
베르베르의 『개미』 등 이 시대의 빛나는 작가들을 끊임없이
발굴해 내고 있다. 철저한 시장 조사와 충분한 준비 기간을
거쳐 책을 빚어낸다는 홍 사장은 함량을 갖춘 성숙된 책을
출판한다면 결코 독자들에게 외면당할 수 없다고 말한다.
「일부 유행처럼 번지고 있는 연예인들의 자서전이나 역사 소설
등은 단순 인기에 영합한 졸속 제작으로 일부 출판사들은
자생력을 잃고 있습니다.」

열린책들의 현 상황은 스테디셀러로 안정 궤도를 걷고 있어
장기적인 안목으로 좋은 책을 만든다면 수요가 창출된다는
홍 사장의 말을 대변해 주고 있다. 현재는 러시아 문학의
아버지로 칭송되는 알렉산드르 뿌쉬낀의 전집(전 6권)을
1994년부터 매년 2권씩 발간할 예정이며 러시아어 완역판
도스또예프스끼의 전집 출판도 서두르고 있다. 우리의 출판
제반 여건이 열악한 현실에서 홍 사장은 독서 인구의 저변
확대를 위해서라도 정부 차원의 지원이 시급하다고 말한다.

이처럼 우리 출판사의 앞날을 진정으로 걱정하는 그는 젊은이들이 필요로 하는 정신적인 양식을 만들어 내는 〈열린책들〉을 계속 출간할 것이다.

젊은 대학인들을 위해 그는 〈사고의 전개 과정인 글쓰기를 연마, 급작스러운 논리 비약 등의 맹점을 극복하고 객관적인 사고의 훈련과 모든 분야의 책들을 섭렵해 편협한 사고를 극복해야 한다〉고 말한다. 대학 4년 내내 자신의 목소리를 담은 리포트를 성실하게 써왔다면 그는 이미 인생 진로에 순항으로 가는 닻을 내린 거라며 인생 선배다운 충고를 아끼지 않았다.

— 『캠퍼스 라이프 북 리뷰』 1993년 11월 11일 — 출판사 탐방 ┃ 최요운 기자

어머니

막심고리끼 대표장편소설

열린책들

혁명으로 향한 러시아민중의 대열!

러시아 사회주의 리얼리즘의 창시자 고리끼의 탁월한역사의
식이 성취해낸 소설! 혁명적 러시아 노동계급의 성장과 한
인간 주체로서의 어머니의 모습을 형상화시킨 기념비적 소설!

연극『어머니』공연!!

「열린책들」후원으로 『어머니』자 무대에 올려집니다. 중앙대
연극학과 정기공연인 이번 무대는 국내에서 처음 시도되는
고리끼와 브레히트의 만남이 될 것입니다.

일시 : 90년 11월 21일~25일
　　　 오후 3시, 6시 2회공연 (수요일은 6시, 토요일은 3시)
장소 : 중앙대학교 루이스홀 (흑석동)

●최윤락 옮김/462면/값 4,200원　　TEL. 739-8173 FAX. 720-6365

그후의 세월

리바꼬프 장편소설

스딸린의 초상

변덕쟁이에다 어린애같은
단순함. 그러나 목적을 달
성하기 위해서 물불을 가
리지않는 냉혈한. 그런 스
딸린도 채플린 영화를 열
광했던데….
스딸린의 불운했던 성장기
와 30년대 그가 행했던 무
시무시한 숙청 회오리를
사실 그대로 묘사한 소설.

〔아르바뜨의 아이들〕제2부

●이대우 옮김 / 값 5,000 원

Tel. 738-7340 ·739-8173

열린책들

2　　6　　6

추리 기법의 과학 소설
『개미』빅 히트

1991년 봄, 개미들이 막 겨울잠에서 깨어날 무렵 소설
『개미』는 탄생되었다. 『개미』의 출간은 조용하던 프랑스
문단과 언론을 뒤집어 놓았으며 저자인 베르나르
베르베르에게는 〈프랑스의 천재 작가〉라는 찬사와 더불어
과학 전문지『과학과 미래』가 선정하는 상을 받기도 했다.
특이한 소재와 구성으로 큰 성공을 거둔『개미』는 그동안
전 유럽과 미국 등 세계 10여 개국에서 번역 출간되어 모두
베스트셀러가 되었으며 한국에서도 마찬가지로 지난 6월
16일 첫선을 보인 후 보름 간격으로 2, 3권이 출간되면서 큰
히트를 쳤다. 이 소설의 특징은 단순한 과학 소설이나 장르
소설이 아니라는 것이다. 소설에 나오는 개미들의 생태 묘사는
99퍼센트가 사실이다. 한국에서도 이 소설이 히트한 것은
이런 특징과 함께 적절한 홍보─판촉이 주효했기 때문이다.
이렇게 성공을 거둘 수 있도록 치밀한 작전을 꾸민 주인공이
바로 이 책을 출판한 홍지웅 사장(39)이다. 홍 사장은
『개미』를 출판하기에 앞서 국내에서는 처음 기획─간행한
신간 예고지『북캐스트』를 통해 책이 출간되기 3개월 전부터
이 책을 집중 홍보했다. 『북캐스트』를 통한 홍보 방식은 지적
호기심이 많고 추리 소설적인 재미와 과학적 정보에 호기심이

많은 고급 독자들의 구미를 당기는 데 성공했다. 홍지웅 사장은 〈소설 『개미』의 놀라움은 무엇보다도 개미에 관해 철저하게 연구해서 만들어 낸 결과물이라는 점〉이라며 〈최근 들어 리얼리즘 계열의 소설들이 독자로부터 크게 환영받고 있다〉고 말한다. 이 소설은 지금도 여전한 인기로 종합 소설 부문 베스트셀러에 랭크돼 있으며 화제가 식을 줄 모른다. 러시아 관련 전문 출판사로 이미지를 굳히고 있는 열린책들은 1986년 1월 설립, 그동안 140여 종을 발간해 오면서 『장미의 이름』, 『푸코의 추』, 『향수』, 『좀머 씨 이야기』 등 유럽 문학의 베스트셀러도 양산해 왔다. 홍 사장은 고려대 철학과를 나와 동 대학원에서 러시아 문학을 전공했다.

——『중앙경제신문』 1993년 11월 24일 — 베스트셀러의 산실 | 정인경 기자

이데올로기에 막혔던 문학의 보고

솔제니쩐─고리끼 작품 등 20여 종 소개
소설 『아르바뜨의 아이들』 15만 부 팔려

열린책들(대표 홍지웅)은 〈러시아 소비에뜨 문학〉 시리즈를
만드는 일에 온 힘을 쏟아 왔다. 이 시리즈의 발간은 애당초
출판사가 만들어진 이유이며 앞으로 나아갈 방향이기도 하다.
외국 문학의 올바른 소개는 곧 우리 문학을 비옥하게 하는
작업이다. 그중 러시아 문학은 슬라브 민족이 지닌 정서적
유대감과 깊고 넓은 산문적 감동으로 우리에게 일찍부터
커다란 영향을 주어 왔다. 러시아 문학은 산이 아니라 거대한
산맥이었다. 그러나 해방 후 1980년대 중반까지 러시아
문학은 이데올로기와 영미 문학 편중으로 인해 그들의
동시대적 작업에로 다가갈 수 있는 길이 대부분 봉쇄돼 왔다.
그동안 출간된 러시아 문학은 한정된 작가에 국한해서 영어나
일본어판을 중역한 책들이 대부분이었다. 우리의 평가와
향수만큼 다가갈 수 없었던 것이 바로 러시아 문학이었다고
할 수 있다.

고려대 철학과를 졸업하고 노문학과 대학원에 진학한 홍지웅
씨는 러시아 문학에 심취해 1986년 주저 없이 출판사를
차리게 됐다. 그가 출판사의 설립과 함께 처음 내놓은 책이
솔제니쩐의 『붉은 수레바퀴』였는데 이것이 시리즈의 출발이
됐다. 그는 모두 7권이나 되는 책을 2년의 고생 끝에 펴냈지만

결과는 참담했다. 그렇지만 계속해서『수용소군도』(전 6권,
솔제니찐)와『종말 전 10억 년』(보리스 스뚜르가츠끼)을
꿋꿋이 펴냈다. 최근 시집『마야꼬프스끼 전집』(전 3권)과
『오, 나는 미친 듯 살고 싶다』(알렉산드르 블로끄)가 나와
20종으로 늘어난 이 시리즈가 지금까지 계속될 수 있었던
것은 소설『아르바뜨의 아이들』(아나똘리 리바꼬프)
덕분이다. 스탈린 치하 대학생들의 모습을 스케치하듯 담고
있는 이 책은 1988년 출간되자 12만 부가 팔리는 기대 이상의
성공을 거뒀다. 여기에 막심 고리끼의『어머니』(38쇄)와
『고백』(12쇄)이 뒷받침해 주어 큰 힘이 됐다.

〈러시아 소비에뜨 문학〉은 현재까지 50여 종이 기획돼
있다. 그중에는 총 25권에 달하는 대작『도스또예프스끼
전집』과『알렉산드르 뿌쉬낀 전집』(전 6권)도 있다. 내년 초에
나오게 될 이 책들은 이미 고전이긴 하지만 러시아어 판본을
처음으로 완역한 것이어서 크게 기대된다.

──『한국일보』1994년 1월 11일 ── 기획 출판 시리즈 | 김철훈 기자

정통 문학 번역 – 출판, 베스트셀러 제조기

1986년부터 『장미의 이름』, 『개미』 등 180여 권 출간

열린책들 대표 홍지웅 씨(40). 원로 출판인들이 그를 1995년도 유망 출판인으로 추천하는 데에는 한 가지 공통적인 이유가 있다. 한탕주의나 요행에 편승한 일부 베스트셀러 출판사들과는 달리 전문 출판, 정통 출판의 길을 고수하면서도 베스트셀러를 만들어 내는 두둑한 배짱과 비상한 재주를 겸비했다는 것이다. 일반 대중들로 하여금 난해한 쥐스킨트, 에코, 베르베르 등의 책을 집게 만든 그가 1986년 설립 이래 그동안 펴낸 베스트셀러로는 최초의 히트작 『아르바뜨의 아이들』을 비롯해 『장미의 이름』, 『푸코의 추』, 『개미』와 『타나토노트』 등이 있다.

「내용 소재 형식의 어느 한 가지라도 두드러지는 부분이 있는 책, 즉 우리에게 뭔가 배울 거리를 제공하는 책을 선정하고자 애쓴 것이 결실을 거둔 것 같습니다.」

고대에서 철학과와 노문학과 대학원을 거치면서 생겨난 정통 문학에 대한 통찰력, 대학 신문의 편집 부주간, 만화가와 표지 디자이너 등을 하면서 익힌 출판 주변의 이러저러한 노하우 등도 그의 성공 비결 중 하나다. 그간 출간한 책은 줄잡아 180여 권. 러시아 문학 전문 출판사라는 간판 아래 같은 비중으로 프랑스, 독일, 동구권 등 유럽 문학 소개에 주력해 왔다. 물론 번역 문학만으로 짭짤한 재미를 본다는 비난의 소리도 없지 않았다.

「하지만 모두가 우리 문학만 키우겠다고 나선다면 그것도 문제이지요. 작은 부분이지만 번역 문학이 우리 문학의 발전에 끼치는 영향도 간과해서는 안 되지 않을까요?」

이러한 자신감을 밑천 삼아 홍 씨는 올해 안으로 『해석의 한계』를 비롯한 에코의 학술서 6권, 철학도에서 노문학도의 길로 돌아서게 만든 러시아 소설가 도스또예프스끼의 전집 25권, 프랑스 소설가 필리프 지앙의 소설 몇 권 등을 펴낼 계획이다.

— 『스포츠조선』 1995년 1월 16일 — 1995 문화계 스타

함량 충분한 책 내는 길뿐이죠

〈자랑스런 출판경영인상〉 받은 홍지웅 사장
〈시류에 편승하기보다 열린책들만의 독특한
이미지를 지킬 생각이다. 러시아를 비롯한
유럽 문학의 소개에 주력하겠다.〉

한국 출판 협동조합(이사장 이기웅)이 뽑은 〈올해의
자랑스런 출판경영인상〉의 제2회 수상자로 열린책들의
홍지웅 사장(41)이 선정됐다. 내년 1월로 창사 10주년을
맞는 열린책들은 수준 높은 러시아 서적들을 전문적으로
펴냄으로써 출판의 전문화를 시도하는 한편 〈출판사는
하나의 작은 대학이다〉, 〈무결점의 책을 만들어 낸다〉는
장인 정신으로 출판에 임해 왔다. 또한 1994년도에 조합을
통해 공급한 매출액 전부를 출자금으로 전환, 업계의 협동화
사업에 적극적으로 참여하기도 했다.
「앞으로 잘하라는 뜻에서 준 상이겠지요. 굳이 이유를
말하자면 문학성을 갖춘 책들을 많이 번역―판매해 고급
독자들을 독서 시장에 끌어들였다는 점 정도일까요.」
홍지웅 사장의 수상 소감은 담담하다. 그동안 열린책들을
통해 본격적으로 국내에 소개된 굵직한 작가들은 움베르토
에코, 파트리크 쥐스킨트, 베르나르 베르베르 등이다.
〈할 만큼〉의 신문 광고를 적절히 배치하는 한편, 신간
예고지 『북캐스트』를 발간하는 합리적인 홍보력을 보여 온

열린책들의 기본 판매 전략은, 일단 한 외국 작가를 발굴한 뒤 즉각 반응이 없다 해도 〈될 때까지〉 후속 작품을 내며 꾸준한 홍보를 진행하는 것. 결과는 괄목할 만한 상업적 성공으로 이어졌다. 한 예로 지난해 펴낸 『개미』(1, 2, 3권, 베르나르 베르베르)는 1권만 77쇄를 찍었으며 2, 3권도 50여 쇄를 찍은 대형 베스트셀러다. 그에 발맞춰 열린책들은 후속 작품 『타나토노트』를 발간하고 저자 베르베르를 초청해 〈독자와의 만남〉 행사를 갖는 기민한 대처를 보였다.

「물론 장기적으로는 국내 저자를 발굴하기 위해 노력할 생각입니다만, 당분간은 시류에 편승하기보다 열린책들만의 독특한 이미지를 만들어 갈 생각입니다. 꾸준히 러시아를 비롯한 유럽 문학 소개에 주력할 겁니다.」

오는 여름에는 프랑스 작가 르네 벨레토의 『기계』를 『개미』의 뒤를 잇는 〈베스트셀러〉 후속으로 내놓을 생각이라는 홍지웅 사장은 철학과를 졸업하고 대학원에서 러시아 문학을 전공했다. 애초에는 강단에 설 생각이어서, 유학 자금을 마련하려고 출판계에 뛰어들었다가 오늘에 이른 것이다. 그가 가지고 있는 〈출판도 기능적으로 보면 대학과 유사하다〉는 생각도 거기서 비롯된 것인지 모른다. 홍지웅 사장은 유선 방송 개국으로 막을 올리는 〈본격 영상 시대〉와 출판-유통 시장 개방에 대해서도 어둡지 않은 전망을 피력한다.

「어떻게든 책 나름의 역할은 남을 것이고, 외파들에 견딜 수 있는 부분이 존재할 겁니다. 원론적인 이야기 같습니다만 함량이 충분한 책들을 꾸준히 내는 길뿐이죠. 정도를 걷는 출판을 너나없이 해나간다면 어려운 일들도 자연스럽게 해결되리라 봅니다.」

홍지웅 사장은 중학교 1학년과 초등학교 5학년에 다니는
오누이의 아버지이자 클래식 CD만 200여 장을 소장하고 있는
음악 애호가다.

——『출판저널』 1995년 3월 호 ┃ 한강 기자

출판 역시 독특한 색깔 있어야

1986년 설립, 러시아 문학 전문 출판사 발돋움
『개미』, 『장미의 이름』 등 독자들 꾸준한 사랑

「진정한 출판은 독자들의 지적 욕구를 시원스레 풀어 주는
출판이 돼야 합니다.」

도서출판 열린책들(대표 홍지웅)은 지난 1986년 종합 전문
출판사로 설립되어, 지금은 러시아 문학 유럽 문학의 대표
주자로 잘 알려진 출판사다.

홍 대표는 〈출판사도 하나의 작은 전문 대학〉이라며 〈출판도
그에 따른 독특한 전공(색깔)이 있어야 한다〉고 말했다.

열린책들은 양질의 책을 선택, 독자들의 구매 욕구를 적절히
심어 주기 위해 기초 단계에서 기획에 이르기까지 직원 모두가
혼신의 힘을 다한다.

열린책들은 유럽 문학과 러시아 문학 등 다양한 종류의
책을 출간, 현재는 170여 종이나 되는 종합 전문 출판사로
독자들의 꾸준한 호응을 얻고 있다. 최근 한 소시민의
애환을 다룬 남성 모노드라마 『콘트라베이스』(파트리크
쥐스킨트)가 출간돼 독자들의 많은 사랑을 받은 것을
필두로 『개미』(베르나르 베르베르), 『푸코의 추』와 『장미의
이름』(움베르토 에코) 등은 지금도 꾸준히 나가고 있는 대표
책들이다.

열린책들은 한 해에 20~30여 종의 책을 출간할 정도로

왕성한 출판 활동은 물론 책 한 권에 이르기까지 고급 독자를 겨냥한 양질의 책을 뽑아내기 위한 노력 역시 게을리하지 않는다.

— 『연예영화신문』 1995년 3월 22일 | 윤동식 기자

열린책들의 사장, 홍지웅

1995년 2월 22일, 열린책들의 홍지웅 사장은 출판인들의
모임인 한국 출판 협동조합에서 2회째 수여하는 〈자랑스런
출판경영인상〉을 수상했다. 지난 1986년부터 10년째
열린책들을 경영해 오는 그는 책들이 머릿속의 아이디어로
존재할 때부터, 한 권의 완벽한 모양을 갖춘 책이 될 때까지
모든 과정을 세심하게 관리한다. 그러면서 항상 두 가지
원칙을 고수하려 한다. 허투루 생각하지 않고 졸속으로
책을 만드는 것이 아니라 〈정도를 걸으며 책을 만드는 것〉과
완벽을 기해 〈무결점의 책을 만드는 것〉이 그것이다.
「출판사는 작은 전문 대학과도 같은 것이므로 전공이 있어야
합니다. 그리고 우리 출판사의 전공은 러시아 문학이지요.」
홍 사장의 말이다. 고려대학교에서 철학을 전공했고,
같은 대학원에서 노문학을 전공한 홍 사장은 러시아 문학
작품을 집중적으로 펴내기 위해 출판사를 만들었다. 10년
동안 끊임없이 러시아 문학 작품을 출판해 왔고, 독자들이
열린책들의 첫 출세작을 러시아 작품인『아르바뜨의
아이들』로 기억하고 있다는 사실은 열린책들이 홍 사장이
말한 출판사의 전공에 충실해 왔다는 증거가 아닐까.
「책 만드는 일은 참 즐거워요. 좀 독특하고 색다른 책을

만들어 내는 것은 더욱 기쁜 일이죠. 러시아 문학 작품을 읽고 싶은 사람에게 다양한 러시아 작품들을 제공할 수 있는 출판사로 열린책들이 기억되길 바랍니다. 완성도 높은 책을 만들기 위해 노력하겠습니다.」

러시아 문학 작품뿐 아니라 프랑스 문학 작품인 『개미』, 『최초의 인간』 등과 이탈리아 작품인 『장미의 이름』 등 고급 유럽 작품들을 지속적으로 국내에 소개해 왔던 열린책들은 신간 예고지인 『북캐스트』를 발간하기도 한다.

──『시크』 1995년 4월 호 ─ 출판계 사람들

"상상을 뛰어넘는 과학 미스테리"

현미경과도 같은 세밀한 묘사,
경이로운 상상력,
치밀한 구성이 돋보이는 소설

★★★소설로 읽는 과학과 논리의 세계

베르나르 베르베르

프랑스의 촉망받는 작가, 33세. 대학에서 법학과
저널리즘 전공, 한때 잡지사 근무——이것이
베르베르 이력의 전부다.
그러나 그는 어려서부터 방 안에 개미집을
들여다놓고 개미를 관찰하고 연구해 온
개미 박사이다. 그는 개미 〈편에서〉 생각하고,
개미에 〈대해서〉 평론을 쓰고,
개미에 〈관한〉 소설을 쓴 〈인간 개미〉이다.
12년에 걸쳐 120번이나 고쳐 썼다는 그의 연작소설
『개미』와 『개미의 날』은 이러한 그의 이력이
응집되어 있는 결정체이다.

★★★소설로 읽는 과학과 논리의 세계

소설 『개미』의 세계로 들어가기 위한 '알쏭알쏭 퀴즈'

【퀴즈】 일정한 규칙에 따라 오른쪽과 같이 숫자들이 배열
될 때 열째 줄에 들어갈 숫자들은 무엇일까요?

【귀띔】 첫째, 이미 알고 있는 지식은 도움이 되지 않는다.
둘째, 영리한 사람일수록 해답을 찾기 어렵다.
셋째, 가능한한 단순하되 문학적으로 생각할 것.

【응모】 ① 기간 : 93년 8월 15일까지
② 정답(20자), 퀴즈 게재 신문명, 『개미』의 소감(20
자 이내)을 보내주시면 추첨하여 8월 25일까지
선물을 우송해 드립니다.

【선물】 1등(1명) : 도서상품권 300매 + 본사발행도서 30권
2등(5명) : 도서상품권 100매 + 본사발행도서 10권씩
3등(10명) : 도서상품권 50매 + 본사발행도서 5권씩
등외(100명) : 도서상품권 1매 + 본사발행도서 1권씩

```
        1
       1 1
       1 2
      1 1 2 1
     1 2 2 1 1 1
    1 1 2 2 1 3
   1 2 2 2 1 1 3 1
  1 1 2 3 1 2 3 1 1 1
        ⋮
```

개미

"상상을 뛰어넘는 과학 미스테리"

현미경과도 같은 세밀한 묘사,
경이로운 상상력,
치밀한 구성이 돋보이는 소설

베르나르 베르베르 장편소설 | 이세욱 옮김

장미의 이름	기적의 시간	어머니	소설

아이들의 임에서	장미의 이름	향수	최초의 인간

개미

인간으로
태어난 것이 행복하다

소설 『개미』를 읽을 수 없다……
개미로
태어난 것이 행복하다
소설 『개미』가 끝나며……

개를 굽는 남자	논문 작성법 강의	롬머 씨 이야기	타나토노트

개미 혁명

전3권 완간! 베르베르의 과학소설 '개미' 완결편

기발한 환상, 뛰어난 상상력, 혁명은 진행중……

베르나르 베르베르의 소설 **개미** 타나토노트

타나토노트

상대적
절대적
지식으

'개미'의 작가

베르베르의 새 소설 '타나토노트' 발간

타나토노트

세계의 신화, 종교,
사상을 얼개로 짠
과학 미스테리

개미

'개미'가 그에게
지혜의 길을 보여 주리라.

베르나르 베르베르의 장편소설
이세욱 옮김

향수	코스미코미케
롬머 씨 이야기	코스미코미케

날렵하고 노련한 출판계의 사냥꾼

빈틈없는 연출력 『개미』 등 히트작 양산

열린책들 대표 홍지웅의 사냥술은 꾼들의 세계에서 하나의
토픽으로 읽힌다. 먹이를 포획하는 시선은 날카롭고, 행동은
날렵하다. 호랑이의 돌진보다는 지평선을 바라보는 사자의
여유로 책을 만들고 드라마처럼 시장을 연출한다. 그래서
붙은 별명이 〈출판계의 PD〉. 첫 번째 성공으로 기록되는
『어머니』는 북방 붐에 편승, 꺼져 가는 불빛을 되살린 경우에
해당된다. 막심 고리끼의 이 책은 1985년 석탑출판사에서
나와 이미 러시아 문학 독자에게 보급된 상태였으나 1989년
러시아 원서를 바탕으로 새롭게 번역, 20만 부를 팔아 치웠다.
두 번째 드라마의 소재는 움베르토 에코의 저서들. 『장미의
이름』만 해도 1986년 우신사가 간발의 차로 먼저 냈으나
이윤기 번역판으로 선발 주자를 압도했다. 국내에 아직
생소한 작가 에코를 새순 돌보듯 애지중지 가꾸어 온 그는
1990년 『푸코의 추』를 펴냄으로써 활짝 꽃을 피운다.
이 역시 우연의 히트라기보다는 치밀한 작전의 승리 쪽에
가깝다. 영화 『장미의 이름』의 한국 개봉이 이뤄진 1988년부터
『푸코의 추』 홍보에 나선 그는 〈배 속에 든 애를 자랑한다〉는
핀잔 속에서도 고급 교양 소설이라는 캐치프레이즈를 내건
끝에 30만 부라는 금자탑을 쌓는다. 에코 소설의 재미에

빠져든 독자들은 『장미의 이름』까지 덩달아 찾게 돼 동반
상승의 효과를 몰고 왔는데, 560쪽짜리 한 권에 주를 달고
문장을 다듬어 800쪽짜리 2권으로 개정 증보판을 내니 30만
부가 순식간에 팔려 나갔다. 독자에게 감사하는 출판사는
최근 정지 상태의 〈추〉를 움직이는 〈진자〉로 바꾼 개역판을
냈는데 소설 속의 미로를 헤맨 편집자들은 〈오, 에코……
푸코…… 사이코!〉라며 한탄했다고 한다.

다음 대상은 독일 작가 파트리크 쥐스킨트의 『향수』. 1990년
예하에서 〈향기〉라는 제목으로 냈으나 『좀머 씨 이야기』,
『비둘기』, 『콘트라베이스』 등 쥐스킨트 작품 4권을 묶어
몰아치기를 한 끝에 4권 합쳐 20만 부라는 스코어를 올린다.

홍지웅 작품의 하이라이트는 베르나르 베르베르의 『개미』.
여기에는 『북캐스트』라는 신병기가 활용됐다. 책book과
해설newscast을 엮은 이 조어는 앞으로 발간될 책을 독자나
서점가에 미리 안내하는 소식지다. 창간호 타블로이드판에는
『개미』의 작가와 옮긴이의 말, 줄거리, 외국 서평 등의 내용을
넣어 80만 부 신화의 밑거름이 되었다.

한국을 찾은 베르베르는 프랑스에서보다 한국에서 많이 팔린
이유가 뭐냐는 질문에 〈한국 독자의 수준이 높다〉며 어깨를
으쓱거렸다. 의외의 성공을 쑥스러워하면서도 열린책들의
선택에 신뢰를 표시한다.

——『국민일보』 1995년 7월 14일 — 책 동네 이야기 | 손수호 기자

또 하나의 작은 대학 - 열린책들

독자들에게 〈열린책들하면 책을 제일
잘 만드는 출판사〉로 불리는 것이 가장 큰 바람

책이 홍수처럼 쏟아지는 세상이다. 그 많은 책은 저마다
독자의 마음을 사로잡기 위해 보다 눈에 띄는 포장을 하기
마련이지만 출판 시장의 침체는 장기화되고 있는 실정이다.
이러한 출판 시장의 하향 곡선은 올해에도 계속될 전망이기에
각 출판사들은 나름대로 불황 타개책에 여념이 없다.
「결점 없는 최상의 책, 그야말로 책다운 책을 너나없이 만들어
나간다면 이러한 어려운 문제는 자연스럽게 해결되리라
봅니다.」
이렇듯 가장 원론적이면서도 가장 최선의 자구책을 가지고
있는 출판인이 있다. 바로 열린책들의 홍지웅 사장이다. 내년
1월로 창사 10주년을 맞는 열린책들은 수준 높은 러시아
서적들을 전문적으로 펴냄으로써 출판의 전문화를 표방한다.
1986년, 소련 반체제 작가 솔제니쩐의 대하소설 『붉은
수레바퀴』를 필두로 『수용소군도』 등 러시아 소비에뜨 문학을
본격적으로 펴내기 시작하여, 1988년 국내 최초로 소련 현대
작가 아나똘리 리바꼬프와 저작권 계약을 맺고 『아르바뜨의
아이들』을 출간함으로써 열린책들을 본격적으로 알리는
계기를 만들었다.
이로써 좋은 책은 독자가 알아본다는 확신을 얻은 열린책들은

문학뿐만 아니라 정치-경제-연극-영화 등 러시아 사회를
이해하는 데 도움이 될 만한 신간을 엄선, 계속 발간해 왔다.
이렇듯 문학성을 갖춘 책들을 많이 번역, 발간해 고급
독자들을 독서 시장에 끌어들이기는 했지만, 그럼에도
불구하고 눈에 띄는 베스트셀러가 없었던 것이 사실이다.
러시아 문학이 당시의 사회 현실뿐만 아니라 인간의 존재
의미, 자유, 철학적 탐구까지 포괄하고 있기 때문에 쉽게
읽혀지지 않는다는 이유에서다.
이런 까닭에 열린책들은 2, 3년마다 새로운 분야를 꾸준하게
개척해 오고 있다. 『신동의보감』, 『나에게 맞는 한방약』
등의 건강 서적 장르를 비롯해, 〈외국 문학〉 장르를 구분해
유럽 작가의 작품을 체계적으로 펴내고 있다. 이탈리아가 낳은
세계적인 기호학자이자 미학자, 중세학자인 움베르토 에코의
저서도 〈에코 라이브러리〉로 묶었다. 1986년 『장미의 이름』을
시작으로 『푸코의 추』, 『폭탄과 장군』, 『논문 작성법 강의』,
『대중의 슈퍼맨』, 『연어와 여행하는 방법』, 『해석의 한계』
등을 출간하여 에코 바람을 일으킨 것이다. 또한 독일 작가
파트리크 쥐스킨트의 『향수』, 『좀머 씨 이야기』, 『콘트라베이스』,
『비둘기』 등도 꾸준한 독자를 확보하고 있으며, 프랑스의 천재
작가 베르나르 베르베르의 『개미』, 『타나토노트』는 70만여 부가
판매되어 독자들의 관심을 집중시키기도 했다.
이 밖에 영화 장르, 기독교 관련 서적 등 미개척 분야를 기획,
출판하여 새로운 가능성을 제시해 나가고 있지만, 그래도
역시 〈열린책들하면 러시아 작품을 제일 잘 만드는 출판사〉로
독자들에게 불리는 것이 가장 큰 바람이다.

「출판사는 또 하나의 작은 대학이라고 생각합니다. 저희 열린책들은 러시아 문학을 알고 싶어 하는 이들의 지식욕을 채워 주는 일을 하고 싶은 겁니다. 좋은 작품, 완벽한 번역 등이 훌륭한 교수의 역할을 하는 거죠.」

하지만 매년 20여 종의 완성도 있는 단행본을 출간하는 데 비해 열린책들의 식구들은 그리 많지 않다. 어느 출판사 못지않은 업무의 체계화와 직원들 간의 결속력이 있기에 가능하다는 것이 홍지웅 사장의 생각이다. 출판을 천직으로 아는 사장과 직원들 간의 남다른 화합이 앞으로도 〈고급 소설 읽기의 또 다른 재미가 시작되는 열린책들〉을 만들어 나갈 것이다.

── 『서울문고』 1995년 8월 호 ── 기획 탐방 ǀ 박의선 기자

열린책들 돈 열매 열렸다

『개미』,『좀머 씨 이야기』 등 연속 홈런
한 작가 집중 소개 – 뛰어난 번역이 밑거름

고집과 끈기가 만든 베스트셀러…… 열린책들은 독특한 외국
소설들을 번역해 베스트셀러 순위에 올려놓고 있다.
『아르바뜨의 아이들』,『어머니』,『장미의 이름』,『푸코의
진자』,『개미』,『향수』,『좀머 씨 이야기』,『콘트라베이스』 등
이 작품들의 공통점은? 첫째 모두 외국 소설이고, 둘째 지난
10년간 베스트셀러로 꼽혔거나 최근 그 대열에 올랐으며,
셋째 열린책들이라는 한 작은 출판사에서 번역 출간되었다는
것이다.
올 1월에 창립 10주년을 맞은 출판사 열린책들의
영업부원들은 요즘 서점가에 책을 갖다 대느라 여념이
없다. 벌써 4~5년 전에 번역 출간했던 독일 작가 파트리크
쥐스킨트의 작품들이 최근 새삼 인기를 끌고 있기 때문이다.
열린책들의 〈주 종목〉은 러시아 문학이다. 고려대
철학과와 노문학과 대학원을 나온 사장 홍지웅(42)은
도스또예프스끼에 심취해 러시아 문학 전문 출판사를
열었다고 한다. 『무엇을 할 것인가』의 체르니셰프스끼를
비롯해 솔제니쩐, 본다레프, 두진체프 등이 이 출판사의
〈러시아 소비에뜨 문학〉 시리즈를 통해 국내에 소개됐다.
하지만 말이 좋아 〈러시아 전문〉이지, 이런 작품들이 돈이

되어 줄 리는 만무했다. 2년간 여기저기서 끌어다 댄 빚이 목까지 차올랐다. 그때 숨통을 틔워 준 게 『아르바뜨의 아이들』. 한국과 러시아가 수교하기도 전인 1988년에 최초로 작가 아나똘리 리바꼬프와 저작권 계약을 맺어 화제를 뿌렸던 이 책은 몇 개월간 베스트셀러 1위 자리를 지키며 당시로선 드물게 12만 부의 판매고를 올렸다. 이듬해 때마침 불어닥친 동구권 개방과 북방 정책 붐을 타고 고리끼의 『어머니』 역시 20만 부가 팔려 나갔으며, 움베르토 에코의 『장미의 이름』(35만 부), 『푸코의 진자』(15만 부) 등도 빅 히트를 기록했다.

〈러시아 문학 전문 출판사〉로 출발…… 초창기엔 빚더미

열린책들의 최대 히트작은 프랑스 작가 베르나르 베르베르의 소설 『개미』. 지난 1993년 서점가에 일대 돌풍을 몰고 온 이 작품은 무려 80만 부나 팔린 〈만루 홈런〉이었다. 한국에서 특별난 베르베르의 인기는 후속작인 『타나토노트』와 최근의 『상대적이며 절대적인 지식의 백과사전』까지 꾸준하게 이어지고 있다. 1995년 한 해 잠시 주춤했던 열린책들의 기세는 몇 달 전부터 파트리크 쥐스킨트의 작품이 입소문을 타고 베스트셀러 문턱을 입질하면서 다시 바람몰이를 하고 있다. 지난해 하반기까지만 해도 각각 『향수』(1991) 4만 부, 『좀머 씨 이야기』(1992) 10만 부, 『콘트라베이스』(1993) 5만 부이던 것이 올해 들어 『좀머 씨 이야기』 하나만도 두 달 동안 15만 명의 독자를 찾아 나섰다.
엄청난 선불금으로 유명 베스트셀러 작가를 끌어들이는

것도 아니고 특별한 홍보 전략도 없는 소규모 출판사가 이런
성공을 거둔 데에는 열린책들만의 고집과 끈기가 큰 작용을
했다. 한 작가를 알리겠다고 마음먹으면 집중적으로 소개하는
게 열린책들의 마케팅 전략. 쥐스킨트의 경우 독일에서는
널리 알려진 작가인데 국내에서는 별 주목을 받지 못했다.
하지만 조그맣게라도 꾸준히 광고를 계속하고, 4편의
작품(『비둘기』까지)을 빠짐없이 출간했다. 뛰어난 번역진의
발굴과 책임 있는 원고 관리도 한몫했다. 특히 에코 전문가인
이윤기 씨는 『푸코의 진자』를 초판 5년 만에 각주까지 달아
전면 개역해 화제를 낳기도 했다.

— 『동아일보 뉴스 플러스』 1996년 3월 14일 | 김영신 기자

뒤늦게 불어온
『좀머 씨 이야기』 열풍

아무런 할 일이 없으면서도 끊임없이 걸어 다니는 남자
좀머 씨가 한국 서점가에 열풍을 몰고 왔다. 지난해 8월부터
5개월여 동안 줄곧 베스트셀러 종합 1위를 차지하던 양귀자의
『천년의 사랑』을 물리치며 1위로 올라선 것이다. 그런데 한
가지 특이한 사실은 『좀머 씨 이야기』가 신간이 아니라는
점이다. 이미 햇수로 4년 전인 1992년에 출간된 책이고,
제목이나 장정을 바꾸지 않았는데도 갑자기 판매 부수가 뛰어
올라 출판 관계자들의 이목을 끌고 있다. 더구나 그 열풍은
날이 갈수록 거세지고 있다.

초판 발행일로부터 1995년 12월까지의 『좀머 씨 이야기』
판매량은 약 10만 부이다. 그런데 올해 1월에만 6만 5천 부를
기록하더니, 2월에만 무려 10만 부 가까이 판매되는 기염을
토하고 있다. 이런 현상은 〈종로서적〉, 〈교보문고〉, 〈영풍문고〉,
〈을지서적〉 등 서울의 대형 서점에만 그치는 것이 아니다.
전국으로 확산되고 있다. 부산의 경우도, 다른 지역에 비해
상대적으로 판매량은 적지만, 좀머 씨 열풍의 상륙 지대로부터
벗어나지 못했다. 부산 〈영광도서〉 문학부의 김교섭 대리는
〈어느 날 갑자기 판매량이 2배 가까이 뛰었다〉며 고개를
갸우뚱거릴 정도이다. 출판 불황이라는 산맥을 넘어 불어닥친

이 높새바람의 실체는 무엇인가. 그리고 그러한 현상의
이면에는 어떤 의미가 내포되어 있는가.

파트리크 쥐스킨트와 『좀머 씨 이야기』

『좀머 씨 이야기』의 작가 파트리크 쥐스킨트는 독일 작가이다.
첫 번째 작품 『콘트라베이스』를 1984년에 발표해서 주목을
받았고, 두 번째 작품 『향수』를 1985년에 발표한 이후 엄청난
인기를 모았는데 국내에는 전혀 알려지지 않았다. 그러던
중 열린책들 대표 홍지웅 씨가 일본에서 작가의 두 번째
작품 『향수』를 접하게 된다. 냄새에 관한 천재적 능력을
타고난 주인공이 세상을 지배하게 되는 과정을 그린 그
작품에 흥미를 느낀 그는 1991년에 『향수』를 번역 출간하게
된다. 그때 비로소 파트리크 쥐스킨트는 국내에 알려진다.
전 세계적으로 1,000만 부 이상이 팔려 나가는 기록을
세웠는데도 국내에는 비교적 늦게 알려진 셈이다.
『좀머 씨 이야기』는 그 『향수』의 작가 파트리크 쥐스킨트가
1991년에 발표한 작품이다. 그의 작품 가운데 가장
최근작이다. 이 소설은 한 소년의 눈에 비친 이웃 사람
좀머 씨의 기이한 인생을 그리고 있다. 좀머 씨는 텅 빈
배낭을 짊어지고 이상하게 생긴 호두나무 지팡이를 쥔 채
무엇인가로부터 끊임없이 도망치려 하는 사람이다. 그는
비가 오나 눈이 오나 바삐 걸어 다니기 때문에 남들로부터
밀폐 공포증에 걸려 있다는 소리도 듣는다. 소설 속에서 그는
마지막으로 호수로 걸어 들어감으로써 주위 사람들로부터
사라지게 된다. 그가 이 세상에 남겨 놓은 말은 〈그러니

나를 좀 제발 그냥 놔두시오!〉라는 단 한마디뿐이다. 빗속을 걸어가는 그를 가엽게 여긴 화자의 아버지가 〈그러다가 죽겠어요!〉라며 차에 타라고 권했을 때, 처음이자 마지막으로 한 말이다.

좀머 씨 열풍에 대한 분석들

이렇듯 특이한 주인공을 다루고 있는, 그러나 다분히 평면적인 구조를 가진 『좀머 씨 이야기』의 어떤 점이 독자들을 열광하게 만들었는가. 이에 대해서는 여러 가지 분석이 나오고 있다. 첫 번째는 가벼운 읽을거리를 찾는 요즘 신세대들의 취향에 맞아떨어졌다는 점이다. 실제로 〈종로서적〉에서 만난 대학생 독자 박정민 씨(24)는 『좀머 씨 이야기』에 대해서 〈대하소설처럼 무겁지도 않고 추리 소설처럼 복잡하지도 않아서 좋다〉고 말했다. 이 점은 이 소설의 분량이 120쪽에 불과하고 본문 가운데 상뻬의 삽화가 들어 있다는 사실과 어울려 더욱 설득력 있게 들린다.

두 번째는 가격이 4,500원으로 비교적 싸다는 점이다. 열린책들 주간 윤희기 씨는 〈도서 대여점의 여파로 베스트셀러는 빌려 보는 분위기가 형성된 시점에서 『좀머 씨 이야기』는 비교적 싼 가격으로 그 여파를 벗어났다〉고 자체 분석했다. 페이퍼백이 본격 출간되는 현실, 그리고 먼저 출간되어 비교적 잘 알려져 있던 『향수』보다 『좀머 씨 이야기』가 더 많이 팔렸다는 사실을 볼 때도 타당성이 있는 분석이다(월별 판매 현황 참조).

1996년 1~2월 판매량(부수)

월	좀머 씨 이야기	콘트라베이스	향수	비둘기	합계
1월	65,000	4,400	4,200	2,100	75,700
2월	97,000	9,300	9,500	4,400	120,200

세 번째는 한국의 사회상이 그런 결과를 끌어냈다는
점이다. 『좀머 씨 이야기』의 판매량이 부쩍 늘기 시작한
작년 하반기부터 현재까지 시저분한 시국이 형성되었다는
데에서 그 근거를 찾을 수 있다. 현실이 추악한 만큼 깔끔한
소설을 찾게 되지 않았느냐는 분석이다. 그리고 이 소설의
주 독자층인 청소년들이 겪고 있는 심리 상태를 반영하고
있어 이와 같은 현상이 일어났다는 분석도 있는데, 이것 역시
한국의 사회상과 관련된 것이다. 갈수록 가정과 사회로부터 많은
간섭을 받는 청소년들에게, 간섭으로부터 벗어나려 하는 좀머
씨의 삶이 큰 반향을 불러일으켰다는 것이다. 실제로 좀머 씨가
던진 〈그러니 나를 좀 제발 그냥 놔두시오!〉라는 단 한마디 말은
지금 청소년들에게 유행어가 되고 있기도 하다.

네 번째는 『천년의 사랑』 이후 국내 소설 중에 읽을 만한
작품이 없었다는 점이다. 그래서 『좀머 씨 이야기』가
자연스럽게 독자들의 이목을 끌게 되었다는 것이다. 이 작품이
특별한 화제나 광고 없이 독자들의 입에서 입으로 전해지면서
베스트셀러가 되었다는 것도 그러한 상황이 있었기 때문에
가능했다. 실제로 독자들은 이제 선집 중심으로 이루어지는
중복 출판물에 그다지 관심을 보이지 않는 상황이다.

좀머 씨 열풍이 말해 주는 것

이러한 분석들은 모두 타당한 근거를 갖고 있다. 그러나 어떤 측면에서 보면 그것은 결과론적 분석일 뿐이기도 하다. 『한겨레』 문화부의 최재봉 기자는 〈국내 소설이 읽을 만한 것이 없었다는 것, 책이 예쁘고 내용이 아기자기하다는 것 등은 한 요인이 될 수 있다. 그러나 우연적으로 벌어진 상황일 가능성이 크다〉고까지 말하고 있다. 따라서 외면적으로 드러난 현상에 대한 분석보다 그러한 열풍을 몰고 온 실체에 접근해 보려는 노력이 중요하다. 그것은 열린책들 내부에서 찾아진다. 처음 러시아 소설을 집중적으로 발간하면서 시작한 열린책들은 독자들에게 좋은 이미지를 심어 주었다. 어떤 유명 작가의 작품 한두 편을 들여다 반응을 살피는 것이 아니라, 한 작가를 집중적으로 소개하겠다는 편집 방침도 독자들에게 크게 호응을 산 것으로 보인다. 이것은 절대 손해나는 일이 아니다. 1~2월의 판매량에서 보듯이, 『좀머 씨 이야기』의 판매량 증가가 쥐스킨트의 다른 소설들 『향수』, 『콘트라베이스』, 『비둘기』 등의 판매 증가로까지 이어졌기 때문이다. 전반적인 출판 불황 속에서도 기획, 작가 선정, 작품성, 편집 과정 등에 공을 들이는 것도 열린책들이 갖고 있는 장점이다. 〈발간 시기가 늦어지더라도 책은 철저히 만든다〉는 윤희기 주간의 말은 시사하는 바가 크다. 결국 『좀머 씨 이야기』가 몰고 온 열풍은 국내 작가들의 분발을 촉구하는 것 외에, 우리 출판계에도 하나의 시사점을 주고 있다. 제발 정도를 가라는 것이다.

좀머 씨 열풍, 쥐스킨트의 모든 소설을 휘어 감다

좀머 씨가 몰고 온 열풍이 쥐스킨트의 소설 전부를 휘어 감고 있다. 올 1월과 2월의 판매 현황을 보면 『향수』, 『콘트라베이스』, 『비둘기』 등이 모두 2배 이상의 속도로 판매되고 있다는 걸 볼 수 있다. 『좀머 씨 이야기』를 읽은 독자들이 쥐스킨트의 또 다른 소설들을 찾고 있음을 알려주는 자료다. 한 가지 특이한 점은 『향수』의 판매량이 상대적으로 적다는 점이다. 네 권의 소설 가운데 가장 먼저 출간되었고, 출간 당시 화제가 되었던 것을 감안할 때 총 판매 부수와 월별 판매 부수가 그다지 많지 않다. 이것은 아마도 『향수』가 쥐스킨트의 다른 소설과 달리 가격이 상대적으로 높고(5,800원) 면수가 많기(340면) 때문인 것으로 생각된다.

── 『새 책 소식』 1996년 3월 25일 ─ 현장 취재ㅣ김연홍 기자

『좀머씨 이야기』 홍보 과정 (95~96년)

동아일보 ✓

1995년 1월 21일, 즉간 「완자북 뉴」
굿즈래케이스, 모 노드라마 / 명게냅

1995년 3월 24일 동아일보 (윤정3)
30여개 언어 / 1000만부 / 50~60여
<속싸변의>
< 라제의 해며작가 ? >

1995년 8월

1995년 11월 라디오 광고 (감동반)
<재반 나줄 배벼져 듀→>

11월 3일 전극일보
< 나를 좀 제반 2뷰 외득시오 >
연대 음대강사 독자평

12월
일간지광고 — 편극복 김수원 / 이대 섭룡조
좀머씨 이야기에 감동받아 읽

1995년 12월 8일 국빈일보
(서인) 박해석의 <책읽기>

12월 28일 조선일보
도서신문 설문조사 (연 20대 독자 설문)
<좀머의 책 > 선점 3위 // <천국의사
(5위

1991년 12월 행수
        하는기 (예하/재원)
1992년 11월 좀머씨 이야기 /128/5000
        타우베 (태백)
—   (미니붐)

1991년 1월 24일 문화일보
        스테디셀러 읽자 / 좀머씨 (이강화)
1996년 1월 18일 조선일보 (이하우)
• 둥지재직복근 1베스트셀러 1위
    도서대여점 영향 받지 않는 작품

    2월 7일 한겨레 (허재봉)   비둘기 /○/
    <위스컨트 헌호봄>   /기
    좀머(1위) 행수 (5위) 골드러 9위
    4월 24일 <자기참고 사재기> (이하우 1배)
    <사재기> 속 밀려난 베스트는 1위
    좀머씨뿐
    5월 12일 문화일보 출판원 국다리기
    <깊이에의 강요> 등 단편들 특정이
    6월 27일 조선일보 (이하우)
        사랑받기 출판기 결산 1위 <좀머씨>
    7월 8일 경향신문
    <지구를 틀고 있는 사람들—1> 쥐스킨트

러시아 유럽 문학의 대표 주자
열린책들

성인을 위한 동화『좀머 씨 이야기』가 최근 몇 개월간
베스트셀러 목록에서 빠지지 않고 있다. 현실에 대한 회의가
〈전생〉에 대한 관심을 불러일으키는 요즘을 보면 이런 순수한
이야기가 사람의 관심을 끈 것이 당연한 일인지도 모르지만,
한 권의 책을 기획하고 출판하여 베스트셀러로 만들기까지는
많은 사람의 정성과 노력이 필요하다.

올해로 창립 10돌을 맞은 열린책들은 1986년『소련의 작가와
사회』라는 사회 과학서를 시작으로 지금까지 러시아-유럽
문학에 관심을 집중시켜 왔다. 『어머니』,『강철은 어떻게
단련되었는가』,『백년보다 긴 하루』같은 러시아 문학의
출판으로 1980년대에는 진보 성향의 출판사로 알려졌으나,
1993년에『개미』를 크게 히트시키면서 대중적인 출판사의
이미지를 다졌다. 물론 이번『좀머 씨 이야기』를 통해서
베스트셀러의 산실이 된 것은 말할 나위도 없다.

홍지웅 대표의 이야기를 듣고 있으면 자신이 아주 좋아하는
쪽으로 인생의 항로가 결정될 수도 있음을 알게 된다. 그는
고등학교 때부터 도스또예프스끼를 좋아했지만 내용이
어려워 끝까지 읽은 소설이 한 권도 없었다. 그래서 대학교
1학년 겨울 방학에 다시 도스또예프스끼 정복에 나섰다. 그의

책을 한 권 두 권 읽어 가며 도스또예프스끼에 흠뻑 빠진 홍 대표는 도스또예프스끼를 연구하기 위해 대학원까지 갔다. 자신의 유학 기간 동안 아내와 아이들이 한국에서 생활할 수 있는 기반을 마련하기 위해, 그의 말대로 정말 〈소박〉한 생각으로 출판사를 시작했다. 그러나 생각만큼 쉽지 않았다. 관심 분야대로 러시아 문학에 주력했지만 사람들은 러시아 문학과 이론서에 그다지 관심이 없었다. 『소련의 작가와 사회』에 이어 7권짜리 『붉은 수레바퀴』를 출판했지만 얻은 것은 빚뿐이었다.

그런 상황 아래서도 2년간 평균 매달 한 권 이상씩 신간을 냈다. 그러나 대중성을 획득한 책은 나오지 않았다. 이제 그에게 남은 건 유학과 출판사 경영, 둘 중 하나를 선택하는 일이었다. 고민 끝에 그는 출판사를 선택했다. 당장 포기하기엔 그동안 들인 노력이 너무나 아까웠다. 본격적인 시작의 의미로 집 지하실에 있던 사무실을 시내로 옮겼다. 당장의 운영비는 홍 대표가 다른 출판사 단행본 표지 디자인을 해주기도 하고 신문사에서 편집 데스크로 일하기도 하면서 아쉬운 대로 채워 나갔다.

출판사의 기틀 마련에 힘을 실어 준 책은 1988년 여름 초에 출판한 『아르바뜨의 아이들』. 이 책은 1987년부터 시행된 저작권법에 따른 첫 계약인 데다가 당시 외교 관계도 없던 소련과의 계약이어서 사회적인 관심을 끌며 일간지의 1면 기사로 보도되기도 했다. 그런 홍보 덕분으로 당시 12만 부 이상이 판매되었다. 유럽 문학 출간은 1986년 움베르토 에코의 『장미의 이름』으로 시작했다. 그러나 한 달 70부

정도밖에 팔려 나가지 않을 만큼 대중들의 반응은 냉담했다. 그렇지만 홍 대표는 내용이 좋고 메시지도 다중적으로 읽힐 수 있다는 점에 매력이 끌려, 1988년 말『푸코의 추』가 출판되자마자 일단 계약을 체결했다. 이 무렵『장미의 이름』이 영화로 만들어지면서 에코에 대한 사람들의 관심이 고조되었다. 이 영향으로『푸코의 추』는 그해만 7~8만 질이 팔렸다.『장미의 이름』역시 개정판이 10만 부나 판매되는 대성황을 이루었다. 홍 대표는 출판계의 〈틈새시장〉을 노리는 것이 중요하다고 말한다. 수많은 출판사가 빈틈없이 각 분야에 진출해 있는 것 같지만 가만히 보면 구멍이 대단히 많다는 것. 사고의 방향을 조금만 바꿔 보면 그 틈은 누구의 눈에나 들어온다고 한다.

「1989년 한방 서적을 처음 내기 시작했는데, 분석을 해보니까 한방 서적들은 대개 전문가용으로 만들어져 양장본에 터무니없이 비싼 가격으로 판매되고 있더라고요. 게다가 편집은 아직 1960년대 수준에서 벗어나지 못했고요. 역으로 값이 싸지고 내용이 충실해지고 편집도 좋아지면 일반인들도 얼마든지 볼 수 있겠다는 생각이 들었어요. 그래서『건강하게 삽시다』를 시작으로 〈건강 의약 신서〉를 냈는데, 이 책이 팔리면서 출판계에 건강 서적 붐이 일었어요.」

지금까지 열린책들이 낸 일반인들을 위한 건강 의약 서적은 『한국의 보약』,『나에게 맞는 한방약』,『태열·아토피 고칠 수 있대요』등 20여 종에 이른다. 열린책들은 앞으로도 러시아 －유럽 문학을 지속적으로 출판할 계획이다. 하나의 책을 내면서 관련된 다른 작가에도 관심을 가지고 끊임없이 분석을 하다 보면 이번의 『좀머 씨 이야기』처럼 대중들에게 인정받는 책이 나올 수 있다. 『좀머 씨 이야기』의 저자 파트리크 쥐스킨트도 유럽 문학 중에서 소개할 만한 작가, 특별한 장르와 독창적 소재 등을 다양하게 찾다 보니 『향수』를 먼저 출판하게 됐고, 괜찮은 작가이다 싶어 그의 다음 작품 『좀머 씨 이야기』까지 발행하게 되었다.

집에까지 가서 원고 교정을 보고 표지 디자인을 구상하는 홍지웅 대표의 노력이 열린책들의 멈추지 않는 발전기 역할을 하고 있는 것을 보면 역시 성공의 열쇠는 관심과 연구인 것 같은 생각이 든다.

──『책과 인생』 1996년 11월 호 ── 특집: 출판계의 별들

새 〈틈새시장〉 공략으로 승부

러시아 중심 외국 문학 꾸준하게 번역 소개
미술 서적 염가로 펴내 대중화 선도 계획

그 집 현관의 오른쪽 방 응접실을 들어서는 이는 낯이
익어 도리어 생경한 인물의 영접을 받게 된다. 검은 양복에
인민모를 쓰고 왼편 가슴엔 붉은색 리본을 달고 있는
레닌이 떡 버티고 서 있기 때문이다. 그림 속의 레닌은
도스또예프스끼에 빠져 러시아 문학을 사랑하게 된 주인의
내력을 보여 준다. 열린책들의 대표 홍지웅 씨(43)가 그
집 주인이다. 1992년 펴낸 『좀머 씨 이야기』가 최고의
베스트셀러로 기록된 작년에 그는 1996년 내내 런던과 파리
하늘 아래를 뒤지고 다녔다. 〈영어 연수를 하고 왔다〉는
그의 말은 사실일 터이지만 유럽 문화를 몸으로 느끼며 새
시대의 문화가 어디로 흘러갈 것인가를 감지하려는 의도가
있었음은 인터뷰 과정에서 자연스레 드러났다. 러시아 문학
전문 출판의 대명사이자, 움베르토 에코와 『개미』의 저자
베르나르 베르베르를 국내에 처음 소개하면서 유럽 문화를
이 땅에 이식해 온 홍 씨는 지난 해 『프로이트 전집』을 번역,
출판함으로써 자신의 출판관을 당당하게 펼쳐 보였다.
「11년 동안 러시아 문학을 중심으로 한 외국 문학에 주력해
왔다고 할 수 있습니다. 그게 열린책들의 이미지를 높였다고
봅니다. 그러다 보니 쥐스킨트의 열풍이 뒤늦게 불어오기도

하고 베르베르가 인기를 얻게 되는 것 같습니다.」

그러나 열린책들이 꾸준히 외국 문학을 펴낼 수 있었던

것은 틈새시장에서 얻은 노획물 덕이었다. 쉽게 쓴 건강서와

엄숙주의를 덜어 낸 기독교 서적이 쏠쏠하게 이윤을 남겼던 것.

기획에 자신이 붙은 그는 지난 1993년 『북캐스트』를 발행,

상큼한 충격을 던져 주었다. 곧 발행될 책의 내용과 기획

의도를 독자들에게 알리는 타블로이드판 홍보물은 기획

내용이 경쟁사에 새어 나갈까 봐 전전긍긍하는 출판계 풍토에

새바람을 일으키기도 했다.

「올해에는 새로운 틈새시장을 뚫어 볼 작정입니다. 미술

대중화를 위해 도판이 중심인 미술 서적을 저렴하게 펴낼

생각이지요. 5~6년 전 시도했다가 미뤄 두었던 영화 관련서도

내놓을 겁니다.」

홍 씨는 어쩌면 출판인으로서 갖고 있던 오랜 소망 하나를

올해 이룰지도 모르겠다고 털어놓았다. 고려대에서 철학을

하다 대학원에서 러시아 문학으로 방향을 바꾸게 한

도스또예프스끼의 전집 1차분이 연내에 나오기 때문이다.

자신이 잘 알고 좋아하는 분야를 출판으로 이어 가는 그의

꿈은 뜻밖에도 아트 영화 센터를 운영하는 것이라고 한다.

「필름 라이브러리와 작은 상영관을 갖추고 영화 서적을

공급하는 문화 공간을 조성하고 싶습니다. 올해부터 준비해

보려고 합니다.」

──『국민일보』1997년 1월 4일 ─ 새 틀을 짜는 사람 | 김태수 기자

불어권 여성 작품에 역점
『좀머 씨 이야기』 삽화가 화집도

작년 상반기의 베스트셀러 『좀머 씨 이야기』로 독서계에 독일 작가 파트리크 쥐스킨트 바람을 휘몰았던 열린책들(대표 홍지웅). 이 출판사가 올해 주목하는 작가는 『좀머 씨 이야기』의 삽화가인 장 자끄 상뻬이다. 상뻬는 『좀머 씨 이야기』에서 간결한 선과 담백한 색의 그림으로 쥐스킨트 책의 선풍적 인기에 큰 몫을 했으며 지난해 출간됐던 『카트린 이야기』도 그의 작품이다. 화보집 형태의 상뻬 작품집 네 종을 올해 잇달아 선보일 예정이며, 1차로 『속 깊은 이성 친구』와 『라울 따뷔랭』을 내달쯤 낸다.

베르나르 베르베르의 『개미』와 움베르토 에코의 『장미의 이름』 등 대형 번역서로 알려진 출판사답게 올해도 굵직한 출간 계획이 돋보인다. 신년의 의욕적인 새 기획은 프랑스어권 여성 작가들의 작품 출간이다. 벨기에 출신인 아멜리 노통브의 『사랑의 파괴』, 『두려움과 떨림』 등 5권을 비롯해 프랑스 현지에서 화제를 모은 『람세스』의 작가 크리스티앙 자크의 『이집트 판관』과 교수 작가로 프랑스 지성계의 주목을 받고 있는 마리 다리외세크의 『암퇘지』가 그것.

한편 신간인 『전날의 섬』 등 에코 책을 지속적으로 펴내 온 이 출판사는 신년에도 문학 이론서 『해석이란 무엇인가』와 소설론『소설의 숲으로 가는 여섯 발자국』등으로 독자들을 찾아간다. 베르베르의『개미』후속 권은 4월쯤 나온다. 러시아 책 출간도 열린책들이 각별한 관심을 보여 온 분야. 『도스또예프스끼 전집』25권 중 1차로 5권을 10월쯤 펴낼 계획이며, 이 밖에도 러시아 희곡 선집, 러시아 농촌 소설 선집 외에 러시아 모더니즘 등 폭넓은 러시아 책들을 준비 중이다. 지난 가을 4권을 처음 선보였던『프로이트 전집』은 올 상반기에『나의 이력서』,『문명 속의 불만』등 전 20권을 완간할 예정이다. 이 출판사 홍지웅 대표는 〈상뻬 작품집 출간의 경험을 살려 내년쯤 미술 화보집 출간을 추진할 것〉이라고 새로운 사업 계획도 밝혔다.

──『문화일보』1997년 1월 22일 ── 1997 출판 예보 | 신세미 기자

홍지웅과 베르베르,
〈깜짝 우정〉 스토리

프랑스 소설에 한국 이름 〈지웅〉, 불국사, 국악, 백제
고분, 서울 등이 나온다면 얼마나 좋을까. 작년 5월
프랑스에서 출간되자마자 베스트셀러가 된 베르베르의
개미 연작 완결판인 『개미 혁명』에는 그런 한국
이야기가 들어 있다. 〈지웅〉이란 한국인 주인공도
나오는데 출판사 열린책들의 사장 홍지웅 씨(43)가
그 모델이다.

프랑스 작가 베르나르 베르베르가 쓴 『개미』는 한국에서
80만 부 팔렸다. 프랑스에서는 페이퍼백까지 합쳐서 60만
부 팔렸다. 한국에서 벌어진 이런 초대형 베스트셀러 붐에
기대어 베르베르는 프랑스에서 일약 유명 작가가 되었다.
고급 문화만을 소개하는 프랑스 F2 방송의 대표 프로그램인
「문화의 온상」에서 그는 〈현란한 어휘와 출중한 상상력의
소유자〉로 극찬을 받았다. 그 전엔? 고급 문학과 형식을
따지는 프랑스 문학계에서 형식이 SF 같기도 하고 만화
같기도 한 그의 소설은 평가를 못 받았다. 우리 식으로
표현하자면 〈찬밥〉, 소설 부문 16위 정도에 랭크되는
대수롭지 않은 대중 소설 작가였다. 작년 5월 프랑스에서
베르베르는 『개미』 연작의 완결판인 『개미 혁명』을 펴냈는데,
어찌된 일인지 발간 즉시 베스트셀러가 되었다. 더불어
이탈리아 작가 움베르토 에코와 영국 작가 니컬러스 에번스의

신작과 더불어 〈프랑스의 자존심〉이란 평도 받았다.

그런데 이 소설이 우리를 주목시키는 것은 그보다는 『개미
혁명』에 한국이, 한국 소년이, 한국 문화가 나온다는 점이다.
다 아는 이야기지만 한국이라는 나라는 외국 문학이나
영화에서는 6.25 전쟁과 전쟁 고아, 찌든 가난이 묻어나는
제3세계 국가이거나 군사 독재로 유명한 나라가 아니었던가.
그런데 『개미 혁명』에선 백제 고분이니, 국악이니, 신라 문화가
언급되는 고상한 나라로 소개되고 있다. 게다가 주인공으로
한국계 프랑스인 〈지웅〉이 나온다는 것 아닌가.

「글쎄요. 제가 나오는 줄 몰랐어요. 그 책 헌사에 제 이름이
끼어 있기에 한국어판 발행을 염두에 둔 것이 아니겠는가
했는데 주인공으로까지 등장하는 줄은 몰랐죠. 『개미 혁명』은
현재 파리에 가 있는 이세욱 씨가 번역 중이니 올 5월이면
한국어판이 나올 겁니다.」

프랑스 베스트셀러의 주인공으로 나온다는 사실을
출판사 열린책들의 홍지웅 사장도 잘 모르고 있었다. 하긴
베르베르가 허락받고 쓰진 않았을 테니까. 번역이 아직
반밖에 끝나지 않아서 내용을 구체적으로 밝히긴 어렵지만
대강 이야기하자면 이런 이야기가 들어 있다. 〈한국계
프랑스인 지웅〉은 고등학생, 록 그룹 〈백설공주와 일곱
난쟁이〉의 리더로 드럼을 맡고 있다. 지웅은 미남형 얼굴에
나이에 비해 어른스러워 벗들을 잘 아우르지만 부당한 것을
보면 욱하는 성격이 있다. 지웅은 모두가 자유롭게 살면서
남에게 해를 끼치지 않는 유토피아를 지향하는 메시지를 담아
공연하고, 이상적 실험 공동체를 만들어 인터넷에 자신의

의견을 보내기도 한다. 〈개미처럼 조금씩 조금씩 세상을 바꿔 나가자〉고 부르짖으며 그룹 이름도 〈개미〉로 변경한다. 이런 메시지를 본 서울의 소년들은 인터넷을 통해 지웅과 교류하며 대화에서 고분이니 국악이니 언급하게 된다.

1994년 내한 때 경주를 답사한 경험이 들어 있을 터

「베르베르가 한국에 대해 품고 있는 인상은 아주 좋습니다. 『개미』라는 소설이 많이 팔리기도 했고, 1994년 『타나토노트』 홍보차 내한했을 때 프랑스에서보다 더 극진한 대접을 받았거든요. 언론에서 많이 도와준 측면도 있어서 기자 회견을 할 때, 일간지와 주간지, 월간지 등에서 기자 60여 명이 왔었고, 교보문고에서 독자 사인회를 할 때는 줄이 서점 밖으로까지 나가 길게 늘어서 있었거든요. 또 2박 3일간 역자인 이세욱 씨, 나, 베르베르가 경주로 여행을 갔을 때도 학생들이 다 알아보고 사인을 요청하곤 했으니 기분이 좋았겠지요.」

그때 이미 베르베르는 『개미 혁명』을 집필하고 있었는데, 홍지웅 씨가 어설픈 영어로 첨성대니 다보탑, 석가탑이니 불국사니 열심히 설명해 주면, 베르베르도 다 알아들었다고 고개를 끄덕였단다. 천마총을 구경하고 나와서 베르베르는 노트북을 한참 두드렸다. 〈나중에 개미 쓸 때 넣겠다〉라며. 한 챕터를 쓴다고 했으니 그때 한국에 대한 인상들이 고스란히 들어 있었을 것이라고. 아주 좋은 쪽으로. 외국 문학에서 항상 긍정적 이미지로 소개되는 일본은 베르베르에겐 정반대였다. 그래서 한국에 대한 이미지가 더욱 도드라질 수밖에 없다고.

그 사정은 한 편의 코미디다. 한국에서 책이 많이 나갔다는 사실을 안 일본 출판사의 이탈리아인 사장은 『개미』 일본어 판권을 계약했다. 열린책들을 방문해서 마케팅 노하우를 전수받겠다고 공언했던 그는 한국에 올 수가 없었다. 일본 출판사 사장이 반한 인사로 찍혀 있었던 것이다. 어쨌든 그는 번역을 원로 교수에게 시켰는데, 그 원로 교수는 번역은 제대로 안 하고 창작하다시피 했다. 할 수 없이 폐기 처분을 하려는데, 그 출판사에서 아르바이트를 하고 있던 한국 유학생이 한국에서 베스트셀러였던 소설이라며 적극 말리는 바람에 일본어판 『개미』는 출간이 되었다. 당연하게 안 팔렸고, 한국 방문 후 일본에 건너간 베르베르는 썰렁한 팬 사인회를 가져야만 했다. 작가에겐 참으로 수치스러운 일이었으리라 홍 사장은 추측했다. 그 후로 베르베르와는 각별해져 홍 사장은 프랑스에서 몇 차례 만나기도 했다. 프랑스에서 베르베르의 대접은 극진했었다고.

「집으로 초대를 받고, 저는 점퍼 차림에 꽃하고 포도주를 들고 가벼운 마음으로 갔거든요. 그런데 베르베르가 프랑스 요리 풀코스를 내온 겁니다. 메인 요리는 바닷가재가 나왔어요. 그땐 잘 몰랐는데, 외교관인 선배가 아주 극진한 대접을 받은 거라고 하더군요. 특히 바닷가재 요리를 집에서 대접하는 경우는 아주 드문 경우라고. 두 번이나 초대했었죠.」

『개미 혁명』은 올 5월경에 한국어판이 나온다. 원래는 작년 11월 예정이었는데 번역이 늦어졌다. 한국어판 출간에 맞춰서 홍지웅 사장은 작년 11월에 베르베르와 프랑스에서 만나자고 약속도 했었는데……. 들리는 소문에 의하면 그 때문에

베르베르가 실망했다고. 프랑스에 머물고 있는 번역자도
전화를 안 하고, 온다던 사람도 오지 않겠다고 하니.
「그래서 어제 제가 전화했어요. 5월쯤 책 나오면 한국에
초청하겠다고요.」

번역서를 초대형 베스트셀러로 만드는 홍 사장의 〈비결〉

프랑스 방송국의 기자도 전화를 걸어와 베스트셀러의
〈비결〉을 묻기도 했다는데, 과연 홍지웅 사장이 번역 소설을
그렇게 많이 파는 비법은 무엇일까. 최근 번역서 코너에
가보면 열린책들이 베스트셀러 자리를 꽉 잡고 있다. 몇 권만
들어 볼까. 쥐스킨트의 『향수』, 『좀머 씨 이야기』, 『비둘기』,
『콘트라베이스』. 그 전에는 움베르토 에코의 『장미의 이름』,
『푸코의 진자』, 고리끼의 『어머니』 등등.
원래 열린책들은 러시아 문학 전문 출판사를 꿈꿨었다. 닫힌
세계의 책을 소개한다는 생각에 이름도 〈열린〉이 된 것이다.
고려대 철학과를 다녔으나 도스또예프스끼에 홀딱 반한 홍
사장은 학부 시절부터 노문학 청강을 하다가 결국 대학원에선
노문학을 전공하게 되었다. 그리고 유학을 준비하면서 한국에
남아 있을 가족에게 생계를 마련해 주는 차원에서 출판사를
차렸다. 학교 신문사에서 6년간 일하는 동안에도 출판 기획
쪽에도 손을 뻗쳐 『사진으로 본 고대 학생 운동사』, 『고대 신문
축쇄판』 등을 출간, 5,000만 원 정도의 장학 기금도 적립했던
그로서는 국문학과를 나온 아내가 출판사를 하면서 밥벌이
정도는 하겠지 싶었단다. 그러나 1986년 1월에 시작해 2년이
지난 1987년이 되었을 때 홍 사장의 손엔 1억 원의 빚만

남겨져 있었다.

「생각보다 러시아 문학의 수요가 적은 데다, 이론서들을 내다
보니 수지가 안 맞은 거죠. 수렁에 빠지는 기분이었어요.
1987년 말까지 해서 안 되면 빚잔치하기로 했지요. 유학?
포기한 지 오래되었죠.」

그를 완전히 출판장이로 몰아넣은 건 소련과 첫 저작권
계약을 맺어 출간한 『아르바뜨의 아이들』이었다. 수교가 안 된
터라 일본을 통해 간접적으로 계약했는데 『중앙일보』 1면에
〈소련과 문화 교류 물꼬 터〉라는 제목하에 대서특필되는
바람에 12만 권이나 팔려 나갔다. 다는 아니더라도 대충 빚이
정리되었다. 그리고 이때쯤 『장미의 이름』이 팔려 나가기
시작했다. 출간(1986년) 후 3년간 4,000부 팔렸는데 개역판을
내서 순식간에 30만 부가 나갔다. 그에 힘입어 후속 작품
『푸코의 추』도 순풍을 만나 7~8만 질이, 『어머니』는 20만 부,
『무엇을 할 것인가 1, 2』는 3만 부, 『개미』 80만 부, 『좀머 씨
이야기』 70만 부가 팔렸다. 명실공히 번역 전문 출판사 특히
유럽 소설 전문 출판사로 자리 잡은 것이다.

「여전히 러시아 문학은 주 종목이에요. 또 『뿌쉬낀 전집』,
『도스또예프스끼 전집』을 준비 중에 있죠.」

열린책들을 지탱해 준 힘은 몇 가지가 있다. 첫째는 홍 사장의
다방면에 걸친 능력이다. 학보에다 4컷짜리 시사만화를 4년
동안 연재했던 그는 초기에 표지 디자인을 도맡아서 했고, 광고
제작도 직접 했다. 그의 실력은 교보문고에서 주는 북 디자인
상을 3회 연속해서 받을 정도로 프로급이다. 지금도 절반
정도는 그가 표지 디자인을 한다. 최근에 내고 있는 『프로이트

전집』은 그의 작품이다. 두 번째는 좋은 역자를 확보하고 있는 것이다.

「장미의 이름은 역자인 이윤기 씨의 장렬한 문장 덕분에 더 많이 책이 나갔지요. 이세욱 씨 역시 우리나라 말이 주는 느낌을 잘 살려 번역했고,『향수』등을 번역한 강명순 씨도 아주 좋은 역자입니다.」

번역서 전문 출판사의 생명은 좋은 역자를 확보하는 것이라는 믿음으로 그는 이윤기 씨가 미시간 주립대학교의 객원 연구원으로 3년간 미국에 가 있을 때 매달 2,500달러씩 생활비를 보내 주기도 했다. 마찬가지로 작년 2월에 떠나 현재 프랑스에 머물고 있는 이세욱 씨에게도 매달 3,000달러씩 부쳐 주고 있다. 물론 선불이기는 하지만.

「번역학을 공부하러 갔는데 다음 학기에 입학한다고 합니다. 더 늦기 전에 경험도 쌓고 공부도 해보는 것이 어떻겠느냐고 제가 먼저 제안했어요. 물론 부담이 전혀 되지 않는 것은 아니지만, 좋은 책을 번역해서 갚으면 되는 거니까요.」

청와대 길 효자동 대로변 개인 집을 개조해 사무실을 차려 놓고 그는 요즘 이런 꿈을 꾸고 있다. 2~3만 원 하는 화집 대신 7,000~8,000원이면 사서 볼 수 있는 피카소, 브라크, 뭉크, 고흐, 고갱의 화집들을 내자.

「쥐스킨트의『좀머 씨 이야기』로 쌓인 노하우가 있으니 조금만 기다리세요. 커밍 순!」

— 『퀸』1997년 4월 호 | 문소영 기자

— 1994년 내한한 베르나르 베르베르 그리고 홍 사장과
번역자 이세욱 씨. 베르베르는 2박 3일 동안 경주를
여행했고 그 경험이 1996년 프랑스의 베스트셀러『개미
혁명』에 들어 있다. 베르베르의 한국 사랑은 유다르다.
한국에서『개미』가 성공해, 역으로 본국인 프랑스에서
유명하게 되었으니 말이다. 그래서인지 그는 자신의 소설
주인공으로 한국인을 등장시키기도 했다.

— 열린책들의 홍지웅 사장. 시작에는 러시아 문학 전문 출판만
하려 했는데, 요즘은 유럽 소설 전문 출판사가 되었다.『개미』
80만 부,『좀머 씨 이야기』70만 부,『장미의 이름』30만 부 등 번역
소설들을 초대형 베스트셀러로 만들고 있다. 출판사에 몰두하느라
자신은 유학을 포기했지만, 좋은 역자를 확보하기 위해 그는 이세욱
씨나 이윤기 씨의 유학을 먼저 제안하기도 했다. 그리고 적지 않은
부담이지만 지원도 아끼지 않는다. 좋은 책을 기다리는 마음으로.

베스트셀러에 우연이란 없다

조물주가 자신이 만든 세상을 한번 돌아보고자 인간 세상에
내려왔다. 길을 가다가 울고 있는 한 사내를 발견했다. 신이
물었다. 「너는 왜 울고 있느냐?」

「네. 저는 눈이 멀어 이 세상을 볼 수 없는 것이 너무 안타까워
눈물이 납니다.」

자비로운 신은 맹인의 눈을 손으로 어루만져 주었다. 그러자
맹인의 눈에는 아름다운 세상이 보였다. 그는 신에게 감사하면서
뛰어갔다. 다시 길을 가던 신은 또 길에 앉아 울고 있는 사람을
발견했다. 「너는 무엇 하는 사람인데 여기서 울고 있느냐?」

「네. 저는 작가입니다.」

신은 주저앉아 함께 울었다.

— 올리비아 골드스미스의 『베스트셀러』 중에서

한 달이면 수십 개의 출판사가 새로 등록을 하고, 그보다
많은 출판사가 쓰러진다. 1만 개가 넘는 출판사가 난무하고,
그보다 훨씬 많은 작가가 자신의 원고를 들고 기웃거리고,
출판사는 출판사대로 작가를 찾아다니면서 이들은
베스트셀러라는 화롯불에 뛰어드는 불나비가 된다. 그러나
베스트셀러를 내고 명성을 얻기란 쉽지 않다. 특히 지난 달,
국내에서 가장 큰 출판사 가운데 하나였던 고려원의 부도가

알려지면서 국내 출판계에선 〈인구 1억이 안 되는 곳에선 출판으로 돈을 벌기란 불가능하다〉, 〈좋은 책을 만들기 위해선 도서관 제도를 비롯한 각종 제도의 정비가 우선되어야 한다〉, 〈좋은 책을 만들어서 부자가 되기란 낙타가 바늘구멍 들어가기보다 더 어렵다〉 등등의 말들이 회자되고 있다. 마음먹고 만든 좋은 책보다는 적당히 독자들의 구미에 맞춰 그럴 듯하게 포장한 책들이 많이 팔리고 심혈을 기울여 만들었던 책이 판매에 참패를 당하는 몇몇 예를 겪으면서 출판인들 사이에서 돌고 있는 말이다.

그럼에도 불구하고 좋은 책을 만들어서 많이 파는 사람들이 있다. 베스트셀러의 제조기로 알려 있는 몇몇 출판 기획자들이다. 이들은 하나같이 〈우연히 베스트셀러가 된 경우는 없다〉고 이야기한다. 처음부터 책의 내용을 기획하고 그에 맞는 필자를 찾고 원고 청탁을 한 후, 기획 의도에 맞는 원고가 나올 때까지 내용을 검토하고 또 검토한다. 그리고 그 내용에 맞도록 책을 포장한 후 출판한다. 물론 출판하면서 함께 내보내는 광고의 전략을 세우고 때로는 〈저자와의 대화〉 등 대형 서점의 홍보 프로그램을 적극 활용하면서 책 한 권을 베스트셀러로, 그 책의 저자를 베스트셀러 작가라는 스타로 만들어 내는 것이다.

번역물 고르는 동물적 감각의 소유자, 홍지웅 사장

〈이런 책이면 되겠다〉는 먹이를 포획하는 사냥술로는 타의 추종을 불허한다는 열린책들의 홍지웅 사장(43)은 국내 번역 소설 기획의 선두 주자다. 그가 기획해 내놓은 책들은 베르나르 베르베르의 『개미』, 『타나토노트』, 움베르토 에코의 『장미의 이름』, 『푸코의 추』, 쥐스킨트의 『좀머 씨 이야기』, 『향수』, 『비둘기』, 『콘트라베이스』 등. 모두 번역 소설 베스트셀러 목록에서 꾸준히 자리를 지키고 있는 책이다. 1986년 출판사 설립 이후 주로 러시아 문학과 유럽 문학을 국내에 소개하는 역할을 맡아 왔던 열린책들의 홍지웅 사장은 〈어떤 분야든 독자는 있다〉는 것을 강조한다. 독창적이고 풍부한 내용을 담아 책을 책답게 만들면 반드시 그 분야의 책을 기다렸던 독자들이 있어서 그 책은 팔리게 마련이라는 것이다. 단, 그런 책은 다시 만들 필요가 없을 만큼 최고의 수준에 이르도록 만들어야 한다. 실용서라면 실용서로서 충실해야 하고 소설이라면 또 그 나름대로 번역이며, 교정이며 디자인까지 모두 완벽해야 한다. 이렇게 만들어진 책은 반드시 독자들의 사랑을 받게 되어 있다는 것이 10년 넘게 책을 만들어 온 홍지웅 씨의 베스트셀러 만들기의 노하우다. 이런 생각을 가진 그가 만드는 책이므로 열린책들의 번역서들은 국내 출판계에서는 정평이 나 있다. 러시아어, 불어, 독일어 할 것 없이 그 분야에선 최고라고 생각되는 번역가들이 번역을 맡고 있다. 『개미』를 번역했던 이세욱 씨는 프랑스에까지 가서 원작자인 베르나르 베르베르를 직접 만나, 그 책을 썼던 과정과 느낌 등을 듣고 번역을 완료하기도 했고, 현재 진행 중인 『프로이트 전집』이나 『도스또예프스끼 전집』도 모두 관계 분야의 최고라고 생각되는 사람에게 번역을 의뢰했다. 번역자의 문체나 호흡이 원작자의 그것과 일치할 수 있도록 그는 끊임없이 주문한다.

이런 결과가 소설 『개미』에서 잘 나타난다. 프랑스에서도 페이퍼백을 포함해 60만 부가 팔렸던 이 소설이 국내에서는 80만 부 이상 팔려 장기간 베스트셀러 순위에 올라 있었다. 이웃 일본에서는 졸속 번역으로 판매가 부진했던 것을 생각해 볼 때, 번역이 얼마나 중요한가를 생각하게 해주는 대목이다. 『개미』가 베스트셀러가 되자 베르베르를 초청해서 국내 대형 서점의 〈저자와의 대화〉 프로그램에 참여시키기도 하고 TV 방송에 출연시키기도 했다. 베르베르로서는 프랑스에서보다 더 유명한 자신을 보고 놀랐고, 이것은 홍지웅 사장과의 교분을 두텁게 하는 결과를 가져왔다. 그래서 최근 프랑스에서 출판되어 베스트셀러의 반열에 올랐고 국내에서도 곧 출판될 개미의 속편 『개미 혁명』에 〈지웅〉이라는 한국계 프랑스인을 등장시키게 되었다. 『개미 혁명』에서 베르베르가 묘사한 지웅은 〈백설공주와 일곱 난쟁이〉라는 록 그룹의 리더이기도 한 고등학생으로 여주인공 쥘리가 흠모하는 남학생이다. 그는 지웅을 통해 백제 고분이나 한국의 국악에 대해서도 언급하는 등 한국의 문화에 대한 깊은 애정을 표현했다.

최고의 번역과 디자인으로 완벽한 책 만들기

홍지웅 사장이 처음 출판사 일에 뛰어든 건 결혼 후 유학을 준비하면서 국내에 남아 있을 아내의 생계 유지를 위한 수단으로 출판사가 최적일 것이라는 생각에서였다. 1년에 스테디셀러 서너 권이면 출판사는 충분히 유지될 터였고 그 정도는 자신 있어 했던 홍 사장은 출판사 시작 후 2년 만에 억대의 적자가 나자 결국 유학을 포기하고 말았다고 한다. 그가 유학을 가지 않고 국내 출판계에 남아 있었던 것은 결과적으로 국내 독자들에게는 다행한 일이 아니었을까. 쉽게 풀어 쓴 한의학서 시리즈들로 열린책들의 경영을 유지하면서 그는 이런저런 이유로 국내에 소개되는 것이 꺼려졌던 러시아의 우수한 문학 작품들을 과감하게 소개하였다. 물론 베스트셀러가 될 것을 예상하고 했던 것이라기보다는 이런 책들을 독자들에게 읽히고 싶다는 그의 의지가 많이 들어간 작품 선정이었다.

이렇게 만들어진 책들이 『어머니』, 『강철은 어떻게 단련되는가』 등등의 러시아 소설들. 이미 다른 출판사들에서 출판된 경우도 있었지만 그는 원전으로 새롭게 번역하여 독자들에게 선보였고, 막심 고리끼의 『어머니』 같은 경우는 출판한 후 매년 6만여 부씩 팔렸고, 지금까지도 꾸준히 독자들의 사랑을 받는 스테디셀러가 되었다. 1980년대 후반에 이런 책들을 기획했던 홍 사장은 1990년대 들어서 유럽으로 그의 시각을 돌려 움베르토 에코의 저서들이나 쥐스킨트, 베르베르 등의 저자를 확보함으로써 명실상부 번역서의 베스트셀러 제조자로 이름을 날리게 되었다.

홍 사장이 번역서를 고르는 과정은 특이하다. 가끔씩은 국내 에이전시를 통해서 의뢰가 들어오기도 하지만 주로 일본이나 유럽 각국의 서점들을 돌면서 직접 〈될 만한 책〉을 고르는데, 며칠이고 서점에서 살면서 하나하나 책을 훑어보면 감이 오는 책이 있다고 한다. 다른 사람들과 홍사장의 차별성은 바로 여기에 있다. 홍 사장이 느끼는 감은 거의 동물적인 감각이어서 그가 내는 책들은 대부분 독자들의 큰 반향을 불러일으켰다. 소설을 고르면서 그가 보는 것은 상상력과 재미. 한국 소설은 개인의 체험을 바탕으로 이야기를 풀어 가는 형식이 대부분이다. 그는 외국 소설은 완전한 상상력에 철저하게 재미가 가미되어 있는 것을 중심으로 고른다. 일단 선정이 되면 그 작가와 관계된 모든 자료를 구입하고 이것을 참고로 최고의 번역가를 골라 최상급의 책을 만들어 낸다. 책 한 권이 출판될 때마다 그가 수집하는 자료들은 엄청난 양이라고 한다.

그는 요즘 곧 출판될 『도스또예프스끼 전집』 25권과 『프로이트 전집』 20권 생각에 가슴 한쪽이 벅차오르는 감동을 맛보고 있다. 두 전집 모두 4~5억 원 정도씩 제작비가 투입되는 작업이어서 어느 정도는 적자를 볼 것으로 예상하고 있지만, 그 정도의 적자를 예상하면서도 그가 고집스럽게 만들고 있는 이유는 출판사를 처음 시작할 때부터 꼭 해보고 싶었던 일이기 때문이다.

20세기 정신사적 흐름으로 볼 때, 마르크스와 더불어 양대 축을 이루고 있는 프로이트 사상은 〈훌륭한 산문가이기도 한 프로이트의 전집을 통해서 어렵게만 느껴지는 그의 사고 흔적을 추적, 위대한 사상의 모습을 살펴볼 수 있을 것〉이라고 그는 이야기하고 있다. 도스또예프스끼 역시 러시아 문학과 유럽 문학에 끼친 영향을 생각해 볼 때, 우리나라에도 제대로 된 전집이 필요하다는 생각을 그는 항상 해왔다고 한다.

고려대 학보사 부주간 출신으로, 학보에 만화와 만평을 직접 그리기도 했던 홍 사장은 가끔 열린책들의 표지를 직접 디자인하기도 하는데, 『프로이트 전집』의 표지도 그가 디자인했다. 인간 영혼의 울림이랄 수 있는 세계 고전을 통해 우리나라 문학의 자양분으로 삼았으면 한다는 홍 사장은 그가 번역 출간하는 책들이 이런 역할을 조금이나마 할 수 있기를 바라고 있다.

── 『금호문화』 1997년 6월 호 ── 우리 시대의 베스트셀러 기획자들 | 범경화 기자

박맹호 VS 홍지웅
〈책의 종말〉 위기
독서로 중심 잡아야

박맹호(65)

△1934년 출생 △1956년 서울대 불문과 졸업 △1966년 민음사
설립 △1976년 계간 『세계의 문학』 창간 △1990년 대한민국 문화
예술상 문화 부문 수상

홍지웅(45)

△1954년 출생 △1980년 고려대 철학과 졸업 △1986년 열린책들
설립 △1995년 〈자랑스런 출판경영인상〉 수상 △1999년 번역서
전문 서평지 『미메시스』 창간

저물어 가는 20세기의 끝에 서서 지난 100년을 정리하고 새
세기를 전망하는 〈밀레니엄 데이트〉를 마련합니다. 장르별로
한 시대를 대표하는 원로와 후배가 한자리에 모여 우리
문화의 과거를 돌아보고 바람직한 미래의 모습을 전망하는
자리로 꾸밉니다.

박맹호: 우리 근대 출판의 시작은 1895년 유길준의
『서유견문』으로 거슬러 올라갑니다. 일본의 『서양사정』에
비해 35년이나 늦은 데다 지식인 사회에만 유포된
한정본이었으니 많이 뒤떨어진 셈이죠. 하지만 최남선,

신채호, 홍명희 씨 같은 훌륭한 출판인과 저자가 많이 배출됐으니 힘들어도 행복한 시대가 아니었나 싶어요.

홍지웅: 19세기 말 발아한 근대 출판이 뿌리를 내린 건 해방 이후로 보아야 합니다. 1950년대는 〈교과서 찍기도 어려운〉 시대였다고 하더군요. 그리고 1960년대는 〈전집류 외판의 시기〉가 열렸죠. 출판사마다 수십 명의 영업 조직을 만들어 가가호호 전집을 파는 외판이 붐이었습니다.

박맹호: 그때 출판의 〈창조 기능〉이 사라진 게 아닌가 싶어요. 『데미안』, 『어린 왕자』는 50~60종씩 쏟아지고 노벨상 수상작은 수십 군데 출판사가 벌떼처럼 달려들어 고질적인 〈중복 출판병〉이 이때 생겼어요. 저자에게 공을 들인다는 건 상상도 못 했죠. 지금도 능력 있는 저자가 드문 건 출판계 책임이 큽니다. 외국에선 아예 우릴 책 훔치는 해적 취급했어요.

홍지웅: 1987년 UCC(세계 저작권 협약)와 1995년 베른 조약에 가입하고 저작권 개념이 정착되면서 비로소 번역에 공을 들이기 시작한 것 같습니다. 1970년대 단행본 출판은 민음사, 문예출판사, 창비, 문지 등이 활성화시켰다고 할 수 있지 않을까요.

박맹호: 민음사, 범우사, 문예출판사가 생긴 건 1966년이지만 단행본 시대는 아이러니하게도 일련의 정치적 격변 덕에 열리게 됐죠. 1970년대 중반 동아일보 해직 기자들이 한길사로, 김병익 씨는 문지로 가 토양을 닦았고 창비 역시 백낙청 씨가 서울대에서 해직되면서 활기를 띠지 않았나 싶어요.

홍지웅: 1987년 출판사 등록이 자유화된 뒤 출판사가 2,000개에서 1만여 개로 폭증하면서 〈춘추 전국 시대〉를 맞았습니다.

박맹호: 1980년대 후반은 〈출판의 정치화 시대〉라고 봅니다. 지하 출판을 통해 〈좌파 서적〉들이 쏟아졌어요. 출판을 통한 정권 투쟁이랄까. 1970년대 말~1980년대 초 독서 시장의 급격한 확대도 특기할 만해요. 1970년대 『영자의 전성시대』, 『아메리카』가 베스트셀러라지만 몇천 부에서 1만 부가 고작이었죠. 이게 황석영의 『객지』, 한수산의 『부초』, 조세희의 『난장이가 쏘아 올린 작은 공』에서 20~30만 부로, 김홍신의 『인간시장』에서 100만 부로 확 커버렸어요.

홍지웅: 1990년대 『무궁화 꽃이 피었습니다』, 『동의보감』 등 300~400만 부 초대형 밀리언셀러가 탄생하면서 한때 CF까지 등장해 화제가 되기도 했죠. 민음사, 한길사, 창비, 고려원, 김영사, 해냄 등 수십억 원대 매출을 기록하는 출판사가 속속 생겼어요.

박맹호: 1990년대는 포스트모더니즘의 시기입니다. 사회 과학 혹은 좌파 서적 대신 출판사의 개성이 강하게 드러나는 백화제방의 시대에 들어선 것이죠. 열린책들이 대표적이라고 봅니다.

홍지웅: 1980년대 중반만 해도 유럽 문학은 고전 이외에는 불모지였는데 러시아와 유럽 현대 문학을 들여와 빈 시장을 공략한 게 주효했던 것 같습니다. 베르베르, 에코, 쥐스킨트 등을 국내 저자처럼 전략적으로 마케팅한 것도 성공적이었죠.

박맹호: 장 그르니에의 『섬』이 비슷한 경우인 것 같군요.

홍지웅: 1990년대는 자회사 설립이 유행인데 이게 우리 출판계의 쓸데없는 엄숙주의를 보여 주는 게 아닌가 생각해요. 저는 좀 비판적입니다. 예를 들어 민음사에서 자회사인 황금가지의 책을 못 낼 이유가 뭔가, 의문스러워요. 문예출판사도 리드북에서 젊은 감각의 책을 내고, 문예는 옛 색깔을 고수하는 전략인데 변해야 한다면 자회사가 아니라 본체가 변해야죠.

박맹호: 1990년대는 실용서의 시대인데 민음사는 〈문학〉과 〈정통〉의 이미지가 강해 전략적 접근이 필요했어요. 민음사에서 판타지 소설을 낸다면 학계, 문학계, 저자가 떠나지 않겠어요? 물론 남들 눈 때문에 자회사를 만든다면 그건 그저 편법이지만 단순히 그것만은 아니거든요. 자회사 시스템은 시대 상황에 발 빠르게 대처하는 뭐랄까 우주선에서 발진한 전투기 같은 거죠. 예전에 〈저자와 함께 크는 출판사〉를 주장한 적이 있는데 민음사는 자회사가 젊어지면서 필자도 젊어지고 둘이 함께 크고 있다고 봐요. 그런데 다른 동년배 출판사는 20~30년 전 편집장과 저자가 아직도 그대로예요.

홍지웅: 요즘 화두는 뭐니 뭐니 해도 전자 출판이나 인터넷 서점일 텐데 세계적으로 서점 등 재래시장보다 북 클럽, 사이버 서점이 대세예요. 국내는 서점의 자본 축적이 안 돼 답보 상태입니다. 디지털 출판의 경우는 저작권의 정립 문제가 시급합니다. 종이책이든 전자책이든 결국은 콘텐츠가 관건인데 지적 재산권을 어떻게 보전할 수 있을까 하는 게 문제겠죠.

박맹호: 일기로 대표되는 고전적 시대의 종말이 이야기됩니다. 그러나 출판장이여서 하는 말이 아니라 정말 이 시점에서 다시 강조해야 할 것이 책이라고 봅니다. 뉴 미디어가 사람 사이의 신속한 교통에 기여했다면 책은 그것에 의미와 질서를 부여한다고 봐요. 우리는 문학과 철학, 그리고 독서를 통해 그 구조와 의미를 물었고, 앞으로도 그런 질문은 계속될 거라고 생각합니다.

── 『국민일보』 1999년 12월 20일 ── 밀레니엄 데이트 l 이영미 기자

도스또예프스끼는 나의 우상,
전집 25권 한꺼번에 내기로

열린책들의 홍지웅(46) 사장은 바보 같은 사람이다.
아무리 대문호라고 해도 그렇지, 지금이 어느 땐데
도스또예프스끼(1821~1881)의 전집이나 낼 생각을
하고 있는가. 첨단 정보와 인터넷과 주식 시장이 세상의
눈을 가리고 있는 이때에 수년간 4억여 원의 제작비를
쏟아부으면서 21세기 벽두부터 원고지 4만 8천 장, 총
25권짜리 전집을 마무리하고 있다니.

러시아어 판본 번역은 처음

「사실은 1986년에 출판사를 차린 것도 도스또예프스끼
때문이었죠.」
지난 3일 경복궁 옆 열린책들 사무실에서 만난 홍 사장. 그의
러시아 문학에 대한 열정은 대학 시절로 거슬러 올라간다.
돈이 생기는 대로 도스또예프스끼의 작품들을 사서 읽었고,
이화여대, 서강대 도서관까지 원정, 영어판 비평서도 구했다.
철학과를 다닌 그의 머릿속은 온통 도스또예프스끼뿐이었다.
가령 『죄와 벌』은 도덕적 니힐리즘을 다룬 내용들로 니체와
실존주의적 맥락을 같이하면서 청년 철학도 홍지웅을
사로잡았다.

그는 대학원을 노문학과로 전과, 유리 띠냐노프의 문학 이론을 파고들어 문학적 진화의 가능성에 대해 논문을 쓰게 될 수밖에 없었다. 그는 〈유학을 가려다 몇 년 치 기획물을 만들어 놓으면 가족들이 먹고 살 수 있겠거니 하는 생각〉에서 출판사를 열었으나 지하 창고 방에서 열린책들의 고행은 막 시작이었다.

도스또예프스끼의 작품들은 1969년 정음사에서 8권짜리 전집을 낸 바 있으나 많은 부분 일본판에 의존한 중역 수준이었고 을유문화사에서 간헐적으로 내놓은 번역서들이 있었을 뿐 본격적인 러시아어판 번역은 없었다. 정음사의 전집은 당시로서는 획기적인 것이었고, 그중 『백치』는 〈꽤 잘된 번역〉이라는 평도 있었으나 홍 사장의 〈야심〉으로는 만족할 수 없는 것이었다.

학창 시절부터 꿈꿨던 일

열린책들의 『도스또예프스끼 전집』은 지난 1994년 첫 번역 계약을 맺는다. 석영중(고려대), 이상용(연세대), 박종소(서울대) 등 러시아 문학을 전공한 대학교수 30여 명에게 원서가 맡겨졌고, 이듬해부터 원고가 들어오기 시작했다. 이 원고들은 처음에 원서 대조를 거치고, 다음엔 국내 판본과의 대조를 통과해야 했다.

홍 사장은 바보처럼 〈완성도 100퍼센트〉의 전집에 대한 욕심이 사나웠다. 번역 원고가 편집자의 주문과 수준을 따라와 주지 않을 때 가차 없이 역자를 교체했고, 기왕에 나와 있는 국내 번역본을 부분적으로 베낀 경우에도 한국 최초의

〈도스또예프스끼 원어 직역 전집〉 발간이라는 〈대역사〉에
동참할 수 없었다. 그렇게 중도 하차한 역자가 대여섯 명.

7번 이상 교열…… 완벽 추구

교열에 바친 정성도 혀를 내두른다. 보통 책들이 2~3교
수준에 그친다면 이번 전집은 최소 7번 이상의 교열을 거쳤다.
그래도 오자가 남았을까? 홍 사장은 그냥 웃는다. 하기야
〈진인사대천명〉이니까.

「저는 인간 영혼을 다룬 작가 중 도스또예프스끼를 가장
위대한 작가라고 생각합니다. 그는 21세기에도 용도 폐기될
수 없는 유일한 작가입니다. 인간의 선악 문제, 도덕의 이율
배반, 사회적 역사적 문제에 그만큼 방대하고 심오하게
천착한 작가는 없습니다.」

원고 작성은 다 끝났다. 곧 20여 명 화가들이 표지 작업에
들어간다. 국내 원로 문인들에게 〈나와 도스또예프스끼〉라는
글도 받을 예정이다. 우리 사회 요소요소마다 꼭 있어야 될 것
같은 이 〈바보〉 사장은 올봄 전집 발간 생각에 한껏 부풀어
있다.

──『조선일보』 2000년 1월 5일 ─ 나의 프로젝트 2000 〈3〉 | 김광일 기자

21세기 도스또예프스끼가 온다

4월 한글판 전집 25권 출간
한글세대 노문학자 23명이 번역

러시아 문호 도스또예프스끼는 거대한 산맥이다. 그는
산맥으로서 20세기 사상과 문학에 광범위한 그늘을
드리웠는데, 도스또예프스끼로부터 영향을 받은 철학자,
작가, 사상가 들은 〈큰 산을 만났다. 그 산을 넘으면 더 큰
산이 나타났다〉라며 정신적 스승을 높이 떠받들었다.
인류의 정신적 삶에 지대한 영향을 미친 도스또예프스끼가
한국에서 부활한다. 오는 4월께 명실상부한 전집이
간행됨으로써 도스또예프스끼가 한국 독자와 새롭게 만나는
것이다. 도스또예프스끼는 일제 강점기 때부터 읽히기
시작했다. 1930년대에 나온 일본어판 전집으로 이 땅의
지식인을 사로잡았으며, 광복 이후에는 영어판으로 한국
독자에게 각인되었다.
도스또예프스끼가 전집 형태로 한국 독자와 처음 만난
것은 1969년 정음사판(전 8권)을 통해서였다. 그러나
4월에 간행되는 『도스또예프스끼 전집』(열린책들)을
이 땅에서 처음 번역되는 명실상부한 전집이라고 말할
수 있는 것은, 번역 문학사와 관련이 있다. 번역 문학
초창기에는 대부분의 번역물이 일본어판을 중역한
것이었다. 1969년판 번역도 예외가 아니어서, 러시아어로 된

도스또예프스끼의 〈육성〉을 직접 들은 것이 아니라 일본어
〈통역〉을 통해 도스또예프스끼를 만나게 했다. 새로 나오는
『도스또예프스끼 전집』은 이 대가의 소설을 총망라한다.
원고지 4만 8천 장, 제작비 4억여 원. 모두 25권으로 구성된다.
요즘의 출판, 독서 경향을 감안한다면 〈장사〉와는 동떨어진
무모한 기획이 아닐 수 없다.

「도스또예프스끼 전집 출판은, 출판인으로서의 꿈이자 숙원
사업이었다. 1986년에 출판사를 시작했는데, 나는 그전에
이미 새로 출판할 도스또예프스끼 전집 목록을 작성했었다.」
대학 시절 도스또예프스끼에 빠져들어 대학원에서 러시아
문학을 전공했다는 열린책들 홍지웅 사장은, 이런 전집 발간
사업일수록 하루빨리 마무리해야 한다는 강박에 시달려
왔다고 말했다. 도스또예프스끼를 읽을 만한 독자가 한
명이라도 더 남아 있을 때 전집을 내고 싶다는 얘기다.

한글 번역판 『도스또예프스끼 전집』은 번역 문학에서 한 획을
긋는 사건으로 평가될 만하다. 번역에 참여한 전공자는 모두
23명. 30대 중반에서 40대 중반에 이르는 〈일본어를 모르는〉
세대다. 불문학이나 독문학에서는 1970년대에 한글 번역이
본격화했으나, 연구가 뒤늦었던 러시아 문학에서는 이제야
비로소 한글세대가 등장했다(대학에 노어노문학과가 생긴
것은 1974년 고려대가 처음이다). 새로운 번역자들은, 일어
중역판을 의도적으로 보지 않았다. 번역을 끝낸 후 대조해
보았을 뿐이다.

「일본어를 통한 중역판은 30여 년 전 것이어서 요즘 보기에는
어색한 점이 많지만, 참 감칠맛 나게 번역된 작품도 있다.

트로트처럼 꼬불꼬불 넘어가듯 매끄러운데, 거기에 비해 새로
한 번역은 다소 거칠어 보일 수도 있다. 그러나 지금 쓰이는
우리말로 도스또예프스끼 문장을 직접 번역했다는 의의는
작지 않다.」

전집 번역에 참여한 고려대 석영중 교수의 말이다.
그에 따르면, 『도스또예프스끼 전집』 출간은 한글과
도스또예프스끼가 직접 만난다는 점 외에도 최근 문화 경향과
관련해 각별한 의미가 있다. 인문학이 파산 직전에 있는 데다,
대학생조차 책을 읽지 않는다고 강단의 교수들은 울상이다.
〈인터넷 환경에 적응해 가는 일이 피할 수 없는 대세라고는
하지만, 도스또예프스끼 같은 정신 탐구를 병행해야 정신
문명이 피폐해지는 것을 막을 수 있다〉고 석 교수는 말했다.
수많은 고전 가운데서도 도스또예프스끼의 소설은
특별한 위치에 놓여 있다. 도스또예프스끼는 똘스또이와
자주 비교되는데, 똘스또이가 넓다면 도스또예프스끼는
깊다. 똘스또이의 사상이 기하학적이고 직선적이라면,
도스또예프스끼의 그것은 복잡하고 다면적이다.

인간의 영혼을 탐구하는 결정판

도스또예프스끼는 소설가이지만, 문학뿐 아니라 유럽
지성사에서도 인류에 큰 영향을 미친 작가로 꼽힌다.
역사학자 카, 심리학자 프로이트, 소설가 지드처럼
도스또예프스끼에게 영향을 받았거나 평전을 쓴 이들은 그를
작가-사상가를 넘어 예언자라고 서슴없이 부른다.
도스또예프스끼가 지금은 물론 미래에도 거대한 산맥으로서

널리 영향을 미치게 될 것이라는 데 이의를 제기하는 사람은 아무도 없다. 인간의 이중성―탐욕―회의―좌절에 대해 도스또예프스끼만큼 깊이 있게 파고들어 분석한 소설가 사상가는 흔치 않다. 〈도스또예프스끼는 시대와 국가를 초월해 인간의 영혼을 탐구하는 결정판이다. 인간 본성에 대한 그의 탐구는 21세기에도 유효할 터인데, 인간의 본성이 변하지 않을 것이기 때문이다〉라고 석영중 교수는 말했다.

도스또예프스끼는 인간 존재의 본질을 위협하는 가장 흉악한 적으로 이성과 합리주의를 꼽았다. 역사학자 에드워드 카는 1931년 쓴 평전 『도스또예프스끼 1821~1881』에서 이렇게 말했다. 〈인간은 개미처럼 건설을 좋아하는 듯이 보이지만 또 한편으로는 파괴를 좋아한다. 인간은 이성의 전횡, 즉 2×2=4라는 이성의 횡포로부터 자신을 해방하기 위해 자신의 이익에 반해서 고의로 죄를 저지르기를 좋아한다. 이것이 1864년 도스또예프스끼가 주장한 대담한 역설이다.〉 도스또예프스끼는 19세기 중반에 이미 이성과 합리주의가 다다를 곳은 파멸뿐이라는 점을 예측했다. 이성과 합리주의가 건설한 현대 세계가 곳곳에서 균열 양상을 보이는 이즈음 시각으로 보면 그의 역설은 적중했고, 앞으로도 계속 유효할 것으로 보인다.

도스또예프스끼가 21세기에 더 깊고 광범위하게 읽힐 것이라는 예측은, 그의 소설이 재미있고 드라마틱하다는 데서 말미암는다. 그의 작품은 철학과 사상을 담은 소설이기도 하지만, 신비와 서스펜스의 소설이기도 하다. 살인―정욕―친부 살해―근친상간 같은 자극적인 소재가 작품마다 등장해 추리 소설을 읽는 듯한 재미를 선사한다.

『도스또예프스끼 전집』은 도스또예프스끼의 이 같은 전모를 빠짐없이 담았다. 일본어판 전집에도 없는 『뻬쩨르부르그 연대기』(1847)를 찾아 넣은 것을 포함해 그가 쓴 모든 소설을 연대순으로 담게 된다. 작품마다 옮긴이의 해설을 붙이고, 작품에 대한 대표 논문을 번역해 수록한다. 여기에다 한국 지식인이 그로부터 어떤 영향을 받았는가를 알게 하는 〈나와 도스또예프스끼〉라는 글도 청탁해 따로 출간한다. 〈한국에서 처음 나오는 것인 만큼 교열을 일고여덟 번 보는 등 공을 들일 만큼 들였다〉라고 홍지웅 사장은 말했다.

『도스또예프스끼 전집』 출간 및 도스또예프스끼 읽기는 지금 어느 때보다 의미가 있을 것으로 보인다. 지금은 〈두려운 미래〉를 앞두고 있으며, 그의 작품은 구원의 가능성을 향해 언제나 열려 있기 때문이다.

──『시사저널』 2000년 1월 27일 ｜ 성우제 기자

출판저널 | 통권 제319호 | 2002년 3월 5일 발행 | 등록 1987년 6월 9일 다-435호 | 우 110-190 서울특별시 종로구 사간동

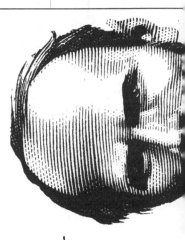

도스또예프스끼를 읽자!
인간의 비밀을 읽자!

도스또예프스끼의 전작품이
보급판으로 새롭게 출간되었습니다

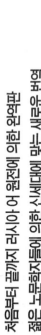

전집 출간에 땀 쏟는
유럽 문학의 전도사들

열린책들은 우리나라에서 출판사로는 몇째 안 가는 근무
환경을 자랑한다. 서울 종로구 통의동 옆 청와대 들어가는
길에 자리한 이 출판사는 도심의 번잡함을 찾아볼 수 없는
조용하고 쾌적한 곳이다. 일제 때 지어진 일본식 2층 건물은
널찍한 창들을 두르고 있어 봄 햇살을 따사롭게 받아 안는다.
이 넉넉한 공간에서 홍지웅(46) 사장을 포함한 12명의 식구가
책을 만든다.
「신문로와 효자동을 전전하다가 5년 전 이 집을 사 안착했죠.
넓기도 하고, 상업 지역이 아니라서 차분히 일할 수 있는 주변
환경이 좋았습니다.」

열린책들이 만드는 책은 출판사 건물만큼이나 깔끔하고
멋스럽다. 독일 작가 파트리크 쥐스킨트의 『좀머 씨 이야기』나
『향수』, 『콘트라베이스』 같은 책들을 떠올려 보면 이 출판사의
책들이 지닌 이미지를 직감할 수 있다. 한때 〈장안의 지가〉를
올렸던 베르나르 베르베르의 『개미』는 또 어떤가.
『개미』의 작가와 홍 사장 사이에는 에피소드가 하나 있다.
1994년 『개미』가 베스트셀러 돌풍을 일으키자 한국을
방문했던 베르베르는 우리 문화에 매료돼 두 번째 소설

『개미 혁명』에서 중요 소재로 사용하면서 〈지웅〉이란 인물을
주인공으로 내세웠다. 홍 사장의 이름을 딴 것은 물론이다.
이렇게 인연을 맺은 베르베르는 열린책들의 전속 작가라
해도 지나치지 않는다. 최근작 『아버지들의 아버지』도 이
출판사에서 나왔다.

1986년 창립 이래 열린책들이 주력해 온 분야는 외국 문학,
그중에서도 유럽 문학이다. 이제까지 나온 350여 종 가운데
270여 종이 문학서이고, 이 가운데 대부분이 러시아-독일
-이탈리아-프랑스 등 유럽 문학 작품이다. 문학이 많은 건
홍 사장의 취향이 강하게 반영된 결과다. 사실 열린책들의
이미지는 홍 사장과는 불가분의 관계에 있다. 열린책들의
독특한 로고도 홍 사장의 아이디어이며, 현재는 교열 교정에
거의 손을 놓고 있지만 편집자로서 그는 오랫동안 책을 직접
만들었다. 지금도 책 디자인은 그의 아이디어에 의존하고
있다. 세련된 감각, 완벽주의적인 집착이야말로 열린책들,
아니 홍 사장의 특징이다.

앞에 열거된 책 말고도 움베르토 에코의 『장미의 이름』과
같이 열린책들은 깊이와 재미를 겸비한 책들을 많이 펴냈다.
그러나 이런 단행본들이 이 출판사의 본령은 아니다.
열린책들은 다른 출판사로서는 엄두조차 내기 어려운 전집
출간에 땀과 돈을 쏟아 왔다. 1994년 『마야꼬프스끼 전집』,
1998년 『프로이트 전집』, 1999년 『뿌쉬낀 전집』을 냈고 올해는
25권짜리 『도스또예프스끼 전집』을 펴낸다. 대학 시절 이

러시아 작가의 열혈 신도였던 홍 사장에게 새 전집은 〈출판사 차린 목적〉이라고까지 할 집념의 사업이다.

── 『한겨레』 2000년 3월 20일 ── 책을 만드는 사람들 ı 고명섭 기자

인문 정신의 거대한 뿌리,
디지털 시대 생명력 여전

정공법을 고집하는 장인 홍지웅 사장, 그는
〈인간의 본성을 성찰하는 인문학의 토대 없이는
인터넷 시대의 미래도 밝을 수만은 없다〉고
강조한다

〈도스또예프스끼의 『백치』, 『죄와 벌』, 『까라마조프 씨네
형제들』은 우리가 지금 단테를 이해하는 것처럼 미래의 인류에
의해 이해될 것이다.〉 헤르만 헤세의 이 말대로라면 우리도
21세기 벽두에 도스또예프스끼를 이해할 수 있는 기반은
갖춘 셈이다. 한국 출판계의 〈일대 사건〉이라고 할 수 있는
『도스또예프스끼 전집』이 출간됐기 때문이다. 바야흐로
인터넷 시대를 맞아 활자 매체보다는 전자책에 넋이 나가
있는 출판계의 현실에서 나온 총 25권, 1만 3천여 쪽에 달하는
전집의 규모를 보면 이를 낸 출판사측에 경의를 표함과
동시에 그 무모함에 혀를 내두르지 않을 수 없다. 그럼에도
불구하고 〈2,000질을 못 팔면 출판사 문을 닫겠다〉고
공언하고 있는 열린책들의 홍지웅 사장을 만나 전집 출간의
배경과 15년 동안 러시아를 중심으로 유럽 문학 전문
출판사를 경영해 온 소신에 대해 들었다.

　　〈디지털 시대의 도래〉니 〈인문학의 위기〉니 하는

담론들이 유행처럼 떠돌아다니는 시대다. 이
같은 시대에 근대 시민 사회의 전형적 유산인
『도스또예프스끼 전집』(이하 전집)을 출간하게 된
이유는 무엇인가.

그동안 출판에 종사하면서 우리 출판계와 학계의 텍스트
경시 풍조에 대해 아쉬운 점이 많았다. 일본의 경우 고리끼와
뿌쉬낀 등 러시아 문학을 대표하는 주요 작가들의 전집이
1930~1940년대 이미 출간됐는데 비해 우리는 지금까지
원전은 제대로 읽어 보지 못한 채 2차 자료를 가지고 담론만
무성했던 것이 현실이다.

인터넷 시대에도 과연 도스또예프스끼의 메시지가
유효하다고 보는가.

인간의 본질—본성을 다룬 도스또예프스끼의 소설은 어느
시대, 어느 장소에서 읽어도 유효한 보편성을 가지고 있다.
그가 다루고 있는 도덕적 니힐리즘이나 자유 의지, 신의 문제
등은 오늘을 살고 있는 우리의 문제이기도 하다. 가령『죄와
벌』의 무대가 된 뻬쩨르부르그를 서울로, 라스꼴리니꼬프,
소냐 등 주인공의 이름을 우리 식으로 바꾸면 지금 그대로
우리에게 설득력 있는 한국 소설이 된다.

지금 설명한 도스또예프스끼 메시지의 유효성은 모든
고전의 반열에 오른 작품들의 특징이 아닌가. 문제는

출판 환경의 변화다. 올해 들어 출판계에서는 전자책이 새로운 대안 매체로 급속히 주목을 받고 있다.

인터넷과 이를 매개로 한 전자책 등은 하나의 도구 또는 표현 수단일 뿐이다. 출판의 본질적인 측면에서 볼 때 가장 중요한 것은 콘텐츠를 생산해 내고 이를 다양한 방법으로 가공해 내는 능력이다. 따라서 출판인들도 전자책보다는 콘텐츠 생산에 더 힘을 기울여야 할 때라고 생각한다.

열린책들은 그동안 『마야꼬프스끼 전집』, 『뿌쉬낀 문학 작품집』을 비롯해 100여 종의 러시아 문학을 발굴-소개해 온 러시아 문학 전문 출판사다. 열린책들의 이 같은 성격이나 이번 전집이 나오게 된 배경에는 일찍이 도스또예프스끼에 매료돼 대학원에서 노문학을 전공한 홍 사장의 개인적 이력이 크게 작용하지 않았는가.

그렇다. 대학에 들어와 1학년 겨울 방학 때 『죄와 벌』을 시작으로 정음사판 전집을 읽기 시작했는데 당시 시대 분위기 탓에 탐닉하게 된 사르트르, 카뮈 등 실존주의 사상가들의 책에서 느낀 지식인의 역할과 시대 의식, 선악 문제 등이 오버랩되면서 이전에 느낄 수 없었던 감동을 받았다. 결국 도스또예프스끼를 제대로 공부해야겠다는 생각에 전공을 바꿔 대학원에 진학했었고 출판에 종사한 뒤로도 항상 원전을 토대로 번역한 전집 출간에 미련이 컸었다. 마침 1990년대

들어와 외국에서 체계적으로 공부하고 돌아온 2세대 러시아 문학 학자들이 많이 배출되면서 이 같은 꿈이 실현될 수 있었다.

구체적으로 도스또예프스끼의 어떤 점이 홍 사장의 인생 항로를 바꿀 만큼 영향을 줬는지 궁금하다.

가령 『죄와 벌』에서 라스꼴리니꼬프가 세상 사람들을 범인凡人과 비범非凡人의 두 부류로 나누면서 전개한 논의는 대학교 1학년 때 우리 사회의 부조리를 매우 실감 나고 재미있게 이해할 수 있게 도와줬다. 『악령』을 통해 사회주의-무신론 등 온갖 사상을 들여다보는 것도 즐거움이었다.

전집에 단순한 발행인이 아니라 책임 편집자로 홍 사장의 이름이 올라가 있는 것이 인상적이다. 이 전집 출간 과정에서 구체적으로 한 역할은 무엇인가.

전집의 목차는 물론 작품 말미에 붙인 평론도 당초 도스또예프스끼에 대한 비평 자료를 조사할 때부터 생각해 둔 것이었다. 이번 전집은 처음부터 끝까지 꼼꼼히 보려고 노력했다. 번역문도 전반적으로 읽어 봤고 용어 통일, 책의 형태 등을 주관한 만큼 책임을 지겠다는 의미에서 책임 편집자에 내 이름을 올렸다. 막판에 출간을 6개월 정도 늦춰 좀 더 완벽을 기하고 싶었으나 독자들과의 약속도 있고 해서 미진한 대로 내게 됐다.

본인은 미진했다고 말하지만 지난 1993년부터 진행된
제작 과정을 보면 한국 출판계에서 전례를 찾기 힘든
모범 사례로 기록될 만하다. 전집 번역 당시 세운
원칙은.

기존 번역판 중 정음사판 일부 작품의 경우 번역이 굉장히
유려하다. 그러나 도스또예프스끼의 작품은 원래 유려한
문장이 아니다. 국내 번역자나 편집자의 경우, 동어 반복이나
부사-접속사의 반복을 매우 싫어해 바꿔 줘야 하는 것으로
생각하지만, 이번 전집의 경우 그대로 살려 주는 쪽으로
방침을 정했다. 번역 과정에서 『분신』, 『악령』은 역자를
바꿨으며, 대학원생을 시켜 번역한 것은 다시 번역하도록
했다.

판매는 어떻게 전망하는가.

초판 2,000질을 찍는 데 순수 제작비만 3억 8천만 원 정도
들었다. 광고-홍보비까지 계산하면 총 5억 정도 들 것으로
예상한다. 1질당 판매가가 36만 원이니까 2,000질만 나가면
제작비는 건질 수 있다고 본다. 지난 1998년『프로이트
전집』을 출판한 경험으로 볼 때 전집을 제대로 만들면 독자는
있다고 생각한다. 이번에 전집을 내면서 〈2,000질을 못 팔면
출판사 문을 닫겠다〉고 공언한 것도 같은 이유에서다.

그동안 러시아 문학을 중심으로 외국 문학을 번역
출판하면서 견지해 온 정신(에디터십)이 있다면.

애초 출판 일을 시작할 때 출판사도 전공이 있어야 한다고
생각했다. 출간과 거의 동시에 번역되는 미국의 상업
소설보다는 상대적으로 소개가 안 된 러시아 문학을 포함한
유럽 문학을 집중적으로 소개하기로 마음먹었는데 베르베르,
쥐스킨트, 에코 등의 작품들은 다행히 판매도 많이 됐다.
외국 문학을 번역하면서 나름대로 견지한 원칙은, 철저하게
독창적이거나 상상력의 산물이거나 『개미』처럼 장르나 소재가
독특하면서도 정보가 있는 작품들을 낸다는 것이었다.

정말 괄목할 만하게도 지금까지 출간한 350여 종의
책들이 대부분 스테디셀러다.

우리는 한 작가를 국내에 발굴, 소개할 때 모든 작품을 구해
와 검토해 본 뒤 좋은 작가라고 생각하면 지속적으로 그의
모든 작품을 내왔다. 한 권으로만 승부하려는 출판사들에
비해 같은 책을 출간하더라도 우리가 낸 것이 팔리는 것은
체계화시킨 이미지 때문이다.

—『문화일보』2000년 6월 12일 — 집중 인터뷰 ┃ 최영창 기자

시대를 뛰어넘는 감동 확신

20여 명 소장 학자 첫 원어 번역 위업
러시아 대문호에 반해 1988년부터 준비

마침내 나왔다. 열린책들의 홍지웅 사장이 〈양치기 소년〉처럼
〈낸다, 낸다〉하면서도 못 내던 도스또예프스끼의 전집이
한꺼번에 출간돼 서가에 올려졌다. 『죄와 벌』, 『까라마조프
씨네 형제들』, 『백치』, 『악령』 등등. 원고지 4만 8천 장 분량,
총 25권의 이들 책이 빛을 보는 데 걸린 시간은 자그마치 6년.
지난 1994년 박종소(서울대) 이상용(연세대), 석영중(고려대)
교수 등 20여 명의 소장파 노문학자들과 번역 계약을 맺고
3억 8천만 원이라는 제작비를 투입, 국내 첫 러시아어 원전
번역 『도스또예프스끼 전집』 출간이라는 위업을 이뤄 냈다.
홍씨는 〈1989년 1인 번역을 염두에 두고 도스또예프스끼의
전집을 추진했다가 도중하차한 것을 포함하면 12년 동안
준비한 결과물인 셈〉이라고 토를 단다. 컴퓨터와 주식에만
열을 올리는 밀레니엄 시대에 케케묵은 도스또예프스끼의
전집을 펴낸 〈출판계의 돈키호테〉 홍 사장을 만났다.

    뉴 밀레니엄을 맞아 도스또예프스끼 전집을 펴낸
    이유는?

선과 악, 성과 속, 과학과 형이상학의 극단 사이에서

유토피아를 추구한 도스또예프스끼의 작품이 갖는 보편성 때문이다. 19세기에도, 20세기에도, 21세기에도 똑같은 감동을 줄 것으로 믿는다. 과거 정음사에서 도스또예프스끼의 전집을 낸 적이 있었으나 진정한 의미의 원전 번역은 아니었다. 도스또예프스끼의 팬 출신 출판인으로서 도스또예프스끼의 문학 세계를 제대로 음미할 수 있는 기본 텍스트를 내놔야 할 의무를 느꼈다.

편집 과정에서의 주안점과 애로 사항은?

원문을 최대한 살리고자 애썼다. 그러나 번역 원고가 편집자의 주문과 수준을 따라와 주지 않아 5명의 역자를 교체했고 자연스럽게 통상 3회의 교열 횟수가 7회로 늘어났다. 이 과정에서 출간 시기가 계속 미뤄졌다.

독자들의 반응은?

지난 7일 막을 내린 서울 국제 도서전에서 첫선을 보였는데 많은 분이 관심과 격려를 보여 줬다. 36만 원이라는 만만치 않은 가격에도 불구, 도서전에서만 10질 이상이 팔렸다.

전집 판매만 고집할 생각인가?

손익 분기점인 초판 2,000질만 전집 판매를 할 참이다. 앞으로 『도스또예프스끼 읽기 사전』, 『나의 사상은 도스또예프스끼로부터 나왔다』, 『세계의 사상가들이 바라본 도스또예프스끼』, 『도스또예프스끼 전기』(이상 가제) 등 관련 서적도 차차 펴낼 계획이다.

　　　무모한 짓이라는 우려의 목소리가 크다…….

재작년 4억 8천만 원을 들여 20권짜리 『프로이트 전집』을 냈을 때도 똑같은 말을 들었지만 결과적으로 성공했다. 좋은 책은 팔린다는 확신이 있기 때문에 걱정하지 않는다. 만에 하나 이번 『도스또예프스끼 전집』이 초판도 채 안 나간다면 출판사 문을 닫겠다. 2,000명의 독자도 없다면 한국 출판의 미래는 없다고 봐도 좋기 때문이다.

──『스포츠조선』 2000년 6월 12일 | 정경희 기자

『도스또예프스끼 전집』낸
홍지웅 열린책들 대표

「대학 1학년 때인 1973년 겨울, 밤새워 도스또예프스끼를
읽었던 감동이 아직도 고스란히 남아 있다. 거의 30여 년만에
그 감동을 제대로 정리해 냈다는 기분이 든다.」
열린책들 홍지웅 대표는 최근 25권짜리『도스또예프스끼
전집』을 출간한 소감을 이렇게 표현했다. 제대로 된 원본
번역이 없는 출판계 풍토에서 국내 최초로 도스또예프스끼의
전 작품을 수록한 러시아어 완역판 전집을 발간해 낸 것은
우리 출판 역사의 한 장을 기록했다고 평가할 만한 일이다.
「1994년부터 7년간 3억 8천만 원의 제작비가 소요됐다.
비문이 많은『분신』같은 작품은 처음 번역이 마음에 들지
않아 재번역해야 했고, 원고지 8,000매짜리『까라마조프 씨네
형제들』은 번역하는 데 4년이 걸렸다.」

독서 풍토, 이젠 원문 충실히 읽어야

〈이렇게까지 오래 걸릴 줄은 정말 몰랐다〉는 그의 말처럼
도스또예프스끼와 러시아 문학에 대한 애정이 없이는 하기
힘든 일이다. 구소련과 최초의 저작권 계약을 맺은 작품인
『아르바뜨의 아이들』을 출간한 바 있는 열린책들은 지난
1986년부터 러시아 관련 책 140여 권을 출판한 대표적인

러시아 전문 출판사다. 전집만 해도 『뿌쉬낀 전집』(1999)과
『마야꼬프스끼 전집』(1994)에 이어 세 번째다.

홍 대표는 〈가장 고심한 것은 러시아어 원전 번역이었다〉고
했다. 1969년 출판됐던 정음사의 『도스또예프스끼 전집』(그가
사서 읽었던 책들)은 일본어판을 번역했던 것이고, 간간이
출판됐던 일부 단행본들도 영어판이나 일본어판들을
번역한 것이 대부분이었다. 그는 〈일본에서는 1930년대에
출판된 『도스또예프스끼 전집』을 우리는 이제야 원본으로
번역됐다는 것이 아쉽다〉며 〈원본을 제대로 읽지 않는 풍토는
반드시 고쳐져야 한다〉고 말했다 .

「19세기 작가 도스또예프스끼가 21세기에도 여전히
유용한가에 대해서는 의구심을 가지고 있는 사람도 있을 수
있다. 하지만 도스또예프스끼가 모든 작품을 통해 추구했던
자유 의지와 신, 사회와 인간 본성에 대한 치열한 탐구는
여전히 유효하다.」

—— 『국민일보』 2000년 6월 12일 — 인터뷰 ∣ 남도영 기자

〈난 도스또예프스끼 신도〉
출판사 세운 목적 이뤄

『가난한 사람들』부터 『까라마조프 씨네
형제들』까지, 그 언젠가 당신을 흔들었던 감동의
도스또예프스끼가 한국에 왔다. 원본 완역
전집으로. 러시아어 원본 35편을 모두 러시아 문학
전공자 21명이 완역하기는 처음

도스또예프스끼의 러시아어 완역 전집을 탄생시킨
열린책들의 홍지웅 사장에게 『도스또예프스끼 전집』 발간은
〈출판사를 세운 목적이라고까지 할 일생일대의 작업〉이었다.
대학 시절 도스또예프스끼에 심취해 대학원을 노문학과로
갔을 정도니 과장이 아니다.

번역에서 출간까지 많은 시간이 들었을 것 같다.

1994년 번역을 의뢰해 이제 나왔으니 7년 가까운 시간을
들인 셈이다. 1994년 첫 원고를 받기 시작해 지난 5월 『죄와
벌』 원고를 마지막으로 받았다. 모든 원고에 대해 러시아어
원문과 기존의 우리말 번역본을 한 줄 한 줄 대조해 가면서
일곱 차례 교정-교열을 보았다.

기획, 편집 과정에서 진통이 많았다고 들었다.

지난 1989년 고려대 박형규 교수와 1인 전집 번역 계약을 맺었는데 역자 사정으로 중도 하차했다. 그러다가 외국에서 러시아 문학을 공부한 연구자들이 많이 들어와 1994년에 다시 추진했다. 하지만 그 뒤로도 문제가 끊이지 않았다. 번역이 부실하거나 기존의 번역본을 통째로 베낀 경우도 있었다. 역자를 교체하고 다시 번역하다 보니 출간이 계속 늦어졌다.

어떤 이유로 도스또예프스끼에 빠져들었나?

대학 1학년 때 실존이니 자유니 하는 관념들과 싸우다 그해 겨울에 『죄와 벌』을 읽고 니체의 초인 사상, 도덕적 회의론과 겹치는 것을 발견했다. 2주 동안 쉬지 않고 주요 작품을 독파한 뒤 그의 〈신도〉가 됐다.

이 전집에 이어 후속 작업이 있는가?

작품에 대한 이해를 돕기 위해 『도스또예프스끼 읽기 사전』을 이달 중 낼 계획이고, 국내 문인 비평가들의 도스또예프스끼 체험담을 모은 『나의 사상은 도스또예프스끼로부터 나왔다』, 니체-지드-헤세 등의 글을 모은 『세계의 사상가들이 바라 본 도스또예프스끼』, 그리고 전기와 자료집이 계속 나올 예정이다.

── 『한겨레』 2000년 6월 12일 ─ 책과 사람 | 고명섭 기자

도스또예프스끼 신도임을 자처하는
〈출판계 PD〉

아마도 도스또예프스끼를 모르는 사람은 없을 것이다.
『죄와 벌』이나 『백치』, 『까라마조프 씨네 형제들』 같은 그의
작품을 읽었거나 적어도 제목 정도는 기억하고 있을 것이다.
그럼에도 디지털 시대인 지금 왜 도스또예프스끼인가. 또
도스또예프스끼의 작품들이 여전히 우리에게 유효하다고
할지라도 전집 25권이 과연 필요한가. 열린책들 홍지웅
대표에게 이렇게 묻는 것은 대단한 실례가 된다. 그는 최근
21세기 버전이면서 최초의 한국어판 『도스또예프스끼
전집』 25권을 완간하고 출판인으로서 뿌듯함에 심취해
있기 때문이다. 그러나 세상은 그의 이 같은 출판
행위를 무모하다고 보는 듯하다. 그의 전집 발간을 두고
신선놀음으로까지 비약시키는 사람들도 그를 시기해서가
아니라 지금이 어떤 시대인데 아무리 문학사적으로 중요한
자리를 차지하는 작가라 할지라도 전집 발간은 지나친
게 아니냐는 것이다. 그럴지도 모른다. 그러나 이것은
어디까지나 출판사 경영의 측면에서 바라본 시각일 테고,
바꿔 독자의 입장에서 바라보면 여간 행운이 아니다. 엄청난
투자를 한 출판사야 어떻게 되든 말든 서가에 제대로 된
『도스또예프스끼 전집』 하나를 갖출 수 있기 때문이다.

이쯤에서 기자는 홍지웅 대표의 무모한 결단력이 없었다면
우리나라는 영원히 제대로 된 『도스또예프스끼 전집』 하나
없는 나라가 될 뻔했다고 말하고 싶다. 단언컨대 앞으로
다시는 다른 버전의 『도스또예프스끼 전집』이 나올 가능성이
없다는 점에 비추어 보면 기자의 판단이 그와 점심을
같이했대서 하는 의례적 상찬이 아님을 밝혀 둔다.

　　　　이번에 완간한 『도스또예프스끼 전집』 2,000질을 팔지
　　　　못하면 출판사를 그만둔다고 할 만큼 자신감을 보이고
　　　　있는데, 정말 자신 있는가.

지금까지 출판하면서 느낀 것은 책을 제대로 만들면
독자들은 얼마든지 있다는 점이다. 『프로이트 전집』 발간도
많은 사람들이 무모하다고 했는데, 손해 보지는 않았다.
『도스또예프스끼 전집』도 마찬가지라고 본다. 초판 2,000질
제작비와 광고 - 홍보비를 합치면 약 5억 원 정도 들 것 같다.
초판만 소화하면 본전은 된다. 나는 독자들을 믿는다.

　　　　출판인으로서 독자에 대한 신뢰는 기본이지만
　　　　이상론적 발상이라는 생각도 든다. 현실은 이상과
　　　　따로 놀게 마련 아닌가. 2,000질을 팔지 못하면 정말
　　　　출판사를 그만둘 작정인가.

그렇다. 만약 이 전집 2,000질을 팔지 못하면 더 이상
출판하는 의미가 없다고 본다. 주관적인 생각일 수도 있지만

꼭 필요한 책 초판도 소화하지 못하는 시장이라면 출판의 미래는 없는 것 아닌가. 투자비를 못 건져 경영난으로 문 닫겠다는 것이 아니라 내일이 없는 출판 행위는 소모적일 뿐이기에 그만두겠다는 것이다.

21세기인 지금 왜 하필 도스또예프스끼인가.

도스또예프스끼 작품은 시공을 초월해 있어 지금도 유효한 보편성을 지니고 있다. 도덕적 리얼리즘을 주제로 한『죄와 벌』같은 작품을 예로 들어 설명하면, 이 작품의 무대인 뻬쩨르부르그를 서울로, 라스꼴리니꼬프 등 주인공 이름을 철수 등으로, 배경과 등장인물들의 이름을 한국식으로 바꿔 읽으면 한국 소설처럼 그대로 읽을 수 있다. 선악의 문제, 자유 의지, 신의 문제 등을 다룬 도스또예프스끼의 작품은 어느 시대 어느 장소에서 읽든 유효한 인간의 본성과 본질을 다룬 작품들이다. 그의 작품들은 21세기 작품이라고 해도 지나치지 않다.

그래도 전집이라는 대규모 프로젝트가 주는 중압감이 있는데…….

학계도 마찬가지지만 출판하면서 늘 아쉬운 것이 있었는데, 텍스트 경시 풍조가 그것이다. 가까운 일본만 하더라도 고리끼나 뿌쉬낀 등 러시아 문학을 대표하는 작가들의 전집이 1930~1940년대에 이미 나왔다. 도스또예프스끼의 경우

요네카와 마사오 번역판 등 개인 전집을 비롯 여러 판본이 존재한다. 반면에 우리는 여전히 중요한 사상가의 연구도 일본어나 영어 번역본인 2차 자료를 텍스트로 하고 있다. 도스또예프스끼 열린책들 판본은 권위 있는 러시아 쁘라브다 출판사의 12권짜리 작품집(1982)과 나우까 출판사의 30권짜리 작품집(1972~1990)을 번역 대본으로 사용하였다. 한국 최초로 러시아어판을 텍스트로 삼아 번역함으로써 텍스트의 중요성을 환기시키는 계기도 만들고 싶었다.

전집에 들어간 원고 매수만도 4만 8천 매에 달하는 방대한 양이다. 제작 과정이 만만치 않았을텐데…….

지난 1994년 첫 번역 계약을 맺은 이래 1995년부터 번역 원고가 탈고되기 시작했으며, 원서 대조 과정과 국내 판본과의 대조 등 7회 이상의 교열 과정을 거쳤다. 교정지 두께만도 6.34미터에 달했다. 또 시대순으로 작품을 배열해 그의 작품 세계의 변화 과정을 독자들이 좇아갈 수 있도록 했고 중편과 장편 소설은 권말에 역자 해설 외에 외국 비평가들의 작품 평론을 한 편씩 번역 수록해 작품의 체계적인 이해를 돕도록 하였다. 제작 과정에서 기존 번역서를 짜집기한 원고나 비문이 많은 경우 번역자를 교체하기도 했다.

번역가들은 누구인가.

러시아 문학의 흐름 속에서 도스또예프스끼 문학의

정수를 이해할 수 있도록 국내의 러시아 문학 전공자들이
망라되다시피할 만큼 국내 최고의 번역진을 동원했다. 서울대,
고려대, 한국외대 노문학과 출신으로 해외에서 공부한 2세대
소장 학자 23명이 참여했다.

번역상의 원칙은 무엇이었나.

우선 기존의 한자어와 문어체를 지향한 번역 대신 밀레니엄
시대의 주축인 신세대 독자들의 감각에 맞췄다. 그리고
다소 투박한 도스또예프스끼의 문체와 분위기를 독자들이
맛볼 수 있도록 지나친 의역은 삼갔다. 아울러 정음사판
등 일부 판본이 문장이 유려한데…… 이번 판본에서는
도스또예프스끼는 원래 문장이 유려하지만은 않다는 점을
감안해 부사나 접속사 등 동어 반복도 그대로 살렸다.

이번 러시아어 완역판 발간을 계기로 열린책들에서는
도스또예프스끼를 입체적으로 조명하기 위한 후속
작업을 계속 진행하고 있는 걸로 아는데…….

『도스또예프스끼 읽기 사전』을 비롯『나의 사상은
도스또예프스끼에서 나왔다』,『세계의 사상들이 바라본
도스또예프스끼』,『도스또예프스끼 전기』,『작가 일기』(이상
가제) 등을 계속해서 펴낼 예정이다.

각설하고, 이쯤에서 도스또예프스끼의 신도를 자처하는

홍지웅의 개인 이력을 들춰 보자. 우리는 출판인으로서
〈홍지웅〉이라는 이름을 낯설지 않게 기억하고 있다. 1993년
그의 출판사에서 펴낸 『개미』가 돌풍을 일으키자 한국을
방문했던 베르나르 베르베르가 우리 문화에 매료돼 두 번째
소설 『개미 혁명』에서 한국을 중요한 소재로 다루면서 홍
대표의 이름을 딴 〈지웅〉을 주인공으로 내세웠다.
고려대 철학과 시절, 우연히 도스또예프스끼의 작품을
접한 그는 단번에 그의 작품에 빠져 돈이 생기는 대로
도스또예프스끼의 작품을 사서 읽었고, 이화여대, 서강대
도서관까지 원정 다닌 것은 물론 영어판 비평서까지 구해
읽었을 정도였다. 그래서 대학원을 노문학과로 바꿔 진학할
정도로 도스또예프스끼에게 완전히 매료된 그는 유학을
가려다 몇 년 치 기획물을 만들어 놓으면 먹고는 살겠거니
하는 심정으로 출판사를 차렸다. 그러나 문학도의 순진한
발상은 지하 골방의 쓴맛을 고스란히 맛보게 하면서 출판계가
결코 아무나 덤벼들 수 있는 곳이 아니라 근성 있는 프로의
현장이라는 것을 깨닫게 한다. 그 결과 그는 소위 꾼들도
기획력과 판단력을 알아줄 정도로 발군의 출판계 실력자로
부상하면서 〈출판계의 PD〉로 통한다. 『국민일보』 손수호
문화부장은 〈먹이를 포획하는 시선은 날카롭고 행동은
날렵할 뿐만 아니라 호랑이의 돌진보다는 지평선을 바라보는
사자의 여유로 책을 만든다〉고 그를 평가했다.
홍지웅 대표는 막심 고리끼의 『어머니』를 비롯 움베르토
에코의 『장미의 이름』, 『푸코의 진자』, 독일 작가 쥐스킨트의
『좀머 씨 이야기』, 『향수』, 그리고 베르나르 작품 등 숱한

베스트셀러 내지는 스테디셀러 제조기로 통한다. 그는
마케팅에도 늘 새로운 기법을 선보이는 아이디어 뱅크로도
통한다. 또 출판계의 새로운 흐름을 창출하는 선구자적
역할을 한다. 지금은 출판가에 유행처럼 만들어지는
『북캐스트』가 대표적인 예다. 『북캐스트』는 『개미』를
출간하면서 그가 들고 나온 신병기였는데, 타블로이드판에
작가와 옮긴이의 말, 외국 서평 등의 소식지를 만들어
『개미』80만 부 신화 창조를 해냈던 것이다. 그는 이번
도스또예프스끼의 전집에 발행인 뿐만 아니라 책임 편집자
코너에도 이름을 박았다. 전집에 대한 책임을 끝까지
지겠다는 각오는 물론 자신의 출판 인생을 한번 정리한다는
의미에서다. 물론 편집자, 기획자로서 직접 참여했기
때문이기도 하다.

홍지웅의 출판 정신을 한마디로 설명하기는 어렵다. 그러나
출판사 까치글방 박종만 사장이 들려주는 일화가 적절한 예일
것 같다. 그는 소나무 스물두 그루 때문에 집을 새로 지었다고
한다. 그는 늘 땅 밟을 수 있는 곳에 살고 싶어 아파트에서는
살아 본 적이 없다. 그런데 그가 살고 있는 곳에 높이가
15미터씩이나 되는 소나무 숲이 있었는데 어느 날 구청에서
길을 낸다고 마구 베어 내더란다. 항의도 해봤지만 소나무는
여전히 베어졌다. 그 결과 그가 살던 뒷집에만 소나무 스물두
그루가 남게 됐는데, 그 집의 소나무마저 베어지면 어쩌나
하고 있던 참에 그 집이 경매에 나와 덜컥 그 집을 샀다.
그리고 스물두 그루의 소나무를 그대로 둔 채로 집을 새로
설계하였다고 한다.

어떤 이는 그의 이 같은 행동을 돈 있는 사람의 배부른 생각이라고 타박할지도 모르겠다. 그러나 돈을 쓰되 어떻게 쓰느냐는 것이 중요하듯 홍 대표의 집 새로 짓기는 돈 자랑이 아니라 우리에게 물려진 유산을 고스란히 지키려는 문화적 발상에서였다. 그 아름드리 소나무를 지키려는 정신, 바로 그것이 홍지웅의 출판 정신이 아닐까. 그는 이번 도스또예프스끼의 전집에 7년 이상 매달리고도 아쉽다고 했다. 단순히 하는 의례적 겸손이 아니라 우상으로 삼고 있는 도스또예프스끼의 명성에 혹시 먹칠하지는 않았는지 하는 자기 검열의 수사다. 그렇다. 그는 출판인이기에 앞서 독자였다. 독자로서 느꼈던 출판문화의 한계를 스스로 깨는 출판인으로, 그렇게 살고 있다.

─『오마이뉴스』 2000년 6월 22일 | 조성일 기자

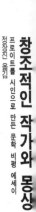

프로이트로 인간의 정신

창조적인 작가와 몽상
정장진 옮김

프로이트를 시인으로 만든 문학 비평 에세이

쾌락 원칙을 넘어서
박찬부 옮김

인간 정신을 지배하는 원칙과 정신의 삼각 구조의 관계
본능의 본질적인 성격과 인간 정신을 조절하는 원리들.
정신의 해부학적 구조에 대한 초심리학적 해설서.

히스테리 연구
김미리혜 옮김

정신분석의 맹아(萌芽)—사례 분석을 통한 임상 보고

정신분석 강의 상 하
임홍빈 · 홍혜경 옮김

정신분석 기본 이론을 정리한 프로이트 이론서의 백미
입체적 설명을 통하여 독자의 이해를 돕는 정신분석
이론서. 일상적인 분석의 문제와 신경증에 대한 일반
이론을 개괄한다.

늑대 인간
김명희 옮김

소설처럼 읽히는 신경증 환자의 이야기

꿈의 해석 상 하
김인순 옮김

인간의 무의식으로 가는 길을 열어 주는 중요한 열쇠
풍부한 예화와 꿈에 대한 자세한 설명, 꿈속의 상징과
꿈-작업 형식에 대한 논의를 통해 프로이트 이론의
위대함을 보여 준다.

TEL. 738-7340 FAX. 720-6365

나의 이력서
정신분석 이론의 성립과 발전에 대한 프로이트의 자전적 논문
한승완 옮김

새로운 정신분석 강의
프로이트의 후기 사상을 집대성한 책
임홍빈 · 홍혜경 옮김

성욕에 관한 세 편의 에세이
끊임없는 논쟁을 불러일으킨 유아기 성이론의 대표 논문
김정일 옮김

문명 속의 불만
집단 무의식을 통한 문명의 발생과 파괴, 그 정신분석적 고찰
김석희 옮김

종교의 기원
강박적 집착으로 인한 종교의 발생과, 신경증적 번뇌와의 이해 고급 종교가 형성되기 전 하급 종교의 모습과 발달, 인간 정신에 미친 영향을 정신분석적으로 고찰한다.
이윤기 옮김

정신분석 운동
인접 학문과 정신분석의 관계, 정신분석 비판에 대한 대응의 역사 정신분석에 대한 찬반 양론의 역사적 개괄을 통해 〈정신분석이란 무엇인가?〉 하는 문제에 대한 해답을 제시하고, 아들러와 융의 개념에 대한 반론을 펼친다.
박성수 옮김

를 읽는다

닫힌 영혼 깨워 열린 삶
꿈꾸게 하는 출판인

『도스또예프스끼 전집』, 『프로이트 전집』 등
출판계의 신화 창조

열린책들 홍지웅 교우

지난 6월 한 달 동안 국내 출판계의 최대 화제는 단연
열린책들의 『도스또예프스끼 전집』 전 25권의 출간이었다.
세상이 온통 디지털과 인터넷의 물결로 넘쳐 나고 심심찮게
책 문화의 사망 선고 소식이 전해 오는 이 2000년대, 20세기
초반, 우울하기 그지없는 러시아의 작가 도스또예프스끼의
작품이, 그것도 낱권 판매가 아닌 전집 출판의 형태로
발행된 것을 두고 출판계와 지식인 사회가 들썩거리는 건
어쩌면 당연해 보인다. 이 전집 발간의 최초 주인공은 물론
러시아 작가 도스또예프스끼, 그리고 러시아판을 기존 국내
번역서들과 꼼꼼히 대조해 번역해 낸 석영중(노문학과 77
학번) 교우를 비롯한 번역자 23명이 또 다른 주인공이지만,
도스또예프스끼를 우리 시대 우리 문화의 공간 안으로 이끌어
들인 장본인은 바로 출판사 열린책들의 대표 홍지웅(철학과
73 학번) 교우이다.

남들은 미쳤다지만 나는 믿는다

「과연 도스또예프스끼를 몰라도, 또 프로이트를 몰라도

21세기 인류의 삶을 이해할 수 있을까요? 인터넷을 비롯한 정보 통신 기술이란 건 결국 우리 삶의 도구나 형식이고 껍데기에 지나지 않는 것 아닐까요? 도스또예프스끼와 프로이트는 모두 인간의 본성에 관한 이야기를 하고 있는데, 그게 21세기라고 해서 용도 폐기할 수 있을까요?」

〈과연 지금 시대에 도스또예프스끼가 읽힐 것인가〉라는 질문에 홍 교우는 오히려 이렇게 되묻는다. 출판이란 건 한 시대 지식의 보편화에 기여하는 한 과정, 인간의 사고와 상상과 인식의 완결 과정에 기여하는 행위다. 홍 교우는 출판을 통해 우리의 정신과 의식 세계가 보다 〈열린〉 상태가 될 수 있다는, 궁극적으로는 열린 삶의 문화가 가능하리라는 소명 의식을 갖고 일한다.

「러시아 관련 전문 출판사를 만들기로 결심하고 1986년 출판사를 설립하면서 이름을 갖고 고민을 오래 했지요. 당시 교류가 없던 사회주의 국가 러시아와 관련된 출판사라는 의미에서 〈열린〉이라는 말을 생각했습니다.」

홍 교우는 국내 최초로 러시아와 저작권 계약을 맺어 『아르바뜨의 아이들』을 출간했고, 막심 고리끼의 『어머니』를 비롯해 체르니셰프스끼의 『무엇을 할 것인가』, 오스뜨로프스끼의 『강철은 어떻게 단련되었는가』 등 1980년대 대학생들에게 낯설고 경이로운 사회주의 국가의 고전을 소개했다. 그리고 『뿌쉬낀 전집』을 비롯해 홍 교우를 사로잡은 러시아 작가들의 작품을 〈제대로〉 번역 출판하기 시작해 필생의 작업이라고 여겨왔던 『도스또예프스끼 전집』까지 번역 출판을 한 것이다.

「거칠게 표현하면 우리 출판계와 학계는 절름발이

상태입니다. 20세기에 마르크스와 프로이트에 대해 모르고 지성사를 논의할 수 없지만 우리는 두 사상가의 한글판 전집 하나 없이 2차 자료만 가지고 설왕설래해 왔습니다. 장님 코끼리 만지는 식이지요. 어설픈 논문 대신 제대로 된 번역서를 연구 실적으로 인정해 주지 않는 문교 정책에도 문제가 있어요.」

철저한 번역으로 양서 보급 산실

홍 교우는 철저한 장인 정신으로 원어와 대조하며 번역과 교정을 진행한다. 『도스또예프스끼 전집』 간행에서도 자신의 원칙을 어긴 번역자는 과감히 교체했다. 이런 과정을 거쳐 소개되는 열린책들의 책은 우리 시대 가장 믿을 만한 번역서들의 출판 목록이기도 하다. 움베르토 에코의 『장미의 이름』과 『푸코의 진자』, 파트리크 쥐스킨트의 『좀머 씨 이야기』, 베르나르 베르베르의 『개미』 등은 지금도 널리 읽힌다. 여기에 『뼉쉬낀 전집』, 『프로이트 전집』, 이번에 발간된 『도스또예프스끼 전집』 등은 출판계의 신화로 기록되고 있다. 우리 시대 가장 믿을 만한 출판 기획자이자 〈번역 출판문화의 전사〉(번역가 이윤기 씨의 표현)인 홍 교우야말로 시대를 앞서간 고대인이리라.

──『고대 교우 회보』 2000년 7월 5일 ┃ 전용호 기자

나만의 공간

때로는 공감하고 때로는 몇 장씩 건너뛰며
지루해했던 기억. 읽은 책 한 권 한 권이 지금의
자신을 만들어 내고, 또 책 속에 자신의 일부가
분신처럼 저장되어 있음을 발견한다

그곳에 들어서면 한없이 편안하다. 적당한 소음, 익숙한 실내.
아무것도 하지 않고 가만히 앉아 있을 수도, 방해받지 않고
책을 읽을 수도 있는 자유. 일상을 좀 더 풍요롭게 만들어
주는 나만의 공간, 그리고 그 안의 사람들.
천장까지 7,000여 권의 책이 빼곡히 들어찬 홍지웅 씨의 집
서재에 들어가는 순간 책을 사랑하는 이의 열정이 느껴졌다.
사실, 그가 책을 누구보다 사랑하는 사람일 거라는 짐작은
만나서 이야기를 나눠 보지 않고도 가히 짐작할 수 있었다.
그가 대표로 있는 열린책들이 출판계에 몰고 온 새로운
시도들. 1980년대 후반 러시아 문학 시리즈 출간을 시작으로
『프로이트 전집』 완간, 그리고 소설 『개미』의 작가 베르나르
베르베르처럼 당시 알려지지 않았던 작가들을 과감히
소개하는 등 수익성에 마음의 반만 내어 주는 출판인이
반가웠던 것일까. 대중은 그의 시도에 예상보다 빨리
반응했다. 시장성을 내세워 현재의 대중을 좇아가기보다
좋은 책을 선택할 수 있는 바람직한 대중성을 스스로 창조해
나가려고 노력한다는 홍지웅 씨.

「회사의 이익도 무시할 순 없지만, 독서 문화를 위해
출판인으로서 해야 할 바가 있다고 생각했습니다.」
얼마 전 출판한 『도스또예프스끼 전집』 역시 많은 우려에도
불구하고 감행했던 일 중 하나. 결과는 수익성 면에서도
합격점이다. 이 밖에도 프랑스나 독일 등 귀에 익지 않은
작가들의 소설을 연이어 출판하고 있는 그에게는 흔들리지
않는 소신이 있다.
「책에는 독창성이 있어야 한다고 생각해요. 독창적인 책은
생각의 지평을 넓히고, 새로운 시각을 보여 주죠.」
출판에 있어서도 예외 없이 적용되는 이러한 원칙은 그가 책과
함께한 오랜 시간이 없었다면 생길 수 없었을 것이다. 책을
읽는 게 무엇보다 좋았던 그가 출판계에 몸담은 이후, 이제는
독서 외에도 자료 조사를 위해 많은 시간을 보내는 서재.
이곳에는 그의 많은 것이 녹아 있다. 읽고 싶은 책이 생겼을
때의 설렘부터 그 책을 드디어 손에 쥐었을 때 느꼈던 기쁨.
때로는 공감하고 때로는 몇 장씩 건너뛰며 지루해했던 기억.
읽은 책 한 권 한 권이 지금의 자신을 만들어 내고, 또 책 속에
자신의 일부가 분신처럼 저장되어 있음을 발견한다.
「어렸을 때부터 모은 책들이 여기 다 있죠. 얼마 전부터
한국어권, 러시아권, 영미권 등 문화권별, 그리고 잡지, 신문
등을 따로 분류하고 있어요. 아직 정리가 다 끝나지 않아서 좀
지저분할 텐데……」
주택의 반지하에 위치한 서재의 유일한 장식품은 책장과 그
안의 책들. 호화롭거나 세련된 인테리어와는 거리가 멀지만,
책장 한 켠에 자리한 『뼥쉬긴 문학 작품집』의 거뭇거뭇한 낡은

표지는 〈인간의 가장 위대한 발명품은 책〉이라며 눈을 빛내던 그의 열정을 대변하기에 부족함이 없다.

── 『노블리안』 2002년 5월 호

나는 책을 만질 때
내가 살아 있음을 느낀다

〈책은 혼과 정신이 살아 움직이는 유일한
미디어이다.〉 한국 출판인 회의 회장에 취임한
열린책들 홍지웅 교우

종로구 통의동 35-23번지. 여기에 뭇 행인들의 눈길을 한
번쯤 사로잡을 만한 건물이 있다. 너른 1, 2층은 문학 강연,
전시, 음악회 등 다양한 문화 활동을 할 수 있게 꾸며져
있고, 3층에서 4층까지 단박에 이어지는 측면의 외부 계단은
드라마틱한 공간적 체험을 가능케 한다. 서울 한복판이면서도
고즈넉한 이곳 통의동에 열린책들 사옥이 있다. 여느
건물에서는 찾아보기 힘든 이 같은 디자인은 디자이너의
섬세한 배려도 있겠지만 열린책들 대표인 홍지웅 교우가
강조하는 〈독창성〉의 발현인 듯도 하다.
홍 교우의 첫인상은 열린책들 사옥이 보여 주는 이미지와
닮은꼴처럼 특별했다. 1970년대 유행했을 법한 가운데
가르마와 장발의 헤어스타일, 그리고 순간순간 날카롭게
번뜩이는 눈빛까지. 모 일간지 기자가 〈먹이를 움켜쥔 맹수의
이미지를 가진 출판인〉이라고 평가했다는 대목이 이해가 됐다.
하지만 막상 이야기를 시작한 홍 교우는 또 한편 부드럽기
그지없는 고대인이었다. 일단 가벼운 질문으로 시작했다.
〈열린책들에서 출판하는 책들은 사이즈가 아담하고 예쁘다.

혹시 직접 디자인했나〉라는 어찌 보면 별것 아닐 수도 있을
것 같은 책의 크기에 관한 질문에 홍 교우는 기다렸다는 듯이
대답했다.

「그거 말이죠, 원래 B6 사이즈인데 다른 출판사와는 달리
가로를 8밀리미터 더 잘라 낸 판형이에요.」

너털웃음을 지으며 말을 잇는다.

「앞으로 그 사이즈를 〈열린책들 판형〉이라고 불러 줘요.
우리만 사용하는 독창적인 사이즈이거든요.」

〈열린책들 판형〉은 한 손에 〈쏘옥〉 들어오는 아담하고 예쁜
크기의 독창적인 판형이다. 열린책들의 참신한 시도에 대한 홍
교우의 자랑은 계속 이어진다.

「우리가 출판하는 책들은 모두 실로 꿰매어 제본하는
정통적인 사철 방식으로 만들어요. 다른 출판사들은 비용
때문에 그렇게 안 하거든요. 제본비가 딱 50퍼센트 더 비싸요.
어쨌든 우리 책은 오랫동안 보관해도 손상될 염려가 없어요.」

스스로 만든 책이 너무나도 자랑스럽고 애착을 느낀다고
하면서 혹시 〈팔불출〉이라고 욕해도 어쩔 수 없다는 홍 교우.
홍 교우가 책을 이토록 정성스럽게 만드는 데에는 책에 대한
홍 교우만의 독특한 생각이 자리하고 있다.

「책이야말로 인간이 생각해 낸 고안품 가운데 가장 완벽한
형태가 아닌가 싶어요. 당대를 살았던 사람들이 보고, 듣고,
느끼고, 생각한 것들이 결국은 서책의 형태로 남을 수밖에
없기 때문이지요.」

사실 과학이 발전하면서 많은 미디어가 서책을 대신할 듯
보이기도 한다. 하지만 홍 교우는 책이 품고 있는 독특한

오라에 대한 믿음을 확신하고 있으며 그것만은 여타의 미디어가 절대로 대신할 수 없다고 생각한다.

홍 교우는 〈책꽂이에 꽂혀 있는 한 권의 책에는 지은이의 혼과, 책을 만든 이의 정신 그리고 무엇보다도 이들 모두의 개인사가 고스란히 담겨 있다〉고 말한다. 그래서 〈책은 단순한 사물이 아니라 혼과 정신이 끊임없이 세포 분열하듯이 다른 생각들을 연쇄해 내고 다른 사람들을 연좌해 내는《살아 움직이는》유일한 미디어〉라고 생각한다.

그래서일까? 책을 하나 기획하고 출판하는 데 홍 교우는 정말 많은 시간과 돈을 아끼지 않는다. 그 대부분은 책을 출판하기 위한 세세한 자료들을 수집하고 연구하는 데 사용한다.

그 예가『프로이트 전집』. 홍 교우는『프로이트 전집』을 출판하기 위해 자료 수집차 런던에 있는 프로이트 박물관을 방문한 것은 물론, 각국의 프로이트 관련 저작물들을 죄다 사 모으기도 했다. 그 결과 이번에 홍 교우가 출판한『프로이트 전집』은 세계에서 다섯 번째 언어로 발간된 전집이다.

이번에는 학교 때 이야기를 해달라는 기자의 요구에 홍 교우는 주저할 것 없이『고대신문』이야기를 꺼낸다. 사실 홍 교우는『고대신문』기자 및 기획 간사, 부주간으로 활약한 『고대신문』의 전설 같은 인물이다.『고대신문』이 기성 일간지까지 통틀어 신문 중 최초로 가로쓰기를 시작하고, 편집과 기획에 있어서도 타의 추종을 불허했던 것은 바로 홍 교우가 재임했던 시절이다.

「그때『고대신문』을 가로쓰기로 변형시키기 위해 얼마나 많이 노력했는지 몰라요. 그것은 단지 세로를 가로로 눕히는 단순한 작업이 아니었거든요.」

당시에 국내 모든 신문이 세로쓰기를 하던 시대였기 때문에 홍 교우는 외국 유명 일간지를 모아서 분석하는 힘들고 어려운 과정을 거칠 수밖에 없었다. 하지만 결국에는 『고대신문』만의 독특하고 독창적인 편집 스타일을 개발해 내기에 이른 것이다. 「물론 새로운 무언가를 만들어 내는 일은 너무 힘들어요. 하지만 그 결과에 따른 성취감은 어느 무엇과도 비교할 수 없을 거예요.」

이른바 홍 교우가 이야기하는 〈독창성론〉이다. 마지막으로 홍 교우는 우리 출판 시장에 대한 충고를 잊지 않는다. 「그동안 우리 출판 시장은 너무 지나친 편의주의와 상업주의적 발상에 젖어 있었어요. 한 나라의 문화적 역량과 문화 의식이 가장 적나라하게 드러나는 미디어가 바로 출판인데 말이죠.」

홍 교우가 도스또예프스끼나 프로이트의 전집을 출판하는 것도 홍 교우의 출판에 대한 이러한 신념과 맥이 닿아 있다. 출판계 전체가 전자책이나 인터넷 사업 쪽에 휩쓸려 가고 있는 이 시점에서 〈문화적 토대로서의 출판 본령〉에 대한 홍 교우의 고언은 그 울림이 작지 않다. 전범을 거스르지 않으면서도 늘 독창성을 추구하는 홍 교우. 앞으로도 그만의 독창적인 모습을 기대해 본다.

──『고대 교우 회보』 2003년 4월 5일 ─ 포커스 | 김진국 편집국장

이 시대의 출판 정신
치열하게 묻겠다

한국 출판계는 건강한가. 지난 10여 년 동안 우리 출판계는
사회 민주화의 훈풍을 타고 유례없는 성장을 계속했다.
1998년 외환 위기로 파란을 겪고 최근 경기 침체로 어려움에
처해 있기는 하지만, 출판 시장의 전반적 장세는 강한 상승
국면이었다. 종 수는 과거와 비교할 수 없을 정도로 많아졌고,
디자인과 겉모양도 눈에 띄게 화려해졌다. 그런데도 출판계
안팎에서는 출판 현황에 대한 불만과 비판의 목소리가 커져
가고 있다. 출판은 한 시대 정신 문화의 꽃이며 문화 산업의
인프라이고 문화 창조의 중심이라는 자부심을 상업주의와
물량주의가 잡아먹고 있다는 목소리다. 큰 출판사들의
이기주의와 무책임에 수많은 작은 출판사들이 짓눌려 비명을
지른다는 지적도 많다. 1970~1980년대에 독재의 탄압을 뚫고
선명하게 빛을 뿜었던 출판 정신이 사라지고, 그 자리를 상혼이
채워 가고 있다는 비판이 드세다. 시들어 가는 출판 정신을
되살리고 뒤틀린 출판 시장을 바로잡는 길은 없을까. 많은
이가 국내 단행본 출판사들의 모임인 한국 출판인 회의에 그
몫을 요구하고 있다. 한국 출판인 회의 새 회장으로 선임된
지 100일이 지난 홍지웅 회장(출판사 열린책들 대표)을 만나
출판계에 쏟아지는 안팎의 비판을 가감 없이 전달하고 그의

심정과 각오를 들어 보았다. 홍 회장은 도전적이고 공격적인 인터뷰 내내 신중하면서도 솔직하게 출판계 사정을 설명했다.

한국 출판인 회의가 결성된 지 5년이 됐다. 또 홍 회장이 취임한 지 100일이 지났다. 대한 출판문화 협회라는 기존 조직에 불만을 품은 출판인들이 출판인 회의의 결성을 크게 반겼는데, 출판인 회의도 하는 일이 없다는 말들이 나오고 있다.

지난 4년을 출판인 회의의 정체성을 확립시킨 시기로 보고 싶다. 임의 단체로 출범한 출판인 회의가 법인으로 등록한 게 2000년이다. 처음에는 정보 통신부에 등록했는데 그 뒤 문화 관광부로 이관됐다. 스스로 자기를 정립할 시간이 필요했다.

정체성 확립이라는 건 구체적인 활동 속에서 구현되는 것 아닌가. 출판인 회의가 제 할 일을 못하고 출판계 현안에 능동적으로 대처하지 못했다는 비판을 피해 가기는 어려울 것 같다.

인정한다. 그렇지만 지난 4년 동안 정체성 확립을 위해 노력한 것은 사실이고, 단행본 출판사들이 하나의 단일 모임을 만들어 이끌어 온 것 자체로 작지 않은 성과다.

영화계를 예로 들어 보자. 비슷한 시기에 결성된 영화인 회의는 기존의 영화 협회를 완전히 따돌리고 영화계의 중심 조직이 됐다. 출판인 회의는 전혀 그러지 못한 것 같다.

상황이 좀 다르다고 본다. 영화계는 스크린 쿼터 같은 사활적 문제가 영화인들을 단결시키는 계기가 됐다. 하지만 출판사들은 규모가 각기 다르고, 이해관계도 매우 복잡하다. 그렇게 한목소리를 내기가 쉽지 않다.

지난해와 올해 큰 이슈가 됐던 것이 도서 정가제 문제였다. 그런데, 출판인 회의는 그 문제가 어떻게 돌아가는지 관심도 없었고, 내용도 자세히 알지 못했다. 오히려 출판문화 협회가 더 열성으로 도서 정가제 지키기에 앞장섰다.

출판인 회의가 한 일이 없다는 걸 인정한다. 내 얼굴에 침 뱉기인데, 출판사마다 이해관계가 다르다 보니, 힘 있게 나서지 못한 것이 사실이다. 풀기 쉽지 않은 문제다.

가령, 지난해 인터넷 서점들이 정가제 파괴를 계속했을 때, 출판인 회의가 납품 거부를 결의해 놓고 사실상 지켜지지 않았다. 큰 출판사들이 결의문을 휴지 조각으로 만들지 않았나.

출판사마다 생각이 달랐는데, 출판인 회의가 그걸 강제할 힘이 없었다. 인터넷 서점에 출자한 출판사도 있고, 거래

관행도 출판사마다 다르고……. 출판인 회의가 출범 당시 유통 구조의 혁신을 들고 나왔지만, 아직도 어음 유통이 계속되고 있다. 그 때문에 돈이 없는 소형-신생 출판사들은 어려움을 겪고 있고, 그런 유통 관행에 안주하는 큰 출판사들의 행태에 불만이 많다는 걸 알고 있다.

출판인 회의가 참 무력하다는 생각이 든다. 왜 그런가.

솔직히 말하면, 집행력을 갖기에는 힘이 너무 없다. 가장 기본적인 문제는 예산이다. 회원사로부터 일괄적으로 갹출을 받고, 특별 회비를 또 얼마씩 받아 운영하는데, 그걸로는 현재 사무국 인원 네 명의 인건비를 대는 것도 벅차다. 출판인 회의가 정책 대안을 독자적으로 생산하고 출판계의 중지를 모아 나가려면 사무국이 확충돼 독자적으로 서야 한다. 그래서 지금처럼 동일한 회비를 내는 방식이 아니라, 회원사들이 규모에 맞게 회비를 내는 방식으로 전환하는 것을 고려하고 있다.

큰 출판사들이 규모에 걸맞게 책임을 보이지 않는 게 문제인 것 같다.

작은 출판사들도 문제가 없는 건 아니지만 큰 출판사들이 모범을 보여야 한다. 예를 들어, 인터넷 서점의 정가제 파괴 문제가 나왔을 때, 큰 출판사 30곳만 결의를 하면 그걸 바로잡을 수 있었다. 30대 단행본 출판사의 매출액이 전체 단행본 시장의 70퍼센트를 차지한다. 그에 걸맞은 책임 의식이 필요하다는 데 공감한다.

회장을 비롯해 출판인 회의의 여러 분과를 출판사 사장들이 맡고 있다는 것도 문제 아닌가. 회사 일 하랴 조직 일 하랴 제대로 할 수 있겠나.

그게 바로 돈 문제다. 돈이 없으니 사장들이 자기 시간 내서 조직 일을 한다. 그러나 그런 식으로는 출판인 회의가 계속 발전하기 어렵다. 사무국을 키워 조직 일만 전담하는 인력을 확보해야 한다. 그러지 않고서는 출판계 전체를 포괄하는 정책을 수립할 수 없다.

그렇다고 가만히 있을 수는 없는 일일 텐데, 출판인 회의의 단기적인 목표가 있으면 이야기해 달라.

두 가지를 이야기하고 싶다. 먼저는 서평과 출판 정책 중심의 격월간지『북 앤 이슈』를 펴내는 일이다. 오는 7월 중순 창간을 목표로 하고 있다.『책과 사람』을 출판인 회의 창립 뒤 내다가 중도 하차한 적 있는데, 그렇게 되지 않도록 노력하겠다. 두 번째 중요한 일이 한국 출판 아카데미이다. 이름을 〈서울 북 인스티튜트〉로 바꿔 내년 봄 개원 목표로 땅을 찾고 있다. 정부의 보조금 10억 원과 출판사들이 갹출한 10억 원을 재원으로 하고 있다. 현재 연간 150~180명 정도인 수강생을 9개 과목에 연 1,000명 정도로 확대할 생각이다.

그런 시설 확충도 중요하지만, 역시 가장 중요한
것은 출판 정신인 것 같다. 〈왜 굳이 다른 일이
아니고 출판을 하는가〉 하는 문제의식이 흐려지면서,
출판사들이 출판계 전체의 문제를 놓고 단결하지
못하는 것 아닌가.

지난 20여 년간 출판 시장이 상당히 커졌고 질적 변화도
겪었지만 출판 정신, 장인 정신이 흐려진 것이 사실이다.
나 자신부터도 그렇다. 왜 출판을 하는지, 출판을 통해 이
사회에 어떤 기여를 할 것인지 다시금 질문해야 할 때다.
1970~1980년대처럼 치열하게 살 수는 없겠지만, 그 시대를
살아온 선배 출판인들이 먼저 반성하고 후배들과도 고민을
같이할 필요가 있다. 사실, 출판이란 게 당대 사람들의 생각이
집약된 가장 중요한 미디어인데, 그런 막중한 구실을 다하고
있는지 성찰해야 할 때라고 본다. 앞으로 한국 출판인 회의가
제 역할을 다할 수 있도록 힘껏 노력하겠다.

── 『한겨레』 2003년 6월 21일 | 고명섭 기자

〈우리 출판사 첫 책〉
『붉은 수레바퀴』(1986)

열린책들의 홍지웅(49) 사장의 당초 꿈은 러시아 문학자였다.
고려대에서 철학을 전공했으나 도스또예프스끼에 빠져
대학원에서는 러시아 문학을 파고들었다. 석사 학위를 받고
러시아 유학까지 꿈꿨으나 결혼한 몸으로 혼자 훌쩍 떠나는
것도 무책임한 것 같아 공부의 꿈을 접었다고 한다. 그 길로
다른 생각 않고 출판계로 들어섰다. 1986년의 일이다. 그 시절
서울에서는 출판사 등록이 불가능했다. 그래서 홍 사장은
〈다독〉이라는 출판사 명의를 250만 원에 사들여 이름을
바꾸는 편법을 썼다. 이 출판사의 설립 연도는 1986년이지만
등록일이 1980년으로 되어 있는 것은 그 때문이다.
첫 책인 솔제니찐의 『붉은 수레바퀴』는 홍 사장이 자신의
전공을 최대한 살리면서 1980년대 대학 캠퍼스에서 직접 느낀
러시아에 대한 갈증을 풀어 주는 기획이었다. 출판사 이름 중
〈열린〉이라는 형용사는 그 시절 우리나라의 입장에서 닫혀
있던 소련 및 동유럽의 현대 문학의 물꼬를 연다는 뜻으로
붙인 것이다. 〈이제 우리 눈앞에 새롭게 열린 책들〉 정도의
뜻이나 일반인들은 〈열림을 지향한다〉는 뜻으로 받아들인다.
왜 솔제니찐이었을까. 그때까지 현대의 러시아 문학이
국내에서는 철저히 외면당하고 있었다는 사실에 착안했다고

한다. 그리고 대학 캠퍼스에서는 반정부 시위가 자주 일어나면서 러시아 혁명에 대한 관심이 높을 때였다. 러시아 혁명 와중에 한 대령을 중심으로 다양한 인간 군상들이 보이는 행태를 묘사한 작품이 바로 『붉은 수레바퀴』였다.

총 7권 중 1권 3,000부는 열린책들의 두 번째 책인 『소련의 작가와 사회』와 함께 배포되어 나름대로 반응을 얻으며 재판(1,000부)도 찍었다. 2권은 초판 3,000부가 그럭저럭 소화되었으나 3권부터는 초판 부수를 2,000부로 낮춰야 했다. 4권부터 7권까지는 수익 면에서는 출간 자체가 전혀 의미가 없었다. 다만 3권까지 책을 구입해 준 독자들과의 약속을 끝까지 지키기 위해 완간한 것이었다. 신생 출판사의 이런 노력은 신문 지면에 〈약속 지키기 위해 출혈 감수하며 『붉은 수레바퀴』 7권 완간〉이라는 제목으로 실렸다. 이 책은 현재 절판된 상태다. 재출간하려면 번역을 다시 해야 한다. 열린책들의 『붉은 수레바퀴』가 프랑스어를 원본으로 했기 때문이다. 당시 미국 버몬트주에서 망명 생활 중이던 솔제니찐이 이 작품을 러시아어로 발표하기 전에 먼저 프랑스에서 프랑스어로 펴냈다.

요즘 홍 사장의 관심은 동구권만 아니라 서유럽까지 아우른다. 움베르토 에코의 『장미의 이름』(이탈리아), 파트리크 쥐스킨트의 『좀머 씨 이야기』(독일), 베르나르 베르베르의 『개미』(프랑스)가 대표 히트작들이다. 이 작품들의 공통점은 소재나 글쓰기에서 독창적이고 상상력이 돋보인다는 것이다. 홍 사장은 〈소설을 포함한 모든 장르에서 독창성이 무엇보다 중요하다〉며 〈우리나라 작품들이

독자들의 외면을 받는다면 아마 소재가 너무 평범하고 소재를
다루는 방식이 진부해서 그럴 것〉이라고 말했다.

──『중앙일보』2003년 9월 20일 ── 우리 출판사 첫 책 | 정명진 기자

아주 특별한 책과의 조우

책장을 넘기며 책 속에 내 자신을 투영했던
순간들, 그 감동의 순간은 고스란히 내 안으로
들어와 나의 일부가 된다. 세월의 흐름에도 변치
않는 감동과 의미를 선사하는 책과의 만남.
셀러브리티에게서 그 특별한 이야기를 듣는다

요즘 같은 시대에 도스또예프스끼의 작품을 읽은 사람이
몇이나 될까? 대문호의 명작이라는 꼬리표가 꼭 한 번은
읽어야겠다는 부담감을 가중시키지만, 관념적이고 철학적인
그의 글들은 늘 시도하다가 덮기를 반복하게 된다. 한때
홍지웅 대표에게도 도스또예프스끼는 그런 존재였다. 하지만
철학도였던 그가 사르트르, 카뮈, 키르케고르 등의 실존 철학을
접한 후, 도스또예프스끼의 작품을 다시 시도하게 된 것이 대학
1학년 겨울 방학. 그 이후 그의 삶은 완전히 달라졌다.
「단순히 영향을 미친 차원이 아니라 대학교 1학년 이후의 제
삶을 지배하고 있었다고 해도 과언이 아닙니다.」
하루 만에 『죄와 벌』을 완독한 그는 그해 겨울 한 달여의 기간
동안 당시 출간되어 있던 정음사판 『도스또예프스끼 전집』을
모두 독파했다. 요즘 소설들처럼 스토리를 위주로 전개되는
것이 아니라 인물의 내면 묘사와 철학적 사고가 길게 이어지는
러시아 작가들의 작품은 책장을 넘기기가 녹록치 않았다.
때로는 주인공이 내면으로 갈등하는 장면이 몇 페이지에
걸쳐 이어지기도 했다. 하지만 그는 그야말로 말 하나하나,

사고 하나하나에 빠져들어 정신없이 읽어 나갔다. 1970년대, 지식인의 역할이 무엇이며 도대체 사회 정의는 무엇인가를 고민하던 그에게 라스꼴리니꼬프의 고뇌는 가슴 깊이 와 닿는 감동, 그 이상의 것이었다.

「거대한 산을 만난 느낌이었죠. 지성, 선과 악, 인간 안에 내재되어 있는 그 모든 것……. 도스또예프스끼의 책 속에 모든 세상이 들어 있었습니다.」

그 후 그는 다른 대학의 도서관까지 샅샅이 훑으며 도스또예프스끼에 관한 비평서를 읽었고, 대학원에서 러시아 문학을 전공하기에 이르렀다.

1986년 열린책들은 러시아 문학 전문 출판사로 시작했다. 솔제니찐의 『붉은 수레바퀴』를 시작으로, 아나똘리 리바꼬프의 『아르바뜨의 아이들』, 막심 고리끼의 『어머니』 등 러시아 문학 시리즈가 이어졌고, 2000년에는 드디어 『도스또예프스끼 전집』을 출간했다. 7년이라는 시간과 엄청난 인력, 자본을 투자해 만들어진 전집은 도스또예프스끼에 대한 그의 끊임없는 헌사의 결정판이었다. 지금까지의 『도스또예프스끼 전집』이 영어나 일어로 된 텍스트를 기본으로 중역되어 나온 것이라면, 열린책들의 전집은 러시아 문학 전문가들로 구성된 번역가들이 러시아어판을 텍스트로 해 번역했고, 오리지널 텍스트에 충실하기 위해 문장이 정확하지 않거나 거친 부분들도 원본을 그대로 살리고 각주를 다는 형식으로 진행했다.

「거칠더라도 윤색되지 않은 도스또예프스끼의 언어를 그대로 보여 주고 싶었거든요.」

출판계 일각에서는 디지털 시대에 고급 양장본으로 된 『도스또예프스끼 전집』을 출간하는 것은 무리가 아니냐는 목소리도 있었지만, 결국 도스또예프스끼에 대한 열정에서 시작된 그의 전집 사업은 성공적이었다.

「제가 좋아해서가 아니라, 다른 사람들에게 물어봐도 20세기 인류 문화에 가장 큰 영향을 끼친 문인을 꼽으라고 하면 많은 사람이 도스또예프스끼를 꼽을 겁니다. 선악의 문제, 자유 의지, 신의 문제 등을 다룬 그의 작품은 시공을 초월하는 보편성을 지니고 있기 때문이죠. 그의 작품이 21세기라고 해서 빛이 바랠 리는 절대 없다는 것을 믿었죠.」

── 『뱅생캉』 2003년 9월 호 ── 북 스페셜 | 황정민 기자

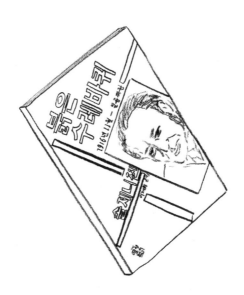

모든 것은 상상력으로부터 시작된다

창밖으로 경복궁 처마와 돌담이 가지런히 보이는 청와대로
향하는 길목에 위치한 열린책들 사옥. 잎들을 떨어뜨리고
있는 은행나무가 사옥을 호위하듯 둘러싸고 있다. 가을
끝에서 책이 그득한 책장들 사이에 선 홍지웅 대표에게서는
오래된 종이 냄새가 나는 듯했다.

러시아 문학도, 출판계에 투신하다

홍지웅 대표는 학부 때는 철학을, 대학원에 진학해서는
노문학을 전공하였다. 〈사고하는 방식〉을 익히는 학문인
철학은 그에게 인식론에 대한 지평을 열어 주었다. 대학에
입학하면서부터 읽기 시작한 도스또예프스끼를 평생의 연구
대상으로 삼겠다는 꿈도 이즈음부터 키워 나가기 시작했다.
그 꿈은 자연스레 그를 출판계로 인도한 시발점이 되었다.
「외국의 좋은 소설들을 발굴해서 독자들에게 소개하고 우리
문학을 살찌우게 하고 싶었습니다.」
열린책들은 1986년에 설립되었다. 당시 그는 출판사 설립과
더불어 도스또예프스끼를 더 공부하기 위해 유학을 준비하고
있었다. 그러나 그에게는 쉽게 내팽개칠 수 없는 〈가장〉이라는
역할을 외면할 수 없었다. 부인과 아들만을 한국에 두고

유학 간다는 것이 그의 발길을 붙잡았다. 1년 정도 출판 일을 하다가 유학을 가기로 했으나 한번 들인 발은 쉽게 빼기가 어려웠다.

이제 우리 눈앞에 새롭게 열린 책들

〈소련 및 동유럽 현대 문학의 물꼬를 튼다〉는 의미를 지닌 열린책들은 솔제니찐의 『붉은 수레바퀴』를 첫 번째 책으로 펴냈다. 그러나 열린책들이 대중들의 귀에 익숙해지기 시작한 건 베르나르 베르베르의 『개미』가 발표되면서부터다. 『개미』 이후 연이어 베스트셀러를 출판하면서 소위 〈잘나가는 출판사〉로 불리기 시작했다. 하지만 열린책들의 도서 목록은 단지 유행을 좇거나 상업성만을 따르지 않았음을 보여 준다. 최근에 발표된 『프로이트 전집』(전 15권)을 비롯하여 『도스또예프스끼 전집』(전 25권)」, 〈쉬또젤라찌 총서〉, 뿌쉬낀과 솔제니찐의 저서를 포함한 러시아 문학서 등 초심을 지켜 내려는 노력을 게을리하지 않고 있다. 수익성이 없음에도 불구하고 학문의 기초가 되는 전집류에 대한 홍지웅 대표의 열정은 쉽게 꺾이지 않는다.

출판사 이름을 드높인 작가에는 앞서 언급한 베르나르 베르베르 외에 파트리크 쥐스킨트, 폴 오스터, 르네 벨레토, 장 자끄 상뻬 등이 있다. 그들의 책 제목만 떠올려도 바로 열린책들이 떠오를 정도다. 베르나르의 경우는 『개미』, 『타나토노트』, 『상대적이며 절대적인 지식의 백과사전』, 『아버지들의 아버지』 등 국내에서 번역된 그의 모든 책이 열린책들에서 나왔다. 유명세만큼 여기저기서 유혹의

손길도 만만치 않은 작가들이다. 그럼에도 꾸준히 그들의
책이 한곳에서 출판되는 데에는 차별화된 전략이 있으리라
생각했다.

「작가들에게 지속적인 관심을 가졌을 뿐입니다.
그(베르베르)가 프랑스에서도 베스트셀러 작가가 된
데에는 오히려 한국 시장에서의 성과가 큰 역할을 했습니다.
고마워서 그랬는지 3부작인 『개미』의 제 3부 『개미 혁명』에는
제 이름이 등장하기도 합니다. 허허허.」

출판계의 인재 양성을 위한 서울 북 인스티튜트

한국 출판인 회의의 회장으로 선임(2003년 2월)된 이후로
출판사는 뒷전으로 밀려나곤 한다. 그것은 직원들에 대한
믿음도 믿음이지만, 출판계의 후학들을 위한 서울 북
인스티튜트의 개원을 위해 많은 시간을 할애하고 있기
때문이다. 기존 출판계에 종사하고 있는 편집인들과 출판계에
뛰어들고자 하는 인재들을 위한 교육을 담당할 서울 북
인스티튜트, 이를 위해 홍지웅 대표는 독자적 프로그램
개발과 건물 신축을 위해 동분서주하고 있다.

「단 하나의 강좌라도 저도 참여해서 가르치려 합니다.」
강단에 남고자 했던 그의 꿈이 다른 모습으로 이루어지게
되었다. 그는 현장에서 체득한 노하우를 후학들에게 전수하고
싶어 한다. 매년 1,000여 명의 출판 전문 인력을 배출하게
될 서울 북 인스티튜트는 기획, 편집, 마케팅, 디자인 등을
집중적으로 교육할 예정이다.

예술을 생활 속으로 〈더 소설The Social〉

지난 10월 15일, 열린책들 사옥의 1, 2층에 문을 연 와인 &
갤러리 〈더 소설〉은 〈사회적인 어떤 것〉, 〈사람이 모이는
곳〉이라는 뜻과 함께 발음대로 〈소설〉이라는 다중적인
뜻을 지니고 있다. 와인과 함께 미술 작품을 감상할 수 있는
공간이다. 출판을 〈개인적인 생각을 다른 이들에게 알리는
일이며 대중을 상대로 하는 일〉이라 생각하는 그에게 〈사회
속의 예술〉은 큰 의미로 자리한다. 그러나 사회적 연관은
자연스럽게 〈생활 속에 예술을 끌어 들임〉으로 이어졌다.
10여 년 뒤에는 일선에서 물러나 화가로 살고 싶은 그는,
대학 시절 학보에 만화와 만평을 그렸고, 시화전에 참여하며
때때로 유화를 그리기도 했다. 그런 그답게 공간의 제약으로
인해 전시에 어려움을 겪는 화가들을 위해 갤러리의 한 자리를
내어 줄 생각이다. 팸플릿 제작이나 언론 홍보도 비용을 받지
않고 열린책들이 도맡아 할 예정이라 한다. 벌써부터 다양한
직종의 다양한 사람들을 만나는 재미를 느낄 정도로 〈더
소설〉은 강북의 문화적 명소로 떠오르고 있다. 〈커뮤니케이션
음료〉라 불리는 와인과 좋은 그림들을 매개로 많은 이가
편안하게 쉬어 갈 수 있는 문화 공간이 되기를 그는 바라고
있다.

실용성은 상상력을 만나 구체화된다

그가 소설을 좋아하는 이유는 〈상상력〉 때문이다. 실용성에서
출발한 상품도 결국은 상상력을 만나야 구체화되기 마련이다.
〈픽션〉은 창작이다. 기발한 이야기, 독특한 상상력, 그리고

저자의 개성은 좋은 소설의 탯줄과 양수와 태반이 된다.
문장력도 중요하지만 그 작가만의 차별성 역시 중요하다.
이것이 소설을 읽어야 하는 당위성이라고 그는 말한다.

── 『굿모닝 월드』 2003년 11~12월 호 ── 골드 피플 | 장세이 기자

명화로 남는 책 표지
진면목 보여 주마

『장미의 이름』, 『개미』, 『뿌쉬낀 전집』 등 유럽 문화의 향기가
진한 소설들을 펴내고 있는 출판사 열린책들이 재미난 공간을
하나 만들었다. 10월 15일 경복궁 옆에 있는 사옥 1, 2층에
갤러리 겸 카페인 〈더 소설〉을 연 것. 첫 전시로 11월 15일까지
고낙범의 프로이트 초상 연작 「Out of Blue-Freud Line」전이
열린다. 젊은 시절부터 노년까지 프로이트의 초상을 모노크롬
기법으로 그린 이 연작은 열린책들이 최근 개정판을 낸
『프로이트 전집』의 표지화이기도 하다.
「갤러리 이름인 〈Social〉은 중의적입니다. 영어로는
〈사회적인 것〉, 〈사교〉의 뜻으로 출판이나 미술, 음악 등
문화계 사람들이 모이는 장소로 만들고 싶다는 의미이지요.
〈소설〉이라고 읽으면 물론 소설을 뜻하는 것이기도 하고요.」
학창 시절엔 대학 신문에 4년 동안 만화와 만평을 그렸고,
출판사를 시작하기 전에는 『동아일보』에 만평이 실리기도
했다는 홍지웅 대표는 그 자신이 아마추어를 뛰어넘는 미술
애호가다. 출판과 미술을 연결하는 작업도 꾸준히 해왔다.
이번에 전시된 프로이트 연작은 물론이고 2000년 출간된
『도스또예프스끼 전집』 역시 화가 선종훈 씨가 그린 25점의
초상을 표지로 사용했다.

「프로이트의 무의식 세계를 표현하는 데에는 단색 회화인 모노크롬 기법이 적절하다고 생각했습니다. 올 12월에 출판되는 『한국 대표 시인 초간본 총서』(전 20권)도 20명의 화가들이 각기 시집의 내용을 읽고 그린 이미지들을 표지화로 쓸 계획이에요. 그리고 이 표지화들은 내년에 〈갤러리 소설〉에서 전시할 예정이고요.」

홍 대표는 〈갤러리 소설〉을 표지화를 전시하는 것 외에도 개인전을 하고 싶어도 자금이 부족해 하지 못하는 화가들이 자유롭게 쓸 수 있는 공간으로 운영할 계획이다. 별다른 홍보나 개관 기념 행사도 하지 않았지만 개관 1주일 만에 〈갤러리 소설〉은 문화 관광부와 언론사 문화부 기자들, 출판계 인사 등 문화계 사람들이 드나드는 〈문화 명소〉로 떠오르고 있다.

──『주간 동아』 2003년 11월 16일 | 전원경 기자

상상의 세계로 안내하는
고집 가득한 출판인

TV와 신문이 아니더라도, 멀게만 느껴졌던 책들이
소꿉친구처럼 다가오는 발걸음이 여기저기서 감지된다.
그렇기에 이제는 출판사들도 자신만의 독특한 컬러를 뽐내
주길, 독자들 역시 잘 만든 책이라면 기꺼이 품에 안아 주길
홍 대표는 바라고 있다. 움베르토 에코, 파트리크 쥐스킨트,
베르나르 베르베르, 폴 오스터에 아멜리 노통브까지 더해
X축으로 삼고, 도스또예프스끼, 뿌쉬낀 그리고 프로이트의
전집들을 Y축으로 삼아 여기에 번역과 디자인이라는 항목을
공들여 매치시키고 나면 하나의 단어가 등장한다. 바로
열린책들이라는 이름의 출판사.

세상에 하나뿐인 소설을 찾아서

하루에 수많은 소설이 먼지 가득한 창고로 유배되어 가는
현실에서 독특한 자기만의 영토를 구축하며 번역 소설의
명가로 자리매김해 온 데는 무언가 특별한 비밀이 숨겨져
있지 않을까. 홍 대표는 쉽게 열쇠를 알려 준다. 바로 독창성!.
생물학 교본도 아닌 소설의 주인공으로 『개미』를 캐스팅해
5권 가득 빽빽이 그려 낸 베르베르, 누구라도 무릎 꿇고 말
무불통달의 지식으로 중세의 시간을 넘나들며 씨줄과 날줄로

이야기를 엮어 내곤 하는 에코, 그리고 〈인생은 우연〉이라는 선승의 경구 같은 한 줄의 주제를 변주해 월간 시사지 두께의 소설들을 마구마구 쏟아 내는 폴 오스터까지 이 출판사의 저자 리스트엔 독창적인 작가들이 많다.

「소설이란 철저하게 꾸며진 이야기입니다. 장르든 소재든 문체든 서술 방식이든 독창성이 담보되지 않는다면 이미 소설로는 실격입니다. 적절한 불륜, 적절한 긴장 관계, 적절한 결말 등을 버무려, A라는 작가의 소설을 B라는 작가의 작품이라고 얘기해도 그저 고개가 끄떡여지는 소설이 많습니다.」

외국 소설의 경우에도 독특한 소설을 한 권 발견했다고 해서 바로 그 작가의 작품을 전부 계약하는 것은 아니다. 한 작품이 좋은 평가를 받았다고 해서 모든 작품이 다 그런 것은 아니며, 데뷔작이 유일한 대표작인 경우도 허다하기 때문. 그래서 일단 레이더망에 잡힌 작가에 대해서는 『장미의 이름』의 윌리엄 수도사처럼 모든 작품에 대해 면밀한 자료 수집에 들어간다. 하지만 한번 출간을 결정한 후에는 불도저처럼 거침없는 지원을 보낸다.

「처음 폴 오스터의 소설을 냈을 때 결과가 참담했어요. 하지만 믿음이 있었기에 고집스럽게 그 후로도 7권을 더 내놓았지요. 앞으로도 2~3권이 더 나올 거예요. 그러다 보니 지금처럼 마니아들이 생겨나게 된 거죠.」

출판사의 도서 목록은 대표의 취향을 담기 마련. 그 말을 입증하듯 소설에 대한 그의 사랑은 에스프레소만큼이나 진하다. 한국 출판인 회의 회장까지 역임하고 있는 터라

회사에서 출간하는 책들을 모두 꼼꼼하게 읽어 보지는 못하지만 소설만큼은 주말에 싸 가지고 가서라도 놓치는 법이 없다고 한다.

「소설은 시대의 상황에 놓인 우리 인간들의 이야기잖아요. 그뿐인가요. 상상력이 샘솟는 원천이기도 하죠. 하나의 가느다란 실마리에 살을 붙이고 줄거리를 짜내잖아요. 특히 프랑스 소설들이 그래요. 예를 하나 들어 보죠. 주인공이 한 건물에 갔다가 엘리베이터가 멈춰 갇히고 말아요. 그 3일 동안 인간 내면의 모든 감정을 낱낱이 풀어헤쳐 내는 거예요. 기가 막히죠. 또 후기 소설들은 긴장이 좀 떨어지긴 하지만 에코의 초기 소설들을 보면 찬탄이 절로 나와요. 아, 글을 이렇게도 쓸 수 있구나 하고 말이에요. 그런 간접 체험들이 바로 창조적인 상상력의 원천이 되죠.」

전집, 출판인의 존재 이유

열린책들을 설명하는 또 하나의 키워드, 전집 발간. 이미 출간한 뿌쉬낀과 프로이트 그리고 도스또예프스끼의 전집만으로도 놀랄 만한데 여기에 조만간 러시아 작가 니꼴라이 고골과 니코스 카잔차키스 그리고 움베르토 에코의 저술과 에세이를 엮은 25권 규모의 『움베르토 에코 마니아 컬렉션』까지 나올 예정이다. 어찌 보면 젊은이들에겐 케케묵은 고전으로 비춰질 수 있는 작품들의 목록을 보면서 제일 먼저 떠오른 질문은 〈이런 전집들이 과연 팔릴까?〉이다.

「매출요? 큰 기대는 안 해요. 비즈니스 마인드로 보자면 두말할 것도 없이 포기해야 할 프로젝트라는 걸 알죠. 한두

권 정도 필요로 하는 독자들이야 있겠지만 사실 그 분야
전공자가 아니라면 전집은 큰 의미는 없으니까요.」
그걸 알면서도 왜 내는 것일까. 항간의 말처럼 잘나가는
출판사의 신선놀음일까. 그보단 좀 더 진중한 고집이 담겨
있는 듯하다.

「출판인의 존재 이유라고 생각하니까요. 누군가는 해야만
하는 당위성의 문제인 거죠. 마르크스에 대해, 프로이트에
대해 많은 학자가 끊임없이 언급하곤 하지만 그런 학자들
가운데 원전을 제대로 읽은 학자가 얼마나 될까요. 그런
의미에서 1차 자료인 전집의 번역은 굉장히 중요합니다. 1차
텍스트가 아닌 2차 자료인 비평서나 해설서만 가지고 작가나
사상가를 논하는 경우가 허다합니다.」

이런 〈장님 코끼리 만지기〉식의 풍토를 근본적으로 해소시킬
수 있는 것이 원전 텍스트의 번역이라는 것. 마지막으로
번역과 디자인. 에코와 이윤기, 베르베르와 이세욱 등
작가별로 스타 번역가를 배출하기도 했고, 『도스또예프스끼
전집』 발간 때는 23명의 러시아어 전공 소장 학자들이
번역하고 7번이 넘는 대조, 교열, 교정 작업을 거치는
꼼꼼함을 보이기도 했다. 특히 일본어나 영어로 번역된
텍스트를 다시 중역하는 방식이 아닌 원문 그대로를 텍스트로
택한 번역 방식은 홍 대표 스스로의 오랜 약속이자, 국내 번역
문화의 수준을 한 단계 높였다는 평가를 받기에 충분하다.
『장미의 이름』의 일본 측 번역가가 이 책이 한국에서 일본보다
먼저 발간되었다는 사실을 알고는 역자 후기에서 놀라움을
표시했던 일은 어깨에 힘을 주게 해주는 행복한 에피소드다.

홍 대표는 얼마 전 출판사 건물 1, 2층에 갤러리와 와인 바를 겸한 〈더 소설〉을 오픈했다. 여기엔 그의 그림 사랑이 담겨 있다. 그는 60세가 넘으면 일에서 손을 떼겠다고 공공연히 말하고 다닌다. 〈출판사 대표는 평생 직장〉이라는 현실에서 본다면 보기 드문 약속. 그 후에 하고 싶은 일이 바로 그림 그리기다. 출판사 초창기에는 책의 표지를 직접 디자인했을 만큼 가슴 속에 예술에 대한 열정이 늘 가득하다. 갤러리 2층 벽면을 둘러싼, 첫 전시 작품이기도 한 고낙범 작가의 『프로이트 전집』 표지화 모노크롬 작품들과 4층 집무실 구석에 놓인, 20명의 화가들이 그려 낸 1930~1940년대 대한민국 대표 시인 20인의 초판본 연작 표지화들. 휘둘러보아도 이 출판사의 단행본들에 손길이 가는 이유와 그의 까다로운 안목에 고심할 북 디자이너들의 모습이 보이는 듯하다. 앞으로 〈갤러리 소설〉 공간엔 전업 화가들의 작품을 전시하고 판매하는 화랑의 역할까지 해볼 참이다. 대신 작가 스스로 자신의 그림 가격을 매겨, 거품 낀 높은 가격과 그로 인해 판매도 부진한 기존의 갤러리들과는 차별화된 시스템으로 운영할 것이라 한다. 경기 침체 이후 소품들만 겨우 〈찔끔찔끔〉 거래되고 있는 시장에서 작가들이 자신의 예술을 과감히 펼치는 동시에 다음 작품을 위한 캔버스를 구입할 수 있는 수입도 올릴 수 있는 적극적인 공간 운영이 필요하다는 생각이다.

스모Sumo & 아트 북, 외길 걷기의 해법

독특한 자기만의 고집을 지켜 나가려는 노력. 하지만 그가 속한 출판계는 여전히 패션계만큼이나 유행에 민감한 동네다. 유아책이 뜨면, 컴퓨터 서적이 잘 팔리면, 처세서들이 베스트셀러 목록에 오르면 슬쩍 무대 뒤에서 옷을 갈아입고 나오는 출판사가 적지 않다. 물론 오랫동안 고집스레 우리 문학을 출간하고 있는 전통의 문학 출판사들과 자신만의 컬러를 담아 당차게 나선 꿋꿋한 단행본 출판사들도 있지만, 규모와 매출이 영세한 출판사들로서는 살기 위해 어쩔 수 없는 선택일지도 모른다.

「제 생각은 달라요. 한길만 고수해도 충분히 살아남을 수 있다고 생각해요. 오히려 시류에 따라 변온 동물처럼 몸을 바꿔서는 긴 생명력을 유지할 수 없어요. 사진만 해도 그래요. 사진에 관해 정말 완벽한 노하우가 담긴, 그래서 책 한 권만 열심히 보면 현장 수업 근처 정도까지 갈 수 있는 책이 서점에 있던가요? 일본만 가봐도 달라요. 카메라의 종류별, 사진의 테마별로 엄청난 전문서들이 쏟아져 나오거든요.」

전문 서적에서 만화까지, 사서 보는 마인드가 깔린 일본과 우리의 시장 상황은 다르지 않을까.

「까치에서 얼마 전 앙리 카르티에 브레송 사진집을 냈어요. 10만 원 가까이 나가는 비싼 책이죠. 본전만 뽑아도 다행이다 싶었는데 막상 책을 내고 보니 몇천 부가 훌쩍 팔려 나갔어요. 전문 서적도 충분히 가능성이 있다는 증거인 셈이죠.」

그의 집무실 한편에는 필리프 스타크가 디자인한 스테인리스 스틸 받침대와 한 쌍을 이루고 있는 헬무트 뉴턴의 거대한 작품집이 놓여 있다. 독일의 타셴 출판사가 한정판으로 내놓은 〈스모〉판이다. 이 사진집은 해가 바뀔 때마다 남은

재고의 판매 가격을 오히려 높게 책정한다. 그로 인해 지금은
3,000달러를 내야 소장할 수 있을 정도. 이처럼 독특한
마케팅으로 통장을 채운 후 다시금 다양한 분야의 예술
서적을 발간해 내는 것이다. 또 영국의 파이던 출판사는 500쪽
분량의 아트 북을 소설 두 권 값에 내놓아 엄청난 판매고를
올리기도 했다. 기획과 마케팅 방법을 고심하면 얼마든지
한 분야에 머물며 전문성과 수요를 창출해 낼 수 있다는
설명이다.

출판 강국의 꿈, 쉽고도 어려운 해법

경기 침체의 여파가 긴 호흡을 계속하고 있지만 단행본 출판
시장의 규모는 다행히 성장 곡선을 그리고 있다. 물론 여기엔
신문과 방송의 책 프로그램이 큰 후원자 역할을 하고 있다.
「요즈음의 상업 출판이 인문학을 죽이고 있다, 독서
편식을 가져온다는 등 우려가 많다는 것도 알아요. 하지만
1990년도에 내놓은 주빈 메타와 3대 테너의 음반이
전 세계에서 600만 장이나 팔리며 클래식의 대중화를
이끌었듯이 책과 친숙해져 가는 습관은 분명 독자들 스스로
책을 찾는 고급 독서 문화를 만들어 갈 수 있다고 봅니다. 물론
그때까지 시간은 좀 더 필요하겠지만요.」
그에게 요즘 주어진 또 다른 짐은 한국 출판인 회의
회장으로서의 역할이다. 편집자와 북 디자이너, 마케팅 전문가
등을 양성하는 SBI 설립 등 여러 사업을 의욕적으로 추진하곤
있지만 좀 더 풍성한 결과물을 보여 달라는 기대가 어느
때보다도 크다. 여기에 유통과 결제 구조 등 아직도 복잡하게

얽힌 낡은 제도들 역시 출판인들이 함께 머리를 맞대고 풀어내야 할 숙제다. 그런 그가 독자들과 출판계에 던지는 메시지는 소설처럼 그럴 듯하면서도 전집처럼 통찰력 있는 고민이 담겨 있는 듯하다.

── 『G & L』 2003년 12월 호 ─ 컬처 컬티베이터 ᛁ 오정석 기자

『향수』-『장미의 이름』-『개미』
상상력 자극, 수백만 독자 잡았다

「독창성이 있어야죠. 궁극적으로 소설은 지어낸
이야기입니다. 제대로 지어내려면 독창적인 상상력이 있어야
합니다. 베르베르의『개미』, 쥐스킨트의『향수』를 보면 서사
구조가 얼마나 독창적입니까.」
열린책들의 홍지웅(50) 사장이 책을 기획할 때 가장
우선적으로 꼽는 기준 가운데 하나는 〈독창성〉이다. 그의
말에 따르면 독창적인 책은 시장에서도 외면하지 않는다고
한다. 책의 소재, 서술 방식 등은 독창적이어야 하지만,
출판사의 판매 마케팅 방식도 독창적이어야 한다. 1986년
설립한 열린책들은 솔제니찐의『붉은 수레바퀴』를 첫 발행한
이후 움베르토 에코, 파트리크 쥐스킨트, 베르나르 베르베르
등 주로 유럽 작가들의 소설을 번역해 국내에서 초유의
베스트셀러를 만들어 냈다.
홍 사장의 말처럼 1992년 출간한『좀머 씨 이야기』(파트리크
쥐스킨트)의 주인공은 황당무계한 행동을 일삼는 사람이다.
이 책은 〈1996년 가장 많이 팔린 책〉, 〈광복 이후 가장 많이
팔린 책 50권〉 중 하나로 선정됐다. 두터운 마니아층을
형성하고 있는『장미의 이름』(움베르토 에코) 역시 중세
수도원이라는 폐쇄적이고 은밀한 공간을 작가의 상상력으로

세상 밖으로 이끌어 낸 책이다. 그 외에도 열린책들이 발행한 책들을 보면 상상력이 가득한 것이 많다.

홍보 방식도 독창적이다. 대표적인 것이 출판사에서 발생하는 신간 예고 신문인 『북캐스트』. 책과 해설의 합성어인 『북캐스트』는 『개미』를 출간하면서 작가와 옮긴이의 말, 외국 서평 등으로 만든 타블로이드 신문이다. 『북캐스트』를 통해 알려진 『개미』는 80만 부가 팔려 나갔다. 당시에는 『북캐스트』를 발행하는 것이 출판계의 유행이 됐다.

편집도 독창적이다. 지난해 발간된 베르베르의 『나무』는 프랑스 원작에 없던 삽화가 한국어판에서만 등장했다. 홍 사장이 원작을 보고 〈이 소설은 그림이 있으면 더 좋겠다〉는 생각이 들어 프랑스의 일러스트레이터 뫼비우스에게 의뢰해 삽화를 그려 넣었다. 이후 삽화가 들어간 한국어판을 보고 프랑스어 원작을 재판할 때는 똑같은 그림이 들어가는 일이 벌어지기도 했다.

홍 사장의 지론처럼 새롭고, 독창적이라는 원칙에 기반해서 만들어 낸 책으로 열린책들은 재정적으로도 많은 성과를 올렸다. 〈돈은 많이 벌었느냐〉는 질문에 그는 〈우리나라 출판 산업 자체가 소규모 기업이 많아서 매출이나 수익이 보잘것 없는 것이지만, 이만하면 돈도 많이 벌은 셈〉이라고 말했다. 그러나 번 돈을 허투루 쓴 것은 아니다. 작은 출판사들이 할 수 없는 대형 기획에 이 돈을 다시 투자했다. 『프로이트 전집』(전 20권), 『도스또예프스끼 전집』(전 25권), 『뿌쉬낀 문학 작품집』(전 6권)을 출간했다. 이런 유의 전집으로 수익을 내기는 쉽지 않다. 홍 사장은 〈우리나라에서는 해설서나

비평서가 아닌 이들의 원작을 제대로 읽어 본 사람이 몇
명이나 되겠느냐〉면서 〈늦은 감이 없지 않지만 누군가는 해야
할 일이라는 생각에 전집 출판에 의미를 두게 됐다〉고 말했다.
그렇다면 홍 사장이 보는 한국 소설은 어떨까.

「지난 100년간의 우리나라 역사는 그것 자체가 한 편의
드라마와 같아요. 구한말부터 일제 강점기, 해방, 6.25
전쟁, 4.19 혁명, 군사 쿠데타, 유신……. 현실이 소설보다
더 소설적이었어요. 그래서 모두 우리 이웃, 우리 가족의
이야기가 그대로 소설이 되었어요. 우리 소설의 전통이
리얼리즘 색채가 강한 것도 이런 이유 때문이에요. 탐정
소설, 유토피아 소설, SF 등 다양한 문학이 자생하지 못한
이유이기도 합니다. 우리 출판 시장이 불황을 뚫기 위해서는
모든 분야에서 좀 더 새롭고, 참신한 소재를 발굴해야 합니다.」

── 『주간 조선』 2004년 10월 28일 ── 특집 1: 출판가의 맹장들 | 이석우 기자

Nocturno de Chile
로베르토 볼라뇨

칠레의 밤

2666

2666 ③

소진되지 않는 〈빛의 마술〉

〈돈이냐 자존심이냐.〉 출판인들이 태생적으로 갖는 고민이다. 돈을 많이 벌면서도 그럴 듯한 책을 끊임없이 내면 좋겠지만 결코 쉽지 않은 일이다. 그런 면에서 홍지웅(52) 열린책들 대표는 우리나라에서 〈돈과 자존심〉을 다 챙길 줄 아는 몇 안 되는 출판인 중 한 사람이다. 거기에 상당한 미술적 소양을 갖추고 있는 점도 많은 출판인이 부러워하는 대목.

홍 대표가 지향하는 현대 미술 세계는 〈관상하는〉 미술이 아닌 〈체험하는〉 미술이다. 단순한 눈의 즐거움을 넘어 온몸으로 느끼고, 작품 속에 들어가 참여하는 게 진정한 현대 미술이라고 믿는다. 그는 얼마 전 일본 나오시마의 지추地中 미술관에서 이같은 미술의 전형이 될 만한 작품을 발견했다. 땅속에 건설된 지추 미술관은 〈빛의 작가〉로 알려진 미국의 제임스 터렐과 월터 드 마리아, 모네 3인의 작가를 위한 미술관이다. 구리 제련소 폐기물로 얼룩진 환경 복원 사업의 하나이며 후쿠다케 서점으로 유명한 후쿠다케 가문이 세웠다. 홍 대표는 이들 작품 중 터렐의 「Wide Out」(1998)이 준 감흥을 잊을 수 없다고 했다.

「터렐은 빛을 예술로 연출하는 데 천부적 재능을 갖춘 작가입니다. 장식 하나 없는 공간에 조명이나 햇빛, 관람객의

위치 등에 따라 시시각각 변하는 〈빛의 마술〉에 넋이 나갈
지경이지요.」

만질 수 없으나 소진되지 않는 빛을 소재로 관람객에게 각기
다른 예술적 체험을 하게 만드는 것이 터렐 예술의 핵심이다.
홍 대표에게 있어 책과 미술은 실과 바늘과도 같은 관계다.
『도스또예프스끼 전집』이나 『프로이트 전집』을 내면서
선종훈, 고낙범 등 유명 화가와 계약을 맺고 수십 권의 표지에
쓸 작품을 일일이 제작케 했다. 최근엔 『미스터 노Mr. Know 세계
문학』 시리즈를 선보이면서 뉴욕의 현대 산업 디자인계를
대표하는 카림 라시드에게 독특한 색상과 모양의 서점 전시용
책장 디자인을 맡기기도 했다. 예술은 단순한 미적 가치를
넘어 사회와 대중을 움직여야 한다는 게 그의 생각. 이같은
예술론이 출판에도 스며들면서 그의 성공에 중요한 엔진으로
작동하지는 않았을까.

—— 『서울신문』 2006년 3월 7일 — 가슴 속 그림 한 폭 | 임창용 기자

책은 사람을 움직이고
건축은 세상을 변화시킨다

베르나르 베르베르의 『개미』, 파트리크 쥐스킨트의 『향수』,
『좀머 씨 이야기』, 움베르토 에코의 『장미의 이름』. 국내에서
100만 부를 넘거나 그에 육박하는 판매 부수를 기록한 이
메가톤급 베스트셀러 작가와 작품들은 이제 〈괴테〉하면
『파우스트』를 떠올리는 것과 마찬가지다. 아니, 오히려 그
이상이다. 21세기 사람들이 괴테와 『파우스트』를 아는 것은
18세기 거장과 고전에 대한 막연한 예우에서 비롯된 것이지만,
『개미』와 베르베르를 안다는 것은 100만 이상의 사람들이
정말 그의 작품을 읽고, 흥미를 느끼고 좋아한다는 뜻이니
말이다. 그리고 여기에 또 다른 요소 몇 가지를 포개어 본다.
이 모든 책이 본고장에서보다 한국에서 더 많이 팔렸다는
점, 그리고 모두 한 출판사에서 출간되었다는 점. 우연의
일치라고 하기에는 지나칠 수 없는 그 무언가, 본능적인
맥락과 연관성이 느껴진다. 이 모든 사실 뒤에 숨어 있는
예사롭지 않은 감각의 소유자, 열린책들 대표 홍지웅 씨가
궁금하다.

팔리는 책을 만들고, 갖고 싶은 책을 디자인하다
「이제 사람들은 아예 열린책들에서 베스트셀러 책만 선별해

출판한다고 생각하는데, 그건 오해입니다. 널리 알려진 『좀머 씨 이야기』만 해도 발간 첫해에는 1만 부도 팔지 못했어요. 하지만 꾸준히, 포기하지 않고 밀고 나가다 보니, 초판이 나온 지 4년 만에 빛을 보더군요.」

출판업에 빠져든 지 올해로 20년. 홍지웅 씨는 출판인이라면 평생 〈한 권만이라도〉 꿈꾸는 베스트셀러 작품을 무려 다섯 권 이상 출간했을 뿐만 아니라 그중에 밀리언셀러까지 탄생시키다 보니 본의 아니게 종종 이런 오해를 사곤 한다. 하지만 20년 전, 열린책들이 아무도 거들떠보지 않는 러시아 문학을 전문으로 출간하는 출판사로 시작했다는 것을 알고 있는 이들이 얼마나 될까? 철학도로서 도스또예프스끼에 〈미쳐〉 대학원에서는 러시아 문학을 전공하고, 이후 도스또예프스끼만큼은 제대로 알려 주고 싶은 마음에 출판사를 차렸다는 홍지웅 씨. 20세기 위대한 사상가이자 문학가인 도스또예프스끼를 향한 순수한 열정은 그에게 새로운 운명을 선사했다. 원하고 바라던 러시아 문학 책 한 권, 한 권을 만들어 나가면서 발견하게 된 것은 책을 기획하고 판매하는 출판의 묘미. 내재되어 있던 출판인의 〈감각〉을 발견한 그는 유학을 가겠다던 의지 대신 책을 만들어 〈팔겠다〉는 마음을 따르기로 결정했다. 그리고 인연을 맺은 것이 〈유럽 현대 문학〉. 이유는 간단했다. 당시 국내에서 미지의 세계나 다름없었던 유럽 현대 소설을 먼저 개척해 보자는 것이었고, 그는 여기에 한술 더 떠 유럽 소설이라 하더라도 독특한 소재, 참신한 작가를 선택하는 모험을 감행했다. 그러나 단순히 〈희소성〉만으로 승부를

걸 수 없다는 것을 잘 아는 그는 책에 〈흥행 요소〉를 더하기
시작한다. 전문 번역 작가를 발굴해 번역에 아낌없는 투자를
하고, 한눈에 반하는 디자인으로 독자의 눈을 사로잡는다.
그리고 가장 중요한 것, 바로 한번 선택한 작가와 작품은
사람들이 알게 될 때까지 포기하지 않고 지속적으로 〈키워
간다〉는 점이다. 대한민국 정부 수립 이래 최대 베스트셀러
50선에 선정된 『좀머 씨 이야기』, 프랑스에서 30만 부를
기록한 베스트셀러 『개미』가 국내에서 밀리언셀러가 된 것은
홍지웅 씨의 본능적인 육감과 뚝심의 절묘한 결합이 써 내려간
또 다른 드라마였다.

욕심을 내자면 출판도 예술이다

영화보다 스펙터클한 유럽 현대 문학에서부터 프로이트와
도스또예프스끼의 전집 그리고 예술 전문 서적까지.
열린책들은 말랑말랑한 소설에서부터 냉철한 이성과 지성을
담은 인문학 서적을 고루 선보인다. 열린책들 책에 대한
독자들의 반응은 크게 두 가지다. 〈정말 읽을 만한 가치 있는
책〉이라며 내용에 후한 점수를 주는가 하면, 〈멋진 디자인이
돋보이는 책〉이라고 형식을 높이 칭찬하기도 한다. 이 모든
것을 진두지휘하는 홍지웅 씨는 이 두 가지 요소는 책이라면
〈당연히〉 갖춰야 할 덕목이라 여긴다. 책과 미술(디자인)의
관계를 바늘과 실에 비유하는 그는 소설책에는 상상력을
부추기는 삽화를 가미하고, 딱딱한 미학 서적은 명화 한
점 소장한 듯 뿌듯함을 안겨 주는 디자인으로 탄생시키며
결국 〈손에 넣고〉 싶은 책을 만들어 낸다. 〈독방〉이어야 할

사장실에 디자인 팀이 함께 둥지를 틀고 있을 정도이니, 그 애정이 어느 정도인지 짐작이 가고도 남는다.

「조금 과장되게 표현하자면, 출판도 예술이라고 생각합니다. 사진이나 판화가 한 작품당 에디션이 5~10개인 데 반해 책은 〈조금 더〉 에디션이 많을 뿐이죠.」

우스갯소리로 가볍게 건넨 말인지 이내 머쓱해하는 모습이다. 하지만 그가 만든 책은 정말 예술 작품에 다름 아니다. 〈예상 독자 2,000명〉을 위해 만든 프로이트의 전집. 우리는 여기서 프로이트의 심오한 정신 세계만 만나는 것이 아니라 화가 고낙범 씨의 모노크롬 회화라는 새로운 예술 세계도 접한다. 빨강, 파랑, 초록…… 각각 한 가지 색으로 그려 낸 프로이트 초상화는 책의 내용을 한 권씩 구분 짓다가도 전집으로 모여 책장에 꽂히면 지성과 감성을 고루 갖춘 오브제가 된다. 그리고 이렇게 만든 책에 바라는 것이 있다면, 먼 훗날 장서가의 귀한 수집 목록 중 하나가 되기를 소망한다고.

「제본도 실로 꿰매는 사철 방식을 고집하고 있습니다. 나중에 책을 펼쳤는데 책장이 떨어져 나가면 가치를 인정받을 수 없을 테니까요.」

호기심 천국 청년, 문화 기획자를 꿈꾸다

「소비 없는 문화는 의미가 없습니다. 예술과 대중의 접점, 그 미묘한 사이를 조율하는 것이 바로 제 역할이라 생각해요. 고급 문화를 대중화시키고, 대중 문화를 고급화시켜 소비하게 만드는 것이 출판인의 소명입니다.」

홍지웅 씨는 자신을 소개할 때 출판사 사장이라는 직함보다는

〈문화 기획자〉라는 표현을 즐겨 쓴다. 좋은 작가를 구하고 실력 있는 디자이너를 영입하고, 비싼 종이를 쓰면 누군들 멋진 책을 만들지 못하겠는가. 그러나 책을 대중과 만나게 하는 일, 즉 파는 일은 다르다. 책 안에 담긴 의미를 짚어 내고, 이를 잘 표현할 수 있는 디자인으로 포장하고, 요즘 사람들의 구미를 끌어당기며, 결국 그들 마음을 움직이기까지……. 책 자체뿐만 아니라 현재 우리를 둘러싼 문화를 총체적으로 꿰뚫는 혜안이 있지 않고서는 할 수 없는 것이 바로 책을 만들고 파는 일이다. 이런 의미에서 홍지웅 씨의 샘솟는 호기심은 그의 활동에 큰 원동력이 된다. 소설가, 미술가, 사진가, 건축가……. 그는 궁금한 작가가 있으면 먼저 다가가 말을 걸고, 정말 보고 싶은 건물이 있으면 어디든 불사하고 짐을 싸서 떠난다. 그리고 이러한 호기심을 하나하나 정복해 가면서 문학과 미술, 건축과 책, 영화와 디자인을 그만의 〈기획〉으로 천연덕스럽게 엮어 낸다. 지난봄, 열린책들에서 창립 20주년을 맞이해 선보인 『미스터 노 세계 문학』 시리즈는 그가 말하는 〈문화 기획자〉의 의미가 무엇인지 알려 준다. 필리프 스타크보다 섹시한 디자인을 펼치는 카림 라시드에 반한 홍지웅 씨는 그에게 20세기 대표 작가 30인의 작품집 〈Mr. Know〉의 로고와 이 책이 꽂힐 책장 디자인을 특별 의뢰한 것. 일곱 가지 시안이 나오고, 그중 알록달록한 우주선처럼 생긴 서가가 탄생했다. 이어서 가벼운 종이로 만든 〈핸디형〉 문학 전집이 채워졌고, 이 〈지식의 나무〉는 대형 서점에 자리하면서 공간의 표정은 물론 사람들의 마음을 흔들어 놓았다. 디자인과 문학, 고급 문화와 대중 문화가 하나가 되어 가구를 만드는 등 〈현실적〉인 만남을 추진한 그의 〈기획〉에 다시 한번 우리는 즐거운 책 읽기에 전도된다.

마음을 움직이는 책, 세상을 변화시키는 책

국내 유수의 출판사가 모여 마을을 이룬, 〈북 시티〉라 불리는
파주 출판문화 정보 산업 단지. 현대 건축의 각축장이라
불릴 만큼 다채로운 디자인의 건물이 위용을 떨치고 있는
이곳에 유난히 눈길을 끄는 건물 하나가 보인다. 마치 철판을
이리저리 구부리고 접어서 만들었다고 하면 맞을까. 한마디로
기하학적 형태라 설명할 수밖에 없는 이 건물은 홍지웅
씨가 건축가 김준성 씨와 함께 지은, 출판 인생 20년을 담은
〈서사시〉로 번역 문학을 전문으로 하는 열린책들의 의미를
형상화한 것이다. A를 ㄱ으로 바꾸는 것이 번역일진대, 어찌
그 사이에 간극이 생기지 않을 수 있을까. 사선의 계단과
직선의 창문은 만날 듯 말 듯 미묘한 간극을 두고 직선과
사선이 접점을 향해 가며 긴장의 끈을 놓치지 않는 것이 꼭
A와 ㄱ의 사이를 담고 있는 것 같다. 독특한 외관에 이끌려
들어선 내부 역시 외관 못지않은 흥미로운 디자인이 펼쳐진다.
4층으로 구성된 건물은 층층마다 분리되어 있는 듯하지만
유리 바닥으로 2층과 3층이 소통하고, 외벽과 내벽 사이에 난
틈은 전체 건물을 관통하며, 결국 전체가 하나의 공간이 된다.
닿을 듯 말 듯, 그러나 하나로 통하는 건물은 번역 문학에 대한
열린책들의 진지한 접근을 고스란히 보여 준다. 그리고 이
추상적인 의미를 구체적인 공간으로 표현한 데 감탄을 멈출
수가 없다.
그는 책이 사람을 움직이는 매체라면 건축은 세상을

변화시키는 매체라고 생각한다. 책이 출판되고 나면 그
텍스트는 독자들에게 읽히고 해석되면서 더 이상 작가와
출판사의 소유물이 아니듯 건물 또한 같은 이치. 건물이
완성되는 순간, 이는 사회와 세상에 속하면서 다양한 울림이
된다. 이미 10여 년 전 평창동 비탈진 언덕에 스물두 그루의
소나무에 반해 집을 짓고, 지금의 사옥이 있기 전 종로
통의동에 사옥을 설계하면서 건축의 의미를 체득한 홍지웅
씨. 소나무와 자연환경을 존중해 낮고 겸손하게 지은 집에서
그는 마음의 평화를 얻었고, 통의동에 세련미 넘치게 만들었던
사옥은 생기 없던 경복궁 돌담 길을 걷고 싶은 문화의 거리로
변화시키는 주인공이 되었다. 그리고 책은 일생의 미디어가
되고 건축은 세상의 모습을 바꾸는 미디어라는 신념은 이제
그에게 인생의 좌우명처럼 되고 있다.
파주 출판 단지에 첫발을 내디딘 지 아직 1년이 채 안 된 지금,
아직 〈새 건물〉에 적응하고 살림을 정리하는 시기라는 홍지웅
씨는 사옥 1층에 꾸며 놓은 북 카페를 비롯해 자신의 서가까지
〈완벽하게〉 정리하는 데 재촉하지 않는다. 그도 그럴 것이
2008년, 그는 이 파주 출판 단지 안에 또 하나의 사무실을
갖게 된다. 그리고 그때 건넬 명함은 〈미메시스 현대 미술관
관장〉일 게다. 열린책들의 예술 서적 출판사인 〈미메시스〉의
이름을 딴 〈미메시스 아트 뮤지엄〉이 이제 막 착공을
시작했으니 조만간 이사를 계획해야 한다. 금세기 마지막
건축 거장인 포르투갈의 알바루 시자가 설계한, 정말 새로운
건축물. 그 안에서 또 다른 미술과 문학 등 다양한 예술이
홍지웅 씨에 의해 새로운 나래를 펼칠 것이다.

「아직 모르겠습니다. 정말 많은 것을 쏟고 있는데, 그래도 희망적인 것은, 왠지 내가 하면 될 것 같다는 긍정적인 마음이 든다는 것이죠.」

기껏해야 두 뼘밖에 되지 않은 〈종이 세상〉에서도 100만 인의 마음을 사로잡았던 그인데 더 큰 〈판〉에서는 얼마나 더 많은 사람, 세상을 변화시킬까. 벌써부터 〈문화 기획자〉 홍지웅, 그의 또 다른 베스트셀러 신화가 기대된다.

── 『행복이 가득한 집』 2006년 11월 호 ── 라이프 & 스타일 ‖ 이정민 기자, 박찬우 사진

책은 사람을 움직이고
건축은
세상을 변화시킨다

열린책들 대표 홍지웅

단지 내 자리한 일반책을 사옥 2층에는 북 카페가 마련되어 있다. 미래지향적으로 생긴 동틀봉봉한 둥근 기둥의 서가는 일란책들 창립 20주년을 기념해 디자이너 카림 라시드와 함께 만든 '지식의 나무'다. 폭넓은 문화 예술 분야에 대해 지대한 관심과 더 많은 지식을 갖춘 일란책들 대표 홍지웅 씨는 책을 통해, 그리고 예술을 통해 사람들의 마음을 움직이고 세상을 보다 다채롭게 만들 수 있길 바란다.

4   2   1

— 사옥 맨 윗층은 홍지웅 씨의 사무실. 하지만 이곳은 온전히 그만 사용하는
〈독방〉이 아니다. 밝은 햇살이 쏟아져 들어오는 창가에는 그의 책상과 소파
세트가 놓여 있고 반대편에는 디자인 팀이 둥지를 틀고 있다. 책을 만들 때
무엇보다 〈디자인〉을 중시하는 그는 아예 디자인 팀을 곁에 두고 있다. 사무실
창밖으로는 마치 카페 같은 야외 테라스가 마련되어 있다.
— 파주 출판 단지 내에 자리한 열린책들 사옥 2층에는 북 카페도 마련되어
있다. 미래 지향적으로 생긴 올록볼록한 둥근 기둥의 서가는 열린책들 창립
20주년을 기념해 디자이너 카림 라시드와 함께 만든 〈지식의 나무〉이다.
디자인을 비롯한 문화 예술 분야에 지대한 관심과 해박한 지식을 갖춘
열린책들 대표 홍지웅 씨는 책을 통해, 그리고 예술을 통해 사람들의 마음을
움직이고 세상을 보다 다채롭게 만들 수 있길 바란다.

— 홍지웅 씨는 무엇이든 〈새롭지 않으면 만들지 않는〉 명쾌한 성격의
소유자다. 파주 출판 단지에 새로 지은 사옥 역시 평범을 거부한
비범한 디자인으로 눈길을 끈다. 보통 건물이라면 정문이 있고 로비를
통해야 사무실에 들어갈 수 있지만 열린책들 사옥은 정문과 로비가
없고 건물 측면에 실내로 진입하는 계단이 있다. 건축가 김준성 씨와
함께 고민에 고민을 거듭한 결과 탄생한 열린책들 사옥은 번역 문학을
전문으로 하는 출판사의 의미를 담아 만든 디자인이다. 사선과 직선이
만날 듯 말 듯한 모습이 인상적인데, 이는 바로 원서와 번역본 사이의
〈미묘한 간극〉을 표현한 것이다. 부식 통판이나 스틸 등 비교적 〈각〉을
잡기 편한 소재를 놔두고 콘크리트를 택한 것은 건축학적 새로움을
보여 주기 위해서라고.

많은 사람들이 알게 될 때까지 포기하지 않고 지속적으로 〈키워간다〉는 점
이다. 대한민국 정부 수립 이래 최대 베스트 셀러 50선에 선정된 〈흙에서 이
야기〉, 프랑스에서 30만 부를 기록한 베스트 셀러 〈향수〉가 국내에서는 밀
리언 셀러가 된 것은 홍지웅 씨의 본능적인 육감과 특이성의 절묘한 결합이 씨
내려갔다 또 다른 드라마였다.

욕심을 내자면 출판도 예술이다. 영화보다 스펙터클한 유럽 현
대문학에서부터 도스토예프스키, 프로이트 전집 그리고 예술 전문 서적까지
발양발양한 소설에서부터 냉철한 이성과 저성을 담은 인문학 서적들 고
두 신보이는 열린책들. 열린책들 책에 대한 독자들의 반응은 크게 두 가지
다. '제법 읽을 만한가치 있는 책'이라며 책의 내용에 후한 점수를 주는가 하
면, '멋진 디자인에 돈보이는 책'이라고 형식을 높이 칭찬하기도 한다. 이 모든
것을 진두 지휘하는 홍지웅 씨는 이 두 가지 요소는 책이라면 '당연히'
갖춰야 할 덕목이라 여긴다. 책과 미술(디자인)의 관계를 바
늘과 실에 비유하는 그는 소설 책에는 상상력을 북돋우
는 삽화를 가미하고, 딱딱한 미학 서적은 명화를 한
점 소장한 듯 뿌듯함을 안겨주는 디자인으로 탄
생시키며 결국 '손에 넣고' 싶은 책을 만들어낸
다. '북팩' 이야라 항상 사실상에 디자인이 덤이 함께 동지

물들고 있을 정도니, 그 예술이 어느 정도인지 짐작이 가기도 넘는다.
　"조금 과장되게 표현하자면, 출판도 예술이라고 생각합니다. 사진이나
판화가 한 작품당 에디션이 5~10개인데 반해 책은 〈조금 더〉 에디션이 많은
셈이죠." 우스갯소리로, 가볍게 건넨 말인 것이나 마야할 하는 모습이다. 하
지만 그가 만든 책은 정말 예술 작품에 다름 아니다. '세상 독자 2천 명' 을 위
해 만든 프로이트의 전집. 우리는 여기서 프로이트의 심오한 정신 세계만 만
나는 것이 아니라 화가 고비벽 씨의 모노그림 회화라는 새로운 예술 세계도
점한다. 빨강, 파랑, 초록… 각각 한 가지 색으로그려낸 프로이트 초상화는
책의 내용을 한 권의 구분 짓는 이채를 바꾸고 모여 책장에 꽂히면 지상감 감
성을 고루 갖춘 오브제가 된다. 그리고 이렇게 만든 책에 바라는 것이 있다
면, 먼 훗날 정서가의 귀한 수집 목록을 하나가 되기를 소망한다고. "제본도
실로 떼매든 사철 방식을 고집하고 있습니다. 나중에 책을 펼쳤는데
책장이 떨어져나가면가치를 인정받을 수 없을테니까요."
　호기심 찬 한국 청년, 문화기획자를 꿈꾸다
　"소비 없는 문화는 의미가 없습니다. 예술이 대중의 접점,
그 미묘한 사이를 조율하는 것이 바로 제 역할이라 생각해요.
고급 문화를 대중적으로, 대중 문화를 고급화 시켜 소비하게 만드
는 것이 출판인의 소명입니다." 홍지웅 씨는 자신을 소개할 때 출판사

2 3

87

1,7 파트리크 쥐스킨트의 <향수>는 발간 후 15년간 다섯 번 옷을 갈아 입었다. 최근 영화 포스터로 만든 책은 미니 북과 함께 판매한다. 2 출판사 이름은 처음 회사 설립 당시 담혀 있던 동구권 문화에 대한 '개방'을 바라면서 지은 것이고, 로고 역시 그 의미를 표현했다. 3 남의 책을 만드는 그는 언젠가 자신의 일기를 책으로 만들 계획. 4 디자이너 카림 라시드와 함께 열린책들 20주년을 기념해 만든 'Mr. Know' 문학 시리즈와 책꽂이. 5 모든 책은 실로 꿰매는 '사철' 제본으로 튼튼하게 만든다. 6 출판사의 역사라 할 수 있는 '초판'을 하나도 빠짐없이 보관해 두었다. 도스토예프스키 초상화는 그가 대학교때 그린 작품. 8 1998년 프로이트 전집을 완성한 후 6년 후에 내놓은 개정판. 표지는 화가 고낙범 씨가 그린 프로이트의 초상화로 디자인 했다. 9 그의 집 반지하 공간은 책과 그림이 가득한 예술 보물 창고다. 10 책 제본이 다 보이도록 누드로 만든 카스 스미스의 '북 아트'.

1, 7 — 파트리크 쥐스킨트의 『향수』는 발간 후 15년간 다섯 번 옷을 갈아입었다. 최근 영화 포스터로 표지를 새로 만든 책은 미니 북과 함께 판매한다.

2 — 출판사 이름은 처음 회사 설립 당시 닫혀 있던 동구권 문화에 대한 〈개방〉을 바라면서 지은 것이고, 로고 역시 그 의미를 표현했다.

3 — 〈남의 책〉을 만드는 그는 언젠가 자신의 일기를 책으로 만들 계획.

4 — 디자이너 카림 라시드와 함께 열린책들 20주년을 기념해 만든 『미스터 노 세계 문학』과 책꽂이.

5 — 모든 책은 실로 꿰매는 〈사철〉 제본으로 튼튼하게 만든다.

6 — 출판사의 역사라 할 수 있는 〈초판〉을 하나도 빠짐없이 보관해 두었다. 도스또예프스끼 초상화는 그가 대학교 때 그린 작품.

8 — 1998년 『프로이트 전집』을 완성한 후 6년 후에 내놓은 개정판. 표지는 화가 고낙범 씨가 그린 프로이트의 초상화로 디자인했다.

1	2	3
4		5
6	7	8

― 그의 집 반지하 공간은 책과 그림이 가득한 예술 보물 창고이다.
― 홍지웅 씨의 아버지 홍영기 씨는 올해 82세로, 베레모를 눌러 쓴
멋쟁이 화가. 전업 작가는 아니지만 젊은 시절부터 꾸준히 그림을
그린 아버지는 그에게 도스또예프스끼 초상화를 너끈히 그릴 수
있는 재주를 물려 주셨다. 낮은 지붕 아래 다락방 같은 아버지의
아틀리에가 있고, 그 아래층에 홍지웅 씨의 서재가 자리한다.

― 그의 집 2층 거실에는 화가 고낙범 씨가 그려 준 부부의 초상이 사이좋게
나란히 놓여 있다. 이 작품은 『프로이트 전집』의 표지를 그린 작가인 고낙범
씨가 자진해서 그려 준 초상화다. 프로이트의 정신세계와 모노크롬 회화의
절묘한 만남을 주선한 홍지웅 씨의 〈심미안〉에 대한 감사의 뜻이기도 하다.
대학에서 국문학을 전공한 아내 조영선 씨는 열린책들을 처음 만들었을
때 편집자로서 함께 6년간 활동한 경력이 있다. 밤새 책 포장과 배본 같은
힘든 일을 함께했던 시절이 지금은 즐거운 추억이라 말하는 조영선 씨. 그는
열린책들 사옥이 종로 통의동에 있을 때 같은 건물에 마련한 문화 아지트인
〈더 소설〉 레스토랑을 운영하기도 했다. 문화계 사람들의 사랑방을
도맡았던 그는 현재 〈더 소설〉의 후속 공간을 준비하는 데 전념하고 있다.

아빠요?늘, 끊임없이 생각하는 분이시죠, 뭐 새로울 거 없을까. 잠시라도 생각을 멈추는 법이 없어요. 그리고 무척 부지런하세요." 딸학생인 딸 유진 씨의 눈에 비친 아버지 홍지웅 씨의 모습. "그의 가족이 아니더라도 그를 안다면 누구나 공감하는 말일게다.

— 서울 속의 전원 같은 평창동 언덕에 자리한 홍지웅 씨의 집. 잘 정돈된 정원에서 가족이 함께 여유로운 한때를 보내고 있다. 시험 기간이라 바쁜 큰아들 예빈 씨만 제외하고 홍지웅 씨 부부와 딸 유진, 그리고 아버지 홍영기 씨가 한자리에 모였다. 연일 매스컴에서는 요즘 가족 간의 대화 단절이 문제라 떠들지만, 이 집에서만큼은 예외다. 가족 모두 문학과 미술 등 예술에 대한 관심이 높아 언제나 공통 화제가 끊이지 않는다.

왼쪽 서울 속의 전원 같은 울창한 언덕에 자리한 홍지웅 씨의 잘 정돈된 정원에서 가족이 함께 여유로운 한때를 보내고 있다. 시원 기간이라 비록 편리를 떠나있다. 비록 피곤하고 홍지웅 씨 부부만이 말 뿐인. 그리고 아버지 홍성이 씨가 편지시대로 담았다. 언덕 아스팔트에서 요즘 가족 간의 대화 단절이 문제가 되듯이만, 이 집에서만큼은 예외다. 가족 모두 문화과 미술 등 예술에 대한 관심이 높아 언제나 공통의 화제가 끊이지 않는다. 1, 2 한 반도 아파트에 살아본 적이 없다는 홍지웅 씨는 10년 전 스물두 그루의 소나무에 반해 〈산비탈〉에 준하는 험난한 지형에 자리한 지금의 보금자리를 마련했다. 집을 짓는 과정에서 안타깝게도 한 그루의 소나무를 베어야 했던 것 외에는 순조롭게, 예상만큼 잘 지어진 집이라고. 정원에서 통하는 반지하 서재 입구 앞에도 소나무가 장승처럼 호위하고 있는 것도 소나무다. 3 홍지웅 씨 딸에게 물었다. "책 정말 많이 읽었겠어요." 그러자 답한다. "원래 중국 집 애들이 자장면 안 먹잖아요. 책 많이 안 읽어요." 촬영 팀을 비롯, 홍지웅 씨 가족 일대가 웃음바다를 이뤘다.

— 한 번도 아파트에 살아 본 적이 없다는 홍지웅 씨는 10년 전 스물두 그루의 소나무에 반해 〈산비탈〉에 준하는 험난한 지형에 자리한 지금의 보금자리를 마련했다. 집을 짓는 과정에서 안타깝게도 한 그루의 소나무를 베어야 했던 것 외에는 순조롭게, 예상만큼 잘 지어진 집이라고. 정원에서 통하는 반지하 서재 입구 앞에도 소나무가 장승처럼 호위하고 있는가 하면 정원 축대를 둥그렇게 에워싸고 있는 것도 소나무다.

— 홍지웅 씨 딸에게 물었다. 「책 정말 많이 읽었겠어요.」그러자 답한다. 「원래 중국집 애들이 자장면 안 먹잖아요, 책 많이 안 읽어요.」촬영 팀을 비롯, 홍지웅 씨 가족 일대가 웃음바다를 이뤘다. 딸 사랑 극진한 아버지 홍지웅 씨는 이 재치 있는 대답에 그저 흐뭇한 미소를 지을 뿐이다. 「아빠요? 늘 끊임없이 생각하는 분이시죠. 뭐 새로운 거 없을까, 한시라도 생각을 멈추는 법이 없어요. 그리고 무지 부지런하세요.」대학생인 딸 유진의 눈에 비친 아버지 홍지웅 씨의 모습. 그의 가족이 아니더라도 그를 안다면 누구나 공감하는 말일 게다.

책 만드는 일에서 점심 밥값까지
출판인의 일상 꼼꼼히 담았어요

홍지웅(55) 열린책들 대표가 2004년 한 해 동안 쓴 일기를
모아 책을 펴냈다. 『통의동에서 책을 짓다』이다. 책으로는
848쪽, 원고지 5,000매에 달하는 방대한 분량이다. 점심
밥값에 단팥죽 값이 얼마인지까지 시시콜콜 적어 놓은 그의
일기는 사적인 기록을 뛰어넘는다. 움베르토 에코의 『장미의
이름』, 『푸코의 진자』를 비롯해 베르나르 베르베르의 『개미』,
『뇌』, 파트리크 쥐스킨트의 『향수』, 『그리스인 조르바』를 쓴
니코스 카잔차키스 전집과 정신 분석학의 『프로이트 전집』을
낸 출판사 대표가 보여 주는 〈책 만드는 일〉의 단면도가
섬세하다. 그에게 건축과 미술―디자인―여행은 〈창조〉라는
키워드로 연결된 또 다른 형태의 〈책〉이다. 그래서 이
일기는 한 개인의 사소한 관심사를 넘어서 문화 지식인으로,
경영인으로 직접 접하고 만나고 보고 들은 이야기를 꼼꼼한
시선으로 그려 낸 한 편의 문화 지도가 되었다. 홍 대표는
일기를 쓰면서 가능한 자세히 쓴다는 원칙을 세웠다고 한다.
그에게 이런 일기를 쓰도록 영감을 준 팝 아티스트 앤디
워홀은 1976년부터 1987년까지 10년 3개월 동안 자신의
행적을 자세히 기록했다. 등장인물만 해도 3,000명이다.
그의 일기는 당시 미국의 미술계를 넘어서 당시의 문화

예술계, 정계, 사교계를 그대로 전하는 소중한 기록이 됐다. 『통의동에서 책을 짓다』에도 다 세지 못할 정도의 인물들이 등장한다. 2004년은 그가 한국 출판인 회의 회장을 맡고 있던 때인 만큼 현재 우리 출판계를 이끌어 가는 사람들의 대화까지 소소히 담겼다.

「소박하게는 출판하는 사람들의 일상과 생각을 고스란히 보여 주는 것도 의미가 있겠다는 생각을 했습니다. 출판인들이 어떤 고민을 하고, 어떻게 책을 만드는지 있는 그대로 보여 주고 싶었습니다.」

그는 〈책이 참 중요한 매체인데도 책 만드는 일에 대해서는 모르는 사람들이 참 많다〉며 〈아직도 출판사 대표라고 말하면 《인쇄기는 몇 대?》라는 질문을 받는다〉고 덧붙였다. 홍 대표는 〈다양한 분야에 관심이 생긴 것은 모두 책을 보면서 배운 것〉이라며 〈결국 책을 통해 알게 된 것들이 다시 책 만드는 데 아이디어를 준다〉고 말했다. 오는 5월 파주 출판 단지에 미메시스 아트 뮤지엄을 완공할 예정인 그는 〈좋은 책과 좋은 디자인, 좋은 건축은 사람을 행복하게 만들고 삶을 풍부하게 해준다는 점에서 하나로 통한다〉고 말한다.

── 『중앙일보』 2009년 3월 4일 | 이은주 기자

200

2004-②

2004-③

2004-⑤

2004-⑦

2004-⑨

2004-⑩

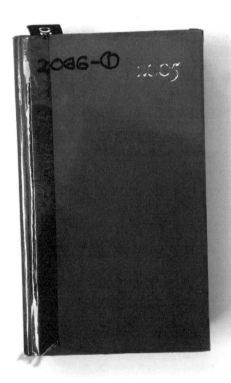

1년 동안 벌어진 책장이의 일상,
출판 동네 돌아가는 모습 생생하게

〈4월 22일 목요일. 아침에 P가 찾아왔다. 『나무』의 해적판을 찍어 뿌린 장본인이다……. P는 내 방에 들어서자마자 무릎을 꿇었다. 경위서를 써놓고 갔다. 그는 덤핑 업자에게 『나무』를 2,800원에 넘기고, 덤핑 업자는 소매상에 3,500원에 판매를 한 모양이다.(250쪽)〉

홍지웅(55) 열린책들 대표가 2004년 한 해의 일기를 묶어 책으로 냈다. 제목은 『통의동에서 책을 짓다』. 848쪽, 원고지로 5,000매가 넘는 분량이다. 365일 중에서 단 3일만 빠졌으니 매일같이 거의 원고지 14매 분량의 일기를 쓴 셈이다. 켜켜이 쌓인 이 책장이의 일상을 들추다 보면, 자연스레 한국 출판계가 돌아가는 모습을 엿보게 된다. 「아들과의 약속으로 시작한 일이에요. 2003년 7,000매짜리 『앤디 워홀 일기』를 같이 번역하기로 했는데, 결국 아들 혼자서 마무리 지었죠. 대신 아들에게 〈앤디 워홀처럼 1년 동안 일기를 쓰겠다〉고 약속했습니다. 써놓고 보니, 출판 동네의 깊숙한 모습을 보여 주는 이야기가 됐더군요. 출판인이라는 직업에 대해 궁금해하는 사람들에게 괜찮은 소개서가 될 수 있겠다 싶었죠.」

이 책에 실린 일기를 쓴 2004년은 홍 대표가 한국 출판인 회의 회장직을 겸하고 있던 때다. 작가−편집자−업계 인사와의 시시콜콜한 대화부터, 밥 먹고 술 마시고 골프 친 이야기, 밀고 당기는 협상 등이 가족과의 사적인 이야기들과 버무려져 책의 페이지를 채운다. 글을 읽고 사색에 잠긴 출판인의 정적인 이미지와는 사뭇 다르다. 드레진 출판 개론서에서는 결코 볼 수 없는 출판계의 생리가 날것으로 드러난다.

「출판도 문화의 한 장르입니다. 건축, 그림, 음악과 마찬가지로 한 시대의 사람들이 생각하고 느끼는 것, 미래에 대한 비전이 책이라는 장르로 표현되는 거예요. 문화의 양태를 열람 가능한 기록 형태로 만드는 것이죠. 책꽂이에 꽂혀 있다가도 어떤 사람 손에 들려지면 유기적인 대화가 시작되는, 사실 굉장히 다이내믹한 장르입니다.」

홍 대표는 이 책에서 많은 이름을 이니셜로 처리하고 〈자신이 언급된다는 사실 자체에 당혹감을 느낀 사람들〉의 이야기는 통째로 덜어 냈다. 〈그저 출판 동네, 출판인에 대한 인식을 넓히는 계기를 만들고 싶을 뿐, 다른 사람의 마음을 다치게 할 생각은 없었다〉는 것이 이유였다. 하지만 이 책에 등장하는 인물과 사건들만으로도 2004년 한국 문화계의 지형도를 그리는 데 별 부족함이 없다. 그는 요즘도 매일 일기를 쓴다.

「이 책을 통해, 여러 선후배 출판인들에게 지난 세월 함께 할 수 있어서 고맙다는 말을 하고 싶었습니다. 〈그때 저는 정말 행복했습니다〉라고요.」

── 『한국일보』 2009년 3월 7일 ─ 저자 초대석 북 카페 | 유상호 기자

한 출판장이의 24시,
그 치열한 기록

1986년 창립 이래 알렉산드르 솔제니찐의『붉은 수레바퀴』,
베르나르 베르베르의『개미』, 움베르토 에코의『장미의 이름』,
파트리크 쥐스킨트의『좀머 씨 이야기』등 해외 고급 문학을
소개해 온 홍지웅(55) 열린책들 대표가 출판 일기를 책으로
냈다. 한 출판사의 대표로, 건축과 예술의 애호인으로, 한
가정의 가장으로서 인간적인 모습을 고스란히 담았다. 한국
출판인 회의 회장으로 있었던 2004년 동안 서울 통의동
사무실에서 만난 작가, 번역가, 예술가, 출판인 친구 등과
나눈 이야기, 그리고 가정사와 일상 속에서 느끼는 감정뿐만
아니라 소소한 기록까지 담았다. 출판인의 하루하루를 통해
출판 동네가 어떻게 돌아가고, 한 권의 책이 어떤 과정을 거쳐
만들어지는지 단면을 엿볼 수 있는 책이다.

책의 품위는 어디에서 출발하는가. 〈요즈음 출판계의
이상한 풍토 ─ 교열 교정보다는 소위 기획을 잘하는 것이
능력 있는 편집자라고 생각하는 것 ─ 에도 불구하고 A는
교열 교정부터 착실하게 기초를 다지려는 태도를 가지고
있다. 우선 어떤 원고를 어떻게 다루어야 하는지를 잘 아는
편집자가 더 중요하다는 것을 아는 직원이다.(1월11일)〉

출판에 대한 고민도 털어놓는다. 〈편집자의 역할은 좋은 책을 독자에게 전달하는 일이다. 좋은 책은 누구나 만들 수 있지만, 좋은 책을 많이 파는 것은 누구나 할 수 있는 일은 아니다. 좋은 책은 좋은 기획자, 좋은 저자, 좋은 편집자, 좋은 재료를 쓰면 만들 수 있다. 책이 많이 팔리려면 내용, 소재, 서사 구조 등에 독창적인 것을 담고 있는 좋은 책이어야 한다.(3월11일)〉

출판계를 좀먹는 해적판 사건도 적었다. 〈『나무』 해적판이 서점가에 풀려서 영업 팀에서 은밀히 추적하고 있는데 혐의자 윤곽이 밝혀졌다. 출판계에는 베스트셀러만 골라 해적판을 만들어서 일시에 몇만 부를 뿌리고 잠적하곤 해서 해당 출판사가 적지 않은 피해를 보는 사례가 종종 있었는데 『나무』 해적판은 서울 변두리 지역과 일부 지방에 뿌린 것으로 확인되었다.(4월19일)〉

홍 대표가 일기를 쓰게 된 동기는 가족과의 약속 때문이었다. 〈2003년 나는 한국 출판인 회의 회장을 맡고, 아들 예빈이는 공익 근무를 시작했고, 딸 유진이는 대학에 입학했는데 우리 셋은 『앤디 워홀 일기』를 나누어 번역하기로 했다. 그러나 나는 내가 번역하기로 한 부분을 하지 못했고, 대신 일기를 쓰기로 약속했다. 워홀은 10년간 7,000장의 일기를 썼는데 나는 1년간 5,000장의 일기를 썼다.(머리말)〉

이 책이 개인의 일기 차원을 넘어 공감을 불러일으키는 것은 우리들의 사는 이야기이기 때문이다. 〈많은 사람이 출판사 설립해서 성공한 사례가 드물다고 한다. 출판사 내서 돈을 번 사람이 없다고 한다. 단군 이래 최대 불황이라고 한다. 과연 그런가. 아니다. 다만 색깔 없는 출판사, 유행을 좇아 다니는 출판사는 살아남기 어렵다.(8월 26일)〉

── 『국민일보』 2009년 3월 7일 ── 책과 길 ┃ 이광형 기자

2004년 문화사를 담았습니다

「우리나라는 놀랄 만한 기록 문화를 갖고 있습니다.
『승정원 일기』나 『조선 왕조 실록』 등을 보세요. 하지만
지난 100년 동안 격동의 세월을 보내며 이런 문화와 전통을
잃어버렸습니다. 그 문화를 되살릴 수도 있지 않을까요?」
2004년 한 해 활동을 일기로 묶어 『통의동에서 책을 짓다』를
출간한 홍지웅 열린책들 대표는 자신의 책에 이런 〈의미〉를
부여한다. 그렇다고 처음부터 이런 거창한 목적을 갖고 책을
준비한 것은 아니다. 〈한국 기록 문화의 되살림〉이란 의미는
출간 뒤 부여한 것이다.

참 대단하다. 2004년 1월 1일 목요일 일기에 〈네 형제 가족,
막내 여동생 가족과 함께 아버지 모시고 한식집에서 갈비
뜯다〉로 시작하는 일기는 2004년 12월 31일 금요일 〈올해는
정말 정신없이 바쁘게 보낸 한 해였다. 보람 있고, 신나고,
유쾌했던 한 해!〉로 끝난다. 1년 중 3일을 뺀 363일의 일상이
상세하게 기록돼 있다. 무려 850여 쪽 분량이다.

「2003년입니다. 저는 한국 출판인 회의 회장을 맡았고 아들
예빈이는 공익 근무를 막 시작했습니다. 당시 800쪽에 이르는
『앤디 워홀의 일기』를 번역하기로 했는데요. 제가 맡았던
부분을 책임지지 못했고 아들이 제 몫까지 마무리했습니다.

그래서 대신 앤디 워홀처럼 1년 동안 일기를 쓰기로 했던
거예요.」

『통의동에서 책을 짓다』를 단순히 개인 일기로 보면 안 된다.
문인이나 학자, 건축가 등 다양한 문화인이 등장한다. 〈한국
출판인 회의 회장을 맡고 있었기 때문에 많은 사람을 만나야
했다〉는 홍 대표는 〈등장인물이 족히 400명은 될 것〉이라고
말했다. 그가 〈이 일기는 한 시대 문화계를 읽을 수 있는
사료로서 가치도 있다〉고 말하는 이유다.

──『이코노미스트』 2009년 3월 31일 ─ 저자와의 대화 | 이재광 기자

〈책〉과 〈여행〉은
좋은 책 만드는 원동력

아름다운 디자인의 〈건축〉과 〈책〉이 조화를 이룬 파주 출판
도시에서 유독 눈길을 사로잡는 출판사가 있다. 일반적
건축물의 직육면체 형태에서 벗어나 여러 겹의 레이어를
불규칙하게 겹쳐 쌓아 건축한 열린책들 사옥이 그곳. 이
건물을 지은 홍지웅 열린책들 대표는 〈훌륭한 건축물은
사람들의 삶을 풍성하게 만들어 준다〉며 〈열린책들 건물은
콘크리트의 실험 작업이었다〉고 말했다. 이렇듯 자연과
조화를 이뤄 다양한 모습으로 탄생한 건축, 디자인, 그리고
좋은 책에 대한 이야기를 홍 대표에게 들어 보았다.

최근 2004년의 일기를 모아 『통의동에서 책을 짓다』를
펴냈는데, 주변의 반응은 어떠합니까.

다양합니다. 〈출판하는 사람들의 일상과 생각을 사실적으로
보여 주는 것도 의미 있겠다〉고 생각해서 쓴 것인데, 재미있게
읽었다는 분들도 있더군요.

『통의동에서 책을 짓다』 내용 중 출판인 회의
교육생들에게 신문사와 출판사 중 경영이 어려워

한 곳을 포기해야 할 때 어느 쪽을 선택하겠냐고
물으셨습니다.

출판사의 역할이 중요하다는 것을 말한 것입니다. 가령,
영상 매체인 〈TV〉를 〈분초의 미디어〉라고 한다면 〈신문〉은
〈하루의 미디어〉가 될 수 있겠죠. 하지만 〈책〉은 〈영원의
미디어〉라 할 만큼 사람을 변화시키고, 많은 영향을 주기도
합니다. 결국 그 시대의 역사와 사회, 사람들의 생각을
담아내는 것이 출판의 본령입니다.

　　좋은 책의 요건은 무엇입니까.

좋은 책은 좋은 기획자, 좋은 저자, 좋은 편집자, 좋은 재료가
만나 만들어지죠. 생활에 유용한 실용서, 참고서 등의 헬프
북도 사회에 꼭 필요한 좋은 책이지만, 열린책들에서는
독자들이 읽고 생각할 수 있는 고급 문학을 선호했습니다.
그래서 내용, 소재, 서사 구조 등에 독창성과 작가의 상상력이
잘 버무려진 책을 펴내고 있습니다.

　　〈내 인생의 책 한 권〉이라 할 수 있는 도서는 어떤
　　것입니까.

표도르 도스또예프스끼의 『죄와 벌』입니다. 그 책을 읽고
러시아 문학에 관심을 갖게 된 것은 물론, 도스또예프스끼
연구소를 설립하고픈 꿈도 생겼었죠. 『죄와 벌』을 시작으로

그가 쓴 모든 작품이 제 인생에 많은 영감을 주었던 책입니다.

열린책들에서는 베르나르 베르베르 작가를 비롯해 움베르토 에코 등 세계적인 작가들의 작품을 꾸준히 펴내고 있는데, 비법이 무엇입니까.

한마디로 요약해 작가에 대한 〈확신〉입니다. 당장은 어려워도 훌륭한 작품을 쓸 수 있는 역량의 작가라면 전폭적 지원을 아끼지 않는 것이죠. 결국 그런 것들이 쌓여 출판사와 작가 상호 간에 신뢰 관계가 만들어집니다.

그동안 출간된 표지 디자인 중 가장 마음에 들었던 책은 어떤 것입니까.

책 표지 디자인의 궁극적인 목표는 독자의 〈시선 끌기〉입니다. 디자인 구성 요소들이 강약의 조화를 이뤄 하나의 표지로 완성될 때 디자인의 미학적 가치도 생겨납니다. 그런 면에서 그동안 작업했던 모든 표지에 애착이 갑니다. 굳이 하나를 골라야 한다면, 『프로이트 전집』을 꼽을 수 있겠네요. 지그문트 프로이트의 초상을 그려 디자인하는 등 공을 많이 들였었는데, 독자들에게 심플하면서도 강한 인상을 남겼습니다.

평소 출판 및 건축에 대한 아이디어가 많은데, 어디서 영감을 받으십니까.

글쎄…… 제가 아이디어맨인가요? 늘 하고 싶은 것이 많고, 끊임없이 탐구하는 것을 좋아하기는 합니다. 기획과 디자인에 대한 아이디어는 주로 〈책〉과 〈여행〉을 통해 얻습니다. 세상의 다양한 분야에 관심이 많은 것도 모두 책과 여행에서 배운 것이죠.

『통의동에서 책을 짓다』처럼 직접 써서 발표하고 싶은 책이 있습니까.

있습니다. 구체적으로 기획한 것은 아니지만, 〈내가 지은 건축물〉, 〈내가 펴낸 책들〉, 〈내가 본 미술관〉에 관련된 책을 쓰고 싶어요. 책은 일단 발간되어 서점에 모습을 드러내는 순간 공공의 것이 되는 특성이 있습니다. 직접 보고, 듣고 느낀 것을 대중들과 공유하고 싶습니다.

── 『인쇄산업신문』 2009년 4월 6일 ─ 명인과의 특별 인터뷰 | 신영미 기자

기록의 대가, 기록에 대해 말하다

미니 홈피, 블로그 등 기능성이 뛰어난 가상의 개인
홈페이지가 인기를 끌면서 〈웹상의 기록〉이라는 새로운
형태가 현대인들 사이에 자리 잡게 되었다. 빠르게, 그리고
편리하게 매 순간을 기록할 수 있다는 장점이 있긴 하지만,
그래도 종이 위에 손 글씨로 또박또박 적어 내려가는
일기장의 정취는 감히 따라갈 수 없다. 딱 3일 치가 빠진
1년이라는 시간 동안 펜으로 꼭꼭 눌러 쓴 하루하루의
기록을 공개한 이가 있어 관심을 끈다. 보통 일기라는 게
개인사를 적는 일이기도 하고, 요즘 같은 시대에 다이어리에
그 기록들을 적어 책으로 묶어냈다는 것부터가 참 남다르게
다가온다. 열린책들 대표로, 한국 출판인 회의 회장으로,
아이들이 막 어른으로 성장하던 스무살 즈음의 아버지로서의
기록을 꺼내어 놓은 홍지웅 작가와 2004년의 소중한
시간으로 여행을 떠나 보자.

처음 『통의동에서 책을 짓다』를 접하고 그 두께에
압도당했습니다. 한국인 월 평균 독서량이 한 권을
간신히 넘길 정도라는 통계가 나올 정도이고, 가벼운
주제나 얇은 분량의 책들이 넘쳐 나는 지금, 딱 3일

치가 빠지는 2004년의 기록을 고스란히 출판한다는 게 쉬운 결심은 아니었을 것 같습니다.

쓰고 보니 양이 꽤 많더군요. 아들과의 약속 때문에 쓰기 시작했는데, 1년 치를 쓰고 나니까 그냥 묵히기도 뭐하다 싶어서 수없이 고민하다가 완성된 형태로, 제대로 된 책을 내자고 결심했죠.

개인의 이야기인 일기를 책으로 묶어 낸다는 것도 결심이 필요하지 않았을까요?

개인적인 이야기이기도 하지만, 사실 그 안에 많은 사람의 이야기가 담겨 있어요. 내게도 그렇지만, 그 사람들에게도 사적인 이야기가 들어 있기도 하고, 또 어떤 개인에 대한 평가도 들어 있어요. 편집을 거치면서 이런 내용들은 빼면 된다고 생각했죠. 그러다 보니 10분의 1 정도의 분량이 빠지게 되었어요. 개인적인 만남들이 들어 있으니 소소한 이야기, 즉 가십거리가 많은 책이에요.

2004년의 이야기인데, 발간까지는 5년이나 걸렸네요. 특별한 이유라도 있으신가요?

2006년에도 이 책처럼 일기를 쓰고 있었거든요. 그때 책으로 한번 내봐야겠다는 생각을 했어요. 본격적인 준비는 작년 가을부터예요. 출간하겠다고 마음먹고 망설이고, 또 결심하고 또 망설이고. 그런 과정이 반복되었는데, 더 이상 미루다 보면 또 망설이게 되겠다 싶어 내었어요.

　　2006년의 일기도 쓰셨다고 하셨는데요. 또 책으로
　　내실 생각이 있으세요?

내년 초쯤에 2006년의 일기를 출간하고, 언젠가 또 한 번 일기를 쓸 예정입니다. 세 번을 채우려고요. 의미 있는 일이라고 생각해요.

　　읽으면서 너무 꼼꼼하고 세세해서 정말 대단한
　　기록이라는 생각을 했습니다. 그런데, 책 앞쪽에
　　강무성 씨가 쓴 글 중 항상 펜을 들고 기록하는
　　사람이며,『고대신문』몇십 년 치를 영인본으로
　　묶어 냈다는 내용을 보면서 홍지웅에게는 이 기록이
　　남다르지 않은 일이겠구나 하는 생각이 들더군요.
　　홍지웅에게 기록은 어떤 의미인가요?

1985년, 독일에 갔을 때 알게 된 것인데요. 독일에서 상수도 관리자는 평생 그 일만 하면서 어느 도로에 어떤 종류의 관이 묻혀 있는지, 몇 년도에 어떤 종류의 볼트를 교체했는지까지 세세하게 기록으로 남긴다는 것을 알게 되었어요. 우리나라는 사실 그렇지 못하잖아요. 효율적인 노하우가 담긴 당시의 기록이 축적되지 못하니 매번 시간과 비용을 낭비하게 되고, 불편을 감수해야 하죠. 그때 기록이 얼마나 중요한 것인지 새삼 깨닫게 되었어요. 평소에도 메모는 많이 하는 편인데, 2004년에 일기를 쓰면서 일기의 효용성을 다시 한번 절감했어요. 그 당시의 느낌을 끊임없이 리마인드할 수 있다는 게 좋더군요. 앞에 쓴 내용을 다시 읽어 보면서 당시의 계획이나 생각이 1주 뒤, 한 달 뒤의 그것과 어떻게 달라졌는지 비교할 수 있어서 정말 유용하다고 생각했죠. 이런 점이 일기 쓰기의 큰 장점이에요.

하루마다의 분량도 꽤 되고, 읽다 보면 시간대별로 무슨 일을 했는지, 무슨 음식을 얼마를 내고 먹었는지, 누가 돈을 냈는지 등 당시의 경제 수준까지 가늠할 수 있을 정도로 상세한 기록이 인상적이었습니다. 1월 16일 등 대화체로 쓴, 그 사람의 어투가 담긴 일기를 보며 놀라기도 했고요. 평소 기록을 하는 남다른 방식이 있으신가요?

기록은 그날 저녁에 다이어리에 해요. 시간대별로 정리를 하곤 하는데 한 20분 정도면 그날의 일들을 세세하게 적을 수 있죠. 특히 올해는 일기를 쓰지 않기 때문에 업무 일지를 겸한 다이어리에 더 디테일하게 적게 되는 것 같아요. 사실 기록을 남기는 게 습관화되어 있는 편이기는 합니다. 가령 대학 때는 그해에 구입한 순서대로 책에 번호를 매기곤 했어요. 예를 들어 1980년도에 처음 산 책에는 〈80-1〉이라고 쓰는 식이죠. 연말에는 그해에 받은 엽서나 초청장, 편지 등을 모두 모아 봉투에 넣고 〈XXXX년도〉라고 기록하고 모아 두죠. 전부는

아니지만 대부분 지금까지 가지고 있어요. 그때마다 바로
바로 정리하기 때문에 메모하거나 정리하는 일이 그렇게
번거롭거나 힘든 일은 아니에요.

아드님과의 약속을 지키기 위해 일기를 쓰기
시작하셨다고는 해도 거의 매일 일기를 쓴다는 게 쉽지
않은 일인데요. 의무감 같은 것도 있으셨을 것 같은데,
어떠셨어요?

의무감…… 있었죠. 평소에 기록하듯이 하루에 20분 정도
할애해서 쓰기도 했고. 며칠 밀리면 주말을 이용해 몰아서
쓰기도 했어요. 6월에는 정말 고비가 있었습니다. 6월 초
스위스 출장을 1주일 다녀와서 1주일간 바쁘게 밀린 업무를
처리하고, 그 이후에 2주간 동유럽에 갔었거든요. 그때
간단하게 메모는 했지만 일기를 쓸 시간이 거의 없었어요. 한
달 치가 밀린 셈이죠. 그때 의무감 같은 게 없었다면 포기했을
거예요. 오기로 썼던 것 같아요.

책을 내고 난 후 아드님의 반응은 어떠셨어요?

일기를 쓰는 동안 아들 예빈이가 계속 보고 있었으니까…….
일기를 쓰고 나서 몇 년 동안 출간 여부로 갈등을 하고 있을
때 몇 번 의견을 구하기도 했었는데, 정작 책으로 출간되니까
나왔나 보다 하는 시큰둥한 반응이던데요.(웃음) 작년에 제
책을 편집하고 준비할 때 아들은 제가 일기를 쓰게 된 계기를

만들어 준 『앤디 워홀의 일기』를 계속 교열 보고 있었어요.
번역만 2년이 걸렸고 교열을 3년째 보고 있었죠. 『앤디 워홀의
일기』는 앤디 워홀이 직접 쓴 게 아니라 그의 인턴 직원이던 팻
해켓에게 매일 아침에 전날의 일을 구술해서 정리한 거예요.
앤디 워홀의 전화 속 말투가 그대로 담겨 있는 구어체인
데다가 속어도 많아서 번역이나 교열이 쉽지 않았어요. 어려운
일을 꾸준히 하는 게 대견하기도 하고, 그러다 보니 제 책에
대한 관심은 많이 줄어든 것 같네요.

〈통의동에서 책을 짓다〉라는 책 제목, 특히 〈짓다〉라는
단어가 사철 방식의 제본과도 잘 어울리고 정성스레
책을 엮는 느낌을 전해 주는 듯해 인상적입니다. 어떻게
지으신 건가요?

제목은 당시 편집장 이소영이 지었어요. 〈Year Book,
Ear Book〉, 〈출판 동네서 보낸 1년〉, 〈책의 이면〉 등 여러
가지 제목들이 나왔던 것 같아요. 개인의 세세한 일기라는
의미에서 편집부에서 〈시시콜콜〉로 하자는 제안도 있었고요.
〈짓다〉라는 뜻이 맘에 들어 선택했고, 일기를 쓰던 당시에
열린책들 사옥이 통의동에 있었기 때문에 〈통의동에서 책을
짓다〉라는 제목을 붙이게 됐죠.

안도 다다오의 건축 기행이나 동유럽 여행한 날의
일기는 마치 여행기를 읽는 듯한 느낌을 받았습니다.
생각보다 재미있게 술술 넘어가면서, 두께에 대한

선입견을 깔끔하게 깨주던데요. 편집을 거치며 책의
재미를 위해 가공한 것인지, 의도적으로 그런 형식을
빌려 쓴 것인지 궁금합니다. 좋아하는 글의 형식이
있으신가요?

제가 그때그때 직접 쓴 일기 거의 그대로예요. 타깃에 맞춰
의도적으로 글을 쓴 것은 아니에요. 저도 제 개인의 일기라
다른 사람들에겐 누가 되지 않을까 우려했었는데, 꼼꼼하게
책을 읽어 본 사람들일수록 재미있고 흥미롭게 읽었다고
하더라고요…….

5년여 만에 2004년의 일기를 출간하면서 기억에
생생한 그해의 특별한 날이 있으실 것 같은데요.

황당했던 날이 있었죠. 절대 잊을 수 없는 날. 우리 딸이
서울대학교로부터 합격 취소 통보를 받았던 날인데요. 딸이
합격한 뒤 나와 아내는 입학금 고지서가 집으로 오는 줄 알고
마냥 기다리고 있었는데, 서울대학교에서 연락이 온 거예요.
등록 일자가 하루가 지나서 입학이 취소됐다고 했는데,
너무 당황스러웠어요. 곧바로 학교로 가서 학장과 입학
처장을 만나 의도적인 게 아니고 실수라고, 사정을 봐달라고
간절하게 이야기했지만…… 그게 통할 리가 없잖아요. 차순위
대기자가 합격하게 되어 있는 입시 제도 때문에 받아들여질
여지가 없었죠. 게다가 딸이 휴학 중이던 연세대학교에도
서울대학교에 붙었다고 자퇴서를 내어 버렸거든요. 정말

모든 게 다 끝난 상태였어요. 그런데 그날 저녁에 고려대학교 경제학과에서 합격 통지가 온 거예요. 전공을 바꿀 생각도 있었고, 아마도 운명이 아니었나 그런 생각을 합니다. 딸을 챙겨 주지 못한 미안함도 새삼 떠오르고, 그날이 가장 기억이 나더군요.

〈열린책들〉은 주로 외국 번역서를 내는데요. 첫 시작도 러시아 문학이었고요. 외국 서적 전문 출판사를 내게 된 계기가 있으신가요?

잘 아는 분야의 책을 내야겠다는 생각을 가지고 있었어요. 그러다 보니 대학원에서 전공을 한 러시아 문학을 선택하게 되었고요. 그러다가 유럽 문학 전반으로 외연을 넓히게 된 거죠. 1980년대 후반 소련이 붕괴되고 개방되기 전에는 창작의 자유가 부재했잖아요. 판금이 많았고요. 주로 체제 찬양적인 사회주의 리얼리즘 계열의 문학 일색이었고, SF 등 일부 장르 외에는 창작 활동 자체가 부진했습니다. 반체제 작가나 사회주의 체제를 반대하는 작가, 그리고 순수 문학 작가들이 설 자리가 없었어요. 초기에 2~3년은 출판 장르를 규정짓지 말자는 생각으로 한국 문학을 내기도 했었는데, 곧 그만뒀죠. 초심으로 돌아가 잘하는 분야에서 전문성을 갖자는 생각을 다시 하게 되었거든요. 그때부터 열린책들은 러시아 문학과 유럽 문학을 중심으로 한 외국 문학 출판사로서의 전문성을 갖게 되었습니다.

『통의동에서 책을 짓다』의 내용에도 주로 등장하고,
미메시스라는 예술 전문 출판사를 함께 운영하실
정도로 건축이나 미술, 디자인 등에 관심이 많으신 것
같아요. 관심을 갖게 된 계기가 있으세요?

미술과는 특별한 인연이 있죠. 일제 강점기 때 아버지가
직접 그리신 유화가 집에 있었어요. 그리고 아버지가 보시던
입체파, 인상파 등 미술과 관련된 일본의 문고본 책들도 꽤
많았고요. 컬러본이라 도판 보는 재미가 있어 어릴 적부터
자연스럽게 미술을 접하게 됐죠. 그러다 보니 그림에
관심을 갖게 되었고요. 우리 형제들 모두 그랬죠. 대학 때는
『고대신문』에 매주 만화와 만평을 그렸고, 문화 면의 소설
삽화를 그리거나 제목 레터링 등을 하기도 했고요. 가끔
수채화나 유화도 그렸어요. 아, 열린책들을 운영하기 전에는
다른 출판사의 동화책에 삽화를 그리기도 했어요. 집안
분위기 때문에 자연스럽게 미술, 건축, 디자인에 대해 관심을
갖게 된 것 같아요.

이야기를 듣다 보니 그림 혹은 만평을 그리거나 혹은
기자가 더 어울리지 않았을까 하는 생각도 드네요.
출판사를 창업하게 된 계기나 이유가 있으신가요?

대학에서 철학을 전공하고, 대학원에서 러시아 문학을
전공했는데, 그 계기가 바로 도스또예프스끼였어요.
도스또예프스끼의 소설들을 독파하고 나서

도스또예프스끼로 평생을 벌어먹으면 되겠다는 생각을
했죠. 도스또예프스끼의 전기도 쓰고, 그의 모든 문학
작품을 번역도 하고, 연구도 하면서 평생을 매달려도 아깝지
않을 작가라고 생각한 거죠. 대학원을 졸업하고, 외국
유학을 준비하고 있었는데 생활의 한 방편으로 출판사를 낸
거였어요. 처음엔 기획만 하면 잘될 것이라고 생각했었어요.
모교 신문사에서 부주간으로 재직할 때 『사진으로 본 고대
학생 운동사』, 『고대 신문 축쇄판』(전 10권) 등을 기획해 책을
만들었는데 실제로 수익을 내는 성과를 거두었거든요. 그런
경험들이 있다 보니 잘될 거라는 확신이 있었죠. 대학원을
졸업하고 첫아이가 갓난아기일 때 유학을 가기 위해 3년 치
분량의 책을 기획했죠. 은행에서 대출을 받아 총 2,000만
원으로 시작했는데, 기틀을 잡을 수 있을 것이라는 예상은
1년 만에 여지없이 깨졌어요. 그 당시에는 부주간으로 일하고
있어서 출판사에는 출근 전과 퇴근 후에 잠깐 나가 일을
처리하는 수준이었는데, 실제로 책은 전혀 팔리지 않았고 점점
빚만 늘어 갔죠. 1년을 결산해 보니 회사와 집을 정리해도
겨우 단칸방 하나만 남는 상황이 되었어요. 공부를 계속해야
하나 아니면 출판을 계속하나 고민하다가 유학을 접고
출판사에 전념하기로 결정한 겁니다. 그렇게 열린책들이
시작됐어요.

베르베르의 『개미』, 쥐스킨트의 『좀머 씨 이야기』,
에코의 『장미의 이름』 등 베스트셀러가 많습니다. 책을
선정하는 남다른 기준이 있으신가요?

평범하고 진부한 내용은 힘듭니다. 독창적인 것이어야 한다고 생각합니다. 소설은 꾸민 이야기인데, 철저하게 독창적으로 꾸며 낸 이야기가 아니면 재미가 있을 수가 없어요…….
소재나 줄거리, 장르 등 어느 하나라도 독창성이 담보되어야 해요. 사실 『개미』나 『장미의 이름』 모두 서문에서부터 시작해 모든 내용이 아주 정교하게 100퍼센트 꾸며 낸 이야기예요. 팔릴 수밖에 없는 책이에요.

　　우리 출판계에 나와 있는 책들 중 독창적이지 못한
　　책들이 많다고 생각하시나요?

어떤 책이든 장르나 주제에 따라 내용이나 구성은 달라지겠죠. 예를 들어 실용서나 학습서 등은 그 내용에 충실하면 돼요. 하지만 독창성이 생명인 소설 같은 경우는 같은 소재를 가지고 책을 쓰더라도 구성이나 내용은 독창적이어야 한다고 생각해요. 그렇지 않은가요? 그런데, 모든 책이 다 그런 건 아니지만, 우리나라 소설 가운데서 예를 들어 〈사랑〉을 주제로 한 소설들 중 몇 권의 표지를 뜯고 나서 어느 작가의 소설인지 알아맞혀 보라고 하면 아마도 구분하기 힘들 정도일 거예요. 또 묘사나 기본 구조 등이 비슷하기 때문에 읽기 시작해 20~30페이지 정도 읽으면 전개가 어떻게 될지, 결말은 어떨지 빤히 보이는 책들이 많아요. 그런데, 『개미』나 『장미의 이름』 등은 놀라울 만큼 정교하고 독창적으로 꾸며 낸 이야기라 참 재미있거든요. 에코의 소설이나 에세이를 읽다 보면 글을 이렇게까지 재미있게 쓸 수 있구나, 정말 기발하구나 하는 생각을 많이 하게 돼요.

한국 출판인 회의 회장도 역임하셨고, 출판계 인사로서 요즘 한국 출판계에 하고픈 말씀이 있으실 것 같아요.

사실 나쁜 책은 없습니다. 그러나 출판의 본령은 그 시대의 텍스트를 만들어 가는 거예요. 출판사가 분명 자선 사업을 하는 곳은 아니니까, 수익을 내는 책도 내고, 우리 시대의 정전도 내야 하겠죠. 하지만, 참 빤한 말이지만 제대로 된 책을 만들어야 합니다. 좋은 책을 만들어야 팔려요. 트렌드만을 좇아 다니다가는 성공할 수 없습니다. 무슨 일이든 정통적인 방식으로 접근해야 오래 남을 수 있어요. 정말 빤하지만 중요한 말이고, 절대 무시하면 안 되는 이야기죠.

앞으로의 출간 계획에 대해 말씀해 주세요.

앞서 말씀드린 것처럼 5년째 준비하고 있는 『앤디 워홀 일기』를 4월에 발간할 생각이에요. 제목은 아직 확정되지 않았지만 『건축을 말한다』라는 책도 준비 중이고. 베르베르의 『신』 3부작은 6월에 마무리될 예정입니다. 장기적으로는 5월부터 매월 3~4권씩 움베르코 에코의 저작집(움베르토 에코 마니아 컬렉션)을 낼 생각입니다. 오래전부터 기획해 온 책이에요.

— 『인터파크 웹진』 2009년 4월 10일

⟨내가 걸어가는 길이 출판의 역사다⟩
라는 신념으로

『통의동에서 책을 짓다』를 집필할 무렵의
홍지웅 교우와 최근 그의 모습, 때로는 진지하고
때로는 유쾌한 그가 전혀 다른 사람인 듯 착각을
불러일으켜 이채롭다

베르나르 베르베르의 『개미』, 『나무』, 파트리크 쥐스킨트의
『향수』 등 유럽 작가들의 작품을 국내 베스트셀러로 만들어
낸 출판사 열린책들의 대표 홍지웅(철학과 73학번) 교우. 최근
출간한 그의 1년 치 일기 『통의동에서 책을 짓다』가 화제를
모으고 있다. 그가 열린책들의 대표이자 한국 출판인 회의
회장이었던 2004년에 쓴 일기는 1년에서 꼭 3일이 부족하다.
진짜 일기를 쓴 것이다.
「2~3주간의 출장 등으로 당일에 일기를 못 쓰면 한꺼번에
몰아서라도 매일 무슨 일이 있었는지 기록했는데, 그때마다
팔이 저릴 정도였죠.」

꼬박꼬박 일기를 쓴 이유는 간단하다. 아들과의 약속
때문이다. 자녀들과 함께 『앤디 워홀 일기』를 나누어 번역해
출판하기로 했지만 결국 아들이 혼자 전부 번역하고 말았다.
그래서 대신 1년 동안 앤디 워홀처럼 일기를 쓰겠다고
약속했다. 앤디 워홀의 일기에는 1970~1980년대 미국

문화의 중심지인 뉴욕이 살아 숨 쉰다면 홍 교우의 일기엔 지금의 국내 출판계가 어떻게 돌아가는지 생생히 드러난다. 하지만 방대하다는 앤디 워홀의 일기도 10년간 7,000매 분량인데 홍 교우는 1년간 5,000매를 썼다. 여기에는 출판 계약금을 비롯한 출판계의 동정에서부터 갈비탕 한 그릇의 값 등 소소한 생활사까지 담겨 있다. 홍 교우의 자취를 좇다 보면 유난히 새로운 것들이 많다. 출판업계에선 이미 자타가 공인하는 〈홍지웅만의 색깔〉을 드러내며 열린책들을 지금까지 이끌어 왔다.

인문학적 소양과 예술적 감수성, 비즈니스 감각을 두루 갖춘 출판인

국내에서 처음 〈제대로〉 출판해 낸 『프로이트 전집』은 모노크롬 기법(한 색만 사용해서 표현하는 기법)으로 화가 고낙범 씨가 그린 프로이트 초상 15점을 전집의 표지에 도입해 굉장한 호평을 받았다. 책 표지에 순수 예술 작품을 차용한 것은 최근 보기 드문 시도다. 또한 『개미』를 홍보하기 위해 홍 교우가 처음으로 만들어 낸 신간 예고 신문 『북캐스트』는 이제 흔한 일이 됐다. 그는 예술 애호가이기도 하다. 『통의동에서 책을 짓다』에는 이런 홍 교우의 취향이 곳곳에 묻어난다. 그를 만났던 열린책들 사옥에 대한 설명에선 건축에 대한 열정이 느껴진다.

「콘크리트는 물성이 굉장히 유연한 물질인데 보통 수직 벽과 수평 바닥만 만들어요. 이 건물은 수직 벽면이 거의 없어요. 번역 문학의 간극을 건축적으로 형상화한 것입니다. 액체인 콘크리트로 다양한 형태를 구현해 낸, 말하자면 콘크리트의 물성을 최대한 드러낸 실험적 건물이에요.」

기존의 방식을 뛰어넘는 열린책들의 사옥은 〈건축가들의
경연장〉이라 불리는 파주 출판 단지에서도 쉽게 눈에 띈다.
끊임없이 새로운 것을 추구하는 그에게 〈독창성이 자신의
재능이냐〉고 물었다. 의외의 답이 돌아온다.
「독창성도 훈련을 통해서 만들어지는 거예요. 독창성은
새로운 걸 창조한다는 말인데 흔히들 얘기하듯이 하늘 아래
새로운 것은 없어요. 기존의 것을 비틀어 보거나 이것과
저것을 합쳐 만들어 낸 〈다른 것〉이 결국 새로운 것이지요.
많이 보고 듣고 사고해야 독창적인 무엇이 나오지요.」

지금도 보고 싶은 건물이 있으면 짐을 싸서 떠난다는 홍지웅
교우는 항상 〈다른 것〉을 추구해도 기본은 충실히 지키는
원칙론자다.
「책자의 형태로 제작된 모든 것을 책이라 할 수는 없죠.
내용도 그렇지만 제본에 있어서도 우리는 실로 꿰매는 정통
사철 방식을 고수하고 있어요. 요즘은 제본을 접착식(책등을
본드로 붙여 만드는)으로 만드는 책이 대부분인데, 책을 펼칠
때 책장이 떨어져 나가는 경우가 많아요.」

또한 홍 교우는 열린책들을 〈전통이 아닌 정통을 추구하는
곳〉이라 강조한다.
「누군가는 분명 기본을 지키는 일을 해야 합니다.」

세상 돌아가는 이치는 사업이라고 다르지 않다. 당장의
이익을 위한 얕은 수보다는 원칙을 지켜야 결국 성공한다.
남과 다른 것을 추구하면서도 정도正道를 걸어온 열린책들과
홍지웅 교우. 그가 있어 출판계의 미래가 기대된다.

──『고대 교우 회보』 2009년 4월 19일 ─ 초대석 ǀ 김진국 편집국장

2004년의 기록

맙소사. 2004년 한 해의 일기를 묶어 『통의동에서 책을 짓다』라는 책을 낸 열린책들 홍지웅 대표와 이미 만날 날짜를 정해 놓은 뒤에야 나는 이 폭력적 사태의 진상을 파악했다. 그의 일기는 무려 848쪽, 원고지로 5,000매가 넘는 분량이었다. 365일 중에 고작 3일만 빼고 매일 썼다는 이 일기책은 너무 무거워서 한 손으로는 들 수도 없을 지경이었다. 자기가 출판사 대표면 대표지 이렇게 두꺼운 일기장을 남한테 읽으라는 건 폭력이다. 폭력. 아, 이럴 줄 알았으면 만나자고 하지 말걸. 투덜대며 약속 날짜까지 관음증 환자처럼 매일같이 남의 일기를 읽었다. 집어치울 순 없었다. 예전부터 홍지웅이 어떤 사람인지 궁금해서 한 번쯤 만나 보고 싶었다. 개인적인 얘기이긴 하지만, 나는 한동안 소설이 너무 지겨워서 손도 대기 싫은 병에 걸린 적이 있다. 나름대로 찾아낸 병의 원인은 소설이 군이 들춰 내서 설명해 주지 않아도 너무 잘 아는 내 현실을 읽고 앉아 있는 게 싫다는 데 있었다. 그때 열린책들의 책을 많이 읽었다. 국내에는 거의 소개되지 않았던 유럽 현대 작가들의 작품 중에서도 작가의 상상력에 기댄 작품을 많이 펴냈기 때문이다. 요즘도 공항에 가면 서점에 들러 이 출판사 책이 꽂혀 있는 서가를 기웃거린다. 일상에서 멀어지러 가면서 또 일상 얘기를 읽고 있기는 싫어서 이름이 생경한 작가의 책이 눈에 띄면 냉큼 산다. 2000년에 홍지웅은 남들이 다 미쳤다고 하는데도 우격다짐하듯 『도스또예프스끼 전집』을 냈다. 15년 동안 그가 품었던 꿈의 결과였다. 아는 사람들 사이에는 이제 〈도끼〉라는 별칭으로 불리는 이 무모한 전집은, 책 좋아하는 사람들은 누구나 가지고 싶어 하는 전집 목록에 늘 오르내린다. 화가 고낙범이 모노크롬 회화로 표지 디자인을 한 『프로이트 전집』을 만들었고, 시간이 흘러도 책이 상하지 않도록 실로 꿰매는 사철 방식의 제본을 고집하는 그를 만나려면 브리태니커 백과사전만 한 일기책을 다 읽어야 한다(이 무거운 책을 확 분철해 버려? 정성껏 제본된 책한테 미안해서 그러지 못했다).

홍지웅이 이 엄청난 일기를 쓰기 시작한 건 아들과의 약속 때문이었다. 아이들과 함께 『앤디 워홀 일기』를 번역해 출판하기로 해놓고 그는 약속을 어겼다. 아들 혼자 전부 번역하게 한 죄로 그는 1년 동안 일기를 쓰겠다고 아들과 약속을 했다. 일기는 말도 못하게 세밀해서 별의별 얘기가 다 나온다. 예컨대 카잔차키스 전집의 출간을 앞두고 책 제목을 점검하고 확정한 편집 회의 내용이라거나, 교보문고의 북 클럽 회원들이 지금까지 가장 많이 산 책은 베르베르의 『나무』로 집계됐는데 그건 어떤 의미라거나 하는 식으로 출판사 대표가 하루 일과 중에 만나는 일들이 날짜별로 기록돼 있다. 일 얘기만 적은 건 아니어서 집 근처 숲에 자생하는 아카시아 꽃이 올해는 유난히 향기가 덜하다거나 오전 10시부터 오후 2시까지 테니스를 쳤는데 몇 명이 참석했고, 집에 돌아와서는 샤워하고 잔디에 물을 줬다는 얘기도 등장한다. 심지어는 치사하게 딸과 드라이브를 갔다가 사먹은 군고구마가 손가락 세 개만 한 주제에 1,000원이나 했다며 비쌌다는 얘기까지 들먹인다. 그러나 사소한 장면들의 연속인 것 같은 일기가 1년을 채우자 맥락이 드러난다. 한국 출판인 회의 회장직을 맡았던 해였기 때문인지 그와 관련된 일과 사람들, 통의동 사옥을 떠나 파주 출판 도시로 이사 가기 위한 신사옥 설계 작업이 그해 그에게는 가장 큰 일이었던 것 같다(1,000원짜리 군고구마를 같이 먹던 딸의 대학 입학도 중요한 일이었을 것이다).

읽다 보면, 한 권의 책을 기획하고 출판하는 일이 쉽지 않은 일이라는 걸 깨닫게 된다. 좋은 출판인은 소비된 후 버려지는 책과 아무리 좋아도 읽어 주는 사람이 없어서 결국에는 아무도 읽을 수 없도록 사라져 버리는 책을 가려낼 줄 아는 사람이다. 책 만드는 일을 하는 사람이라면 큰 참고가 될 만한 홍지웅의 일기가 보통 사람에게도 어떤 의미를 갖는다면, 그것은 기록의 위력을 깨닫게 해준다는 것이다. 어느 개인의 일기일 뿐인데도 책 한 권을 이루고 보니 2004년의 역사서 중 하나가 됐다. 오로지 기록의 힘이다. 거대한 역사가 실제로는 무수한 갈래의 진짜 역사들 중 한 부분일 뿐이라는 사실을 이 작은 역사는 알려 준다. 책 만드는 일 역시 그에게는 시대의 일기를 쓰는 것과 같은 맥락의 일인 것 같다.

「책이라는 게 한 시대의 축적된 무엇이잖아요. 나는 책의
영향력이 예전 같지 않다는 말에 동의할 수 없어요. 여전히
책은 가장 영향력 있는 매체예요. 영원한 매체. 나는 많은
사람에게 좋은 영향을 미치는 책을 만들고 싶어요.」
좋은 영향을 미치는 일이라면 꼭 책일 필요는 없다. 조만간
그는 파주 출판 도시에 현대 미술관 〈미메시스 아트
뮤지엄〉을 연다. 포르투갈의 건축 거장 알바루 시자가 설계한
이 미술관은 돈 많은 개인 컬렉터가 자기 소장품을 늘어놓는
갤러리 같지는 않을 것이다. 이미 독특한 건축으로 관심을
모으는 이 미술관이 사람들을 움직이고 느끼게 하는 미술관이
되게 하는 것이 그의 목표다.

며칠 전 노트북 하드가 날아갔다. 그러면서 아직 남아 있던
옛날 애인 사진 폴더와 즐겨찾기 목록, 띄엄띄엄 쓰기는
했지만 2년 동안 썼던 일기도 사라졌다. 나는 너무 억울해서
AS 센터에 노트북을 맡겨 두고 돌아오는 길에 차에서 울었다.
사전보다 두껍던 홍지웅의 2004년도 일기가 잠깐 생각났다.
마감이 끝나면 일기장으로 쓸 싸구려 노트를 살까 고민
중이다.

—— 『마리 끌레르』 2009년 5월 호 | 이지연 에디터

여전히 책을 짓는 홍지웅

1년 치 일기를 엮어 『통의동에서 책을 짓다』를 펴낸 열린책들
대표 홍지웅. 한 해 동안 그가 겪은 일상을 조합하니
출판계라는 큰 틀의 윤곽이 드러난다. 담담한 어조로
하루하루를 기록한 그의 일기에는 한 사람의 일상을 엿보는
것 이상의 세상이 있었다.

2009년 3월 25일 인터뷰 12일 전

보고 싶은 신간이 생긴 터라 서점에 들렀다. 열린책들 홍지웅
대표의 『통의동에서 책을 짓다』. 이미 5월 호 기획안으로
그와의 인터뷰를 잡아 놓은 상태. 신간 코너에서 바로 발견,
오 마이 갓! 책이 제법 두껍다(848쪽, 1만 9천5백 원). 인터뷰
전에 책을 다 읽고 만나고 싶은데 만만치는 않겠다. 2004년
한 해를 꼬박 정리한 그의 일기를 엮은 책으로 출판인으로
살아가는 그의 고단함이 읽힌다. 행복함과 보람은 역력하다.
남편으로 아버지로 살아가는 평범한 일상도 담겨 있다.
건축 애호가로서의(준건축가로 부를 만한) 면모도 촘촘히
드러낸다. 중간중간 삽입한 컬러 사진도 느낌이 좋다. 그리고
이 책, 은근히 재밌다.

2009년 4월 7일 인터뷰 당일

인터뷰 약속 시간은 오후 3시. 포토그래퍼와 홍대 근처에서
미리 만나 파주 출판 단지로 가는 내내 차 안에서 몇 장 남지
않은 책의 끄트머리를 읽었다. 주행 중 독서라면 분명 멀미가
나도 벌써 났을 법한데, 정신력이 신체 능력을 능가하고 있나
보다. 30분 정도 일찍 도착! 막 착륙한 듯한, 혹은 금세 비상할
듯한 모습의 열린책들 사옥(김준성과 서혜림 설계)을 빙
둘러, 필로티 형태의 주차장에 차를 댔다. 생경한 목소리지만
낯익은 얼굴의 아저씨가 말을 걸어왔다. 무사히 2004년 12월
31일의 〈신나는〉 일기를 다 읽은 찰나, 누군가가 〈메종에서
오셨나요?〉 했다. 1년 치 일기를 엿본 덕에 이미 친한 사람이
된 듯한 착각을 확신한 채 홍지웅 대표를 따라 매력적인
비탈진 입구를 걸었다. 나름의 규칙으로 정리한 어수선한
책상을 배경으로 소파에 앉았다. 요 며칠 책과 관련한
인터뷰로 바빴다며 말문을 여는 홍지웅 대표.
「메종은 어떤 식으로 다루나요. 분량은 어느 정도나 되나요.
이 책은 보자, (어제 인터뷰를 마친 어느 기자가 두고 간
잡지에서 해당하는 페이지를 찾고선) 이런 식으로 다룬다고
하네요. 책을 중심으로. 메종이면 디자이너나 건축가들을
인터뷰하지 않나요?」
과월 호를 챙겨 오지 못한 미흡한 준비성이 후회스럽기도
하고 다행스럽기도 했다. 인터뷰 기사가 많지 않은 탓에
본보기로 보여 줄 만한 페이지가 마땅치 않았고 분량 역시
인터뷰를 만족시킬 만큼은 아닌 것 같고. 〈좋은 이슈가
있다면, 어떤 분야의 인물이든 다룰 수 있어요. 우겨 보자면

이번 책에 건축에 대한 이야기도 많더라구요. 이전 통의동 열린책들 사옥을 설계한 황두진 소장님을 인터뷰한 적이 있어요. 파주 사옥을 건축한 김준성 소장님도 작년에 뵀고요. 며칠 전, 파주 출판 단지에 새로 들어선 미메시스 아트 뮤지엄을 보러 오기도 했어요. 고등학교 때 만난 『향수』부터 시작해 갖가지 열린책들표 소설들도 그렇고, 대표님과 관련된 많은 이슈를 만나면서, 자연스레 그 중심에 있는 사람에 대한 궁금증이 생겼어요. 특히 건축에 대한 조예가 깊은 면도요〉라고 길지만 솔직하게 얘기했다.

「통의동 사옥을 짓고, 출판 단지를 조성하고, 또 파주에 사옥을 짓고, 서교동에 SBI를 준비하면서 건축을 가까이서 접하게 됐고 또 많이 배웠죠.」

책의 순서가 열린책들 통의동 사옥 - 열린책들 파주 사옥 설계 - 비트라 디자인 뮤지엄 - 서울 북 인스티튜트 - 열린책들 사람들의 안도 다다오 건축 기행 등으로 나뉠 정도다.

「기록이란 측면에서 자세히 써야겠다는 생각으로 쓰다 보니 뭘 하나 써도 분량이 길어졌어요. 1년 동안 쓴 일기가 원고지로 5,000매가 됐죠. 일기를 들춰 보니 과거를 되짚어 볼 수 있는 게 참 재미있는 작업이더라고요. 2004년엔 개인적으로 한국 출판인 회의 일이나, SBI처럼 출판계의 굵직한 일들이 많았던 터라 책으로 엮으면 의미 있는 기록이 되겠다 싶었어요. 프로젝트와 관련해 소소한 주변 이야기까지 다 들어 있으니 지루한 자료보다는 훨씬 재미있지 않을까 싶었죠.」

그의 일기 안에는 만나서 이야기를 나눈 이들의 실명은 물론 장소, 함께한 음식 메뉴 그리고 적나라한 가격과 프로젝트별

예산까지 세세히 적혀 있다. 출판계 거목도 건축계 총아도 그의
일기 안에서 바쁘게 움직인다. 아는 이름이 나올 때마다 한 번
더 들여다보게 돼 읽는 속도가 더뎌진 것도 여러 번. 일기의
상당 부분을 차지하는 건축 이야기에 대해 다시 한번 물었다.
「설계에 앞서 지키는 철칙 중 하나는 그 건축가가 설계한
건물을 직접 보고 건축가를 정한다는 거죠. 평면적인 예술
작품은 사진으로도 어느 정도 느낌을 알 수 있지만 건축물은
공간에 들어갔을 때의 느낌, 재료의 질감, 빛의 흐름, 어느
하나도 실제로 보지 않고선 온전히 느낄 수 없어요. 미메시스
아트 뮤지엄 역시 설계를 맡기기 전 알바루 시자가 설계한
포르투갈 포르투의 세랄베스 현대 미술관, 리스본과 런던에
있는 파빌리온, 바젤의 비트라 생산관, 산타 마리아 성당도
미리 가봤어요. 특히 작은 규모였던 산타 마리아 성당은
앉았을 때의 눈높이 정도에 벽을 찢어 놓은 듯한 작고 긴
창이 있어요. 또 하나는 15미터 정도 높이의 벽 상단과
지붕이 맞닿은 부분에 커다란 세로 창이 세 개가 있어요. 빛을
끌어 들이는 독특한 방식이 매우 인상적이었죠. 미메시스
아트 뮤지엄 역시 탁월하게 빛을 이용한 점이 눈에 띄죠.
인위적인 장치를 하나도 쓰지 않은 매끈한 내부(이중벽을
만들어 그 안으로 환기 시설과 냉난방 시설을 넣었다)와
자연광만으로도 충분히 전시가 가능한 빛의 가공도 일품이죠.
아직 완성은 아니에요. 만들어 가는 뮤지엄이죠.」
그에게 이런 과정은 고급 취향이 아니라 꼼꼼한 준비성의
일부다. 책을 통해 드러난 남다른 그의 정리벽과 사옥의
콘센트 스위치 하나도 쉬이 고르지 않는 디자인에 대한

세심한 관심, 다양한 방면에 대한 열정은 열린책들의
결과물에도 그대로 투영된다. 드물게도 완전히 디자인과
편집을 끝낸 뒤 가제본을 만들어 일일이 교정을 보는 것도
홍지웅 대표의 고집 중 하나. 군데군데 그의 오케이 사인을
기다리는 차기 신작들이 여러 권 보인다. 일일이 손 글씨로
교정을 하고 있는 책들을 보니 〈책 잘 만드는 열린책들〉의
명성은 괜한 것이 아님을 알겠다.

「지극히 소박한 한 사람의 일상을 보는 정도로 이 책을 여기면
좋겠고, 제 일상을 통해 출판 동네와 책 만드는 사람들의
단면을 일부나마 일반인이 알게 되면 더 좋겠죠. 출판계에
몸담고 있는 사람이나 준비하는 사람이라면 실질적인 정보도
얻을 수 있겠네요.」

인터뷰를 마치고, 그를 만난 기념으로 로버트 프랭크의
한정판 사진집을 선물했다. 일본에서 발간한 책으로 제본도
인쇄도 특별해서 아끼던 책인데, 책 만드는 일에 보탬까진
아니어도 아이디어 하나쯤은 참고하시길 하는 마음으로.

「나도 보답을 해야겠는데, 갖고 싶은 책 있어요?」

절대 기대한 바는 아니지만 신기하게도 주저 않고 대답이
나왔다. 〈장 자끄 상뻬〉라고. 굳이 서고를 찾아 장 자끄
상뻬의 『겹겹의 의도』와 『뉴욕 스케치』 대형판을 건네 주고,
함께 간 포토그래퍼에게는 김중만의 사진집을 건네는 센스.
그의 후한 책 인심과 세심한 배려에 또 한번 감동을 느끼며
우린 다시 서울로 향했다.

—『메종』 2009년 5월 — 나우! 피플 | 곽소영 에디터

2004년 4월 1일 목요일

12시, 물유물회사의 정상준 실장과 김 면접 점심하나(31,000원). 2시, 사무국장에 지원한 KㅆA 면접 보다. KㄷH 출신으로서 법률신문사, 서울대 행정 따라 출판도시라남 등에서 일한 경험이 있어서 사무국장으로 일하기에 적합하나 생각되었다 면접 끝나고, 6시에 배범출판사/에서 SBI 리워크 프로그램 가 의원을 모이다. 새로운 사람들의 해이대북 경찰 위원장, 마음산부의 정호욱 사랑, 본논의 고경대 상목, 사계절의 박근속 제작 부장, 다지이너 각초로리 김태경, 혜전대학의 김득식 교수, 해냄의 송영석 사랑, 사무국장 이녹적, 사무국 직원 김경욱, 백성민 등 12명. 내가 SBI 선기 모형을 가지고 건독 개념을 설명해 주고, 이대북 경찰구원장이 그간 진행되기 온 편즈그법 빠임과 발전 등에 대해 설명하다. 해냄 사옥은 반드레요 안 뒤따 리듬이 경비서 5층 타워실에서 라라한 주, 나는 먼지는 뒤 두 번째

기, 5등에서 티켓으로 거의 인터의 안정이
ㅣ 들어간다. 터켓으로는 6등까지 열려 봤
그리하고 인기의 티외성의 커를 얻을
을까 통이다. 비에 젖은 지역이 훈치니
터외가 끝나고 해를 사본사본에 요욱을
ㆍ흥영역 연강이 SBI 티켓 프로그램
기원터 기원들끼리 숙원했고 인터한다.

2004년 4월 2일 금요일
ㆍ인전에 G사랑으로 나, 그리고 먼 나를
ㅣ에게 시극장 2명의 극본들기 대해
ㆍ을었다. 독 사랑을 서로 상반된 땅차로
ㅣ시 받, 따나 훌란도시, 건축십의기원터
ㆍ홍현성, 인현석, 김영준, 이상배,
ㅣ, 나, 이기금 이사랑, 시덕을 2명
ㆍ열린책들(힘여), 묘검원 (윤기홍), 청이
ㅣ을 글라벽, 노김(힘여), 박영사(여스
ㆍㅌ) 들 여섯 모두 실제이는 심의하니
ㆍ인행석 고속기 <터는 돈이가 1m 인기
ㆍ상 1m 이상을 건혜게에 흥상되으로 1대

열린책들 홍지웅 대표
그리고 『통의동에서 책을 짓다』

최근 3월 10일에 출간된 묵직한 한 권의 책이 배달되었다.
『통의동에서 책을 짓다』, 저자 홍지웅! 장장 850여 쪽(원고지
5,000매) 분량으로 들고 다니며 읽기엔 다소 부담스러운
두께였다. 그래도 표지는 심플하고 세련되어 폼이 나
보였고 텍스트가 빽빽하기는 해도 여백이 느껴졌다. 저자가
돌아다니며 찍은 사진들이 보기 좋게 이어져 하나의 그림처럼
채워져 있었기 때문이다. 인터뷰 시간에 맞춰 파주 출판
단지에 자리 잡은 열린책들 사옥을 찾아갔다. 서울 통의동
사옥은 일기에 남겨 두고 파주 출판 단지에 새로 건물을 지어
2005년 말 입주해 있었다. 사옥의 모습은 제비가 날기 위해
날개에 바람을 넣은 듯 동적인 인상을 주었다. 홍지웅 대표는
검은 티에 아이보리색 바지의 편안한 차림으로 맞아 주었다.
책 표지의 짧은 스포츠 머리 대신 자연스럽게 기른 스타일로
부드럽고 선한 인상이었다. 홍 대표는 디자인을 매우 중시해
같은 층에서 디자인 팀과 함께 있다고 했는데 디자인 팀은
칸막이 역할을 하는 책꽂이들에 가려 보이지 않았다. 그는
감기가 들었다는 양해를 구하며 긴 소파가 있는 자리로
자리를 안내했다.

이 책(일기)을 내게 된 동기는 무엇인지요?

2003년 한국 출판인 회의 회장을 맡은 뒤 각자의 본분에 소홀하지 않기 위해 당시 공익 근무를 시작한 아들(400쪽)과 대학생인 딸(250쪽), 이렇게 셋이서 800쪽 분량의 『앤디 워홀 일기』를 나누어서 번역하기로 약속했습니다. 그런데 일이 많아져 내가 맡았던 번역 몫(150쪽)이 아들에게 돌아갔습니다. 그 원고가 이제는 출간을 앞두고 있고요. 약속을 못 지킨 데 대해 어떻게 할까 고민하다 대신 워홀처럼 10년까지는 아니어도 1년 동안 일기를 쓰겠다고 약속했습니다.

일기를 매일 썼는지 궁금합니다.

꼭 그렇지만은 않아요. 2~3일 치를 한꺼번에 쓰기도 했습니다. 두세 시간, 혹은 서너 시간씩 짬을 내서. 그러기 위해선 틈틈이 메모를 해두었습니다. 너무 시일이 지나서 쓰면 현실감이 떨어져 글의 생생함이 사라지니까요.

일기 쓰기를 시작하기 전에 출간할 의도도 가지고 있었나요?

나중에 출간할 수도 있다고 생각했지만 처음부터 출간을 염두에 두진 않았어요. 어쨌든 가능한 한 더 상세하게 기록하려고 했습니다. 하지만 책으로 냈을 때 너무 사적이어서

상대에게 누를 끼칠 수도 있는 부분은 거의 다 덜어
내었습니다. 그런데 그 분량도 상당합니다.

이 책에 담긴 내용을 요약해 주신다면?

통의동은 파주 사옥으로 오기 전 서울 경복궁 쪽에 있던
사옥의 주소지입니다. 서울 사옥에 근무할 당시 2004년도
1월 1일부터 12월 31일까지 하루하루 써 내려간 출판 일기죠.
출판사 대표로 그리고 한국 출판인 회의 회장으로서 겪은
일들, 가족 이야기, 출판계 인재 양성 센터인 SBI 설립 등에
관한 구체적 계획 등을 기록했습니다(출판 제작비부터
찬조금, 식사비, 이발비, 팁, 조의금 등 크고 작은 지출 내역도
기록되어 있다).

열린책들에 대한 좋은 평이 자자합니다. 어떻게
출발하여 지금까지 오게 되었나요?

아름다운 디자인과 전작주의를 고집하다 보니 여기까지 온 것
같습니다. 열린책들은 처음 러시아 관련 서적을 내는 것으로
출발했습니다(1986년). 초기 2년은 책도 잘 팔리지 않고
부채만 늘어나 어렵게 버텨 갔어요. 하지만 꿋꿋이 포기하지
않고 러시아 문학을 고집하다 1988년에 낸 『아르바뜨의
아이들』이 베스트셀러 1위에 오르면서 출판사로서의 기틀을
잡아 가기 시작했습니다.

이 책을 보고 난 사람들의 반응과 저자로서의 기대가
있으시다면?

출판 동네 얘기인데 의외로 〈재미있다〉, 〈바쁜 와중에 이걸
언제 썼나?〉, 〈출판 노하우가 많다〉, 〈나는 그동안 헛산 것
같다〉, 〈어떻게 사는지 알겠다〉, 〈나도 한번 써보고 싶다〉 등
좋은 얘기를 많이 들었습니다.(웃음) 이 책이 그저 출판 동네,
그리고 출판인에 대한 인식과 이해를 넓히는 계기가 되기를
바랄 뿐입니다.

앞으로도 이런 책을 낼 의향이 있는지요?

물론 있습니다. 2006년도에도 1년간 일기를 썼습니다.
작년에도 재작년에도 연초에 몇 달간 쓰다가 너무 힘들어
포기했습니다. 그러나 책 낼 준비는 늘 하고 있습니다. 두세
권쯤 더 내고 싶어요.

그의 일기 『통의동에서 책을 짓다』는 출판 관련인 필독서로,
최인호의 『가족』 이야기처럼 따스함이 묻어나 에세이로도
손색이 없다. 게다가 건축, 그림, 음식, 사업에 관한 일가견이
돋보인다. 출판사 대표들을 비롯해 다양한 직업군의 사람들과
돈독한 관계를 통해 그의 따스한 인간적인 면모도 엿볼
수 있다. 홍지웅 대표는 〈책을 만드는 일은 사람과 만나고
대화하는 일〉이라고 말한다.

번역가, 출판업자, 출판계 대표, 저자로 지평을 넓히며
종횡무진하는 그의 활약 무대는 어디까지일까. 하나는
분명하다. 그의 책 사랑이 계속되는 한 그의 활약상 역시 계속
진행 중이라는 것이다.

──『책과 인생』 2009년 6월 호 ─ 만나고 싶었습니다 | 신윤정 기자

『움베르토 에코 마니아 컬렉션』25권 펴낸 홍지웅 열린책들 대표, 전집 출간은 학문의 미래 위한 투자

「많이들 왜 적자 기획을 했느냐고 묻더군요. 하지만 저는 전집 출간이 적자 기획이라고 보지 않아요. 원전 출간은 출판의 본령이자 우리 학문의 미래를 위한 투자입니다. 궁극적으로는 적자가 아니라고 생각합니다.」

제작 기간 5년, 제작비 4억 원을 들여 세계 최초로 『움베르토 에코 마니아 컬렉션』(전 25권)을 출간한 열린책들 홍지웅(56) 대표의 말이다. 에코 저작집이 처음 기획된 것은 2004년. 기획에서 출간까지 5년이 걸렸고, 번역자 포함해서 투입된 인원은 40명이 넘었다. 국내 인문 출판 시장을 고려할 때 그야말로 적자의 조건은 모두 갖춘 기획이었다. 하지만 홍 대표는 이 기획을 백지화시키지 않고 꾸준히 밀고 나갔다. 열린책들이 추구해 온 작가주의, 전작주의에 대한 강한 신념이 원동력이었다. 그는 〈우리나라에 외국 문학이나 사조가 들어올 때 원전 텍스트의 번역본 없이 해설서나 소개서를 번역하거나 해설서를 해설하는 형태로 소개되는 경우가 많은데 이는 우리 인문학을 절름발이로 만드는 것〉이라며 〈원전 중심, 원어 중심의 텍스트를 전집으로 펴내 한 문학가나 사상가의 전모를 보여 주는 일은 학문 발전의 밑거름〉이라고 강조했다.

열린책들은 이전에도 프로이트, 도스또예프스끼, 카잔차키스 등의 전집을 출간해 왔다. 홍 대표는 에코 컬렉션 출간 이유에 대해 〈에코는 20세기의 가장 중요한 석학 중 한 명으로, 문학, 기호학, 미학 등 전방위적으로 저술 활동을 한다. 또 저서 곳곳에는 그의 백과사전적 지식이 거미줄처럼 얽혀 있다〉면서 〈책 한 권으로는 그의 지적 세계를 이해하는 것은 역부족이라고 판단해 컬렉션을 기획했다〉고 설명했다.

출간 작업은 처음부터 순탄치 않았다. 먼저 다방면에 걸친 글을 수집해 중복된 것을 배제하고 저작권자를 일일이 찾아 정식 출판 계약을 맺었다. 출판 계약을 맺는 데 1년, 이를 컬렉션 형태로 재구성하는 데 또 1년이 걸렸다. 기간이 길어지다 보니 에코 저서 출판권을 대다수 보유하고 있는 이탈리아 봄피아니 출판사로부터 출판 계약 만료 통보를 받는 일도 자주 있었다. 그때마다 열린책들은 장문의 편지를 보내 에코 컬렉션의 진행 과정과 출간 의미를 설명했다. 세계 최초라는 점도 부담이었다. 본국에서조차 전집이 나오지 않아 참고할 만한 교본이 전혀 없었기 때문이다. 가장 큰 문제는 번역이었다. 이탈리아 원문 번역을 할 수 있는 역자가 많지 않은 데다, 에코는 사상과 학문의 범위가 워낙 방대해 이를 이해하는 일도 만만치 않았다. 홍 대표는 〈중세부터 현대에 이르기까지 에코 사상의 스펙트럼은 상상을 초월한다〉며 〈이를 일일이 확인하고 번역하고, 기존 저서의 경우 번역을 수정하고 재검토하는 데 2년 이상의 시간이 소요됐다〉고 말했다. 완성도를 높이고자 가제본을 만들어 가며 작업을 진행했는데, 이렇게 만든 가제본만 75권에 달했다.

「(전집을 내고 싶은) 욕심이 나는 사상가나 작가가 많습니다. 원전 텍스트를 하나하나 번역하는 작업은 국가적으로도 대단히 중요한 일이에요. 그런 점에서 원전 번역, 전집 출간은 출판인이라면 당연히 해야 할 일이지만, 그렇다고 해서 누구나 할 수 있는 일도 아닙니다. 손해를 감수하고서라도 꼭 하겠다는 의지가 있어야죠. 그래도 저는 계속할 겁니다.」

── 『국민일보』 2009년 10월 31일 ── 책과 사람 | 양지선 기자

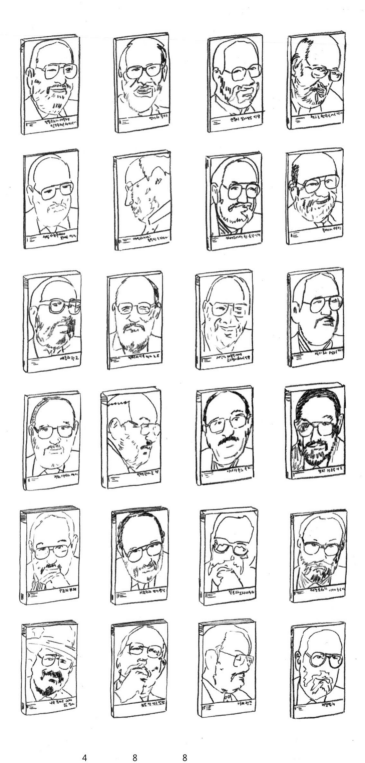

출판인이 현역 출판인 생애,
논문으로 쓰다

홍지웅(56) 열린책들 대표는 1980년대 이후 한국 출판사에서
번역 문학 출판의 새 지평을 연 인물로 꼽힌다. 이 출판인의
생애를 다룬 논문을 후배 출판인이 썼다. 역시 번역 출판을
하고 있는 월북의 홍영완(39) 대표다. 그는 출판을 하는
짬짬이 대학원(중앙대 신문방송대학원 출판 전공)을 다니면서
논문 「출판인 홍지웅의 생애사 연구-번역 문학을 중심으로」로
석사 학위를 받았다. 출판인의 삶을 다룬 논문은 해방 전
최남선의 업적을 다룬 것이 있을 뿐 해방 이후론 처음이다.
「가문의 영광이긴 한데, 굉장히 어색하고 쑥스럽죠.」(홍지웅)
「저한테 잘 보이셔야 해요. 혹시 제가 먼 훗날 선배의 장례
위원장을 할지 모르니까요.(웃음)」(홍영완)

29일 『한겨레』 사옥을 찾은 두 사람은 열일곱 나이 차를
넘어 〈오랜 지기〉처럼 보였는데, 후배가 대뜸 날린 〈센〉
농담을 선배는 〈우리는 둘 다 남양 홍씨로 본도 같아요〉
하고 〈가볍게〉 받는다. 성이 같아서 친인척 사이로 오해도
받는다고 했다. 앞서 전화 통화에서 〈홍지웅 대표는 저에겐
출판의 멘토〉라고 고백했던 홍영완 대표는 언제 그랬냐는 듯
〈껄끄러운〉 진언도 숨기지 않았다.

「대체 하루키의 『1Q84』 계약엔 왜 참여하신 겁니까.」(홍영완)

「그 로열티 경쟁에 참여한 것은 사실이에요. 비판 많이

받았죠.」(홍지웅)

홍영완 대표는 2004년 월북을 창업하기 직전까지

열린책들에서 8년 동안 출판 마케팅 담당으로 일했다. 그

인연을 씨앗 삼아 탄생한 논문 「출판인 홍지웅의 생애사

연구」는 출판인 홍지웅의 생애를 네 단계로 나눠 다뤘다.

〈도스또예프스끼를 사랑한 청년〉 홍지웅이 출판사를 차리기

직전까지를 준비기(1954~1985)로, 1986년 열린책들을

창업해 『아르바뜨의 아이들』, 『무엇을 할 것인가』, 『강철은

어떻게 단련되는가』 등 러시아 문학에서 시작하여 다른 유럽

문학으로 폭을 넓히던 1992년까지를 〈창업기〉로 잡았다.

이후 1993년 첫 밀리언셀러 『개미』와 『좀머 씨 이야기』

등으로 번역 문학의 큰 붐을 일군 1996년까지를 〈성장기〉로,

『도스또예프스끼 전집』, 『프로이트 전집』 등을 출간해 온

지금까지를 〈안정기〉(1997~2010)로 구분하여 출판인

홍지웅의 여정을 기술했다.

열린책들은 한 번도 만들기 어렵다는 밀리언셀러를 『장미의

이름』, 『좀머 씨 이야기』, 『개미』, 『나무』, 『신』 등 일곱 번이나

빚어냈다. 열린책들이 베르베르, 쥐스킨트를 비롯한 유명

작가의 베스트셀러를 제조해온 것만은 아니다. 그 핵심은

무명이던 그들을 발굴하여 유명 작가로 만들었으며 국내

문학 독자층의 요구에 부응하여 러시아 문학과 유럽 문학에

대한 대중적 지평을 확장했다는 데 있다. 『프로이트 전집』,
『마야꼬프스끼 전집』, 『뿌쉬낀 전집』 등 한 작가의 거의 모든
작품을 완역하는 〈전작주의〉는 열린책들의 〈전매특허〉라
할 만하다. 2000년에 완역 출간된 『도스또예프스끼 전집』은
열린책들 책 목록 800여 종 가운데 맨 앞에 놓인다. 홍지웅
대표는 출판인으로서 가장 행복했던 순간으로 그 전집의
완간을 꼽았다.

「도스또예프스끼는 젊을 적부터 좋아했죠. 전공까지 바꾸고
대학원을 다니며 내내 작품 목록을 품고 다녔죠. 작품마다
비평들도 모았고요. 완간되기까지 14년 정도 걸렸어요.」

열린책들은 번역 문학만 한다는 비판도 더러 받았다. 홍영완
대표는 〈한국 문학 출판을 겸하지 않고 번역 문학 한길만
팠다〉는 점은 비판 대상이 아니라 칭찬 대상이라고 못 박았다.

「홍지웅 대표는 번역 출판의 선구자라고 저는 평가합니다.
논란의 여지가 없지 않습니다. 국내 문학이 번역 출판물
때문에 고사한다는 말도 합니다. 제가 보기엔 그렇지
않습니다. 베르베르 소설이 많이 팔린다고 다른 국내 문학이
죽는 게 아니죠. 시대의 흐름일 뿐입니다. 번역 문학이
30퍼센트 가량인데요. 앞으로 좀 더 비중이 높아져야 합니다.
열린책들은 성실한 개정판 작업 등 〈바른 번역〉이 어떤 건가
하는 것을 보여 줬다고 생각합니다.」

두 사람은 번역 출판의 중요성에는 완전히 의견이 일치했다.

「일본의 메이지 유신 때에 번역에 공을 들였어요.」(홍영완)

번역 문학 출판이 (한국 문학 출판에 견줘) 쉽다는 속설에 대해서도 고개를 저었다.
「성공률이 1퍼센트도 안 돼요. 물론 다른 분야도 그렇지만요.」(홍지웅)

홍영완 대표는 1세대 원로 출판인들이 잇따라 작고하는 마당에 출판인들에 대한 기록과 연구가 거의 없다는 데 진한 안타까움을 표했다.
「저의 논문이 지금도 현업에서 문화 창달의 기수 역할을 하는 출판인들에 대한 정당한 평가와 체계적인 기록이 나오는 데 계기가 됐으면 합니다.」
「출판은 시대의 지식을 축적하는 아카이브입니다. 그 시대 사람들이 생각하고 느끼고, 행위한 것이 집적된 형태죠. 시대의 지층, 단면을 보여 주는 것이 출판입니다.」(홍지웅)

마지막으로 상대방에 대한 쓴소리를 부탁했다. 홍영완 대표는 〈열린책들이 시대 흐름을 잘 읽어 내며 책을 내왔는데, 2000년대 들어선 큰 흐름을 주도하기보다는 에코, 베르베르, 쥐스킨트 비중이 너무 크다〉며 〈출판 이외에 건축 분야에 관심을 많이 보이고 조금 게으르신 것 아닌가〉라고 꼬집었다. 홍지웅 대표는 덕담으로 받았다.
「홍영완 대표는 시장을 읽는 힘이 뛰어나요. 출판사 차린 지 6~7년 됐잖아요. 창업 뒤 고생하고 나름 좋은 책 내면서 안정적으로 출판을 끌고 가는 사례가 많지 않거든요. 출판은 유아 사망률이 높아요. 초창기의 저보다 잘하고 있어요. 어떤 분야를 잡으면 대성할 겁니다.」

「저도 쓴소리 할 게 없다고 할걸, 괜히 저만 했네요.」(홍영완)

── 『한겨레』 2010년 9월 30일 ㅣ 허미경 기자

선배 홍지웅에게 묻다

지난달에 한기호 소장이, 열린책들 대표를 인터뷰해 보면
어떻겠느냐고 물었을 때 처음 들었던 생각은 〈내가 왜?〉였다.
후배 기획자가 선배 기획자를 만나 시리즈로 나오는 기획인
만큼 훌륭한 인터뷰어가 많을 텐데, 왜 하필 내가? 엉겁결에
하기로 결정하자마자 후회했다. 일면식도 없는 까마득한
대선배를 만나는 것도 부담이었는데, 찾아보니 홍지웅
대표에 관해서라면 이미 인터뷰가 상당히 많았다. 〈변별력을
가진 글을 쓸 수 있을까〉에 대한 걱정이 밀려왔다. 하지만
『통의동에서 책을 짓다』를 읽으며 생각이 약간 바뀌었다.
만나고 싶다, 물어보고 싶다, 그런 바람이 조금씩 생겼다. 정작
문제는 책을 다 읽고 홍 대표에게 전화를 걸어 일정을 잡을 때
생겼다. 그는 인터뷰하고 싶지 않다고 했다. 더듬더듬 취지를
설명해서 겨우 만날 약속을 잡았지만 나와 마주하자마자 또,
뻔한 인터뷰가 될 텐데 굳이 해야겠느냐며 짜증 비슷한 표정을
지었다. 짜증은 나도 났다. 그래서, 〈해보지도 않고 어떻게
아느냐〉라고 대차게 말한 건 아니고, 이렇게 대답했다.
〈하나 마나 한 결과물이 나오면 게재하지 않겠습니다〉라고.
몇 번씩 했던 거절과 달리 막상 본 게임에 들어가자 그는 내
질문에 가감 없이 답해 주었다. 예상했던 두 시간을 훌쩍 넘겨,

인터뷰는 세 시간 반 가까이 진행되었다. 최종 정리해 보니 원고지로 70매.

〈어떻게든 이 책 한 권만 잘 팔면 되는데……〉라는 마음에 눈 딱 감고 위법이든 편법이든 저질러 보면 어떨까 하는 상상을 가끔 한다. 소심한 성격인 탓에 아직 실행하지 못했지만, 내가 머뭇거리는 사이 몇몇 출판사들은 발 빠르게 움직여 사재기는 말할 것도 없고 교양서를 실용서로 둔갑시켜 시장을 교란하는 등 눈부신 활약을 벌이고 있다. 야구로 치면 승부 조작이다. 하지만 야구 선수는 퇴출돼도 출판사는 문제없다. 세상 사람들이 그다지 관심을 갖지 않기 때문이다. 그들은 그저 세상의 흐름으로부터 뒤떨어지지 않기 위해 세간에 화제가 된 책, 베스트셀러를 가끔 한 번씩 살 뿐이다. 지금으로서는 출판계 스스로가 영차영차 힘을 합쳐 실마리를 찾는 수밖에. 이번에 『기획회의』에서 진행하는 일련의 인터뷰는 그 실마리를 찾기 위한 노력의 일환인 걸로 알고 있다. 시건방진 말머리를 쓴 김에 조금 더 이어 가자면, 자기만의 스타일, 혹은 철학(과 같은 말들을 뭉뚱그리면 〈자존심〉)을 가지고 책을 만드는 출판사들이 조금씩 많아지는 것이야말로 문제 해결의 출발일 거라 믿는다.

열린책들 홍지웅 대표와의 인터뷰에 앞서, 사두고 구경만 하던 『통의동에서 책을 짓다』를 읽었다. 사두고 읽지 않았던 이유는 두꺼워서다. 페이지가 장난 아니다. 선입견도 한몫했다. 이런 류의 일기 혹은 자서전은 뻔한 서사, 이를테면 역사를 자기 합리화하여 성공담을 왕창 늘어놓는 경우가 대부분이기 때문이다. 하지만 이 책은 달랐다(고 평가하지 않았다면 이 글은 쓰지 않았다). 물론 홍지웅이라는 인간의 능력이 얼마나 출중한지를 보여 주는 에피소드들도 많았지만, 능력이 출중한 것이 죄는 아니지 않은가. 몇 날 며칠에 걸쳐 한 장 한 장 페이지를 넘기는 동안 나는, 10년 전이나 지금이나 출판계의 문제가 똑같다는 점을 깨달았고, 대표의 〈곤조〉(송구하지만 〈곤조〉라는 표현을 꼭 쓰고 싶었다)가 조직을 어떻게 변화시키는지 알게 되었다. 그것은 창업 8년 차인 내가 귀담아들어야 할 얘기였다. 그런 연유로 나는 이 거대한 분량의 책을, 아침마다 서지 않는 발기 부전 환자가 치료제를 먹는 심정으로 꾸준히 복용했다. 마침내 읽기를 마쳤을 때, 나는 그를 만나 자신만의 혹은 열린책들만의 스타일을 구축해 오기까지의 어려움, 이를테면 시행착오에 관해 물어보고 싶었다. 몇 번의 거절 끝에 어렵게 만난 그는 〈여느 인터뷰와 다를 게 없는 하나 마나 한 인터뷰로 귀결되면 게재하지 않겠다〉는 내 말을 두 번쯤 확인한 후에 이야기를 시작했다.

회사 이미지가 만들어질 때까지는 한 분야의 책만

잘 알려져 있듯 홍지웅 대표는 러시아 소설을 내면서 출판사를 시작했다. 안 팔리는 러시아 소설을 작정하고 내기로 한 이유는 잘 알고 좋아했기 때문이다. 대학원에서 러시아 문학을 전공한 그는, 열린책들이라는 이름이 탄생하기 전부터 『도스또예프스끼 전집』을 내고 싶어 했다.

「러시아 문학을 처음 출판할 때 큰 노선이 두 개 있었다. 현존하는 작가의 중요한 책들을 낼 것. 기존에 나왔던 중역본들은 러시아어 원전으로 다시 번역할 것. 1960~1980년대에 나온 번역서들은 대부분 중역이었다. 일어들이 유창했으니까 전부 일본어판을 가져다가 번역했다. 그러다 보니 한국어로 옮긴 글 자체는 상당히 유려했다. 이에 반해 열린책들에서 나온 도스또예프스끼가 반드시 기존 판에 비해 잘 읽히는 건 아니다. 주지하다시피 도스또예프스끼는 도박 중독에 낭비벽이 심했고 빚에 쪼들려 소설의 앞뒤를 꼼꼼하게 따지지 않고 급하게 쓰기도 했다. 원문 자체가 짜임새 없이 허술한 대목도 많다. 내가 목표로 삼은 것은 원문에 충실하자는 거였다. 설사 원문에 오류가 있어도 그대로 가자. 예컨대 열린책들에서 나온 『악령』의 경우, 나는 좋은 번역이라고 생각한다. 소설가이기도 한 김연경 선생이 맡았는데, 원문을 잘 살렸다. 나는 『악령』의 번역은 김연경씨 번역이 가장 잘됐다고 생각하지만, 어떤 독자는 김연경 씨 번역이 가장 나쁘다고 평가하기도 했다. 이런 걸 보면 좀 아쉽다. 김연경 선생은 문지에서 소설을 세 권이나 낸 사람이다. 유려하게 하려면 얼마든지 유려하게 할 수 있었다. 하지만 『악령』은 때론 투박하고 때론 실수하는 도스또예프스끼의 원문을 잘 살리는 게 중요하다고 생각했다.」

원문의 묘미를 살리려면 작품을 숙지하는 것은 물론 해당 작가가 속한 문화에 대한 이해가 선행되어야 한다. 지나치게 오버하거나 앞서가는 일 없이 표현하고자 하는 바를 정확히 우리말로 옮기기 위해서는 끊임없이 고칠 수밖에 없다. 제멋대로인 번역과 중역이 문제되지 않았던 시절, 그는 자신의 의도를 이해하지 못하는 번역자, 때로는 독자와 불화했다. 『세상의 바보들에게 웃으면서 화내는 방법』이라는 책도 비슷하다. 이 책은 『연어와 여행하는 방법』이라는 제목으로 1995년도에 출간했다. 영어판으로 소설가한테 번역을 의뢰해서 냈다. 그러니 문장은 좋다. 한데 움베르토 에코의 원문을 보면 묘하게 살짝살짝 현실을 비튼 대목들이 많다. 『연어와 여행하는 방법』에서는 그걸 잘 살리지 못했다. 마침 개정판이 나왔길래 이세욱 씨가 영어판, 이탈리아어판, 프랑스어판을 전부 하나하나 살펴보고 원문의 뉘앙스를 살려서 다시 번역했다. 창업 초기에는 자금이 원활하게 돌지 않았기 때문에 시간에 쫓겨서 낸 책들도 있었다고 한다. 다소 미진하다고 느껴도 〈일단은 내고 보자〉는 마음으로 만든 책도 분명히 있다. 하지만 시간이 날 때마다 책을 들여다보며 미진한 대목은 수정하여 다시 만들었다. 안 되겠다 싶으면 번역자를 교체했다. 그 과정에서 이세욱 씨와의 행복한 만남이 있었고, 『장미의 이름』을 번역한 이윤기 씨와는 믿음직한 연대를 구축할 수 있었다. 시대에 걸맞은 번역이라는 구호는 말은 쉽지만 수지타산적 측면에서는 좀처럼 실행하기 어려운 일이다. 개별 작품이 아니라 작가를 향한 장기적 안목이 바탕이 됐기 때문에 가능했다. 열린책들 하면 따라붙는, 이른바 전작주의다.

「어떤 작가든 시간이 지남에 따라 성장한다. 나는 그런 과정을 보는 게 즐겁다. 어떤 작가의 기분 좋은 정취에 빠지면 그 작가의 시시콜콜한 것에까지 관심이 생긴다. 그러다가 『움베르토 에코 마니아 컬렉션』(전 25권)까지 간 거다. 열린책들 수준의 〈에코 컬렉션〉을 가진 나라는 한국이 유일하다. 에코는 때로는 영어로 글을 쓰고, 프랑스어로 책을 내기도 했는데 전부 찾아서 냈다. 폴 오스터도 마찬가지다. 자기만의 문체를 가지고 그런 정도의 글을 풀어내는 소설가는 흔치 않다. 폴 오스터의 문체에 감탄해서 전작을 내기로 했는데, 처음에는 안 팔렸다. 『미스터 버티고』(1995)는 초판을 소진하고 다행히 어느 기관에서 우수 도서로 선정하는 바람에 2쇄를 찍긴 했는데, 그 뒤로 낸 『리바이어던』(1996)이나 『문 팰리스』(1997)는 초판을 찍은 이후로 더 이상 나가지 않았다.」

그럼에도 폴 오스터는 한국 독자들에게 인정받을 거라는 확신이 있었다. 그는 이 책들을 원작자와 재계약하고, 5년여가 지난 2000년 무렵에 『공중 곡예사』, 『거대한 괴물』, 『달의 궁전』으로 제목을 바꿔서 다시 펴냈다. 표지도 새로 만들었다. 독자들은 여전히 시큰둥했다. 포기하지 않았다. 후속작인 『오기 렌의 크리스마스 이야기』(2001), 『폐허의 도시』(2002), 『뉴욕 3부작』(2003)을 줄기차게 냈다. 〈언젠가는 독자가 찾을 거다. 독자가 이기나 내가 이기나 해보자〉는 심정이었다고 한다. 차츰 마니아가 생기기 시작했다. 독서 클럽을 중심으로 폴 오스터를 읽고 좋은 평가를 내리는 독자들이 늘어 갔다. 한 권 한 권 만들어 온 폴 오스터의 책은 전부 스물다섯 종에

이른다. 사람들은 그에게 〈전작주의자〉라는 라벨을 붙여
주었지만, 그는 전작주의 운운하는 수식어가 우습다고 했다.
기획을 할 때 개별 작품이 아니라 작가를 보는 것은 당연한
수순이기 때문이다. 하지만 세상은 그가 자신의 전국구적인
소신을 마음껏 펼치도록 내버려 두지 않았다. 〈러시아
소설 전문 출판사〉라는 독특한 이미지에 〈전작주의〉라는
컨셉(〈콘셉트〉라고 해야 하지만 나는 아무래도 이 단어가
입에 붙지 않는다)이 점차 알려지면서 문제가 생겼다.
열린책들이 계약했거나, 계약 준비 중이라는 소문을 듣고 다른
출판사들이 눈독을 들이기 시작한 거다.

한 출판사에서 전 작품을 내도록 배려하는 게 출판의 기본 예의

『통의동에서 책을 짓다』에 보면 이와 관련된 에피소드가 여럿
있다. 무척 흥미진진하기 때문에 전부 들려주고 싶지만, 내게
주어진 지면이 많지 않으니 딱 하나만 소개해 보고자 한다.
〈움베르토 에코 저작집의 저작권 사항을 점검하고 모든
저작의 저작권을 계약했는데 몇 권은 봄피아니에서 회신이
오지 않았다. 수소문한 결과 M출판사에서 저작권 계약을
했다고 한다. 그래서 김영준 편집장이 M출판사의 T사장에게
저작권을 양도할 의사가 없는지 확인차 전화를 한 모양이다.
만나러 가겠다는데도 굳이 그냥 전화로 하자고 해서 우리
의사를 전달했다고. 요점 정리를 하자면 T사장은 《저작권을
양보해 달라는 것은 예의가 없는 무례한 이야기》이고
《지금과 똑같은 상황을 예전에도 겪은 적이 있다》면서 이렇게
얘기했단다. 《1993년도에도 우리가 에코의 에세이를 냈을

때 열린책들 홍 사장님이 뭐라고 했는지 아느냐, 앞으로
M출판사에서 에코의 책을 내지 말라》는 거였다. 나는 그
말을 잊지 못한다. (……)『장미의 이름』은 1986년 5월 중순에
발간한 이래로 1988년 여름까지 3년여 동안 한 달에 80여
권씩밖에 팔리지 않았고 움베르토 에코라는 인물에 대해서도
국내에 전혀 알려진 바 없었다. 그 후에도 우리는 이전에 쓴
저작도 한 권 한 권 계약해서 펴내고 있었다.『장미의 이름』을
발간한 이후 우리 회사에서는 〈에코 알리기〉에 총력을
기울였다. (……) 그럴 즈음 M출판사에서 에코의 에세이를
출간했기에 전화를 했던 거였다.〉(『통의동에서 책을 짓다』중
2004년 3월 3일 일기에서 발췌)

공교로운 일인지 고의적인 일인지는 당사자 외에 알 길이
없지만 어쨌든 이런 일, 사실 흔하다. 나 역시 몇 번이나
비슷한 일을 겪었다. 이건 예의를 따지기에 앞서 출판사의
자존심 문제라고 생각한다. 세상에는 내야 할 책이 얼마든지
많은데 굳이 다른 출판사에서 총력을 기울여 내고 있는
시리즈에 끼어들 필요가 있을까. 급기야 〈해외 번역서에 대한
의존이 커지면서 《국제 출판 시장의 호구虎口》로 전락한
한국 출판계의 처지가 돌이키기 어려운 지경에 이르렀다는
지적(『동아일보』, 2009년 1월 22일 자)〉까지 나오는 판국이다.
그럼에도 불구하고 시간이 지날수록, 시장이 어려워질수록,
이런 문제가 공공연하게 불거진다. 한 출판사에서 총력을
기울여 키워 놓은 작가의 책을 다른 출판사에서 내지 않는
목가적 결말은 우리 출판계에서 기대할 수 없는 일일까?

「힘들 거다. 우선은 오랫동안 한국 에이전트들이 외국 에이전트를 부추긴 측면이 있다. (작품을 수출하는 게 아니라 수입하는 입장이다 보니) 한국 에이전트끼리 좋은 작가를 독점으로 확보하기 위해 경쟁을 해야 한다. 그런 경쟁 구도가 외국 출판사와 에이전트들에게 자연스럽게 받아들여지는 거다. 물론 프랑스에서도 군소 출판사에서 데뷔한 작가가 갈리마르 같은 대형 출판사로 옮기는 일이 있다. 하지만 대체로 한 군데 출판사와 꾸준히 파트너십을 가지고 글을 발표한다. 한국은 이제 돌이킬 수 없을 것 같다. 쉽지 않다. 해외에서 좋은 작품, 좋은 작가가 나타나면 우리나라에서는 항상 더 주겠다는 출판사가 있으니까. 아무리 에이전트들이 경쟁을 붙이더라도, 출판사가 스스로 〈그럼 우리는 경쟁하지 않겠다〉고 하면 될 텐데, 그런 출판사들이 요즘 어디 있나. 공개경쟁 시장에 다 나와 있다고 봐야 한다. 그걸 탓하기도 어렵고. 세계적인 추세이기도 하고, 어쩔 수 없는 거 아닌가.」

출판사를 차리고 맨 처음 다른 출판사들과 선인세 경쟁을 벌여야 하는 지경에 이르렀을 때 나는 어리둥절한 기분이 들었다. 아카데미상을 받았다는 이유로 해외 마켓에서 우리나라 영화 제작사끼리 경쟁하다가 턱없이 비싼 값에 영화를 수입했다거나, 월드컵을 비롯한 각종 스포츠 중계권료에 대해 〈인구와 경제 규모를 놓고 보면 한국이 지급하는 중계권료는 세계 최고 수준인 셈(『한겨레』, 2009년 3월 13일 자))과 같은 뉴스를 볼 때마다 느꼈던 기분과 비슷하다. 출판은 다르겠지. 아니, 다르지 않다. 이후로 몇

번이나 출판권을 놓고 경쟁하면서 나는 깨달았다. 의사들이
〈최소한의 보험밖에 들지 않은 환자들에 대해서는 신경을
덜 쓰고 계속 올라가는 의료 시술 비용을 가장 잘 변제해 줄
환자들한테 더욱 값비싼 의료 기기를 사용〉하듯, 〈고객이
가져다주는 돈의 액수에 따라 보상받는 변호사들의 가장
중요한 활동이 수익성 좋은 고객을 찾아내는《영업 실적
높이기》이듯(『말의 가격』, 앙드레 쉬프랭)〉 출판 역시
철저하게 자본주의에 종속된 세상의 한 부분일 뿐이다. 다만
그에게 이런 질문을 한 까닭은, 출판계 어딘가에서 혹시
내가 모르는 움직임 같은 것이 있지 않을까 하는 속절없는
기대 때문이었다. 이제 알겠다. 그런 건 없다. 앞으로도 없다.
조금은 후련한 기분도 들었다.

「그런 케이스는 많다. 내가 전작을 구해서 읽어 보고, 주위에
외주를 줘서 검토 맡기고 한참 공을 들였는데 경쟁이 붙는다.
환장한다.」

그럼 어떻게 하나.

「어떻게 하긴 뭘 어떻게 해, 포기하는 거지. 니가 얼마나 잘
파나 두고 보자, 이러면서.(웃음)」

꼭 하고 싶었던 작가인데 공교롭게도 다른 출판사에서 책이
나오는 경우도 있지 않나.

「먼저 손을 댔던 출판사에서 한두 작품 내다가 포기하는 바람에 한참 뒤에 계약해서 낸 적도 있다. 이언 뱅크스가 그런 경우다. 이언 뱅크스는 1996년에 영국에 갔을 때 알게 된 작가였다. 영국에 있을 때 서점에 갈 때마다 북마스터들에게 영국 작가 가운데 가장 자신 있게 추천하고 싶은 작가가 누구냐고 물었다. 다들 입을 모아 이언 뱅크스를 권하더라. 다른 베스트셀러 작가도 많았지만 당시에는 영국을 대표하는 작가로 이언 뱅크스를 꼽았다. 그 뒤로 영국에 갈 때마다 같은 서점에 들러 이언 뱅크스에 대해 물었다. 한 번은 북 마스터가 이언 뱅크스의 사인이 들어 있는 책들을 한꺼번에 모아서 보여 줬다. 몽땅 사 왔다. 우리나라에 와서 몇 명한테 읽혀 봤더니 반응이 좋았다. 출간을 준비하는 와중에 『공범』(1996)이 다른 출판사에서 나온 거다. 김이 빠졌다. 다른 출판사에서 책이 나온 작가를 군이 내가 할 필요는 없다고 느꼈다. 포기하기로 했다. 해당 출판사는 『공범』을 낸 이후로 더 이상 후속작을 내지 않았다. 그 책도 많이 안 팔린 것 같고. 그래서 햇수로 딱 10년 후에 『말벌 공장』(2005)을 내면서 지속적으로 이언 뱅크스를 소개했다. 마니아가 생길 거라고 봤다. 하지만 팔리지 않았다. 문화적 갭이 있었던 것 같고, 작가가 소설에서 다룬 정신 병리적인 부분을 독자들이 이해하지 못한 측면도 있지 않았나 싶다.」

이야기는 자연스럽게 그가 손을 댔다가 〈실패한 (듯 보이는)〉 작가의 책으로 이어졌다. 나는 조르주 심농이 가장 궁금했다. 심농은 나무랄 데 없는 문장력과 경력을 겸비한 작가지만 한국에는 제대로 소개된 적이 없다. 고려원과 해문, 동서에서 드문드문 한 권씩(3종) 나왔을 뿐이다. 열린책들에서 그야말로 야심차게 심농을 소개했을 때 기대했던 독자들 중에는 나도 포함되어 있다. 과연, 마케팅은 공격적이었다. 『버즈북』(에 관해서는 뒤에서 설명하겠다)도 인기를 끌었다. 〈전자책 대여〉 무료 서비스를 시도하기도 했다. 전자책을 내려받은 독자가 1주일 동안 책을 다 읽지 못하면 구매로 이어질 수 있는 꽤 그럴듯한 아이디어였다. 2011년 5월에 네 권이 한꺼번에, 그리고 매달 두 권씩 꼬박꼬박 나왔다. 2012년 1월까지 아홉 달 동안 열아홉 권이 출간되었다. 그 뒤로 일 년여가 지난 지금까지 소식이 없다.

「매그레는 추리 소설이다. 그런데 정치한 장치가 숨겨져 있는 추리물과는 좀 다르다. 셜록 홈스나 루팽처럼 생각하고 접근하면 밋밋한 감이 있다.」

나도 읽어 봤는데 처음 몇 권은 재미가 없었다. 나중에 나온 책들이 좋았다.

「순서를 바꿀까 생각도 하긴 했다. 근데 전부 다 핑계다. 좋아하는 사람도 있겠지만 전체적으로 매그레 시리즈가 내가 생각한 만큼 그렇게 재미있지 않은 거다.(웃음)」

더 이상 매그레 시리즈는 안 나오는 건가.

「안 나온다. 계약된 책 네 권만 더 내고 그만할 생각이다.」

칠레 작가 로베르토 볼라뇨도 한국에서는 자리를 잡지 못한
채로 완간된 상태다. 빠르면 한두 달, 적어도 세 달에 한 권은
나왔는데 작년 6월 이후로 감감무소식이다.

「사실 볼라뇨도 한 작품 빼놓고는 판매가 신통치 않았다.
분량이 두꺼운 장편들이 많아 번역하는 과정에서도 문제가
불거졌다. 가령 『2666』 같은 작품은 원서로 1,000페이지가
넘는다. 일정한 간격을 두고 계속해서 신간을 내며 독자들이
잊어버리지 않도록 관심을 환기시켜야 했는데 번역이
늦어지는 바람에 타이밍을 놓쳤다.」

판매를 반등시킬 수 있는 방법을 모색하고 있나.

「고민 중이다. 내용이 무겁기도 하고. 죽음이나 창녀의 삶과
같은 소재가 대부분이라 어렵지 않겠나. 문학적으로는 중요한
소설이지만 한국에서 많이 팔기는 어렵겠다고 판단했다.
하지만 의미 있는 책인 건 맞다. 문학이 역사의 발전에서
어떤 역할을 해야 하는가를 다루는 점도 주목할 부분이 있고
판매와 관계없이 우리가 계약한 책은 전부 냈다.」

개인적으로 볼라뇨 시리즈는 성공 여부를 떠나 두 가지 점에서
흥미로웠다. 하나는 시리즈를 내기 전에 『버즈북』이라는
형태로 준비 호를 만들었다는 점이고 다른 하나는 표지

작업을 쿠바 출신 화가에게 의뢰했다는 점이다. 그 얘기를 좀
해보자.

우직하게 일정한 스타일을 고집하면 트렌드가 만들어진다

열린책들 하면 떠오르는 이미지가 있다. 파스텔 톤의 4×6판
양장 사이즈에 담긴 예쁜 디자인이 그것이다. 서점에 진열된
수많은 책 가운데 〈아아, 저 책은 열린책들에서 만들었구나〉
하고 짐작할 수 있다는 것. 이런 이미지를 구축한 출판사는
많지 않다.

「2000년부터 본격적으로 펴내기 시작한 4×6판 양장본은
모두 등을 실로 꿰매어 제본하는 사철 방식으로 제작하는데,
제본비는 실로 꿰매지 않은 채 책등에 칼집을 내어 본드로
제본하는 소위 아지노 제본 방식보다 1.5배 정도 더 든다.
사철 방식이 페이지당 70전이면 아지노 방식은 50전 정도다.
그리고 판형도 4×6판에서 가로만 8밀리미터 잘라 낸 크기를
고수하고 있는데 한두 권 출간해 보고 반응에 따라 결정한
게 아니라 열린책들의 모든 소설책을 이 판형으로 계속
내다 보니까, 다른 출판사들도 언젠가부터 소설을 모두 이
사이즈와 같은 판형으로 내고 있다. 어떤 사람들은 이 판형을
〈열린책들 판형〉이라고 부르기도 한다.」

앤디 워홀의 작업에서 영감을 얻어 만든 『움베르토 에코
마니아 컬렉션』도 그렇거니와 이혜승 화가가 그린 『니코스
카잔차키스 전집』, 프로이트의 사진을 토대로 고낙범 씨가

작업한 『프로이트 전집』의 모노크롬 표지도 여러 차례 언론에 보도되었다. 하지만 볼라뇨 시리즈의 표지는 한국인이 아닌, 해외에 거주하는 아티스트에게 의뢰했다는 발상이 재미있다.

「볼라뇨는 라틴 아메리카의 거장이고 아후벨은 독서광으로 알려진 쿠바의 화가다. 두 사람 다 한국에는 전혀 알려지지 않았다. 아후벨의 작품을 본 순간 볼라뇨의 작품과 어울리겠다고 생각했다. 아후벨에게 직접 표지 작업을 해보지 않겠느냐고 제안했다. 우리도 이런 식의 작업은 처음이기 때문에 시행착오를 겪었지만 아후벨이 적극적으로 호응해 주어서 심정적으로는 순조롭게 진행할 수 있었다.」

볼라뇨의 책 표지를 해외 아티스트가 맡았다는 소식을 처음 들었을 때 나는 과연 열린책들다운 기획이라고 생각했다. 그는 아후벨이 작업한 표지를 하나하나 설명해 주었다.

「앞표지만 보면 호수처럼 보이지만 뒤표지까지 펼치면 새로운 이미지, 식칼이 떠오른다. 디자인 비용은 권당 170만 원. 우리나라의 베테랑 디자이너가 150만 원 정도 받으니까 조금 더 준 셈이다. 볼라뇨의 책을 다 읽고 전체 이미지를 고려하여 컨셉트를 잡고 개별적인 작품의 내용을 잘 드러냈다. 성공 여부를 떠나서 볼라뇨 시리즈는 충분히 만족스럽다.」

홍지웅 대표가 위에서 설명한 책은 『아이스링크』라는 작품의 표지로 아직 출간되지 않았다. 궁금하면 『버즈북』을 구해서 읽어 보기 바란다. 책 속에는 열린책들이 아후벨과 어떤 식으로 계약을 하고 작업을 진행했는지에 대한 일정과 논의들이 담겨 있다. 가격은 666원. 볼라뇨의 작품 『2666』에서 나온 아이디어다.

책 한 권을 만들 때 그 책에 따르는 아이디어를 고안하는 게 기획

『버즈북Buzzbook』 얘기를 이어 보겠다. 『버즈북』이란 열린책들에서 펴내는 신간 예고 매체다. 소문이 자자하다는 의미의 버즈와 북의 합성어라고 한다. 사실 『버즈북』은 전신이 있다. 베르베르의 『개미』를 펴내기 전에 만들었던 『북캐스트Bookcast』가 바로 그것이다.

「작가 베르베르나 그의 소설 『개미』, 둘 다 1993년 발간 당시에는 우리나라에 알려진 것이 하나도 없었다. 베르베르와 『개미』를 알리기 위해 고안한 것이 『북캐스트』라는 신간 예고지다. 타블로이드판 16면으로 두 달 뒤에 나올 『개미』를 미리 홍보하는 매체였다. 『개미』의 줄거리, 해외 서평, 기획 회의 내용, 작가 인터뷰 등을 주요 내용으로 한 홍보지다. 당연히 신간 예고 매체가 한국에서는, 아니 세계에서도 선례가 없는 것이므로 『북캐스트』 발간에 관한 내용이 일간지에 크게 보도되었으며, 이것이 덩달아 『개미』의 사전 홍보 역할을 충분히 해냈다.」

『북캐스트』는 『개미』를 베스트셀러로 만드는 데 결정적 영향을 미쳤다. 이런 아이템을 다른 출판사들이 따라하지 않을 수 있었겠나. 덕분에 타블로이드판 홍보지를 내기 시작한 출판사가 스무 곳이 넘게 생겼다. 〈나중에는 서점 카운터에 홍보지를 놓을 자리가 없어서 서점에서 기피하는 현상까지 생겼다〉고 한다. 『북캐스트』에 관해 들었을 때 나는 약간 놀랐다. 형태나 컨셉트는 다르지만, 북스피어도 작년 초부터 『르 지라시Le Zirasi』라는 홍보지를 꾸준히 만들어 오고 있다. 북스피어에서 책이 나왔다는 사실을 알리고 싶다는 바람에서 기획한 신문 형태의 소식지다. 『르 지라시』를 처음 냈을 때 독자들의 반응은 좋은 편이었다. 몇 군데 출판사와 매체에서 따라 하기도 했다. 솔직히 독창적인 아이디어가 아닌가 우쭐했던 게 사실이다. 아니었다. 이미 20년도 더 전에 『북캐스트』가 있었다. 홍지웅, 잘났다. 내가 『르 지라시』를 건네줬을 때 그는 빙그레 웃었다.

「내가 생각하는 기획이란 이런 거다. 책을 낼 때 그 책만의 새로운 아이디어를 고안하는 것. 책을 어떻게 알릴 것인가. 우리가 『북캐스트』를 낸 이후에, 그것은 참신한 홍보 수단으로 떠올랐다. 색다른 방식이었다. 돈을 들여 하는 광고는 돈만 있으면 누구나 가능하다. 출판사는 끊임없이 새로운 걸 생각해 내야 한다. 좋은 작품을 잘 찾는 것도 기획이지만 책 한 권을 만들 때 그에 따르는 아이디어를 고안해 내는 것, 그런 것이야말로 진짜 기획이 아닐까.」

책을 만드는 일에 관한 한 그의 머릿속에는 늘 아이디어가 가득 차 있는 듯 보였다. 그것은 뭔가로부터 배우거나 습득함으로써 생기는 것이 아니다. 때문에 〈어떻게 이런 아이디어를 생각할 수 있었나요〉라고 물어본다면 본인도 구체적으로는 설명하지 못하리라. 물론 나는 그런 바보 같은 질문을 하지 않았다. 건축이나 미술에 대한 지속적인 관심도 영향을 줬겠지만 그는 본능적으로 아름다운 것을 추구하고 직감을 중시하는 예술가 타입의 인간이라는 느낌이 든다. 하지만 그런 타입의 인간이 갖는 대체적인 성향과 달리 행정적인 실무에 관해서도 밝고 능하다. 만약 내가 열린책들의 직원이었다면 스트레스를 받아 종교에 귀의했을지도 모른다. 왜. 유능하고 실무에도 능한 상사 앞에서 자신의 생각을 꺼내기란 좀처럼 쉬운 일이 아니니까. 주눅부터 들 게 뻔하다. 새로운 아이디어를 떠올리는 것은 어렵다. 하지만 정말로 어려운 대목은 〈그 새로운〉 것을 상사에게 설명할 때다. 대표는 자기 머릿속에 있는 생각을 〈일단 해볼까〉 하는 마음으로 추진할 수 있지만, 직원들은 다르다. 더구나 아이디어에 관한 한 홍지웅 대표는 엄격하다. 바람직한 자세인 건 맞지만, 직원들의 머릿속에서는 마초 타입으로 분류되지 않을까 싶을 정도다.

「나는 우리 직원들에게 가능한 한 다른 출판사에서 고안한 아이디어는 좋은 것이라 하더라도 모방하거나 따라 하지 말라고 강조한다. 직원들이 낸 아이디어 가운데 〈다른 출판사에서 이렇게 하던데요〉 하면 그 아이디어는 그 사실 때문에 〈쓰레기통 속으로〉이다. 늘 새로운 아이디어로 승부하라는 거다.」

사정이 이렇다 보니 열린책들에서는 자기들끼리 배우고 익히는, 이를테면 직원들 간의 상호 협동적인 분위기 같은 것이 자연스럽게 형성되었다. 물론 재주 많은 사장이 직원들을 부지런히 채근한 결과이기도 하리라. 그러한 분위기와 독려가 결실을 맺어 2008년에는 근사한 책이 출간됐다.

오랜 시간 동안 책을 살아 있게 하는 것이 포인트

「부분적으로 교정 교열에 관한 가이드라인이 있긴 했다. 교열 교정 과정에서 직원들이 틀렸던 걸 모니터링해서 보고하는 편집자도 있었고. 모니터링을 토대로 편집자들에게 자신이 틀렸던 내용, 실수했던 부분을 취합해서 발표하게 했다. 각각 분야를 나눠 내부 편집 강의를 한 거다. 훈련을 꾸준히 하다가, 성과를 체계화시켜 보면 좋겠다고 생각했다. 처음에는 50부를 가제본해서 열린책들에서만 사용했다. 1년 정도 쓰다가, 이거 책으로 한번 내보자, 왜냐하면 편집자들뿐만 아니라 일반인 중에도 글을 쓰는 직업을 가진 많은 사람이 고민하는 문제니까.」

2008년에 나온 『열린책들 편집 매뉴얼』은 당연히 구입할 수밖에 없는 책이었다. 당시 출판사 편집부에 적을 두고 있는 인간들은 다들 나와 비슷한 심정이었으리라. 두말할 나위도 없이 홍지웅 대표의 아이디어였다. 가격은 3,500원. 350페이지가 넘는 분량에 본문 2도 편집이니까 팔아서 남길 목적이었다면 매길 수 없는 가격이다. 반응은 예상을 뛰어넘었다. 대학에서 교재로도 이용되었다.

「내용을 추가, 수정하여 매년 개정판을 내고 있다. 맞춤법이나 교정에 관한 원칙은 자주 바뀌니까. 앞으로도 매년 낼 작정이다. 이 책을 위해서 2주가량 집중적으로 세미나를 하며 직원들 전부 발표하게 한다. 출판사에 있으면 많은 사람을 앞에 놓고 발표할 기회가 없으니까 훈련도 될 테고.」

인터뷰 내내 동석했던 열린책들 안성열 주간이 이 대목에서 끼어들었다. 「나는 『열린책들 편집 매뉴얼』이 홍지웅 대표가 생각하는 기획의 의미를 담고 있는 게 아닌가 싶다. 내가 처음 열린책들에 입사했을 때만 해도 띄어쓰기나 간단한 교정 원칙이 담긴 책은 시중에도 있었다. 그래서 『열린책들 편집 매뉴얼』을 만든다고 했을 때 〈저걸 왜 하지〉라는 의구심이 있었다. 막상 해보니 그 과정에서 회사에 굴러다니던 교정 원칙이 체계화되었다. 외부의 반응도 예상외로 좋았다. 무엇보다 조금씩 보강해서 같은 책을 매년 다시 만들어 제작하는 것, 이런 노력이 오랜 시간 동안 책을 살아 있게 하는 게 아닐까. 이런 요소야말로 기획을 할 때 가장 중요하게 생각해야 할 포인트다.」

열린책들이 모든 책을 잘 파는 건 아니다. 매그레와 볼라뇨의 예를 들기도 했지만 잘 파는 책보다 못 파는 책이 많다. 그래도 오버하지 않는다. 책을 잘 만드는 일에 집중한다. 그 결과 지금의 브랜드가 만들어졌다.

「아무리 좋은 책이라도 안 팔리면 시행착오로 볼 수 있지

않나. 일곱 권짜리『붉은 수레바퀴』나 초창기에 냈던 러시아
문학과 비평서들은 다 시행착오를 겪은 말도 안 되는
기획이다. 하지만 이런 책들이 열린책들이 러시아 문학
전문 출판사라는 이미지를 만드는 데 기여했다. 러시아
문학에 관한 한 믿을 만하다는 평가를 받을 수 있는 기틀이
됐다. 그런 이미지를 발판 삼아 조금씩 외연을 확대해 나간
거다. 열린책들이 외국 문학은 잘한다는 믿음을 준 게 다
초창기에 냈던 책들 덕이다. 결국 책을 잘 만드는 게 중요하다.
베르베르나 에코의 마니아 컬렉션이나 전부 원서보다 잘
만들었다는 평가를 받는다. 무작정 돈을 들여서 만든 게
아니라 책의 컨셉트에 맞는 디자인을 고민하고 아이디어를
냈기 때문에 가능했던 일이다.」

어려운 시절이다. 홍지웅 대표의 말대로 소신을 가지고 색깔을
만들어 가면 언젠가 세상이 나에게도 웃음 짓는 날이 올까.
그의 얘기를 듣다 보니 그럴지도 모르겠다는 기분이 든다.
그런가. 그렇다면, 눈 딱 감고 위법이든 편법이든 섣불리
저지르지 말고 조금 더 버텨 볼까.

──『기획회의』 2013년 3월 5일 ─ 한국의 기획자들 03 | 북스피어 김홍민 대표

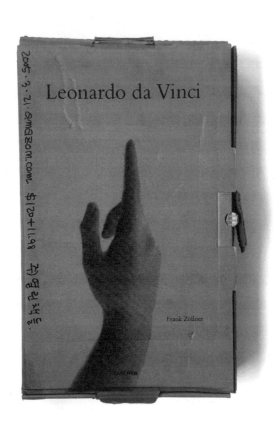

Leonardo da Vinci

Frank Zöllner

TASCHEN

154

Dienes

책 자체가 또 하나의 예술

책은 삶의 어떤 순간을 기억하게 하는 매개체가 되기도 한다.
가령, 이런 순간들, 어렸을 때 1주일에 한 번씩 동네에는 책을
빌려주는 〈책 트럭〉이 오곤 했다. 독서광인 엄마와 만화광인
언니들의 심부름을 도맡았으니, 트럭이 오는 날엔 잽싸게 달려
나갔다. 엄마는 장길산 시리즈의 팬이었고, 조숙한 언니들은
『장미의 이름』에 열광했었다. 중학생 때는 교실에 베르나르
베르베르 열풍이 불었다. 개미처럼 생각하고, 개미처럼
말하는 게 유행이었다(1993년에 출간된『개미』한국어판은
1년 남짓한 기간에 70만 부 넘게 팔리는 베스트셀러가
됐다). 고등학생 시절엔 책 좀 읽는다는 친구들이 파트리크
쥐스킨트라는 은둔형 괴짜 소설가의 책을 끼고 다녔다.
대학교 때 학보사 선배 중 하나는 말문이 막히면 이 말을
던지고 유유히 떠났다. 〈네가 도스또예프스끼를 알아?〉
대꾸할 수가 없었다. 잡지사에서 애서가의 서재 인터뷰를
할 기회가 있었는데, 생각했다, 화가 고낙범의 그림이
표지로 도배된『프로이트 전집』이 없으면, 애서가가 아닌
거구나. 최근에 만난 한 편집인은 19권에서 멈출 수밖에
없었던『매그레 시리즈』를 두고 자조 섞인 어투로 말했다.
〈책을 이렇게 만들어도 안 사면 대체 뭘 어떻게 해야 사는

건가?〉 돌이켜 본, 이 모든 기억은 불가능하다. 〈열린책들〉이
없었다면. 그래서, 고맙다. 1986년, 러시아 문학 전문
출판사로 시작한 열린책들은 내년에 30주년을 맞는다.
열린책들의 홍지웅 대표를 오래전부터 만나고 싶었다. 핑계를
댔다. 내년이 30주년이 아닌가. 간곡한 메일을 보냈다. 〈한
편집인의 일생이 어떻게 이렇게 넓고 깊어질 수 있는지,
멀리서 지켜보며 궁금해했습니다.〉 몇 년 전 그가 『통의동에서
책을 짓다』를 냈을 때 출판 일을 하는 그의 아들과 함께
〈부자지간〉을 주제로 간단한 인터뷰를 한 적이 있지만,
성에 차지 않았다. 미메시스 아트 뮤지엄이 개관한 후 스쳐
지나가듯 몇 번 보았지만 마주 앉지는 못했었다. 그러다
올해 초, 이슬기 작가의 전시 간담회에서 그를 다시 보았다.
심드렁하게 반응한 몇몇 기자 덕에 화가 좀 났는데, 그는
고요했다. 문득 〈그는 왜 미술관을 지었을까〉 하는 생각이
들었다. 80억짜리 건물을 지을 수 있다면, 보통 어떤 선택을
할까. 〈은행 대출 이자를 끼고 강남 땅에 150억짜리 건물을
산다면 수익이 엄청날 텐데〉라는 생각이 더 이상 얄팍하지
않은 세상에 우리는 산다. 홍지웅 대표는 경기도 파주에
미술관을 지었다. 주체 못할 만큼 많아진 컬렉션을 보관할
용도로 개인 미술관을 짓는 사람들과도 다르다. 미메시스
아트 뮤지엄은 텅 빈 채로, 한국 작가들을 분기별로 초대한다.
전시할 때마다 또, 돈을 쓴다. 아마 오랜 시간 꿈꾸었을 테다.
출판인으로 성실히 살았던 지난 시절에 대한 보상. 그의
선택이 아주 많이 근사하다.
「인터뷰를 한다고는 했는데 그러고 나선 후회를 좀 했어요.」

인생 성공담처럼 들릴까 걱정하는 것 같았다. 과거 말고
현재와 미래 이야기만 하자고 했다.
「어이쿠. 미래요? 어쩌나. 이제 일을 조금씩 줄여 보려
하거든요.」
이렇게 말했는데 웬걸, 그는 여전히, 온전히 집중되어 있었다.
책을 만드는 일. 책을 둘러싼 일들. 말은 이어지고, 이어졌지만
지면 관계상 줄이고, 줄일 수밖에 없었다.

출판문화 산업 진흥원장 임명을 앞두고, 출판계가
긴장하고 있다고 들었어요. 이번엔 낙하산 인사가
아니라 전문성을 갖춘 출판계 사람이 돼야 한다고
주장하는데, 그중 한 후보로 거론되고 있더라고요.

에이, 그거야 출판계에서 언변 좋은 사람이 하는 게 맞고.
출판인으로서만 이야기하자면, 한 가지 사명은 있다고
생각해요. 〈우리나라가 출판의 종주국이다〉라는 걸 세계
만방에 알려야 한다는 거죠. 인쇄 출판을 얘기하면 흔히
구텐베르크와 『42행 성서』를 떠올리잖아요. 금속 활자와
인쇄술의 발명으로 지식의 대중화가 이루어졌다고 할 수 있는
건데, 공인된 『직지심체요절』만 하더라도 구텐베르크보다
80년이 앞섰는데 왜 이런 사실을 제대로 활용하지 못하냐는
거죠. 출판 종주국, 별것 아닌 이야기 같지만 그렇지 않아요.
또 한 가지는 『조선 왕조 실록』과 『의궤』. 거의 500년의 역사를
기록했다? 전 세계에서 이런 기록 문화를 보유하고 있는
나라가 있나요. 물론, 지배 계층의 통치사를 정리한 것이지만.

18세기 말에 평등과 근대의 개념이 생겼고 소설이라는 형식이
이 시기에 만들어졌다면, 그 이전 고대나 중세 시대의 문학은
대개 영웅 서사시나 왕의 통치사, 지배 계층의 문학이거든요.
그걸 감안하면, 『조선 왕조 실록』은 대단한 기록물, 아니
대단한 문학 작품이에요. 왕실의 행사를 기록한 『의궤』,
그렇게까지 체계적으로 비주얼화해서 기록한 건 세계
어디에도 없어요.

그걸 제대로 활용할 〈브레인〉이 없는 게 가장 큰
문제인 거 같아요.

간혹 문광부 사람들을 만나면 이야기해요. 『직지심체요절』을
만들었던 옛날 방식 그대로 재현해 보면 어떨까 하고요.
당시에는 당대 최고의 서예가가 쓴 서체로 만들었을 거
아니에요? 현재 최고의 서예가가 누구냐? 이런 분을 선정해서
한글 꼴을 아주 스탠더드하게 쓰게 해서 옛날 방식으로 금속
활자를 만들고, 우리나라 최고의 장인이 만드는 한지를 써서
인쇄와 제본을 하고. 한국의 대표 시 100선을 주제로 잡아도
되고, 대표 시인의 시집을 한 권만 만들어도 좋겠고요. 외국
정상들이 오면 선물하면서 최초의 인쇄술 이야기도 하면
얼마나 폼 나요. 그거 돈이 얼마나 들겠어요?

출판계가 정부에 요구하는 2대 요구 조건 중 하나가
〈출판 진흥 기금 5,000억 원 조성〉인데. 가능한
일인가요?

그것도 10년 전, 내가 출판인 회의 회장 할 때부터 논의한 이야기인데 무턱대고 정부를 향해서 돈 내놔라 할 수는 없잖아요. 당위와 아이디어가 있어야 되는 일이죠. 1년 문화부 예산 중에 문화 산업에 쓰는 돈이 꽤 되는데, 그중 출판 산업에 쓰는 돈은 200억 원 정도예요. 문화 산업 예산의 10퍼센트도 안 돼요. 산업 규모를 영화 산업과 비교하면, 출판이 두 배 정도 되는데 그에 비해 지원은 터무니없이 적어요. 작년(2014년)에 영화 관객이 1억 5천만 명을 돌파했다고 하는데, 입장료를 평균 7,000원으로 잡아도 1조 1천 억 원 정도 밖에 안 돼요. 출판은 온·오프 서점에서 팔리는 금액만 기본적으로 2조 3천 억 원 정도 보고 있어요. 예전에 이창동 감독이 문화부 장관 하던 시절에, 영화 진흥 기금을 4,000억 원 만들어 줬어요. 요즘에 성공한 영화들도 어느 정도 그 혜택을 받았다고 할 수 있어요. 정부에서 1,000억 원씩 2년간 줬고, 나머지 2,000억 원은 영화 볼 때 거두는 기금으로 만들었어요. 우리도 책값에 기금을 포함시켜 정가를 매기면 돼요. 정가의 5퍼센트 정도를 기금으로 하면 연간 1,000억 원은 모을 수 있어요. 서점에서 판매 시점에 진흥 기금으로 떼어 놓으면 되거든요. 이런 일을 할 때는 누구나 수긍할 수 있는 명분을 만들어 가는 게 중요해요.

〈미메시스 아트 뮤지엄〉을 두고, 영국의 건축 사진가 네이선 월록이 한 말이 정확하다는 생각이 듭니다. 〈모든 위대한 건축은 위대한 클라이언트로부터 비롯된다. 이 콤비가 더욱 자주 모방될 수 있기를.〉

건축물은 어떤 장소에 어떤 모습으로 드러나는 순간,
건축주의 것이 아니에요. 책도 그렇거든요. 우리가 기획하고
만들지만 발행되는 순간 공공의 것이에요. 잠시 일정 기간
소유할 뿐이죠. 개인 주택 또한 개인의 것이 아니에요. 주택을
한 채 사서 평생을 산다고 해도 30~40년밖에 못 써요. 보통
콘크리트 건물은 100년을 가는데, 100년 동안 주인이 몇십
명이 바뀔 거예요. 그렇게 생각하면 건축물을 함부로 지어서는
안 되죠. 아무리 개발 논리가 우선한다고 해도 한국의 아파트
건축은 세계 건축사에서 유례가 없는 일이에요. 미술관을
지으려면 제대로 짓자는 생각이 있었고, 특히 이런 공공건물,
미술관은 더 중요하잖아요. 오늘도 건축학과 학생들 두
팀이 방문했어요. 방문하는 건축가들이 나도 이런 건물을
디자인하고 싶다, 좋은 건축가가 되고 싶다는 생각을 하면
좋겠어요.

> 7년간의 건축 기록을 담은 『미술관이 된 시자의
> 고양이』를 보면, 알바루 시자에 대한 애정이
> 드러나는데요.

전시를 하면서 더욱 존경심이 생겨요. 〈알바루 시자는
정말 거장이시구나〉 하는. 대부분의 건축가들은 설계할 때
자신을 드러내고 싶어 하는 경향이 있는데, 알바루 시자는
이 건물을 설계하면서 스스로를 낮추고 전시할 예술가들을
정말 배려했구나 하는 걸 느끼게 돼요. 건축 과정 중의
일화인데, 완공한 이후에 시자의 요청으로 많은 부분이 한

번 더 바뀌었어요. 지금과 달리 전시장의 창틀이나 걸레받이, 계단실 벽면 등이 원래는 나무로 되어 있었어요. 그런데 그 부분들을 모두 흰색으로 다시 바꾸자고 하시는 거예요. 처음엔 이유를 몰랐는데 전시를 하면서 알게 되었어요. 공간 전체가 순백색이라 곡선, 직선, 창문이 있어도 공간 구분이 안 느껴져요. 넓은 공간에 작품 한 점을 걸면, 공간이 압축되어 보이기 때문에 작품이 아주 도드라지죠. 철학자 비트겐슈타인이 누이동생의 집을 스위스에 설계하면서 한 이야기가 있어요. 〈대부분의 건축가들은 자기가 아는 것을 다 드러내려 하지만 대가들은 그렇지 않다.〉 그런 말이 알바루 시자에게도 딱 적용될 수 있는 말이죠.

알바루 시자와 여러 번 만나신 것으로 알고 있는데, 인간적으로는 어떤 분이신가요?

인간에 대한 예의와 전통에 대한 존중이 있는 분이고 아주 검소하신 분이에요. 항상 걸치고 다니시는 바바리코트는 아주 오래되어 낡았고, 까만 머플러는 보푸라기가 하얗게 일어난 걸 두르고 다니세요. 금테 안경을 쓰시는데, 한쪽 테가 부러져 있는 걸 테이프로 감아서 쓰시더라고요.

요즘 출판계에선 e북이 화두인데 열린책들이 또 히트를 쳤어요. 〈열린책들 세계 문학〉 어플리케이션이 등장했을 때, 전체 다운로드 1위를 기록했었죠. 스마트폰 시대에 퍼블리싱을 가장 잘하는 출판사가

아이러니하게도 종이책을 예쁘게 만드는 전통적
출판사라는 점이 놀라웠습니다.

〈북잼〉이라는 곳에서 제안이 와서 진행했어요. 물론, 폰트를
다듬고 편안하게 읽힐 수 있도록 디자인했지만 중요한 건
콘텐츠예요. 종이로 가공하건, e북으로 가공하건 콘텐츠가
제대로 된 게 아니면 잘 팔릴 수 없어요. 베르나르 신작을
e북으로 내면 항상 1위를 하고, 100세 노인(『창문 넘어 도망친
100세 노인』)도 1위를 했는데 책이 안 팔렸으면 그게 1위를 할
수 있나요? 『통의동에서 책을 짓다』에서 언급했던 이야기인데,
독창적인 것, 새로운 것을 예술 작품이라고 정의한다면 저는
책도 예술품이라고 생각해요. 다만, 그림은 한 점이고, 조각은
에디션을 열 점도 만들 수 있고, 책은 좀 더 에디션이 많을
뿐이죠. 500권, 1,000권? 베스트셀러 빼곤 대부분의 책은
거기서 끝나잖아요.

책은 예술품과 같다고 해서 생각났는데, 작년에
로베르토 볼라뇨의 소설을 완간했다고 들었습니다.

5년 걸려서 완간하긴 했는데, 사실 몇억 원 손해 봤죠. 책을
잘 팔려면 타이밍과 의지, 마케팅과 홍보 전략, 이 모두가
잘 맞물려야 해요. 볼라뇨의 경우 그런 게 잘 안 맞았어요.
일정한 간격을 두고 신간을 계속 내서 독자들의 관심을
환기시켰어야 했는데 역자들이 번역 일정을 지키지 못하는
바람에 제때 탁탁탁탁, 안 됐어요. 세계 문학사에서 굉장히

중요한 작가고, 더 알렸어야 했는데 못 했어요. 아쉽죠. 생존 작가도 아니고, 작품집을 완간한 경우라 다시 주목받는 건 거의 힘들다고 봐야죠.

열린책들 하면 일명 전작주의, 한 작가의 전 작품을 출판한다는 것을 빼놓을 수 없습니다.

소설가가 되었든 번역가가 되었든 괜찮다고 판단되면 끝까지 같이 가는 것은 너무나 당연한 것 아닌가요? 기발한 생각도 아니고. 한 권을 내보고 안 팔리면 그만두는 경우가 대부분이지만, 우리는 이 작가가 정말 괜찮은 소설가라 생각하면 안 팔려도 그의 작품들을 끝까지 모두 내요. 확고한 믿음이 있으니까. 그렇게 해서 성공한 케이스도 많아요. 폴 오스터도 처음엔 안 팔렸어요. 한 권 두 권 지속적으로 내다 보니 마니아층도 생기고, 오스터 스터디 그룹도 생기고 작품이 7~8권쯤 쌓이니 반응이 왔어요. 움베르토 에코의 『장미의 이름』도 처음 낸 게 1986년인데, 그땐 초판도 못 팔았어요. 한 달에 80권에서 100권, 1년에 1,000권 정도 팔렸어요. 이윤기 씨가 번역도 기가 막히게 잘했고. 한 세기에 몇 권 나올까 말까 한 대단한 작품이라고 생각했으니까 언젠가는 알아줄 거라 생각했죠. 결국은 그의 소설들, 저서들을 거의 40~50권 냈죠.

파트리크 쥐스킨트도 그렇고, 저자를 알아보는 능력이 탁월한 것 같습니다.

『향수』는 아이디어가 얼마나 기막힙니까. 흔적도 없고, 알수도 볼 수도 없는 향수를 소재로 한 것. 모든 인류를 한 방에 제압하는 향수를 개발한다? 잘 보이지도 않고, 잘 알 수없지만 전 세계 모든 사람을 대번에 취하고 굴복하게 하는 건 어떤 것이 있을까요? 종교? 기독교? 절대적인 지식? 실은 『향수』는 인간 사회에 어느 시대에나 존재해 온 절대적인 것에 대한 패러디예요. 아무튼 『향수』에 대한 믿음이 있었고, 그래서 계속 쥐스킨트의 작품들을 냈어요. 1996년 초에 『좀머 씨 이야기』가 베스트셀러 1위를 하니까 그해에 베스트셀러 목록에 쥐스킨트 작품 4종이 모두 올라갔어요. 『향수』와 『콘트라베이스』도 함께. 정말 이렇게 좋은 소설을 안 본다고? 이런 확신이 있으면 가능한 거죠. 독자가 이기나 내가 나가떨어지나, 한번 해보자.

열린책들의 책들은 책값이 터무니없이 싸다는 이야기도 들었는데요. 일종의 판매 전략인가요?

책을 낼 때 큰 바탕에 깔고 있는 원칙 하나가 있어요. 어떤 책을 내든 독자의 입장에서 생각해야 한다는 거지요. 이건 굉장히 중요한데 어떤 독자에게 팔 것인가 하는, 마케팅 전략상 타깃층으로서의 독자가 아니에요. 열 명이 됐든, 천 명이 됐든 그걸 사 볼 독자죠. 정가를 매길 때도, 이 책을 볼 독자가 생각하는 적정 가격이 얼마일까를 생각하죠. 똑같은 소설이라도 우리는 다른 출판사보다 항상 쌌어요. 보통 가격을 매길 때 출판사 입장에서는 로열티 얼마, 번역비 얼마,

홍보비가 얼마 들어갔는지를 생각하죠. 제작비가 1권당
3,000원 들어갔으니, 홍보비, 유통, 관리비 등 고려해서
정가를 얼마로 정하자…… 대개는 이런 식으로 정가를
정하는데, 저는 그런 거 중요하게 생각하지 않아요. 독자가
이런 정보, 이 정도의 재미를 얻기 위해선 얼마 정도 투자해야
적당할까. 그거를 생각해요. 『돈키호테』도 페이지에 비해
터무니없이 싸거든요. 한 번 팔고 끝날 게 아니고 계속 팔릴
것이라는 생각이 있으니까요. 출판사마다 전략이 다 다르죠.
『도스또예프스끼 전집』낼 때, 제작비가 4억 정도 들었는데
처음엔 반도 못 건졌지만, 버전을 달리해 소프트커버로
만들고 단행본으로 내면서 많이 벌었어요. 나중에 언젠가 다
집계를 해서 이런 과정을 기록한 책도 하나 쓰려고 해요.

베르나르 베르베르는 『개미』3부작에 〈지웅〉이라는
이름을 등장시킬 정도로 유대 관계가 돈독하신데요.
다른 작가와의 만남에서 기억에 남는 것이 있다면요?

1995년도에 런던에서 세 명의 작가가 〈문학의 밤〉 행사를
한 적이 있어요. 움베르토 에코, 『악마의 시』를 쓴 살만
루슈디, 그리고 마리오 바르가스 요사. 어떻게 진행하는지
호기심도 들고, 에코가 우리 작가이기도 해서 갔었어요. 천
명 넘게 들어가는 로열 페스티벌 홀에서 했는데 독자들이
무슨 콘서트 보듯이 낭독회를 즐기더라고요. 특별히 하는
것도 없고, 영어로 번역된 작품을 작가의 육성으로 들려주는
게 다였어요. 20분씩 두 명이 낭독하고 중간에 20분 쉬고,

또 남은 한 명이 낭독하는 식이었는데. 인터미션에 많이 돌아들 가겠지 했는데 커피 한잔하고 다들 제자리로 돌아와 앉았어요. 작가에 대한 예의, 글에 대한 존중, 뭐 이런 문화가 참 부럽더라고요.

미메시스 아트 뮤지엄이 그런 공간이 될 것 같습니다. 책과 미술, 디자인, 건축. 대표님이 그간 사랑해 온 것들이 조화롭게 모여 있다는 생각이 듭니다.

네. 좀 더 많은 사람이 와서 즐기기를 바라는데, 그래서 고민이 많아요. 내년엔 열린책들이 창립 30주년인데, 우선 그간 저희가 해온 책 디자인이며, 작가들과 협업한 것들을 어떻게 좀 재미있게 보여 줄까 하는 생각을 하고 있어요. 고낙범 씨와 함께 한『프로이트 전집』, 화가 선종훈 씨가 참여한 『도스또예프스끼 전집』, 국내 화가 20인과 함께했던『한국 대표 시인 초간본 총서』, 카림 라시드와 한 작업들. 알바루 시자의 건축도 그중 하나고요.

예술서 전문 자회사인 〈미메시스〉의 책들을 아주 좋아합니다. 건축, 그래픽노블, 예술 세 가지 분야를 다루는데, 특히 예술 쪽에선 예술가들의 육성을 기록한다는 점이 아주 좋다고 생각했습니다.

우리나라는 소설이나 시집을 내면 꼭 뒤에 해설을 붙이는데, 다른 나라에서도 그렇게 할까요? 해설은 독자의 다양한 독법, 다양한 읽기를 방해할 수도 있다고 생각해요.
나침반이 있으면 다른 생각을 덜하게 되지요. 미술 도록
앞뒤에 붙는 소위, 미술 비평을 봐도 난 도대체 무슨 말인지
모르겠더라고요. 예술 작품과 괴리된 글도 많고. 여러 가지로
해석할 수는 있지만 평론보다 더 중요한 건 예술가들의
생각인 것 같아요. 피카소가 무슨 생각을 가지고 작품
활동을 했는지. 물론, 그런 책만 내겠다는 건 아니지만
만약 작가의 좋은 생각을 담은 책이 있다면, 미메시스에선
그걸 우선 순위에 둔다는 거죠. 아이웨이웨이의 대담집을
좋게 봤다고 이야기하셨지만, 건축책도 가능하면 건축가가
프로젝트를 진행하면서 생각했던 콘셉트나 건축 과정에서
겪은 에피소드를 설명하는 책을 내려고 해요. 프랭크 게리가
산전수전을 겪은 이야기를 담은 『게리』라는 책 보면, 아주
소설처럼 재미있어요.

　　　행복이라는 감정을 느끼는 것 자체가 사치인 사회라서
　　　그런지, 이런 질문에 다들 코웃음을 치는데요. 언제
　　　행복을 느끼시나요?

신간이 대게 금요일에 나오거든요……. 주말이 그 주의 신간을
보는 시간이에요. 책 한 권이 나오기까지 여러 우여곡절이
있잖아요. 어떤 때는 가슴 뭉클할 때도 있어요. 심지어는
최근에도 그랬어요. 얼마 전에 『부모와 다른 아이들』을 읽다가
아, 내가 이런 책을 냈구나! 가슴이 벅차고, 눈물이 날 것
같더라고요. 선천적인 장애를 가진 아이, 성 정체성의 혼란을

겪은 아이, 부모와 다른 온갖 아이들이 나오는데 정말 대단한 책이에요. 정상적이지 않은 아이를 가진 부모만 읽어야 할 책이 아니라, 정상인 보통 사람들이 봐야 하는 책이에요. 학술서가 아닌, 에세이로 봐라. 그래서 가격도 싸게 매기고. 나보고 일 중독자라 말하는 사람들도 있는데, 난 그렇게 생각 안 해요. 책 보는 것, 디자인 생각하는 것, 내 일이기도 하지만 취미이기도 하거든요. 전 『장미의 이름』을 네 번 탐독했어요. 새로운 버전을 만들 때마다 꼼꼼하게 읽는데, 또 그렇게 재미있을 수가 없어요. 와, 이거 정말 번역이 기가 막히다 하면서. 〈장미는 예로부터 그 이름으로 존재해 왔으나, 이제 우리에게 남은 것은 영락한 이름뿐.〉 이런 식의 표현 있잖아요. 곱씹을수록 그렇게 기막힐 수가 없어요. 지금도 그런 거 볼 때마다 와, 에코가 정말 대단한 사람이구나. 그런 게 최고의 낙이죠. 그리고 뮤지엄에 사람들 많이 와서 좋아하면 기분 좋고. 딱히 뭐, 다른 건 없어요.

—— 『헤리티지 뮤인』 2015년 6월 호 | 김만나 에디터

창립 30년 열린책들
마니아층 생긴 것 최대 성과

열린책들이 창립 30주년을 맞았다. 열린책들은 질과 깊이,
차별성을 추구하는 출판으로 정체성, 스타일, 팬덤을
확보한 이례적인 출판사로 성장했다. 주로 해외 문학을 번역
출간하면서 〈원전 완역〉과 〈전작 출간〉이라는 원칙을 정립해
고수해 왔고, 『개미』, 『뇌』, 『향수』, 『좀머 씨 이야기』 등 100만
부 이상 팔린 밀리언셀러를 7권이나 만들어 냈다. 지난 12일
경기도 파주 출판 도시 내 열린책들 사옥에서 만난 홍지웅(62)
대표는 지나온 30년에 대해서 〈열린책들에서 내는 책들은
대체로 번역이 좋다는 평을 얻었고, 우리 책의 디자인이나
만듦새를 좋아하는 독자들이 형성됐다〉며 〈열린책들
마니아층이 생긴 것이 최대 성과〉라고 자평했다.
1986년 러시아 문학 전문 출판사를 꿈꾸며 직원 5명을
데리고 열린책들을 시작할 때부터 홍 대표는 남들과는 다른
길을 걸어왔다. 러시아나 유럽 문학에 주목했고, 국내에 많이
알려지지 않은 작가를 발굴해 그 작가의 진가가 대중에게
인정받을 때까지 출간과 홍보를 집중하며 베스트셀러로 키워
냈다. 또 한국 소설이 역사와 사회 문제에 집중하고 있을 때,
열린책들은 소설적 재미나 낯선 독창적인 이야기에 가치를
두고 출간했다. 표지, 광고 디자인, 마케팅 등도 달랐다.

홍 대표는 〈기존에 없었던 걸 하자는 게 우리 생각〉이라며 〈비슷한 것은 일단 배제한다. 새로운 것을 하고 선례가 되자고 얘기해 왔다〉고 말했다.

열린책들은 별도의 기념행사 없이 『열린책들 창립 30주년 기념 대표 작가 12인 세트』를 출간하는 것으로 출판계와 독자들에게 창립 30주년을 알렸다. 이 세트에는 움베르토 에코, 파트리크 쥐스킨트, 베르나르 베르베르, 로베르토 볼라뇨, 폴 오스터 등 이제는 열린책들의 얼굴이 된 작가들의 대표작이 망라됐다. 〈지금과 같은 불황에도 밀리언셀러를 꿈꾸는가?〉라는 질문에 홍 대표는 〈물론이다. 밀리언셀러는 여전히 가능하다〉고 답했다. 〈밀리언셀러는 이제 끝났다〉는 출판계의 목소리와는 달랐다. 그는 〈100만 부까지는 아니어도 수십만 부 팔리는 책들은 지금도 많이 나온다. 우리가 만든 『창문 넘어 도망친 100세 노인』도 60만 부 이상 팔렸다〉며 〈제대로 된 책이면 독자가 왜 없겠냐?〉고 반문했다. 문제는 독자나 휴대 전화가 아니라 책, 그 자체에서 찾아야 한다는 게 그의 주장이다. 그가 말하는 〈제대로 된 책〉이란 내용에서는 〈독창적인 책〉이고, 형식에서는 〈소장하고 싶은 책〉이다. 홍 대표는 〈고만고만한 거 말고 독창적이어야 한다〉며 〈한국 문학이 더 크게 성장하지 못한 이유도 고만고만한 이야기만 많이 나오기 때문 아니냐〉라고 말했다.

「고만고만한 책들, 없어도 그만인 책들이 많이 나온다. 출판사들은 남이 하는 것 곁눈질하고, 트렌드나 유행을

바쁘게 좇아간다. 그러다 보면 5년 뒤, 10년 뒤에도 남는 게
없다.」

열린책들의 〈다음 30년〉에 대한 구상도 물었다. 그는 〈그런
건 없다〉면서 〈다만 앞으로 10년 동안은 무슨 책을 내야 되나,
그런 고민은 종종 한다〉고 대답했다. 이어서 〈지금까지는 우리
사회에 필요한 책이 무엇인가 고민했다면, 요즘에는 독자들이
소장하고 싶어 하는 책에 대해 생각한다〉고 덧붙였다.

「50년 뒤에 누군가가 소장하고 싶은 책, 찾아서 수집하는 책을
만들어야 하는 게 아닌가 생각하고 있다. 그러려면 콘텐츠도
중요하고 만듦새도 좋아야 한다. 오래 보관할 수 있고 장정도
좋은 책을 만들어야 한다.」

── 『국민일보』 2016년 7월 20일 | 김남중 기자

"창립 30년… 열린책들 마니아층 생긴 것 최대 성과"

인터뷰 홍지웅 열린책들 대표

열린책들이 창립 30주년을 맞았다. 열린책들은 질과 쉽지, 지평성을 추구하는 출판으로 장혜동, 스타일, 편당을 확보한 이래적인 출판사로 성장했다. 주로 해외문학을 반역 출간하면서 '원전 완역'과 '전자출간'이라는 원칙을 정립해 고수해 왔고, '개미' '뇌' '향수' '콤비네 이야기' 등 100만부 이상 팔아낸 밀리언셀러를 6권이나 만들어냈다.

지난 12일 경기도 파주 출판도시 내 열린책들 사옥에서 만난 홍지웅(62) 대표는 지나온 30년에 대해서 "열린책들에서 내는 책들은 대체로 반세이 좋다는 평을 얻었고, 우리 책의 디자인이나 만듦새를 좋아하는 독자들이 형성됐다"며 "열린책들 마니아층이 생긴 것이 최대 성과"라고 평했다.

1986년 러시아 문학 전문 출판사를 꿈꾸며 지원 5명을 데리고 열린책들을 시작할 때부터 홍 대표는 남들과는 다른 길을 걸어왔다. 러시아나 유럽 문학의 주목받고, 국내에 많이 알려지지 않은 작가를 발굴해 그 작가의 전시가 대중에게 인지받을 때까지 묶은 출판을 집중적으로 베스트셀러로 키워냈다. 또 한국 소설의 역사와 사회 문

러시아 문학에 대한 열정으로 1986년 열린책들을 시작해 무뚝한 정체성과 스타일, 편집을 가꾼 출판사로 키워온 홍지웅 대표가 지난 12일 경기도 파주출판도시 내 사옥 앞에서 지나온 30년에 대해 이야기하고 있다.
파주=곽경근 선임기자

제에 집중하고 있을 때, 열린책들은 소설의 재미나 낯선 이야기에 가치를 두고 출간했다. 표지, 광고디자인, 마케팅 등도 달랐다. 홍 대표는 "기존에 없었던 걸 해자는 게 우리 생각"이라며 "바쁘면 것을 덜 때 벤치한다. 새로운 것을 하고 선례가 되자고 생각해왔다"고 말했다.

열린책들은 별도의 기념행사 없이 '대표작가 12인 세트'를 출간하는 것으로 올 판계수·독자들에게 창립 30주년을 알렸다. 이 세트에는 움베르토 에코, 파트리크 쥐스킨트, 베르나르 베르베르, 로베르토 볼라뇨, 폴 오스터 등 이제는 열린책들의 얼굴이 된 작가들의 대표작이 망라됐다.

"지금도 밀리언셀러를 꿈꾸는가?" 라는 질문에 홍 대표는 "물론이다. 밀리언

"개미 '향수' 등 밀리언셀러 6권 편딩 확보 이래져 출판사로 성장"
"밀리언셀러는 여전히 가능하다"

30주년 별도의 기념행사 없이 '대표작가 12인 세트' 출간

"고만고만한 책들 넘치는 시대 40주년엔 소장하고 싶은 책 만들세 좋고 독창적인 책 내고 싶다"

셀러는 여전히 가능하다"고 답했다. "밀리언셀러라는 이제 갑나"는 출판가의 파소리와는 달랐다. 그는 "100만부까지는 아니어도 수십 만부 팔리는 책들은 자료도 말아 나온다. 우리가 만든 '향수 남아 도 벌써 105세 노인'도 60만부 이상 팔렸다"며 "제대로 된 책이면 독자가 왜 없겠나?"고 말했다. 문제는 독자나 휴대폰을 가까이 할 뿐, 그 자체에서 찾아야 한다는 게 그의 주장이다.

그가 말하는 "제대로 된 책"이란 내용에서는 "독창적인 책"이고, 형식에서는 '소장하고 싶은 책'이다. 홍 대표는 "고만고만한 것 말고 독창적이어야 한다"며 "한국문학이 더 크게 성장하지 못한 이유도 고만고만한 이야기만 많이 나오기 때문이나"고 말했다.

"고만고만한 책들이 너무 많이 나온다. 얼어도 고만한 책들, 출판사끼리 남이 하는 것 겨눌일하고, 트렌드나 유행을 따르게 쫓아간다. 그러다 보면 5년 뒤, 10년 뒤에도 남는 게 없다."

열린책들의 '다음 30년'에 대한 구상도 밝혔다. 그는 "그런 건 없다"면서 "다만 40주년쯤을 무슨 책을 내야 되나, 그리 고 만든 종류 한다"고 대답했다. 이어서 "지금까지와 우리 사회에 필요한 책이 무엇인가 고민했다면, 요즘에는 소장하고 싶은 책에 관해 자주 생각하게 됐다"고 덧붙였다.

"50년 뒤에 누군가가 소장하고 싶은 책, 찾아서 수집하는 책을 만들어야 하는 게 아닌가 생각한다. 그러려면 먼저 만들을새를 잘 해야 한다. 오래 보관할 수 있고 3888도 좋은 책을 만들어야 한다."

파주=김남중 기자 njkim@kmib.co.kr

책을 만드는 게 여전히 참 좋네요

지난 1986년 러시아 전문 출판사로 문을 열고 다양한 해외
문학을 소개해 온 열린책들이 올해 초 30주년을 맞았다.
홍지웅 열린책들 대표는 지난 30년에 대해 특별한 감회는
없다면서도 참 즐겁게 일해 왔다고 말했다.
「나 스스로 팔불출 같다는 생각을 할 때가 있어요. 내가
낸 책을 보면서도 기분이 좋은 걸 보면 이런 사람도 참
드물겠다는 생각이 듭니다.」

지난 7일 경기도 파주 출판 단지 미메시스 사옥에서 홍지웅
대표를 만났다. 미메시스는 열린책들의 예술 서적 브랜드로 홍
대표는 몇 달 전 거처를 열린책들에서 미메시스로 옮겨 왔다.
집무실 한가운데에 있는 큰 테이블에는 『장미의 이름』(움베르토
에코)과 『개미』(베르나르 베르베르), 『향수』(파트리크
쥐스킨트), 『어머니』(막심 고리끼) 등 열린책들의 지난 30년을
대표하는 책(가제본) 12권이 놓여 있었다.
「열린책들에서 화제가 됐거나 우리의 출판 정신이나 철학을
담고 있는 대표적인 책 12권입니다. 대부분이 소설이에요.
『죄와 벌』 같은 경우는 우리가 러시아 전문 출판사를 표방하고
시작했다는 의미를 담았고, 『꿈의 해석』은 프로이트 작품

중에서 문학적인 에세이에 가까운 것이라 꼽았습니다.」

홍 대표가 이들 12권을 다시 꺼내 든 것은 독자에게 감사
인사를 하기 위해서다. 30주년을 기념하며 독자 사은용으로
12권의 대표작을 묶어서, 다시 출간한다는 계획이다.
「한 출판사가 30년간 꾸준하게 책을 내왔다는 것 자체가
독자 덕입니다. 사은이라는 개념으로 아주 저렴하게 책을 낼
예정입니다.」

재출간을 앞두고 홍 대표는 이들 12권의 책을 다시 읽는
중이라고 했다. 특히 『장미의 이름』은 정독하는 것만 이번이
네 번째다. 그가 꼽은 이 책의 가장 큰 매력은 독창성이다.
「에코의 『장미의 이름』은 대단한 소설입니다. 문장이 너무
좋아서 가끔씩은 아무 데나 펼쳐서 읽곤 하죠. 금세기
최고의 소설이라고 생각해요. 아리스토텔레스의 희극이
존재했었다는 것을 전제로 이야기를 끌고 가는 발상도 아주
독창적이고, 중세의 이단 논쟁과 관련된 것도 아주 디테일하게
나와 있습니다.」

그가 해외 문학에 집중하게 된 계기 역시 독창성에 있다.
「한국 소설은 대체로 리얼리즘 계열입니다. 일제 강점기,
해방, 6.25 전쟁, 4.19 혁명, 5.16 쿠데타, 독재 정권, 민주화
운동 등을 겪으며 지난 100년 역사가 드라마가 됐어요. 주변
인물을 시대에 넣으면 소설이 되는거죠. 상상력을 동원하는
추리 소설이나 사이언스 픽션, 유토피아 소설 등의 장르는

사실 비집고 들어갈 틈이 별로 없었어요. 실제 우리의 삶이
더 드라마 같았기 때문이죠. 하지만 러시아의 한 평론가도
그랬지만 문학은 사물을 낯설게 보여 주는 것이라고
했습니다. 사물이나 사람을 전혀 다르게 보여 주고 낯설게
보여 주는 게 예술인데 그런 문학 작품을 읽어야 사람의
품격이 고양될 수 있습니다. 잘 꾸며 낸, 잘 짜인 뛰어난
해외 소설을 소개하는 것이 국내 문학에 도움이 되겠다
싶었습니다.」

독창적이고 뛰어난 작품과 작가를 찾다 보니 〈전작주의〉라는
철학도 생겼다. 열린책들은 베르나르 베르베르나 움베르토
에코, 파트리크 쥐스킨트 등 주요 작가들의 전작을 출간하는
것으로 유명하다. 특히 에코의 전집은 세계에서 유일하고,
프로이트의 전집도 언어 기준으로 전 세계에서 네 번째
전집이다.
「책을 제대로 내려고 생각하면 전작을 낼 수밖에 없어요.
『장미의 이름』을 보면 〈어떻게 이런 대단한 작가가 있을 수
있나!〉 하는 감탄이 절로 나오는데 당연히 그 작가의 다른
작품도 다 내야겠다는 생각을 갖게 됩니다. 물론 움베르토
에코의 이론서들은 1,000부도 채 팔리지 않는 책도 많습니다.
손해를 볼 수는 있지만 그렇게 함으로써 마니아를 만들고 책
좋아하는 사람들을 끌어들일 수 있게 됩니다.」

실제로 열린책들은 출판 시장에서는 열성적인 팬덤을 가지고
있다. 서울 국제 도서전에서는 매년 매출 1위를 기록했으며,

지난달에는 출판사 중 처음으로 페이스북 팬이 30만 명을 넘어섰다. 여기에는 독창적인 작품을 뚝심 있게 낸다는 이유도 있지만 사람들의 손에 잡히는 예쁜 책을 만들겠다는 욕심도 큰 역할을 했다.

「책도 예술 작품과 다르지 않습니다. 예술 작품인 만큼 디자인도 좋아야 하는 거죠. 영향력으로만 따지면 웬만한 예술 작품보다 더 클 거예요. 책에 맞는, 소설에 맞는 격을 찾아 줄 필요가 있는 겁니다. 또 사람들이 책을 갖고 싶게 만들고 싶다는 생각도 큽니다.」

홍 대표는 앞으로도 콘텐츠 중심의 독창적인 책을 만드는 데 힘을 쓰겠다는 계획이다.

「우리나라 출판의 아쉬운 점은 텍스트가 제대로 만들어지지 못한 측면이 있다는 겁니다. 외국 책이 번역된다는 것은 외국 용어들을 어떻게 쓸 것인가에 대한 고민도 포함돼 있는 거예요. 일본은 이미 1860년대 메이지 유신 때 4,000여 종의 책이 번역되면서 이런 작업이 시작됐어요. 하지만 우리나라는 아직도 원전 텍스트가 제대로 번역이 안 된 것이 많습니다. 원전 없이 비평서의 비평서, 해설서의 해설서가 나오는 식으로 체계적인 과정을 뛰어 넘겼습니다. 그런 점에서 아직 우리 출판이 해야 할 과제가 여전히 많다고 봅니다.」

── 『뉴스토마토』 2016년 7월 20일 ── 책과 사람 | 원수경 기자

감동이 바로 주인이다

책은 시간을 초월한다. 책은 그 시대 사람들의 생각과 느낌, 행동한 것들을 모아 다음 시대로 전한다. 그렇게 책은 세월을 넘어 과거의 지혜를 전하며 또 미래의 가능성을 씨앗처럼 품는다. 책은 매력덩어리다. 그런 책을 만드는 사람은 어떤 사람들일까? 얼마나 책에 빠졌기에 읽는 것도 모자라 만들기까지 할까? 출판인 홍지웅도 그런 사람 중 하나다. 철학과 러시아 문학을 전공한 홍지웅 대표는 당시에는 낯선 해외 문학 전문 출판사인 열린책들을 창립했다. 처음부터 〈원전 완역〉과 〈전작 출간〉이라는 원칙을 정립해 고수해 왔고, 『개미』, 『뇌』, 『향수』, 『좀머 씨 이야기』 등 100만 부 이상 팔린 밀리언셀러를 7권이나 만들어 냈다. 홍지웅 대표는 지난 30년에 대해 특별한 감회는 없다면서도 참 즐겁게 일해 왔다고 말했다. 그는 자신을 소개할 때 출판사 사장이라는 직함보다는 〈문화 기획자〉라는 표현을 즐겨 쓴다. 거기에서 문화 전파의 일익을 담당하는 것에 대한 책임감이 드러난다. 「소비 없는 문화는 의미가 없습니다. 예술과 대중의 접점, 그 미묘한 간극을 조율하는 것이 바로 제 역할이라 생각해요. 고급 문화를 대중적으로, 대중 문화를 고급화시켜 소비하게 만드는 것이 문화 기획자들의 소명입니다.」

시대의 생각을 담아

홍 대표의 말에 따르면 출판이라는 것은 그 사회가 필요로 하는 해결책을 제시하는 것과 다르지 않다. 정치적이든 역사적이든 대한민국의 최근 100년은 안정되었다고 말하기 어렵다. 사람들은 이런 혼란을 극복할 해답을 책에서 추구할 수밖에 없었고, 그렇기에 출판은 언제나 한 시대의 어젠다와 대응해 왔다고 할 수 있다는 것이다.

「이는 사회 변화에 가장 큰 영향을 준 책들이 무엇이었느냐는 것과도 관련이 있습니다. 일단 우리나라 출판의 역사를 잠깐 이야기해 볼까요? 사실 국내 출판의 역사는 100년이 채 안 됩니다. 해방 이전까지는 제대로 된 출판 활동이 이루어졌다고 하기 힘들어요. 본격적으로 대중 출판이 시작된 것은 해방 이후로 봐야 합니다. 해방 직후부터 1960년대까지 출판은 주로 교과서나 학습서 위주의 출판이었습니다. 그러던 것이 1960년대 이후부터 수출 중심의 경제 정책이 펼쳐지고 경제 발전이 빨라지기 시작하면서 출판도 발전하기 시작했습니다. 책은 산업화에 필요한 보편적 교양인을 만드는 게 목표가 되었지요. 1970년대에 들어서면서 개인의 존엄, 자유 등에 대한 고민들을 물을 수 있는 책과 잡지들이 등장하기 시작했습니다. 창비, 문지 등의 책들이 등장한 것도 이때입니다. 장르가 다양해진 것은 아무래도 1990년대 이후부터지요. 오늘날과 같이 실로 다양한, 미시적인 분야까지 아우르는 책이 나오기 시작한 것은 1990년대 이후부터라고 할 수 있습니다.」

한없이 매력적인 책이지만 최근 출판계의 부진은 분명 걱정거리다. 하지만 홍지웅 대표는 그것을 걱정거리로만 보지는 않았다. 단순히 사람들이 책을 적게 읽고 혹은 책에서 관심이 멀어진 것은 아니라는 것이다. 그보다는 시대의 변화와 다양성이 늘어난 경향에 주목하고 있었다.

「100만 부씩 팔리는 베스트셀러가 드물어진 것은 사실이에요. 출판 시장이 위축되어 가는 것에 영향을 받은 것도 사실이죠. 그러나 독서의 형태가 달라지고 있는 것이 더 큰 이유라고 할 수 있습니다. 과거 도서 시장에는 밀리언셀러가 많았지요. 지금은 밀리언셀러 대신 30만 부 정도의 책 3권이 팔린다고 보면 됩니다. 그만큼 출판 시장이 독자 수요가 다양해졌어요. 이건 바람직한 일입니다. 독자들의 취향은 다양해지고 또 그만큼 책도 다양해졌으니까요. 천편일률적인 취향과 편향된 유행보다는 이렇게 다양성이 존재하는 것이 더 바람직한 모습이라고 생각합니다.」

요즘은 책의 다양성뿐만 아니라 이야기를 담는 미디어 또한 다양해진다. 인터넷, 스마트폰의 등장 이후에는 e북, 웹 소설 등이 등장했고, 이렇게 다양한 형태의 책이 발전하면서 콘텐츠를 담는 형식 또한 다채로워졌다. 그럼에도 불구하고 창작이야말로 모든 것의 기본이라고 홍지웅 대표는 역설한다.

「항상 시대에 따라 주도적인 장르나 형식은 변하기 마련이죠. 예를 들어 오디오북은 미국에서 굉장히 유행했었습니다. 카세트테이프가 유행하던 시절이었지요. 미국은 이동 거리가 깁니다. 오디오북은 장시간 드라이브에서 사용하기용이했습니다. 상황이랑 맞아떨어졌던 거지요. 그렇지만 종이책이야말로 출판의 가장 기본입니다. 영화건 만화건 게임이건 콘텐츠에는 기본적인 베이스가 필요합니다. 그런 점에서 제일 중요한 것은 이야기의 창작입니다. 종이책이냐 디지털이냐는 사실 창작물을 어떻게 가공하느냐의 문제입니다. 플랫폼의 변화만으로는 한계가 있습니다. 결국 시장은 뛰어난 창작에 의해 좌우됩니다.」

갖고 싶은 책, 갖고 싶은 전시

만약 박물관에 전시를 한다면 어떻겠냐는 물음에 홍지웅 대표는 스스로의 예술관, 출판관을 드러냈다. 책과 예술, 책과 전시는 다르지 않다는 것이 그의 철학이다.
「책도 예술 작품과 다르지 않습니다. 예술 작품인 만큼 디자인도 좋아야 하는 거죠. 영향력으로만 따지면 웬만한 예술품보다 더 클 거예요. 책에 맞는, 소설에 맞는 격을 찾아 줄 필요가 있습니다. 또 독자들이 책을 갖고 싶게 만들고 싶다는 생각도 커요. 50년 뒤에도 누군가가 소장하고 싶은 책, 찾아서 수집하는 책을 만들어야 하는 게 아닌가 생각해요.」

이미 미메시스 아트 뮤지엄이라는 미술관을 운영하고 있는 홍지웅 대표는 전시 이전에 책과 출판, 예술 그리고 건축까지 아우르는 인상적인 이야기를 들려주었다. 그것은 〈감동하는 자가 주인〉이라는 것이었다.
「흔히 책을 출판하면 그게 자기 것이라는 생각을 하기 쉽습니다. 하지만 출판사에서 떠나 독자 손에 들어가면 그 책에 담긴 것들은 독자에게 내재화됩니다. 교감이 시작되는 거죠. 그걸 통해 독자는 책의 내용을 자신의 것으로 만들게 됩니다. 전시도 마찬가지예요. 전시를 열었다고, 책을 출판했다고 그것을 다 소유했다고 할 수 없습니다. 누군가가 그 전시와 혹은 책과 교감을 한다면 그 경험은 온전히 관객, 독자의 것입니다. 산 사람 혹은 본 사람, 감동을 느끼는 순간 그 책과 전시는 그 사람의 소유가 되죠.」

중요한 것은 〈생각의 문제〉라고 역설하는 홍지웅 대표는 이순이 넘은 나이에도 어린아이 같은 웃음을 지어 보였다. 역시 생각이 젊은 탓일까.
「열린책들의 책 혹은 미메시스 아트 뮤지엄의 전시에 단 한 명이라도 감동을 느낀다면 거기에 의미가 있지요. 그리고 그런 감동의 경험이 모이고, 그렇게 생각이 바뀌어 가면 문화의 품격 자체가 고양될 수 있다고 생각합니다.」

── 『국립민속박물관 웹진』 2017년 2월 28일 ── 새로운 시선

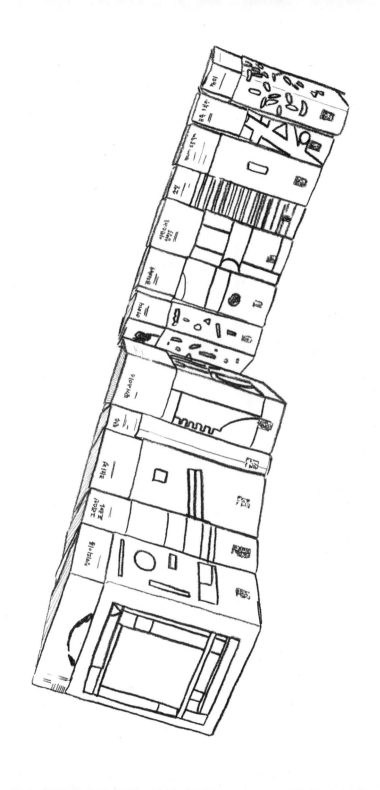

5   5   2

5   5   3

아르바뜨의 아

값 3,500원

부록.

열린책들의 대표 작가 12인

베르나르 베르베르
Bernard Werber

1961년 프랑스 툴루즈에서 태어나 일곱 살 때부터 단편소설을 쓰기 시작한 타고난 글쟁이다. 이후 법학을 전공하고 국립 언론 학교에서 저널리즘을 공부했다. 저널리스트로 활동하면서 과학 잡지에 개미에 관한 평론을 발표해 오다가, 드디어 1991년 120여 차례 개작을 거친 『개미』를 출간, 전 세계 독자들을 사로잡으며 단숨에 주목받는 〈프랑스의 천재 작가〉로 떠올랐다. 이후 죽음과 삶을 넘나드는 영계 탐사단을 소재로 한 『타나토노트』, 독특한 개성으로 세계를 빚어내는 신들의 이야기 『신』, 제2의 지구를 찾아 떠난 인류의 모험 『파피용』, 웃음의 의미를 미스터리 형식으로 풀어낸 『웃음』, 새로운 시각, 기발한 상상력이 빛나는 단편집 『나무』, 사고를 전복시키는 놀라운 지식의 향연 『베르나르 베르베르의 상상력 사전』 등 수많은 세계적 베스트셀러를 써냈다. 베르베르가 『제3인류』 3부작 이후 4년 만에 선보인 신작 『잠』은 인간이 감히 정복하지 못한 마지막 대륙, 잠의 세계로의 탐험을 그렸다. 베르베르가 그리는 스펙터클한 꿈속의 모험 소설인 『잠』은 1980년대 그가 과학 전문 기자 시절에 썼던 자각몽자에 관한 르포에 뿌리를 둔 작품이다. 그의 작품은 35개 언어로 번역되었으며, 2,300만 부 이상 판매되었다. 2016년 조사에 따르면 그는 한국에서 지난 10년간 가장 사랑받은 소설가이다.

움베르토 에코
Umberto Eco

1932년 이탈리아의 알레산드리아에서 태어난 에코는 법률가가 되기를 바랐던 아버지의 뜻에 따라 토리노 대학교에 입학했으나 중세 철학과 문학으로 전공을 선회, 1954년 토마스 아퀴나스에 관한 논문으로 박사 학위를 받았다. 이 학위 논문으로 문학 비평과 기호학계의 주목을 받았다. 50세가 되었을 무렵, 에코는 현대 사회의 세기말적 위기를 소설로 그려 보고 싶다는 생각을 했고, 2년 반에 걸쳐 『장미의 이름』을 썼다. 중세의 한 이탈리아 수도원에서 일어난 끔찍한 연쇄 살인 사건을 다룬 추리 소설 『장미의 이름』은 1980년 이탈리아에서 출간 1년 만에 50만 부가 판매되며 베스트셀러에 올랐다. 이 작품은 모든 유럽어로 번역되었으며 전 세계 40여 개국에서 5,000만 부 이상 판매되었다. 두 번째 소설 『푸코의 진자』는 1988년 가을 이탈리아에서 출간되자마자 독자들의 찬사와 교황청의 비난을 동시에 받으며 커다란 반향을 불러일으켰다. 장편소설로는 『전날의 섬』, 『바우돌리노』, 『로아나 여왕의 신비한 불꽃』, 이탈리아에서 『장미의 이름』의 판매 기록을 경신하며 베스트셀러가 된 『프라하의 묘지』가 있으며 2015년 일곱 번째이자 마지막 소설 『제0호』를 출간했다. 세계에서 가장 영향력 있는 지식인이었던 에코는 2016년 2월 19일, 2년간의 투병 끝에 췌장암으로 세상을 떠났다. 밀라노 스포르체스코성(현재는 박물관)에서 마랭 마레와 코렐리의 곡이 연주되는 가운데 장례식을 거행했고, 수천 명의 군중이 모여 그의 죽음을 애도했다.

파트리크 쥐스킨트
Patrick Süskind

1949년 뮌헨에서 태어나 암바흐에서 성장했고 뮌헨 대학과 엑상 프로방스에서 역사학을 공부했다. 젊은 시절부터 여러 편의 단편을 썼으나 별다른 주목을 받지 못하다가 한 예술가의 고뇌를 그린 남성 모노드라마 『콘트라 베이스』가 〈희곡이자 문학 작품으로서 우리 시대 최고의 작품〉이라는 극찬을 받으면서 알려지기 시작했다. 이후 냄새에 관한 천재적인 능력을 타고난 주인공 그르누이가 향기로 세상을 지배하게 되는 과정을 그린 『향수』, 조나단 노엘이라는 한 경비원의 내면세계를 심도 있게 묘사한

『비둘기』, 평생을 죽음 앞에서 도망치는 별난 인물을 그린 『좀머 씨 이야기』 등의 중-장편소설과 단편집 『깊이에의 강요』 등을 발표하면서 전 세계 독자들을 사로잡았다. 헬무트 디틀과 공동 작업한 『로시니 혹은 누가 누구와 잤는가 하는 잔인한 문제』는 레스토랑 〈로시니〉에서 하룻밤 사이에 일어나는 여러 가지 해프닝을 비극적이고도 코믹하게 다루고 있다. 이후 9년 만에 발표한 신작 『사랑을 생각하다』 역시 헬무트 디틀과 함께 작업한 시나리오 『사랑의 추구와 발견』에 대한 해설로서 사랑에 대한 쥐스킨트의 깊은 사색의 결과를 아름다운 문장으로 우리에게 들려주는 에세이다. 『사랑의 추구와 발견』은 영화화되어 1996년 독일 시나리오상을 수상하기도 했다. 하지만 이러한 대대적인 성공에도 아랑곳없이 쥐스킨트는 모든 문학상 수상을 거부하고 사진 찍히는 일조차 피하고 있다.

로베르토 볼라뇨
Roberto Bolaño

1953년 칠레에서 태어나 유년기를 보내고 멕시코로 이주해 청년기를 보냈다. 항상 스스로를 시인으로 여겼던 그는 15세부터 시를 쓰기 시작해 20대 초반에는 〈인프라레알리스모〉라는 반항적 시 문학 운동을 이끌기도 했다. 이어 20대 중반 유럽으로 이주,

30대 이후 본격적으로 소설 쓰기에 투신한다. 볼라뇨는 1993년 첫 장편소설 『아이스링크』를 필두로 거의 매년 소설을 펴냈고, 각종 문학상을 받으며 〈볼라뇨 전염병〉을 퍼뜨렸다. 특히 1998년 발표한 방대한 소설 『야만스러운 탐정들』로 〈라틴 아메리카의 노벨 문학상〉이라 불리는 로물로 가예고스상을 수상하면서 더 이상 수식이 필요 없는 위대한 문학가로 우뚝 섰다. 그리고 2003년 스페인의 블라네스에서 숨을 거두기 직전까지 매달린, 1,000페이지가 넘는 어마어마한 작품 『2666』은 볼라뇨 필생의 역작이자 전례 없는 〈메가 소설〉로서 사후 출간되어 스페인과 칠레, 미국의 문학상을 휩쓸었다. 2016년 『엘 파이스』에서 최근 25년간 출간된 최고의 스페인어 문학 1위로 선정되었다. 그의 작품에서는 범죄, 죽음, 창녀의 삶과 같은 어둠의 세계와 볼라뇨 삶의 본령이었던 문학 또는 문학가들에 관한 이야기, 그리고 암담했던 라틴 아메리카의 정치적 상황에 관한 통렬한 성찰이 끝없이 펼쳐진다. 그의 글은 사실과 허구가 절묘하게 중첩되고 혼재하며, 깊은 철학적 사고가 위트 넘치는 풍자와 결합하여 끊임없이 웃음을 자아낸다.

장 자끄 상뻬
Jean-Jacques Sempé

1932년 8월 17일 프랑스 보르도에서 태어난 장 자끄 상뻬가 그림을 그리기 시작한 것은 소년 시절, 악단에서 연주하는 것을 꿈꾸며 재즈 음악가들을 그리면서부터였다. 상뻬는 1960년 르네 고시니를 알게 되어 함께 『꼬마 니꼴라』를 만들기 시작했고, 이 작품은 대성공을 거두었다. 그리고 1962년에 첫 번째 작품집 『쉬운 일은 아무것도 없다』가 나올 때 그는 이미 프랑스에서 데생의 일인자가 되어 있었다. 그는 지금까지 드노엘 출판사와 갈리마르 출판사에서 30여 권에 이르는 작품집을 발표했으며, 이 책들은 세계 여러 나라 말로 번역 출간됐다. 상뻬는 프랑스의 『렉스프레스』, 『파리 마치』 같은 유수한 잡지뿐 아니라 미국 『뉴요커』의 표지 일러스트레이터이자 가장 중요한 기고 작가이기도 하다. 그는 1989년 파트리크 모디아노의 『우리 아빠는 엉뚱해』의 삽화를 그렸고, 2년 뒤 독일 소설가 쥐스킨트의 『좀머 씨 이야기』의 삽화를 그렸다. 『좀머 씨 이야기』와 같은 해에 발표한 『속 깊은 이성 친구』와 이어 나온 『자전거를 못 타는 아이』는 영화나 희곡을 단 한 편의 데생으로 요약할 수 있는 작가 상뻬의 능력을 여실히 보여 주는 명작이다. 1991년, 상뻬가 1960년부터 30년간 그려 온 데생과 수채화가 〈파피용 데 자르〉에서 전시되었을 때, 현대 사회에 대해서 저술한 사회학 논문 1천 편보다 더 많은 것을 말해 준다는 평을 받기도 했으며 프랑스 그래픽 미술 대상 또한 수상한 바 있다.

니코스 카잔차키스
Nikos Kazantzakis

현대 그리스 문학을 대표하는 작가이자 〈20세기 문학의 구도자〉로 불리는 니코스 카잔차키스는 1883년 크레타 이라클리온에서 태어났다. 터키의 지배하에서 기독교인 박해 사건과 독립 전쟁을 겪으며 어린 시절을 보낸 그는 이런 경험으로부터 동서양 사이에 위치한 그리스의 역사적, 사상적 특이성을 체감하고 이를 자유를 찾으려는 투쟁과 연결시켰다. 1908년 파리로 건너가 베르그송과 니체를 접하면서 인간의 한계를 극복하려는 〈투쟁적 인간상〉을 부르짖게 되었다. 자유에 대한 갈망 외에도 카잔차키스의 삶과 작품에 큰 영향을 준 것은 여행이었는데, 1907년부터 유럽과 아시아 지역을 두루 다녔고, 이때 쓴 글을 신문과 잡지에 연재했다가 후에 여행기로 출간했다. 1917년 펠로폰네소스에서 『그리스인 조르바』의 주인공이자 실존 인물인 기오르고스 조르바와 함께 탄광 사업을 했고, 1919년 베니젤로스 총리를 도와 공공복지부 장관으로 일하기도 했다. 1922년 베를린에서 조국 그리스가 터키와의 전쟁에서 참패했다는 소식을 들은 뒤 민족주의를 버리고 공산주의적인 행동주의와 불교적인 체념을 조화시키려 시도했다. 이는 이듬해부터 집필을 시작한 『붓다』와 대서사시 『오디세이

아』로 구체화됐다. 이후에도 특파원 자격으로 이탈리아, 이집트, 시나이, 카프카스 등지를 여행하며 다수의 소설과 희곡, 여행기, 논문, 번역 작품들을 남겼다. 대표작의 하나인 『미할리스 대장』과 『최후의 유혹』은 신성을 모독했다는 이유로 교회로부터 맹렬히 비난받고 1954년 금서가 되기도 했다. 카잔차키스는 앙티브에 정착했다가 1957년 중국 정부의 초청으로 중국을 다녀온 뒤 얼마 안 되어 백혈병으로 사망했다. 아홉 차례나 노벨 문학상 후보로 지명되었고, 똘스또이, 도스또예프스끼에 비견될 만큼 위대한 작가로 추앙받고 있다.

표도르 도스또예프스끼
Fedor Dostoevskii

일반 독자들에게는 언젠가는 읽어야 할 작가, 평론가들에게는 가장 문제적인 작가, 문인들에게는 영감을 주는 작가 제1순위로 꼽히는, 그 영향력에 있어 누구와도 비교할 수 없는 전무후무한 작가. 1821년 10월 30일 모스끄바의 마린스끼 자선 병원 의사의 둘째 아들로 태어난 도스또예프스끼는 어린 시절부터 월터 스콧의 환상적이고 낭만적인 전기와 역사 소설을 탐독했다. 이후 그는 발자크의 『외제니 그랑데』에 영향을 받아 데뷔작 『가난한 사람들』을 발표했다. 그는 당시 농노제 사회에서 자본주의 사회로 급변하는 과도기

러시아 사회 속에서의 고뇌를 작품으로 형상화했으며, 이러한 그의 사고관은 이후 러시아 메시아주의로 성장했다. 정신분석가와 같이 인간의 심리 속으로 파고 들어가, 인간의 내면을 섬세하고도 예리하게 해부한 도스또예프스끼의 독자적인 소설 기법은 근대 소설의 새로운 장을 열었으며, 그의 작품들에 나타난 다면적인 인간상은 이후 작가들에게 전범이 되었다. 선과 악, 성과 속, 과학과 형이상학의 양극단 사이에서 유토피아를 추구하는 사상가로서 도스또예프스끼는 당대에 첨예하게 대립했던 사회적, 철학적 문제들을 진지하게 제기하고 숙고한다. 이러한 그의 자세는 21세기를 살아가는 독자들에게도 변치 않는 삶의 영원한 가치를 전해 준다. 현대라는 상황을 그만큼 잘 관찰하고 인간 심리를 잘 포착한 작가도 드물기 때문이다. 그러한 이유 때문에 그의 글은 아직도 시의성이 있고, 현대적이며, 역동적이다.

폴 오스터
Paul Auster

소외된 주변 인물들에 대한 따뜻한 시선을 잃지 않으면서도, 감정에 몰입되지 않고 그 의식 세계를 심오한 지성으로 그려 내는 폴 오스터. 1947년생인 오스터의 작품으로는 1993년 메디치 외국 문학상을 수상한 『거대한 괴물』외에 대표작인 『뉴욕

3부작』과 『달의 궁전』, 미국 예술원의 모톤 다우웬 자블상 수상작인 『우연의 음악』, 『공중 곡예사』 등이 있고 에세이집 『폴 오스터의 뉴욕 통신』, 시집 『소멸』 등이 있다. 2006년에는 그 문학적 공로를 인정받아 유럽의 퓰리처상이라고도 일컬어지는 스페인의 아스투리아스 왕자상을 받았다. 폴 오스터는 종종 프란츠 카프카 혹은 사뮈엘 베케트와 비견된다. 그는 이들과 흡사한 시각에서, 그러나 완전히 독특한 방식으로 운명과 그것이 인간을 지배하는 방식에 몰두한다. 상징적인 이미지들을 탄탄한 문체와 짜임새 있는 구성으로 결합시키는 발군의 문학적 기량은 폴 오스터 이외의 다른 작가에서 좀처럼 발견할 수 없는 덕목이다. 미국 문학의 사실주의적 경향과 신비주의적 전통이 혼합되고, 동시에 멜로드라마적 요소와 명상적 요소가 한데 뒤섞여 있기도 한 그의 작품들은, 문학 장르의 모든 특징적 요소들이 혼성된 〈아름답게 디자인된 예술품〉이라는 극찬을 받은 바 있다. 이렇게 많은 비평가들의 호평 속에 발간된 그의 작품들은 미국뿐만 아니라 유럽 문단, 특히 프랑스에서 주목받고 있으며, 그의 작품들은 현재 20여 개국에서 번역 출간되고 있다.

요나스 요나손
Jonas Jonasson

어느 날 희한한 소설을 들고 나타나

인구 900만의 나라 스웨덴에서 120만 부 이상 팔리는 기록을 세우며 세계 문학계를 강타한 작가 요나스 요나손. 1961년 7월 6일 스웨덴 백셰에서 태어난 그는 예테보리 대학교에서 스웨덴어와 스페인어를 공부했다. 졸업 후 15년간 기자로 일했고, 1996년에는 OTW라는 미디어 회사를 설립, 직원 100명에 이르는 성공적 기업으로 성장시켰다. 그러나 고질적인 허리 통증으로 고생하던 중 심한 스트레스로 인해 건강을 망치고 있다는 의사의 말을 들은 그는 회사를 매각하고 20여 년간 일해 온 업계를 떠나기로 결심했다. 2007년 스위스 티치노로 이주한 뒤 〈첫 소설에 감히 도전할 만큼 성숙했다〉고 생각한 그는 오랫동안 구상해 온 『창문 넘어 도망친 100세 노인』을 집필했다. 세계사의 주요 순간마다 〈우연히〉 자리하게 된 한 노인의 이야기를 통해 현대사를 배꼽 잡게 엮어 낸 이 비범한 작품은 2009년 처음 출간되어 스웨덴에서 120만 부, 독일에서 400만 부, 영어권 120만 부, 프랑스 120만 부 등 모두 합해 1,000만 부 이상 판매되며 세계적 베스트셀러가 되었다. 이 작품은 〈스웨덴에서 가장 웃긴 남자〉 로베르트 구스타프손이 주연으로 나서 영화로도 제작되었는데, 이 동명 영화 또한 전 세계 45개국에 판권이 팔리며 성공을 거뒀다. 그의 두 번째 소설 『셈을 할 줄 아는 까막눈이 여자』도 출간 6개월 만에 26개국에 판권이 팔리고 판매 부수가 150만 부를 돌파하는 등 〈요나손 열풍〉을

이어 가고 있다. 세 번째 소설 『킬러 안데르스와 그의 친구 둘』 역시 발표 즉시 전 유럽의 베스트셀러가 됐다. 미국, 프랑스, 이탈리아, 일본 등 30여 개국에 판권 계약되었으며, 스웨덴에서는 TV 드라마로도 각색되었다. 엉뚱한 살인범, 여자 목사, 싸구려 호텔 리셉셔니스트가 만나 펼치는 대활약상을 그린다. 요나손이 쓴 세 편의 소설은 전 세계에서 1,500만 부 이상이 팔렸다. 현재 그는 스웨덴의 섬 고틀란드에 정착해 아들과 함께 닭을 키우며 목가적인 삶을 살고 있다.

지그문트 프로이트
Sigmund Freud

1856년 5월 6일 오스트리아-헝가리 제국의 모라비아의 중산층 유대인 가정에서 태어난 프로이트는 젊은 시절부터 세상의 수수께끼들을 해결하려는 욕구를 가지고 있었다. 처음에는 생물학에, 다음에는 브뤼케의 지도 아래 생리학에 관심을 집중하였으며, 이후 신경 해부학, 신경 생리학 분야에서 주목할 만한 업적을 쌓았다. 또한 샤르코 밑에서 연구를 계속하며 최면술과 히스테리에 대한 지식에 접하게 되었다. 1886년 신경 질환 상담자로서 의료 활동을 시작한 프로이트는 요제프 브로이어 박사와 함께 히스테리 환자를 치료하면 정신분석학이라는 과학을 출발시켰다. 처음에는 단순하게

신경증 환자들의 정신을 탐구하고 치료해 가는 과정에서 정신분석학이 시작되었지만 곧 이 학문은 건강하건 병들었건 간에 정신 전반에 관한 지식을 탐구하는 매개 학문으로 자리하게 되었다. 프로이트는 어린 시절의 정상적인 성적 발달 단계를 설명하고, 주로 꿈의 해석에 근거를 두어 인간의 일상적인 생각과 행위에 영향을 미치는 무의식적인 힘들을 발견해 냈다. 그는 인간의 정신을 분석하기 위한 과학적이고 체계적인 도구를 최초로 찾아낸 사람이며 어렵게만 느껴지는 정신분석학의 창시자이지만, 실제로는 편안하고 뛰어난 문장으로 이름을 날린 문학가이기도 하며 그의 글은 일반인들도 이해하기 쉽게 서술되어 있다. 프로이트의 저술로는 널리 알려진 『정신분석 강의』, 『히스테리 연구』, 『꿈의 해석』 외에도 『성욕에 관한 세 편의 에세이』, 『농담과 무의식의 관계』 등의 일상생활에 적용할 수 있는 정신분석은 물론 문학 작품을 분석한 다수의 저서와 논문이 있다.

막심 고리끼
Maksim Gor'kii

본명은 알렉세이 폐쉬코프. 1868년 니즈니노브고로드에서 태어났다. 1892년 『카프카즈』 신문에 〈막심 고리끼〉라는 필명으로 첫 단편소설 「마카르 추드라」를 발표했다.

1895년부터 1896년까지 『사마라』 신문의 주필로 일했고 바로 그 신문에 〈이에구질 홀라미드〉라는 필명으로 약 200편의 칼럼, 르포, 평론, 그리고 「이제르길 노파」를 포함한 다수의 단편소설을 발표하였다. 1896년부터 1897년까지 고리끼는 『니줴고로트스끼 리스토끄』 신문사에서 일했으나 갑자기 건강이 악화되어 1897년 아내와 함께 남부 지방으로 이주하였다. 1898년 초, 고리끼는 다시 니즈니노브고로드에 돌아와 『르포와 단편소설』 1, 2권을 집필하여 출간하였고, 이 책은 기대 이상의 성공을 거두었다. 비평가들은 『르포와 단편소설』의 출현을 러시아의 사회 문화적 사건, 작가의 자기 정체성 확립의 순간으로 평가하였다. 1905년 정치적 이유로 러시아를 떠난 고리끼는 미국과 이탈리아를 거쳐 1913년 러시아로 돌아왔으며, 첫 망명 기간 동안 사회 평론을 포함하여 『어머니』, 『고백』, 『필요 없는 인간의 삶』, 『여름』, 『어린 시절』 등 많은 작품을 발표하였다. 다시 러시아를 떠난 고리끼는 1924년까지 독일과 체코슬로바키아에서 체류하였고, 1925년부터는 역사 서사시 「끌림 쌈긴의 생애」의 집필을 시작했다. 1928년 5월 소련으로 돌아온 고리끼는 잡지 『우리들의 업적』과 『문학 수업』을 창간하였으며, 1936년 지병으로 사망하였다.

아멜리 노통브
Amélie Nothomb

잔인함과 유머가 탁월하게 어우러진
작품으로 현대 프랑스 문학에서
커다란 반향을 일으키고 있는
벨기에 출신의 젊은 작가 아멜리
노통브는 1967년 일본 고베에서
태어났다. 외교관이었던 아버지를
따라 일본, 중국, 미국, 방글라데시,
보르네오, 라오스 등지에서 유년기와
청소년기를 보냈다. 스물다섯에 쓴
첫 소설 『살인자의 건강법』은 알뱅
미셸 출판사에서 출간된 후 천재의
탄생이라는 비평계의 찬사를 받으며
10만 부가 넘게 팔리는 상업적인
성공을 거두었다. 노통브의 이름을
처음으로 한국에 알린 『사랑의
파괴』는 외교관의 자제로서 중국에서
보낸 유년 시절의 체험을 바탕으로
한 소설로, 주인공이 일곱 살에 이미
사랑의 파괴적 본질을 깨닫는 과정을
그려낸 노통브식 교양 소설이다. 파리
프르미에르상을 받은 『오후 네시』는
그녀의 이야기 중 가장 명료하고
이해하기 쉬운 작품으로, 부조리
단막극 같은 단순하고 우화적인
구성을 통해 인간 내면의 모순과
열정을 형상화하고 있다. 공쿠르상
후보에 올랐던 『시간의 옷』은 거의
대화로만 이루어진 소설로, 세계사의
질서에 대해 경쾌하고 장난스러운
야유를 퍼붓고 있다. 프랑스 학술원
소설 대상을 받은 『두려움과 떨림』은
그녀의 대표작이다. 이후에도
발표하는 작품마다 대성공을 거두며
문학계에 확고한 입지를 굳히며
2015년 벨기에 프랑스어권 아카데미
회원이 되었다. 자칭 〈글쓰기광〉인
그녀는 매일 일정 시간을 정해 놓고
글을 쓰며, 매해 겨울이면 한 해
동안 쓴 작품들을 검토하여 다음
해 발표할 작품을 고른다. 그렇게
24년째 매년 거르지 않고 한 작품씩
발표하고 있다. 현재까지 그녀의
작품은 프랑스에서만 총 1,500만
부가 팔렸으며 46개국 이상 언어로
번역되었다.

열린책들 연보

1986 - 2017

1986

• 1월 7일 창립
• 2월 솔제니친의 『붉은 수레바퀴』를 필두로 러시아 문학 시리즈 출간 시작
• 5월 움베르토 에코의 『장미의 이름』을 시작으로 에코 라이브러리 출간 시작
• 신간 10종 12권 발행

1987

• 3월 『도스또예프스끼 연구』 출간
• 신간 10종 13권 발행

1988

• 2월 솔제니친의 『수용소군도』 1권 출간
• 7월 리바꼬프의 『아르바뜨의 아이들』 출간, 7~8월 종합 베스트셀러 1위, 국내 최초로 소련과 저작권 계약 체결
• 신간 12종 19권 발행

1989

• 8월 막심 고리끼의 『어머니』 출간
• 교보문고 제1회 북 디자인상 장려상 수상 (『소설의 발생』)
• 신간 14종 16권 발행

1990

• 1월 안덕균 박사의 『건강하게 삽시다』를 필두로 건강 의약 신서 출간 시작
• 5월 체르니셰프스끼의 『현실에 대한 예술의 미학적 관계』 출간, 쉬또젤라찌 총서 출간 시작
• 교보문고 제2회 북 디자인상 장려상 수상 (『한국의 보약』)
• 신간 12종 15권, 총 14종 17권 발행

1991

• 12월 『향수』를 필두로 쥐스킨트 작품 출간 시작
• 신간 17종 17권, 총 19종 20권 발행

1992

• 11월 쥐스킨트의 『좀머 씨 이야기』 출간
• 교보문고 제3회 북 디자인상 장려상 수상 (『알기 쉬운 침구학』)
• 신간 14종 17권, 총 16종 20권 발행

1993

• 6월 베르나르 베르베르 『개미』 출간, 종합 베스트셀러 1위
• 9월 『마야꼬프스끼 선집』(전 3권) 출간
• 신간 18종 22권, 총 22종 28권 발행

1994

• 11월 열린책들 초청으로 베르베르 방한, 공동 기자 회견, 서울 과학고 강연, 교보문고와 종로서적에서 팬 사인회, 잡지 인터뷰, TV 특집 등 행사
• 월간 『책』 선정 〈출판 기자가 뽑은 올해의 좋은 책 베스트 5〉(『하늘의 문』)
• 월간 『책』 선정 〈독자가 뽑은 올해의 책 12선〉(『개미』)
• 월간 『디자인』 선정 〈1993년 베스트 디자인〉
• 신간 17종 20권, 총 18종 21권 발행

1995

• 12월 『미스터 버티고』를 필두로 폴 오스터 소설 간행 시작
• 한국 출판 협동조합 〈자랑스런 출판경영인상〉 수상
• 신간 19종 25권, 총 22종 35권 발행

1996

- 10월 『늑대 인간』을 필두로 『프로이트 전집』 간행 시작
- 『한국일보』 한국 출판문화상 수상(『인간과 상징』)
- 『한국일보』 선정 〈올해의 문화 상품〉(『좀머 씨 이야기』)
- 『이코노미스트』 선정 〈올해의 히트 상품〉(『좀머 씨 이야기』)
- 『좀머 씨 이야기』 종합 베스트셀러 1위
- 『상대적이며 절대적인 지식의 백과사전』 비소설 부문 베스트셀러 1위
- 한국 문인 협회 〈가장 문학적인 출판인상〉 수상
- 신간 26종 27권 발행

1997

- 12월 『프로이트 전집』(전 20권) 완간
- 신간 27종 29권, 총 29종 31권 발행
- 총 판매 부수 누계 500만 부 돌파(532만 부)

1998

- 7월 『속 깊은 이성 친구』를 필두로 상빼 작품 출간 시작
- 『좀머 씨 이야기』 정부 수립 후 최대 베스트셀러 50권 중 하나로 선정
- 신간 17종 22권, 총 19종 24권 발행

1999

- 3월 『뿌쉬낀 문학 작품집』(전 6권) 출간, 역자 석영중 교수 러시아 정부로부터 〈뿌쉬낀 메달〉 수상
- 5월 번역어 가이드북 『미메시스』 출간
- 『개미』 100쇄 돌파
- 『한국일보』 한국 백상 출판문화상 수상(『프로이트 전집』)
- 신간 30종 32권, 총 32종 34권 발행

2000

- 6월 『도스또예프스끼 전집』(전 25권) 출간
- 신간 37종 47권, 총 55종 68권 발행

2001

- 3월 『귀향』을 필두로 루이스 세풀베다 작품 발간 시작
- 8월 이우일 등 국내 만화가들의 작품 출간 시작
- 신간 27종 27권, 총 47종 53권 발행

2002

- 4월 『도스또예프스끼 전집』 보급판(전 18권) 발간
- 4월 5일 열린책들 통의동 사옥 완공 및 입주
- 7~10월 베르베르의 『뇌』 베스트셀러 1위
- 월간 『북새통』 집계 〈독자가 가장 많은 책을 갖고 있는 출판사 1위〉
- 한국 출판인 회의 〈올해의 출판인상〉 수상
- 신간 17종 19권, 총 36종 43권 발행

2003

- 9월 『프로이트 전집』 신판(전 15권) 완간
- 베르베르의 『나무』 2003년 종합 베스트셀러 1위, 『동아일보』 선정 〈올해의 책〉, YES24 〈독자 서평이 가장 많은 책〉 1위, 네티즌 선정 올해의 책 1위
- 신간 30종 32권, 총 53종 56권 발행

2004

- 1월 〈한국 대표 시인 초간본 총서〉 전 20권 발간
- 『인간』 YES24 네티즌 선정 〈올해의 책〉
- 『그리스 로마 신화 사전』, 『한국의 서양 사상 수용사』, 『독일 담시론』 2004년 학술원 우수 학술 도서로 선정
- 총 판매 부수 누계 1,000만 부 돌파(1,088만 부)
- 신간 59종 65권 발행

2005

- 1월 『말벌 공장』을 필두로 이언 뱅크스 작품 발간 시작
- 1월 『옥스퍼드 세계 영화사』 출간
- 7월 미메시스 브랜드로 예술 서적 출간

시작
- 7월 『팅커, 테일러, 솔저, 스파이』를 첫 책으로 존 르카레 작품 발간 시작
- 8월 『태양을 바라보며』를 내면서 줄리언 반스 작품 발간 시작
- 신간 44종 44권, 총 51종 51권 발행

2 0 0 6

- 2월 『Mr. Know 세계 문학』(전 30권) 출간
- 3월 〈열린책들 철학 전공자 장학금〉 신설, 매년 1명 등록금 전액 1년간 지원
- 3월 『E. M. 포스터 전집』(전 7권) 완간
- 11월 파주 출판 도시 열린책들 사옥, 한국 건축가 협회상 수상
- 제38회 대한민국 문화예술상 〈일반 문화 부문 대통령상〉 수상
- 신간 44종 47권, 총 80종 88권 발행

2 0 0 7

- 2월 『도스또예프스끼 전집』 보급판(전 18권) 출간
- 3월 『도스또예프스끼 전집』 수집가용 한정판 출간
- 4월 쥐스킨트의 『향수』, 4주 연속 종합 베스트셀러 1위, 영화 『향수』 한국 관객 110만 돌파
- 7월 베르베르의 『파피용』 10주 연속 베스트셀러 1위, 연간 베스트셀러 2위
- 『파피용』 YES24 독자들이 뽑은 〈올해 최고의 표지〉
- 『수의 문화사』, 『협력형 통치』, 『옥스퍼드 세계 영화사』 2007년 우수 학술 도서로 선정
- 신간 40종 43권, 총 63종 73권 발행

2 0 0 8

- 1월 『열린책들 편집 매뉴얼 2008』 출간
- 3월 세계 최초로 『니코스 카잔차키스 전집』(전 30권) 발간
- 움베르토 에코의 『추의 역사』 출간
- 11월, 12월 베르나르 베르베르의 『신 1』 종합 베스트셀러 2위
- 『고종 시대의 리더십』 2008년 문화 체육 관광부 우수 교양 도서로 선정
- 베니스 비엔날레 한국관에서 홍지웅

대표의 파주 사옥 건축 일기 원본을 확대 전시(큐레이터 최문규)
- 신간 49종 49권, 총 57종 70권 발행

2 0 0 9

- 1, 2월 베르베르의 『신 1, 2』 종합 베스트셀러 2위
- 3월 『신 3』 종합 베스트셀러 1위
- 4월 『신 4』 종합 베스트셀러 1위
- 5월 〈베르베르 과학 만화 팀〉 미메시스 아트 하우스에서 신설
- 9월 베르나르 베르베르 방한
- 10월 열린책들 파주 사옥 이전
- 10월 『움베르토 에코 마니아 컬렉션』(전 25권) 발행
- 『앤디 워홀 일기』 제50회 『한국일보』 한국 출판문화상 편집상 수상
- 〈열린책들 세계 문학〉 001~096 발행
- 『신』 YES24 독자가 뽑은 〈올해 최고의 표지〉
- 신간 39종 42권, 총 137종 165권 발행

2 0 1 0

- 1월 신간 홍보 매체 『버즈북』 제1호 『볼라뇨, 로베르토 볼라뇨』 발행 및 볼라뇨 작품 출간 시작
- 2월 미메시스 아트 뮤지엄 『월페이퍼』에 서울의 뛰어난 건축물로 소개됨
- 3~4월 베르베르의 『파라다이스』 인터파크 종합 베스트셀러 1위
- 4월 대한 출판문화 협회 조사 〈가장 만나고 싶은 외국 작가〉 1위 베르나르 베르베르
- 5월 서울 국제 도서전 공식 초청으로 베르베르 방한
- 11월, 미메시스 아트 하우스 한국 건축가 협회상 수상
- 『움베르토 에코 마니아 컬렉션』 출판 편집자들이 뽑은 〈주목할 만한 올해의 북 디자인〉 선정
- 『파라다이스』 YES24 네티즌 선정 〈올해의 책〉 문학 부문 1위
- 『한겨레』 선정 〈올해의 책 20선〉(『칠레의 밤』)
- 열린책들 홈페이지 웹어워드 코리아 우수상 수상

- 〈올해의 자랑스런 출판경영인상〉 수상
- 신간 78종 87권, 총 110종 132권 발행

2 0 1 1

- 4월 『도스또예프스끼 전집』을 필두로 전자책 발행 시작
- 5월 조르주 심농의 〈메그레 시리즈〉 발행 시작
- 6월 『조약으로 본 한국 근대사』 학술원 우수 학술 도서 선정
- 8월 라이브러리 & 리브로 조사 〈중고생이 가장 사랑하는 작가〉 1위, 베르베르 선정
- 10월 체코 외무부 장관 메달 수상
- 11월 『웃음』 전자책 베스트셀러 1위, 종합 베스트셀러 4위
- 12월 『웃음』 교보문고 선정 이달의 책
- 12월 『카산드라의 거울』 네티즌 선정 〈올해의 책〉
- 『도스또예프스끼와 여성』, 『프랙털 이론과 금융 시장』 문화 체육 관광부 우수 학술 도서 선정
- 이탈리아 건축 전문지 『카사 벨라』 미메시스 아트 뮤지엄을 14면에 걸쳐 소개
- 열린책들 마케팅 팀장 〈올해의 자랑스런 영업인상〉 수상
- 전자책 123종 158권 출시
- 신간 116종 123권, 총118종 127권 발행
- 총 판매 부수 누계 2,000만 부 돌파(2,027만 부)

2 0 1 2

- 3월 『조선일보』 기획 기사 〈101 파워 클래식〉 101명의 명사가 추천하는 고전 리스트에 열린책들 보유 도서 29종 포함, 『까라마조프 씨네 형제들』과 『그리스인 조르바』가 추천인 수 최다 공동 1위(9명 추천), 『죄와 벌』이 공동 7위(4명 추천)를 기록
- 5월 『그리스인 조르바』 교보문고 외국 소설 베스트셀러 1위
- 10월 『출판저널』에서 실시한 장병 독서 실태 조사에서 베르나르 베르베르의 도서들이 〈장병들이 추천하는 책 Top 10〉에 『개미』(3위), 『뇌』(5위), 『신』(5위) 등 3종, 〈장병들이 읽고 싶은 책 Top

7〉에 『개미』(1위), 『신』(3위), 『뇌』(5위), 『타나토노트』(6위), 『웃음』(7위) 등 5종 포함
- 10~11월 『베르나르 베르베르의 상상력 사전』 전자책 베스트셀러 1위
- 『예술의 사회 경제사』 문화 체육 관광부 우수 학술 도서 선정
- 전자책 31종 43권 출시
- 신간 73종 79권, 총 82종 89권 발행

2 0 1 3

- 2월 세계문학 앱(iOS) 출시, 앱스토어 매출 1위, 다운로드 1위
- 3월 『동아일보』와 『스페이스』 선정, 〈한국 최고의 현대 건축〉에 미메시스 아트 뮤지엄 16위로 뽑힘
- 4월 매경 모바일 브랜드 대상(세계문학 앱 핫 100선 선정)
- 7월 요나스 요나손의 『창문 넘어 도망친 100세 노인』 발행
- 9월~10월 『창문 넘어 도망친 100세 노인』 전자책 리디북스 종합 베스트셀러 1위
- 11월 14일~20일 열린책들 초청으로 베르베르 방한, 미디어 인터뷰, 플라톤 아카데미 주최 강연 및 사인회, 독자와의 만남 등 행사
- 11월 베르베르의 『제3인류』 교보문고 종합 베스트셀러 1위, 전자책 종합 1위
- 11월 베르베르 전자책 전집 앱(iOS) 출시, 앱스토어 도서 부문 다운로드 및 매출 1위
- 12월 『제3인류』 알라딘 선정 〈올해의 책〉
- 12월 6일 열린책들 페이스북 페이지 팬 10만 명 돌파(출판계 1위)
- 12월 『창문 넘어 도망친 100세 노인』 YES24 네티즌 선정 〈올해의 책〉
- 12월 『불평등의 대가』 『조선일보』, 『중앙일보』, 『동아일보』, 『한겨레』, 『매일경제』 선정 〈올해의 책〉
- 12월 『플루토크라트』 『매일경제』, 『파이낸셜 타임즈』, 『시사인』 선정 〈올해의 책〉
- 전자책 누적 발행 종수 239권
- 신간 49종 58권, 총 55종 71권 발행

2014

- 1월 23일 열린책들 신사옥 완공 및 이전
- 2월 『죄와 벌』 한국 출판문화 진흥원, 대학 신입생 추천 도서 선정
- 4월 세계문학 앱 (안드로이드) 출시
- 7월 세계문학 앱 네이버 앱스토어 출시, 전체 다운로드 1위
- 7~8월 교보문고, YES24 『창문 넘어 도망친 100세 노인』 종합 베스트셀러 1위(7주 연속)
- 8월 21일 열린책들 페이스북 페이지 팬 20만 명 돌파(출판계 1위)
- 9월 베르나르 베르베르 YES24 선정 〈한국인이 사랑하는 세계의 작가-오늘을 사는 작가 부문〉 1위
- 11월 『돈키호테』 1,700면 완역판 출간
- 12월 『제3인류』, 『셈을 할 줄 아는 까막눈이 여자』 YES24 네티즌 선정 〈올해의 책〉
- 홍지웅 대표 포르투갈 카바쿠 실바 대통령으로부터 포르투갈 문학 출판과 미술전 개최 등 교류를 증진한 공로로 〈엔리케 훈장〉 수훈
- 신간 71종 78권, 총 76종 83권 발행

2015

- 7~8월 종합 베스트셀러 순위권에 하퍼 리의 『파수꾼』, 『앵무새 죽이기』 동시 진입(6주 연속)
- 11월 7~13일 피에르 르메트르 주한 프랑스 문화원 초청으로 방한, 기자 간담회 및 독자와의 만남, 사인회, 미디어 인터뷰 등 행사
- 11월 『창문 넘어 도망친 100세 노인』 YES24 선정 〈지난해 가장 많이 팔린 책〉 1위
- 11월 『20세기를 생각한다』 문화 체육 관광부 세종도서 교양 부문 선정
- 12월 30일 미메시스 신사옥 준공
- 『파수꾼』 YES24 네티즌 선정 〈올해의 책〉
- 『개미』, 『앵무새 죽이기』, 『장미의 이름』, 『조선일보』 Books 선정 〈20년 이상 사랑받은 스테디셀러〉
- 홍지웅 대표 제11회 고려대학교 〈자랑스러운 문과대학인상〉 수상
- 신간 63종 67권 발행, 총 72종 77권 발행

2016

- 1월 베르베르 교보문고 발표 〈지난 10년간 한국인에게 가장 사랑받은 작가〉
- 2월 17일 미메시스 신사옥 완공 및 이전
- 2월 열린책들 – 미메시스 물류 센터 오픈
- 5월 베르베르 열린책들과 『조선일보』 주최 아시안 리더십 컨퍼런스 공동 초청으로 방한, 서울 예술 고등학교 강연 및 미디어 인터뷰, 사인회, 프로 야구 시구 등 행사
- 6월 1일 한국 출판사 최초로 페이스북 페이지 팬 30만 명 돌파
- 6월 15~20일 양투안 로랭 주한 프랑스 문화원 초청으로 방한, 서울 국제 도서전과 프랑스 문화원에서 강연 및 팬 사인회, 미디어 인터뷰 등 행사
- 7월 『틀리지 않는 법』 미래 창조 과학부 우수 과학 도서 선정
- 9월 『열린책들 창립 30주년 기념 대표 작가 12인 세트』 출간
- 10월 미메시스 〈M314〉 대한민국 브랜드 대상 선정 〈히트 예감 브랜드〉
- 12월 『틀리지 않는 법』, 『이것이 모든 것을 바꾼다』, 『한겨레』 선정 〈올해의 책〉
- 미메시스 석윤이 디자인 팀장, 한국 출판인 회의 〈올해의 출판인상〉 디자인 부문 수상
- 신간 51종 52권 발행, 총 69종 70권 발행

2017

- 5월 『창문 넘어 도망친 100세 노인』을 필두로 〈큰 글자판〉 출간 시작
- 5월 『일본의 대외 전쟁』 학술원 우수 학술 도서 선정
- 7월 『전쟁의 문헌학』, 『마오의 대기근』, 『전문가의 독재』 문화 체육 관광부 세종 도서 선정
- 10월 프랑스 현대 문학 8종을 묶어 〈블루 컬렉션〉으로 재발간

고명섭(한겨레), 고미석(동아일보), 곽소영(메종), 김광일(조선일보), 김남중(국민일보), 김만나(헤리티지 뮤인), 김연홍(새 책 소식), 김영신(동아일보 뉴스 플러스), 김옥자(새 책 소식), 김진국(고대 교우 회보), 김철훈(한국일보), 김태수(국민일보), 김홍민(북스피어), 남도영(국민일보), 문소영(퀸), 박의선(서울문고), 박종만(까치글방), 범경화(금호문화), 서병욱(스포츠조선), 서안나(시인), 성우제(시사저널), 손수호(국민일보), 신세미(문화일보), 신영미(인쇄산업신문), 신윤정(책과 인생), 양지선(국민일보), 어경택(동아일보), 오정석(G & L), 원수경(뉴스토마토), 유상호(한국일보), 윤동식(연예영화신문), 이광형(국민일보), 이상문(경향신문), 이석우(주간 조선), 이영미(국민일보), 이윤기(소설가), 이은주(중앙일보), 이재광(이코노미스트), 이정민(행복이 가득한 집), 이지연(마리 끌레르), 임창용(서울신문), 임철순(한국일보), 장세이(굿모닝 월드), 전용호(고대 교우 회보), 전원경(주간 동아), 정경희(스포츠조선), 정명진(중앙일보), 정인경(중앙경제신문), 조성일(오마이뉴스), 최요운(캠퍼스 라이프 북 리뷰), 한강(출판저널), 허미경(한겨레), 황정민(뺑생캉)

이 책을 만들면서 각 매체의 담당 기자와 언론사에 사전 게재 허락을 받았습니다. 다만 폐간되었거나 휴간된 매체의 경우, 글을 쓴 담당 기자와의 연락에 어려움을 겪어 사전에 양해를 구하지 못했습니다.

자료 정리 이정수, 이갑수
그림 오연경(2, 32~33, 63, 85, 121, 194~195, 243, 247, 300~301, 388~389, 408~409, 474~479, 488, 534~537, 551, 555), 페르난도 비센테(558)
사진 석윤이(16~21, 24~31, 188~189, 207~209, 236~237, 432~437, 552~553), 박찬우(420~429)
디자인 석윤이

열린책들과 저 스스로에 대한 다짐으로 이 책을 냅니다.

2017년 11월, 홍지웅

이 책은 실로 꿰매어 제본하는 정통적인 사철 방식으로 만들어졌습니다.
사철 방식으로 제본된 책은 오랫동안 보관해도 손상되지 않습니다.

출판사를 만들다
열린책들을 만들다

엮은이 홍지웅, 열린책들 편집부 발행인 홍유진 발행처 미메시스
주소 경기도 파주시 문발로 314 파주출판도시
대표전화 031-955-4400 팩스 031-955-4404
홈페이지 www.mimesisart.co.kr e-mail info@mimesisart.co.kr
Copyright (C) 홍지웅, 2017, Printed in Korea.
ISBN 979-11-5535-117-8 03040 발행일 2017년 12월 1일 초판 1쇄 2018년 2월 25일 초판 2쇄

이 도서의 국립중앙도서관 출판예정도서목록(CIP)은 서지정보유통지원시스템 홈페이지(http://seoji.nl.go.kr)와
국가자료공동목록시스템(http://www.nl.go.kr/kolisnet)에서 이용하실 수 있습니다.(CIP제어번호: CIP2017029718)